JN336163

歴史的古代建造物750の建築ディテール
世界の建築様式

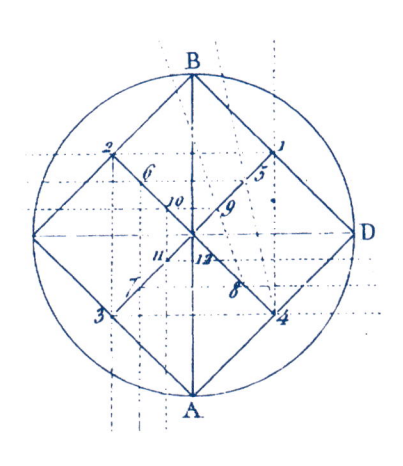

エミリー・コール 編著
他12名による共著

乙須 敏紀 翻訳

A Concise History of Architectural Styles

目　次

序　文 6
世界の建築様式の歴史 10

古代エジプト 12
マスタバ／ピラミッド／ギザの大ピラミッド／岩窟墓／神殿／カルナック神殿／テーベ／ヌービアの国境／グレコ・ローマン神殿

バビロニア／アッシリア／ペルシャ 28
バビロニア建築／アッシリア建築／ニネベ、ニムルド、クエンジクのアッシリア宮殿／ペルシャ建築：ペルセポリス宮殿／ペルセポリス：クセルクセス宮殿／ペルシャ建築の名工

古代・古典インド 40
ストゥーパとスタンバ／チャイティヤ堂／ヴィハーラ／石窟寺院／寺院：平面構成と内部／寺院：外観／寺院：伽藍

中国古代・歴代王朝 54
木造本堂：形態と構造／木造本殿：外部装飾／城／塔／住居／庭園

日本古典 66
神道神社／仏教寺院／仏教寺院：発展／住宅建築／政府及び商工業施設

先コロンブス期 76
初期メソアメリカ文明／古典期マヤ／マヤ「プーク」様式／後古典期マヤ／インカ建築

古典期以前 86
ミケーネ：城砦（シタデル）／ミケーネ：墳墓／エトルリア：墳墓／エトルリア：その他の建築物

古代ギリシャ 94
初期の建築／神殿：形とエレメント／ドリス式オーダー／イオニア式オーダー／コリント式オーダー／ドリス式の興隆／ペリクレス時代／ペリクレス時代：アクロポリス／ペリクレス時代：アクロポリス(2)／衰亡の始まり／ヘレニスティック期／墳墓／テアトロとオデオン／その他の世俗的建築物

古代ローマ 122
共和制ローマ／ポンペイ／ローマ以外の共和政時代の建築物／アウグストゥス時代の建築／アウグストゥス時代の神殿／フラヴィアヌス朝／コロッセウム／ローマ／トラヤヌス帝時代／ハドリアヌス帝／パンテオン／ローマ／セウェルス朝／セウェルス帝国／帝国後期

初期キリスト教／ビザンチン 148
バシリカ／初期キリスト教教会堂内部／集中式平面／ラヴェンナ／初期ビザンチン建築／ハギア・ソフィア大聖堂／コンスタンティノープル（532〜537年）／ユスティニアヌス帝以後の建築／中期ビザンチン建築／後期ビザンチン建築

イスラム 166
中東／初期イスラム建築／都市／中近東イスラム建築モスク、霊廟、マドラサ／エジプトとペルシャのモスク複合体／スペイン・イスラム建築：ムーア式モスク／スペイン・イスラム建築：アルハンブラ宮殿／インド・イスラム建築：ヒンズー様式とイスラム様式の融合／インド・イスラム建築：ムガール帝国モスク・霊廟・宮殿／トルコと北アフリカのイスラム建築

ロマネスク 184
フランス・ロマネスク：起源／フランス・ロマネスク：巡礼者の影響／ドイツ・ロマネスク／スペイン・ロマネスク／イギリス・ノルマン様式：聖堂／イギリス・ノルマン様式：装飾と革新／イタリア・ロマネスク：多様性／イタリア・ロマネスク：地方的特徴

First published in Great Britain 2003 by
A&C BLACK PUBLISHERS LTD
37 Soho Square, London W1D 3QZ
Copyright © The Ivy Press Limited 2002

All rights reserved. No part of this publication may be reproduced in any form or by any means – graphic, electronic or mechanical, including photocopying, recording, taping or information storage and retrieval systems – without the prior permission in writing of the publishers.

Cover design by Dorothy Moir.

This book was created by
THE IVY PRESS LTD
The Old Candlemakers, Lewes, East Sussex
BN7 2NZ

CREATIVE DIRECTOR Peter Bridgewater
PUBLISHER Sophie Collins
EDITORIAL DIRECTOR Steve Luck
DESIGN MANAGER Tony Seddon
DESIGNER Jane Lanaway
PROJECT EDITOR Caroline Earle
COPY EDITOR Mandy Greenfield
DTP DESIGNER Chris Lanaway

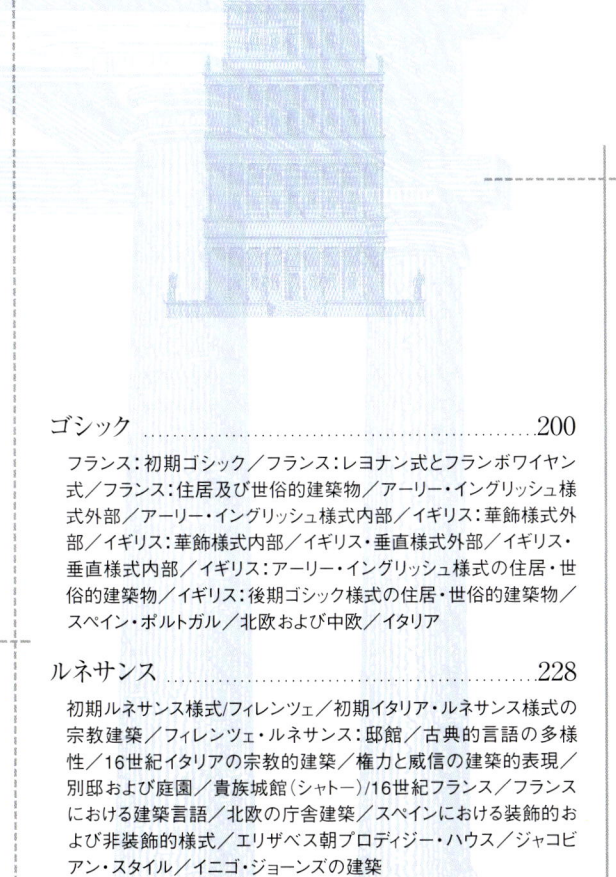

パッラーディアニズム 272
　イニゴ・ジョーンズの遺産／18世紀イギリス・パッラーディアニズム／『ウィトゥルウィウス・ブリタニカ』／チズウィック邸／ロンドン／バーリントン卿とウィリアム・ケント／アメリカ・パッラーディアニズム

新古典主義 284
　新古典主義の起源／オーダーの新展開／フランスにおける新古典主義／イギリス古典主義：新古典主義邸宅の言語／ロバート・アダムとディテール・デザイン／イギリスにおけるギリシャ・リバイバル／新しいタイプの公共建築物／アメリカにおける新古典主義／ドイツ新古典主義／ドイツ新古典主義：カール・シンケル

ピクチャレスク 304
　背景／コテージ建築／庭園および農場建築物

建築のエレメント **310**

ドーム 312

円柱 314

塔 316

アーチ／アーケード 318

出入口 320

窓 322

破風／切妻 324

屋根 326

ヴォールト 328

階段 330

術語解説 332

参考文献 342

索引 345

ゴシック 200
　フランス：初期ゴシック／フランス：レヨナン式とフランボワイヤン式／フランス：住居及び世俗的建築物／アーリー・イングリッシュ様式外部／アーリー・イングリッシュ様式内部／イギリス：華飾様式外部／イギリス：華飾様式内部／イギリス：垂直様式外部／イギリス：垂直様式内部／イギリス：アーリー・イングリッシュ様式の住居・世俗的建築物／イギリス：後期ゴシック様式の住居・世俗的建築物／スペイン・ポルトガル／北欧および中欧／イタリア

ルネサンス 228
　初期ルネサンス様式／フィレンツェ／初期イタリア・ルネサンス様式の宗教建築／フィレンツェ・ルネサンス：邸館／古典的言語の多様性／16世紀イタリアの宗教的建築／権力と威信の建築的表現／別邸および庭園／貴族城館（シャトー）／16世紀フランス／フランスにおける建築言語／北欧の庁舎建築／スペインにおける装飾的および非装飾的様式／エリザベス朝プロディジー・ハウス／ジャコビアン・スタイル／イニゴ・ジョーンズの建築

バロック／ロココ 256
　ローマ・バロック／フランス・バロック／フランス・バロック（ヴェルサイユ宮殿とその影響）／初期イギリス・バロック／後期イギリス・バロック／北欧・中欧バロック／ロココ

序文

　本書は、世界各地に開花した多様な建築様式を古代から現代に至る人類の歴史をとおして概観するなかで、建築を語るときに欠かせない建築学的術語が自然と身につくように構成されている。そのためアルファベット順に術語を解説していくという恣意的な方法ではなく、年代順に各章にふり分けられた建築様式のもっとも適切な場所でその術語を解説するという自然な方法をとった。各時代の専門家による簡潔な解説には、精密で美しいオリジナルの版画が添えられ、写真以上の臨場感で読者を建物の傍まで連れて行く。

　本書では、場所的要素、形態、技法に関する術語を、建築様式という全体の文脈の中にしっかりと位置づける。各章の冒頭でその建築様式の本質を大胆に要約し、関連する宗教、社会・政治・経済的背景を概観した後、建物の配置、機能、材料、そして建築家の役割へと展開していく。

　本文中で提示され、検討された各建築様式の特徴を表す術語は、巻末の豊富な術語解説でも簡潔に定義され、英文表記とあわせて、コンパクトな建築用語事典になっている。巻末にはさらに、あらゆる時代・国に共通する建築の10大エレメントであるドーム、柱、塔、アーチ・アーケード、出入口、窓、破風・切妻、屋根、ヴォールト、階段について豊富な図版を添えて解説し、目で見る術語解説集とした。

　「世界の建築様式の歴史」では、古代エジプトに始まり、時代を追って主

要な建築様式を見ていく。各章の先頭でその建築様式の本質を大胆に要約した後、様々な建物のタイプ、国ごとの違い、歴史的発展へと展開する。各建築様式を代表する建築物——たとえばギリシャ建築を代表するパンテオン神殿、ビザンチン建築を代表するハギア・ソフィアなど——については、全体像だけでなく、ディテールも多くの図版で示した。大きな影響を及ぼした建築様式では、それだけ多くの建築学的術語が必要とされ、当然その章に割く紙面も多くなった。長い時間をかけて詳細に研究されてきた建築様式——たとえば古典様式（ギリシャ及びローマ）やゴシック様式——では、早い時期に多くの複雑な建築学的術語が形成され、今日まで詳細に研究されてきた。他の様式——新古典主義や先コロンブス期など——では、正確で学術的な情報が少ないため、少ない紙面しか割かれていない。

　すべての章で版画や素描が、平面図から屋根の形状まで各建築様式を独特なものにしているエレメントや特徴を美しく生き生きとした線で鮮明に描き出す。特に、建築と統合され、その効果を高める働きをしている装飾には多くの図版が使われている。

　「世界の建築様式の歴史」の最後を飾る様式は、18世紀後半から19世紀にかけて興ったピクチャレスク運動である。1800年代後半から1900年代初頭にかけての建築言語は、それに先立つどの時代にもまして、同じモチーフの繰り返しであった。術語は大部分の人にとって伝統的なもの、すでに固

定されたものであり、人々の関心は、それに代わって建築材料や建築工法に向けられた。たとえばゴシック様式を表す建築用語は、ただゴシック・リバイバルの建物を文章で表現するときにだけ必要とされ、同様に古代エジプト人の建築用語は、ただエジプト・リバイバルのディテールを理解するときにだけ必要とされた。建築学的術語に対するこのような軽視を放置したままでは、世界建築の歴史に関してすでにある程度のものを達成しているバニスター・フレッチャーの『世界建築の歴史』（飯田喜四郎・小寺武久訳、西村書店）を超えることは出来ず、世界建築の歴史の完全なる俯瞰は到底望み得ない（同書は1896年に出版されたが、今なお非常に有意義で価値がある）。本書はこれを踏まえ、さらに従来の術語解説を超える試みを行った。建築学的述語に歴史的文脈を与えること——これが本書の主要な目的である——によって、多くの書物のなかでなされてきた難解な建築学的分析に入り込むことなく、歴史の大きな流れの中に各建築様式を位置づけ、その本質を理解することが可能となる。このような方法を採ることによって、本書は初学者にも分かりやすく、またもっと深く知りたいという人々に必要な内容も盛り込むことができた。

　本書の最大の特色は、750枚にも上るその図版である。それらは18世紀から19世紀にかけての建築学的文書、辞書、考古学及び地誌学的研究書から採録したものである。これらの図版——大半が銅版画——は、いずれも精

巧に実物を模写したものであるが、本書があえて版画を用いたのにはそれ以外の理由がある。まずそれらは、世界の建築にたいする興味が西洋社会に起こったときの時代の雰囲気をよく伝えているという点である。1800年代初頭からの製版印刷技術の発展によって、図版入りの書物が多く出版されるようになり、新しく台頭してきた都市中産階級の幅広い多様な読者層がこぞってそれらを手に入れようとした。

　海外旅行が今ほど簡便で安価でない時代、多くの挿絵を含む地誌学的書物は、異国の雰囲気や建物を伝える第1級の資料であった。本書で用いた図版の多くは、それらの書物から採録したもので、その挿絵には本書と同様の解説が付けられていた。版画家によって描かれることにより、それらの挿絵は写真以上に、その建物が当時の建築家や、建築愛好家、学者、そして後援者に与えた感激を今に伝え、芸術と科学の両方の分野における旺盛な知識欲を理想とするヴィクトリア王朝の雰囲気を感じさせる。

　そして最後に、もちろんそれが最大の理由かもしれないが、それらの版画はすべて美しく、ただ眺めているだけでわれわれをその建物の傍まで連れて行くからである。

世界の建築様式の歴史

世界の建築様式の歴史

古代エジプト

Ancient Egypt
紀元前3200年～紀元前30年

マスタバ

　古代エジプト建築は、上下エジプトを統一し第1王朝を樹立したファラオ、メネスの下で最初の興隆期を迎えた。古王国時代（紀元前3200～2680年）にエジプト最古の記念碑的建築が始まったが、それがマスタバである。古代エジプト人の信仰では、人間の肉体的生命は刹那的なものでしかないが、霊魂は不滅であると信じられていた。そのため霊魂を祀るための建築物は永久に存在し続ける必要があった。神殿と墳墓がその主な対象である。墳墓は来世への入り口であり、神殿は神の住処であった。こうしてこれらの建築物の設計、建築、装飾が学問と技術、美術の粋を集めて実行され、美しさと永続性が結合された。古代エジプト人の都市と宮殿は崩壊し砂に帰ったが、彼らが築いた霊魂のための建築物は、今も現代建築に霊感を与え続けている。

マスタバ
マスタバ（「ベンチ」墳墓）は、古代エジプトの住居の形をまねて建設された。整然とした形の古墳状の構築物で、内部に大きな穴を隠すいくつかの小さな部屋を持っており、死者のための空間であると同時に、来世への準備のための空間でもあった。構造は、木または素朴な日干しレンガの柱を粗石で覆ったもので形作られ、それを日干しレンガの壁で被覆した。

神殿ファサード
王族のマスタバのファサードは、多くが突起部と凹部が交互に並ぶ形になっており、古代の宮殿の木造の門構えに由来すると考えられている。なぜなら墳墓は王の霊魂の地上における休息所だったからである。日干しレンガを使用していることから、マスタバはメソポタミア建築の影響を色濃く受けて誕生したと考えられている。その多くが光り輝く顔料で塗装されていたようで、高度に芸術的な色彩装飾が施された跡が残っている。

埋葬室
第3王朝と第4王朝の時代（紀元前2780～2565年）、墳墓の盗掘が大きな問題となり、建築的改良はマスタバ内部の構造に集中した。外観がますます単純化されるかわりに、埋葬室─所有者の最後の安らぎの場所─は岩の奥深くに埋没させられ、石落とし格子などの盗掘防止策が講じられた。

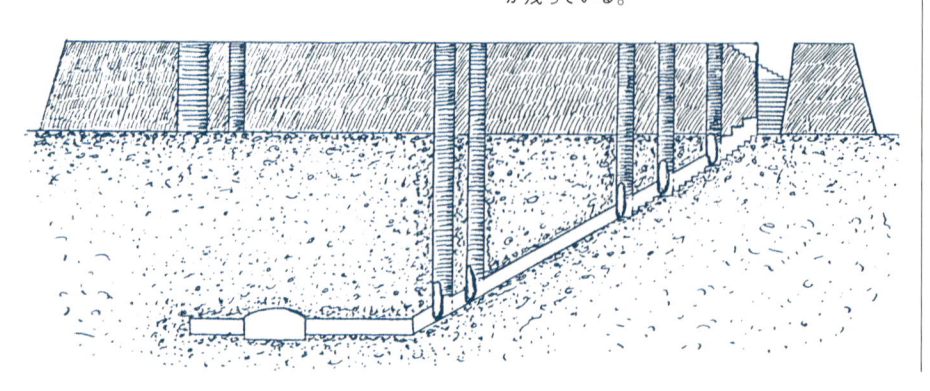

古代エジプト

マスタバ共同墓地
第4王朝（紀元前2680〜2565年）の時代、王族の墳墓の周囲に王族以外の人々のマスタバ共同墓地が造られるようになった。所有者は高官——その墳墓はおそらくファラオから授けられた名誉の象徴だったであろう——で、墳墓の内部には小さな礼拝所があった。多くが簡単な造りの壁がんで、死者への捧げ物を置くテーブルが設けられていた。

偽扉
墳墓は死者の永遠の住み家であり、偽扉（主にファサードに造られた、木造の門構えを模した日干しレンガまたは石造りの構造）は死者の魂"ka"が自由に墳墓に出入りすることを可能にするためのものであった。偽扉はたいてい墳墓の東側にあり、死者の魂が川を往来することができるようにナイル川の方向を向いていた。

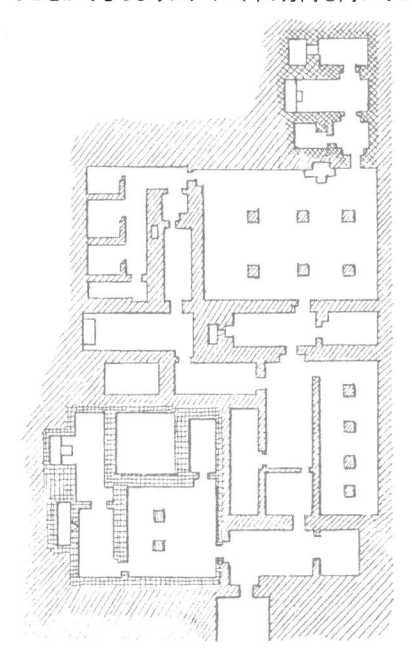

平面図
最も精巧に造られたマスタバには、死者が生活するための多くの実寸大の部屋と永遠への入口があった。それらの部屋は日常生活と自然を生き生きと描いた浮き彫りで装飾され、来世が理想化されたエジプトの姿として具象的に描かれた。食料貯蔵庫、礼拝堂、休息所、食堂などが完備されていた。

日干しレンガ
泥とわらをこね合わせて作る日干しレンガは、古代エジプトの基本的な建築材料であった。乾燥した気候によく適合し、記念碑的な大規模建築に使用できることは、メソポタミア人によるジッグラトの建設ですでに証明済みであった。日干しレンガを使用することにより、記念碑的な大規模建築でも日常的な建築とあまり変わらないやり方で行うことができた。

世界の建築様式の歴史

Ancient Egypt

ピラミッド

　ピラミッドは、いうまでもなく古代エジプトを象徴する建造物である。そのなかでも、古代世界七不思議のうちで唯一現存するギザのクフ王（ケオプス王）の大ピラミッドは、特に有名である。ピラミッドは最初第3王朝の時代（紀元前2780〜2680年）に王族の墳墓として造られ始め、第4王朝時代に完成されたが、中王国時代（紀元前2134〜1786年）には規模が縮小し、単なる王族のための共同墓地へと変わっていった。そしてその頃から、ピラミッドは王族以外の個人の墳墓の中にも取り入れられるようになっていった。王族のピラミッドの内部は芸術性の高い葬祭文書（「ピラミッド・テキスト」と呼ばれる）で装飾されていたが、それは死者となったファラオの魂に安住の地を捧げる意味を持つと同時に、来世への旅の案内という意味もあった。死者となったファラオは、その巨大建造物によって太陽神"Re"のより近いところに行くことができ、ピラミッド周囲のマスタバに葬られている彼の高官たちとともに天空を旅することができると信じられていた。

▶ **階段ピラミッド／サッカラ（紀元前2778年前後）**
サッカラの砂漠の端に、第3王朝ジュセル王のピラミッドがある。そのピラミッドの内部には、宮殿の模型、治世25周年を祝った建築物、神殿が造られていた。階段ピラミッドは古王朝の建築技術の高さを象徴するもので、それを設計した建築家イムヘテプは後に神格化された。

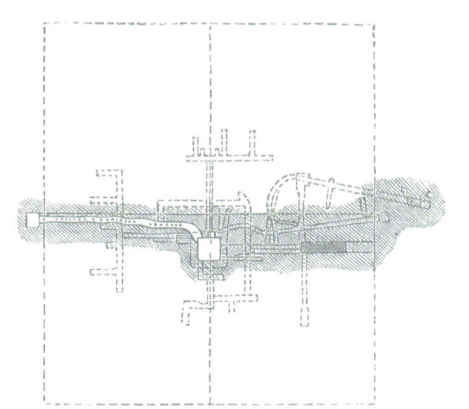

▽ **階段ピラミッドの粗石積み／サッカラ**
サッカラのピラミッドは6段のマスタバを階段状に積み上げた形になっている。材料には土と粗石が使われているが、埋葬室は岩盤をくりぬいて造られている。ピラミッドの表面は、木材と葦で造られた当時の住居に似せて削られた石材で覆われている。記念碑的な建造物に石材が用いられた最古の例である。

△ **メイドゥームのピラミッド（第3王朝）**
もともとは7段の階段ピラミッドとして建設されたものであったが、現存するメイドゥームは、厚い石積みの層が積み重なった形で残っているだけである。このピラミッドの建設はフニ王の時代に始まり、スネフェル王の時代に完成されたようだが、完成時は滑らかな斜面を持った真正ピラミッドであった。

古代エジプト

メイドゥーム・ピラミッドの断面図
階段ピラミッドから真正ピラミッド（現在その面影はないが）への変形は、階段状の構造を、表面を角度に合わせて滑らかに削った石灰岩のブロックで覆うという方法で行われた。最終的には8段の石積みの層が埋葬室の上に積み上げられていた。

ウナス王のピラミッド／サッカラ（第6王朝）
サッカラの階段ピラミッドの隣に建てられた王の墳墓であるこのピラミッドは、小規模で簡素である。最も大きな特徴は、ピラミッド内部のヒエログリフと絵画による装飾（「ピラミッド・テキスト」）である。それは死者を黄泉の国へといざなう旅の案内文であった。

アブ・シールのピラミッド群（第5王朝）
サッカラの北に位置するピラミッド群は、3基のピラミッド、川を伝って運ばれてきた死者を受け入れるための谷の神殿、埋葬の儀式を行う葬祭神殿とそこへ向かうための舗装された道路から構成されている。死者はこの神殿で最後の捧げ物を献じられ、埋葬室に納められる。

屈折ピラミッド／ダハシュール（紀元前2723年前後）
このピラミッドはスネフェル王の時代に建てられたものであるが、実際には一度も使用されなかった。傾斜角度が途中から急に54度から43度に変わっていることで、まるで「屈折」しているかのような印象を与えるが、上部構造を支えるために余儀なくされたと推測されている。内部には持送り工法によって造られた埋葬室があり、表面は滑らかな石灰岩で覆われていた。

ウナス王ピラミッドの石落とし格子
埋葬室へと続く通路には石落とし格子が設置されているが、これは死者を墓泥棒から守ることがどれだけ重要なことだったかをよく物語っている。最初埋葬室の入り口の上には大きな花崗岩のスラブがあり、木の支柱によって支えられているが、ミイラが安置された後、その支柱は取り除かれ、スラブが落下して埋葬室は密閉される。

豪族のピラミッド／アビドス
中王国以降、ピラミッドは王族以外の人々の霊廟建築物へと変化していった。王族の墳墓に見られた基本的な要素——礼拝堂、ピラミッドで覆われた埋葬室——を簡素化した構造が王族以外の人々の埋葬方式として広まり、岩盤をくりぬいた墳墓を持つものさえあった。

世界の建築様式の歴史

Ancient Egypt

ギザの大ピラミッド

　第4王朝のギザのピラミッド群は、古代エジプトの建築技術の頂点を示している。3代にわたるファラオ——クフ王（祖父）、カフラー王（父）、メンカウラー王（息子）——により建造されたこのピラミッド複合体には、王墓建築に用いられたすべての建築技法が大きなスケールで集約されている。何千という巨大な切石が川を伝って輸送され、次いで砂漠の端をそりに載せられて運ばれ、真正ピラミッドが建造された。ピラミッドとそれに付随する建造物の規模の大きさから、この時代のエジプト王の専制君主的な残虐さが強調されてきたが、その建設の持つ真の歴史的意味と建築工法はまだ正確にはわかっていない。クフ王の大ピラミッドはその純粋な幾何学的美しさで際立っており、現代建築家にも大きな霊感を与え、パリのルーブル美術館など、その形態から影響を受けた建造物が世界中に建てられている。

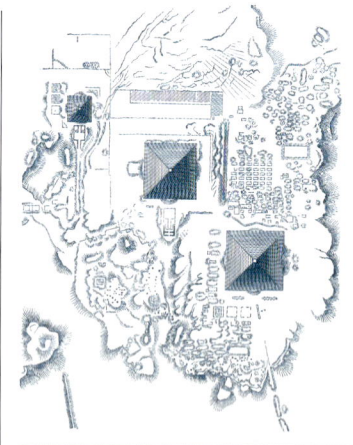

ネクロポリス（古墳群）／ギザ
このネクロポリスの3大要素——クフ王、カフラー王、メンカウラー王のピラミッド——は、ほぼ斜め一直線上に位置しており、付随する葬祭神殿と舗装道路はナイル川の方角を向いている。西側のマスタバ墳群は高官の墳墓であった。

スフィンクス
カフラー王のピラミッドに付随して造られたスフィンクスは、単体の石灰岩の露頭を削って造られている。それは現存する最古のスフィンクスで、顔はファラオ、体はライオン、そして偽のひげをかたどっている。それは王の墳墓の守護神の役割を果たしている。

回廊／クフ王大ピラミッド
ピラミッド内部に造られている王と王妃の埋葬室、それに地下の埋葬室は、3本の石の回廊（昇っているものも下っているものもある）で結ばれており、最長のものは100mもある。それらの装飾されていない回廊は、死者のための荘厳な通路として造られた。

クフ王の大ピラミッド（紀元前2680〜2565年）
3つのピラミッドのなかで最大の規模を誇るこのピラミッドは、高さ146m、底辺の正方形の1辺は231mで、5.2haの面積を占めている。建築に使われた切石のなかには、外国から輸入したと思われる石灰岩が含まれている。ファラオの魂が自由に天空を旅することができるように、ピラミッド底面の各辺には巨大な王の船と、それを収容する大きな穴があった。

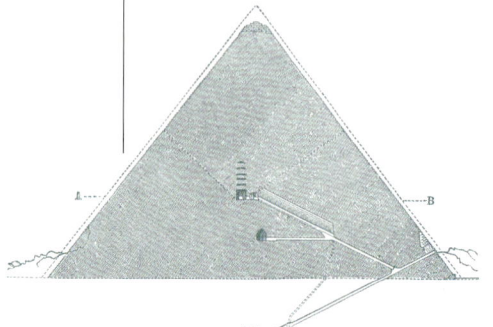

古代エジプト

外皮／クフ王大ピラミッド
これらのピラミッドはもともとは滑らかな白い表面を持つ石灰岩の外皮で覆われ、その頂点には、碑文が刻印されたピラミッド型の黄金に輝くピラミディオンがあった。ピラミッドにより反射された太陽光は、死者となった王と太陽神"Re"の関係を象徴するものであり、このネクロポリスをまぶしいまでに輝かせていたであろう。

埋葬室／クフ王大ピラミッド
石落とし格子で守られている前室によって回廊から隔てられている埋葬室の上には、1層が9個の石のスラブでできた5層の構造物があり、それはさらに2個の荷重軽減スラブでできたヴォールト構造の屋根を戴いている。2本の細い坑道が埋葬室から外部へと通じているが、その正確な目的はまだわかっていない。

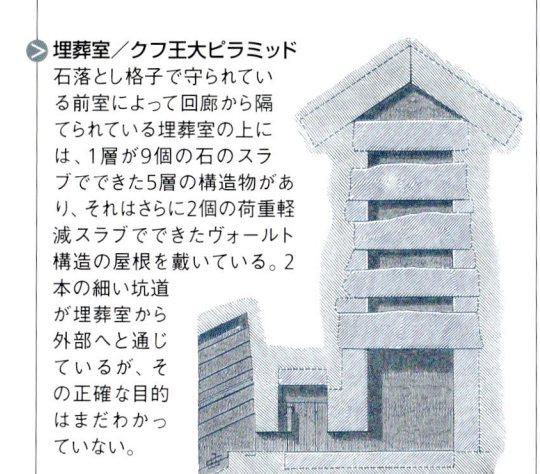

中核／クフ王大ピラミッド
ピラミッドの中核は、地元で切り出された何千個もの切石を組み上げてできており、その切石の平均重量は約2.5トンである。それは人力で現場まで移送されたが、膨大な量の労働力を必要とした。それらの切石は薄い石灰モルタルを潤滑剤に用いて組み合わされた。

荷重軽減スラブ／クフ王大ピラミッド
ピラミッドの入り口の上部を守っているのは、上部からの荷重の大半を支えている4個の荷重軽減スラブである。入り口は盗掘を防止するため石灰岩の外皮で塞がれ、覆われているため外部からは見えない。このスラブの使用法からみて、古代エジプト人が巨大建造物の建築に物理学を応用していたことがうかがえる。

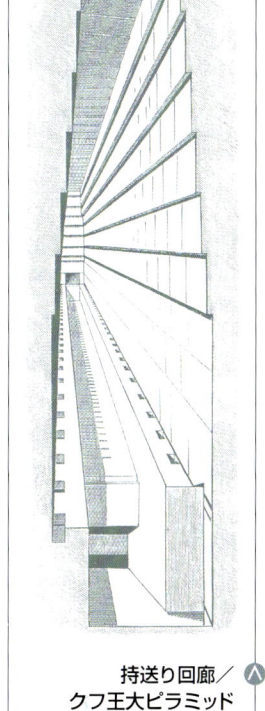

持送り回廊／クフ王大ピラミッド
花崗岩で内側を覆われた王と王妃の2つの埋葬室へは大きな回廊が通じているが、その回廊は壁面から段階的に突き出した7層のコースからなる持送り構造となっている。装飾されていない昇り回廊は、ピラミッドの厳粛な神事的な意義を完成させるとともに、いかに大規模で複雑な工事がピラミッド内部でも行われていたかを如実に物語っている。

17

世界の建築様式の歴史

Ancient Egypt

岩窟墓

　ピラミッドは古王国時代に王族のための霊廟建築の基礎を築いたが、その一方で豪族たちの墳墓は中王国時代(紀元前2134〜1786年)に、それまでのマスタバから、ナイル川流域の岩山を直接くりぬいて造る岩窟墓へと移っていった。王族もすぐに、長い間悩まされてきた王墓の盗掘を避けるため、この動きに追随した。新王国時代(紀元前1570〜1085年)になると、王の庇護を受けた技術者たちは壮大な規模の岩窟墳墓を造った。王家の谷としてテーベの西岸が選ばれたのは、エル・クルン山の形がピラミッドに似ていたからと推測されている。それらの岩窟墓はやはり実際の住居の構造を模しており、死者の埋葬室だけでなく、葬祭用備品などを収めたいくつかの部屋も造られていた。墳墓の内部は、日常生活から厳粛な儀式、神話、さらには葬祭そのものまでも描いた極彩色の壁画で装飾されていた。

ポルティコのある岩窟墓／ベニ・ハッサン(紀元前2130〜1785年)
第11王朝から第12王朝の間に造られたこれらの地方高官のための岩窟墓は、すべてが岩をくりぬいて造られている。入り口は日の出の方角を向いており、葬祭備品の中に含まれていた中王国時代の住居の模型に多く見られたポルティコに似せて造られていた。

岩窟墓の平面図と立面図／ベニ・ハッサン
2本の柱の奥に入り口があり、中へ入ると4本の柱で支えられた四角形の部屋が現れる。奥の壁には壁がんが設けられている。天井は水平か、わずかにヴォールト状で、採光は入り口からだけである。

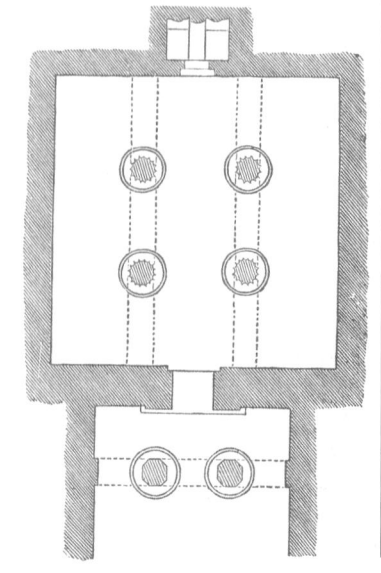

古代エジプト

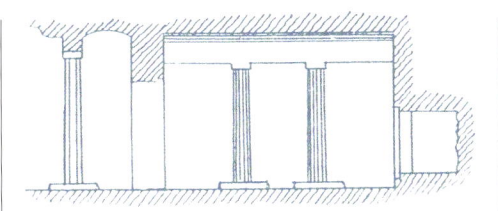

柱礎／ベニ・ハッサン
柱は大きく平らな円形の基礎石の上に立てられており、その形はその後のエジプト建築においてもほとんど変化していない。

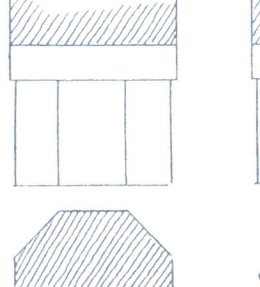

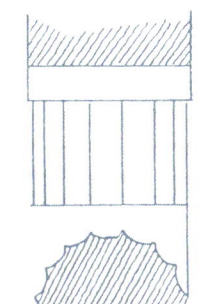

墳墓入り口／王家の谷（紀元前1570〜1085年）
天然のピラミッドであるエル・クルン山の麓に、王家の谷の岩盤をくりぬいて造られたファラオの墓群がある。それは盗掘を避けるために隠れるように造られていた。まばゆいばかりに輝く、見られるためのものであったピラミッドとは正反対である。ツタンカーメンの王墓は、それを埋めるように別の墳墓が造られていたため、20世紀まで盗掘を免れることができた。

柱／ベニ・ハッサン
柱はすべて、正八角形にカットされたものか、16本のフルート（丸底縦溝）の彫られたものかのいずれかであった。これは従来の正方形の柱の厳しい表情を和らげるため、純粋に美的観点から柱の形が変えられたことを示唆している。柱は下から上に向かってかすかに細くなっているが、最頂部の正方形のスラブ（アバクス）を除いて柱頭と呼べるものはない。

平面図／新王国時代の王墓／テーベ
岩窟の王墓は最初比較的簡素な形態で始まったが、第19王朝のラムセス時代になると、いくつもの部屋を持つ精巧な造りに変わり、壁面は浮き彫りで装飾され、それぞれの部屋は複雑な回廊と階段で結ばれていた。それらの建築で大きな役割を果たしたのが、デイル・エル・メディーナという集落出身の技術者集団であった。

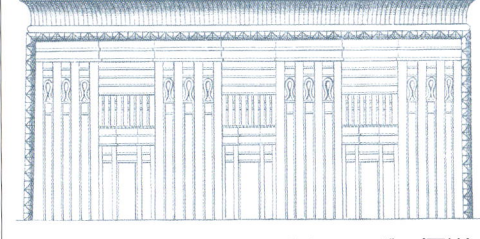

サルコファガス（石棺）
芸術性の高い壁画で装飾された埋葬室には、ミイラを納めている大きな石棺（サルコファガス）が置かれていた。多くが花崗岩の一枚岩をくりぬいて造られており、ヒエログリフで精巧な装飾が施されている。それらはエジプト芸術の水準の高さを証明している。

偽の通路
墓泥棒に対抗するため、落とし穴、偽床、偽の部屋などのさまざまな対策が講じられた。偽の通路は、墓泥棒たちを空の埋葬室へ誘導するためのもので、本物の埋葬室はその下に隠されていた。

世界の建築様式の歴史

Ancient Egypt

神殿

　王墓と同じく、神殿も永遠に存在し続けることが求められていたため、石で造られた。神と死者の魂の住処である神殿は、現実世界の生活を再現するという伝統的なモニュメント建設の思想を踏襲していた。それは霊魂の世界と肉体の世界は並列に運行しているという信仰から導き出されていた。初期の神殿建築については、後から同じ場所に重複して新しい神殿が建てられているため、あまり多くのことが知られていない。しかし後の新王国やグレコ・ローマン時代に建てられた神殿は、今でもそれを取り巻く現代的都市を支配下におさめている。神殿はファラオの権力と彼と神の結びつきを誇示するものであった——誰もが入れる場所は、王の勝利と、王の神への敬虔を表す図像で飾られていた。神殿はまた社会的にも政治的にも中心的位置を占め、新王国時代には、神官たちは強大な権力を行使し、神殿は神だけに奉仕する財政的に独立した存在であった。

葬祭神殿
葬祭神殿は王墓に隣接して建てられ、死者への供物が献上される場所であると同時に、"ka"のための休息所でもある。他の多くの神殿と同じく、入口大広間、中庭、至聖所、壁がんといった基本的なエレメントを有している。

スフィンクス神殿／ギザ
スフィンクスの隣に位置する神殿は、カフラー王のピラミッドに付随する谷の神殿である。川を伝って移送されてきたミイラはここで上陸し、死者のための供物が献上され、埋葬の儀式が行われた後、ピラミッドの中に納められる。

太陽神殿／アブ・グロップ
太陽神殿は太陽神"Re"に捧げられた神殿であるが、最も荘厳なものは第5王朝の時代に建造された。神殿は2つの建築物——谷の建築物と上部の神殿——で構成され、両者は舗装された道路で結ばれていた。アブ・グロップの神殿では、上部の神殿は周囲を壁で囲まれ、屋根のない中庭には巨大なオベリスクと大きなアラバスター（方解石の一種）の祭壇が設けられていた。

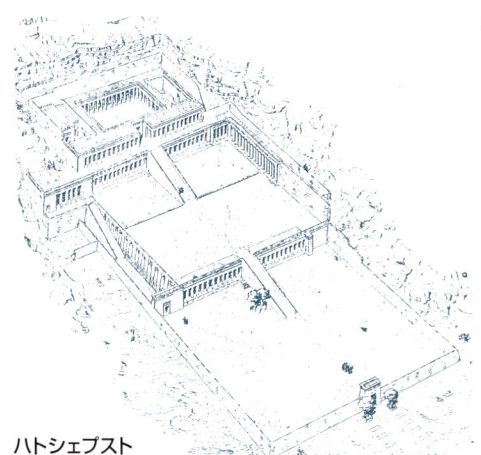

古代エジプト

ハトシェプスト女王の神殿／デイル・エル・バハリ(第18王朝)

この神殿は主に葬祭神殿であるが、アメン神（最高位の神）に捧げられた至聖所であり、ハトホル神（西テーベの守護神）とアヌビス神（ネクロポリスの守護神）に捧げられた神殿でもある。この神殿は隣のメンチュヘテプ2世の初期の葬祭神殿の影響を受けながら、それを独特のテラスと結合した設計で、エル・クルン山の麓に、岩盤をくりぬいた構築物と独立した建築物とを組み合わせた構造になっている。

ラメセウム（紀元前1279年）

ラムセス2世の葬祭神殿には、塔門、中庭、多柱構え（P.23参照）、至聖所といった伝統的な形態への回帰が見られる。死者への崇拝ということに焦点が置かれていた。

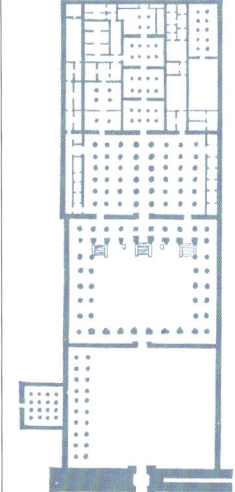

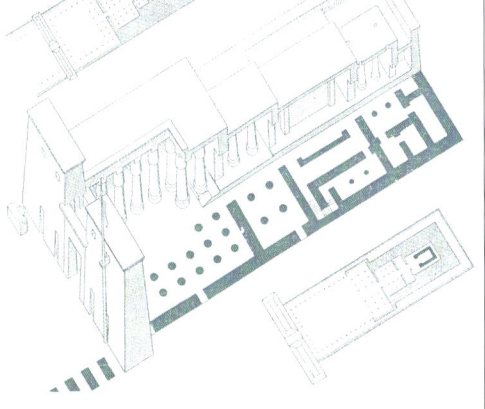

巨像

これらの巨像は、神格化されたファラオの彫像をモノリス（1個の石の塊を切り出したもの）から彫り出したもので、上下エジプトの王冠を戴き、頭飾りをまとっている。巨像は新王国の神殿の前面に多く置かれ、1基が1000トンにも達する。

カルト神殿（新王国）

この神殿はエジプトの神話的起源を建築的に解釈したもので、周りを囲む壁はカオスの水際を象徴し、至聖所が置かれている盛り上がった床はエジプトの基礎が築かれた原始の丘を象徴している。

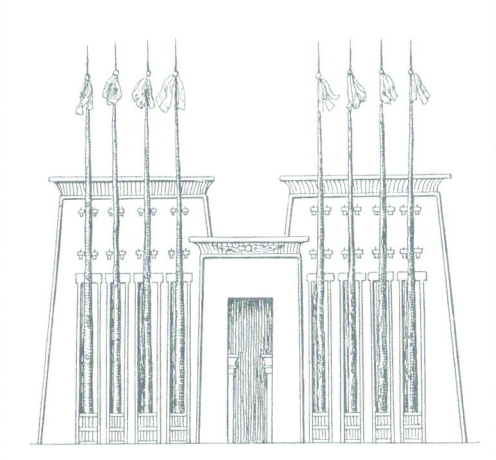

塔門（パイロン）

神殿の入り口の脇を固める高い台形の石の塔である塔門は、内側に向けて程好く傾斜し、頂上にはコーニスを戴いている。全体に精巧な浮き彫りが施されているが、前面は主に政治的な宣伝を意図した図像が並び、後ろの面には儀式の様子が描かれている。塔門の前にはたいてい巨像が並び、旗の支柱を固定する壁がんがあった。

世界の建築様式の歴史

Ancient Egypt

カルナック神殿／テーベ

　テーベのナイル川東岸に建造されたカルナック神殿は、最高位の神アメン神への信仰の中心であった。そのため新王国時代を通して、エジプトの宗教的中心となっていたが、王族のネクロポリスとしてテーベ西岸が選ばれたことと関係していたのであろう。古代世界最大の宗教的複合建築であったカルナック神殿は、歴代ファラオによる長い期間にわたる増築でますますその規模を拡大し、アメン神の威光による権力はさらに強大化していった。強大になりすぎた神官の権力を削ぐため、アマルナ時代（紀元前1570〜1314年）に王府が中エジプトに移され、新しい宗教が樹立された。しかしそれを推し進めたファラオ、イクナトンの死とともに、古い秩序はよみがえり、カルナック神殿は再び栄光を取り戻すことになる。新王国時代、その規模はさらに壮大になり、偉観を呈するようになった。現在も民間人は一部の建築物しか侵入を許されていない。

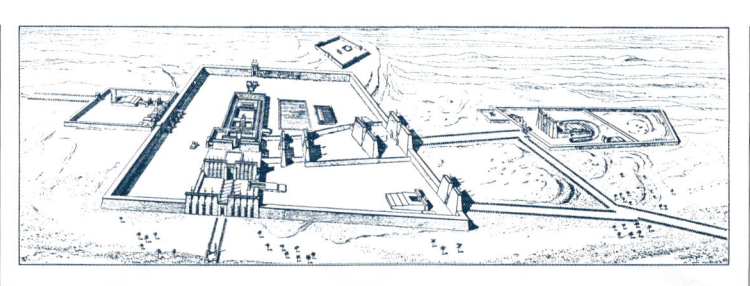

神殿複合体
周囲を壁で囲まれた神殿内部には、主神殿、聖池、付属神殿、付属建築物などがあり、テーベの宗教的、行政的中心となっていた。いまや神殿は、ピラミッドを押しのけ記念碑的な建築工事の中心となった。そしてカルナック神殿――アメン神、ムート神、コンス神の3神を祀る――は、支配的権力を握った。

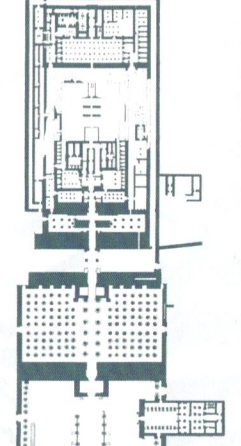

神殿平面図
カルナック神殿の広大な敷地のなかには、6基の塔門、南側の小さな神殿の影の届かない広さの第一中庭、歴史上最大の大列柱室、中王国にさかのぼる至聖所などが含まれる。材料は主に砂岩と石灰岩である。花崗岩と珪岩は神殿を飾るための彫像やオベリスクの制作に使われた。

土の斜面
最初の塔門の右側後方に、その建設工事に使用された土の斜面が残されている。斜面は最初塔門の頂上まで届くように造られ、彫刻家が塔門を上から下に向けて装飾していくにつれて、上部が壊されていく。

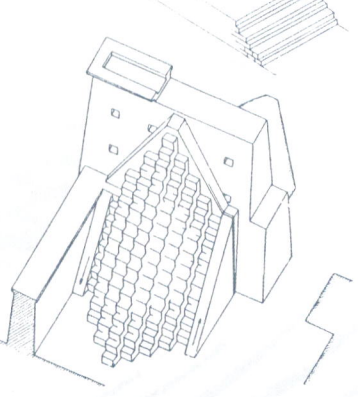

クリオ・スフィンクス
カルナック神殿へと向かう参道の両側に儀仗兵のように並ぶ石造のクリオ・スフィンクスの列は、神殿入り口へといざなう象徴的案内役であると同時に、訪れる者に神域へ入っていく準備を整えさせる。スフィンクスは牡羊の頭を持ったライオンの姿で、その両前脚でファラオを守っている。牡羊はアメン神の顕現とされている。

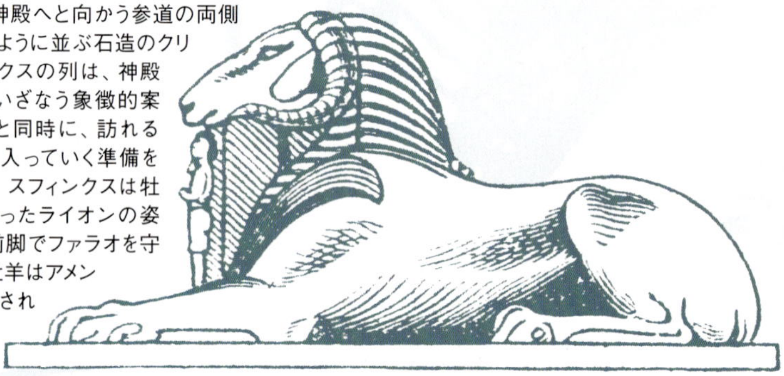

古代エジプト

オベリスク
オベリスクは新王国の建築技術の高さを誇示している。正方形の底面と尖った頂点を持つ、多くが花崗岩の一枚岩から切り出された石の柱は、重さが350トンにも達し、神殿まで運ばれ、そこで装飾される。第18王朝の最も美しいオベリスクは、太陽神"Re"を称えて金の象嵌が施されていた。

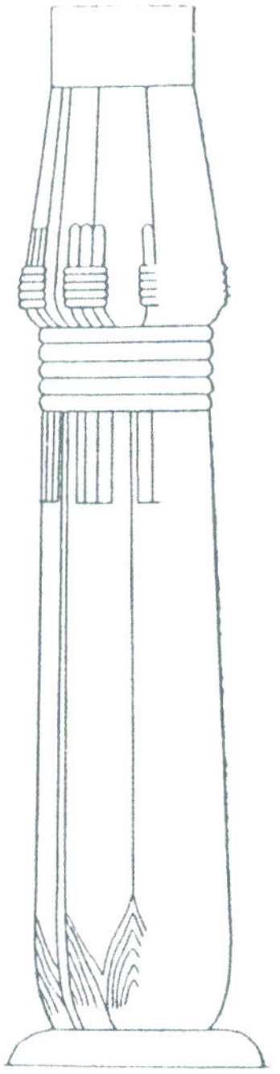

柱頭
記念碑的建造物全体にわたって、自然の植物――パピルス、蓮、椰子――をかたどった柱頭が造られている。その形ははるか昔の葦で作った神殿に由来すると考えられている。石柱は巨大な石から彫り出され、表面は彫刻、顔料で描かれたヒエログリフ文書、儀式の絵、自然のモティーフなどで華麗に装飾されていた。

大列柱室
カルナック神殿の大列柱室（多くの円柱で支えられた天井を持つ部屋）は、ラムセス2世の時代（紀元前1279～1213年）に建造されたもので、巨大な石のスラブでできた屋根を134本の円柱で支えている。中央の通路にはパピルス形の円柱が、その両脇の通路にはそれよりも背の低い蓮をかたどった円柱が並び、それらの円柱によって天井が持ち上げられ、2段になった屋根の間に窓が設けられている。

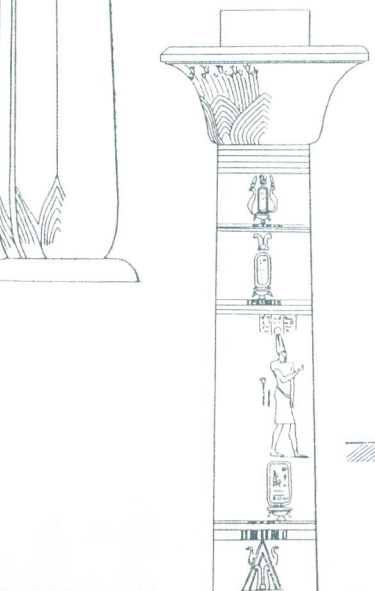

コンス神殿（紀元前1198年）
コンス神（アメン神とムート神の息子）に捧げられたこの神殿は、新王国のカルト神殿の形をよく表している。床の高さが一連の階段で高められていくと同時に天井が低くされていき、その奥に至聖所がある。空間が徐々に狭められていくことは神殿の厳粛さの象徴であり、至聖所へ入ることを許されるのは、神官とファラオだけであった。

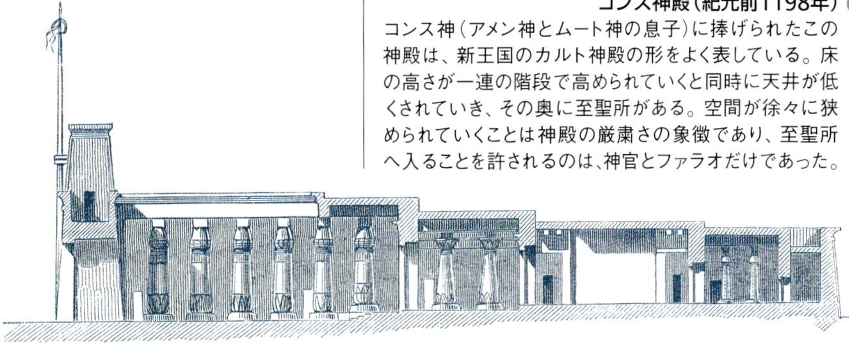

世界の建築様式の歴史

Ancient Egypt

ヌービアの国境

ヌービア、あるいはクシュ王国と接するエジプトの南側国境の防備は、国家の富と権力にとって最重要であった。ヌービアには石と金の豊かな資源があり、エジプトはその資源を支配することで古代世界に君臨することができた。花崗岩の重要な採石地であるアスワンは国境の国にあり、その地から南に遠征して希少な鉱物や動植物を入手し、それをファラオに献上していた。古代エジプトの神殿や領地がヌービアに築かれていたが、エジプトの法律も施行されていたという証拠が残っている。中王国の時代に、国境警備駐屯地（城砦）が築かれ、それは物品の輸入を防衛すると同時に、情報の集積地ともなった。新王国時代、エジプトはヌービアを帝国の1つの県として併合した。その頃から墳墓の装飾に、黒い肌をしたヌービア人が描かれるようになった。

アブ・シンベル神殿／下ヌービア
ラムセス2世の治世に造られたこの戦勝記念神殿は、アブ・シンベルのピンク色の砂岩の崖をくりぬいて築かれている。塔門の形をしたファサード入り口の前には、慈悲深い偉大なる王の巨像が4体鎮座し、東の方向を向いている。巨像の中央には、ハヤブサの頭をした太陽神"Re"が立っており、その頭上ではヒヒたちが日光に喝采を送っている。

アブ・シンベル神殿の断面図
この神殿はテーベの神殿と同じく、砂岩の崖深く貫入している。その規模の大きさと荒々しい造りは、それが実用のためではなく、威圧のためのものであることを物語っている。壁画は、主にカデッシュの戦いと、ファラオと神の緊密な関係が主題であった。ファラオの軍事力の強大さ、威信、自然に対する支配を印象付けるためのものであった。

平面図／アブ・シンデル神殿
2体の巨像の間の狭い入り口を通り抜けると、大列柱室が現れ、その先の一番奥の壁がんに、3体のエジプト国家神と王の彫像が同じ高さで並べられている。大列柱室の奥には貯蔵室と考えられている狭い部屋があり、それらの部屋の円柱は、ラムセス2世の誕生日に太陽の光がアメン神とラムセス像の上を照らすように配置されている。

古代エジプト

オシリス神の柱／アブ・シンベル

ラムセス2世をオシリス神の姿に変えて彫った8体の立像が、それぞれ8本の正方形の柱によって支えられている。オシリス神は死の神であると同時に、エジプトの黎明期に文明をもたらした神としても崇められていたが、その信仰は新王国時代に復活した。その姿はあごひげ（生命の象徴）をまっすぐ伸ばしており、死の神の巻いたあごひげとは様子が異なっている。このオシリス神が特徴的なアテフ冠を被っているのは、王が在世中、自分自身を永遠に崇められる存在として思い描いていたことを示している。

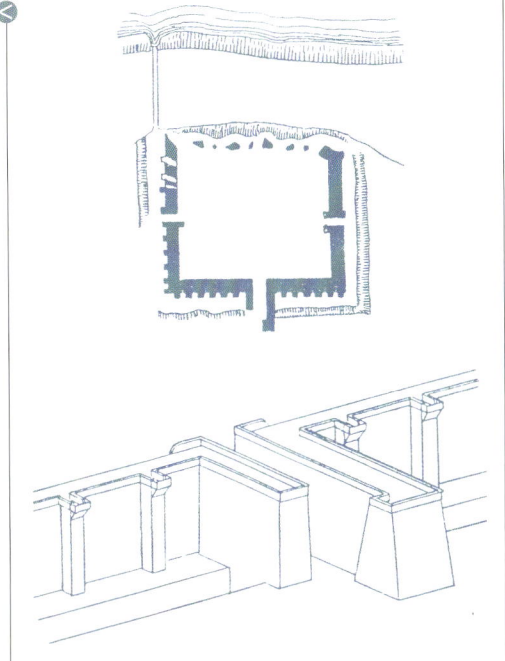

城門／ブーヘン

ブーヘンの周壁内部の城砦中心部へと通じる西側城門は、屋根がついていない。外側に向けて突き出した城門の先端が鍵形に曲がっているのは、通行人に対する監視をさらに強化し、胸壁の警備人員を増やすためである。城砦入り口は狭められ、敵が一度に侵入するのを防いでいる。

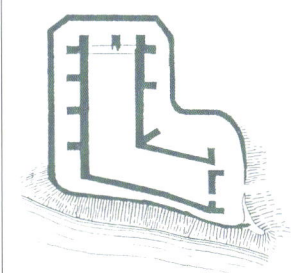

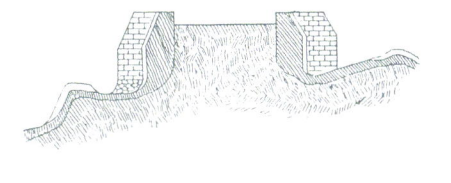

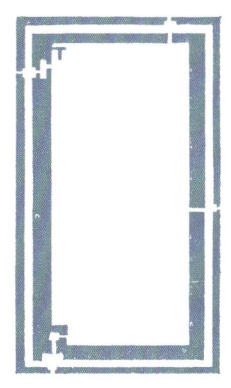

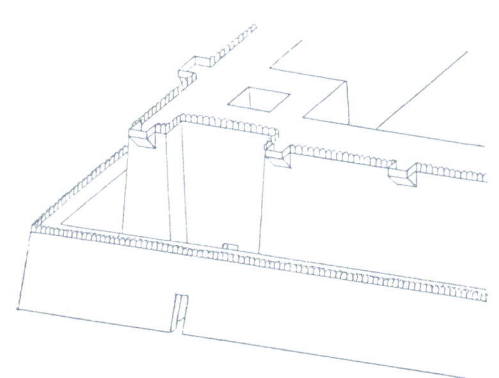

セムナの城砦（第12王朝）

第2カタラクトの近く、ブーヘンからセムナに至るナイル川流域60kmに沿って、少なくとも8カ所に日干しレンガと石で築いた城砦があった。日干しレンガの中核を石で被覆して造られた南方の2つの城砦は、エジプトの占領地を防衛するため川の両岸に向かい合って存在していた。城砦の周りは高い周壁で囲まれ、内部には駐屯部隊の生活を支える町ができていた。

鋸壁（きょへき）

城砦と周壁の上部は鋸壁になっており、後世のヨーロッパの城を想起させる。射手のため周壁の上部は鋸壁となっており、堀と胸壁で城砦はさらに堅固にされている。城砦はヌービアの鉱物資源を強奪しようとする者への防御のためであると同時に、中王国時代のファラオの支配を南方で確保するためのものであった。

世界の建築様式の歴史

Ancient Egypt

グレコ・ローマ神殿

　エジプトにおけるグレコ・ローマ建築はプトレマイオス朝（紀元前305〜紀元前30年）の時代に最盛期を迎えた。外国による支配はエジプトに根本的な変化をもたらしたが、その一方でエジプト的様式と伝統の復興が起こった。古くからある陰鬱なエジプト神殿は神秘の中に閉ざされ、新王国の神殿が公的な威信を与えられた。同時に大規模な建築計画が進行し、神殿は建て替えられ、拡大された。侵略者の王は、彼ら自身の宗教と並んでエジプトの伝統的な宗教と信仰を保護した。基本的な建築エレメントと部屋の配置は維持されたが、ギリシャ式のプロナオス（前室）と独立した中央の至聖所が増築された。その後の王政の下でも神殿は重要な社会的機能を果たし、都市の中心としての行政的、経済的、そしてもちろん宗教的な地位は保持された。

▶ **平面図／エドフ神殿**
砂岩でできているこの神殿は、直線的な構造をしているが、配置は入り組んでいる。塔門の内部には階段があり、屋根に昇れるようになっている。広い中庭を抜けると、プロナオス、大列柱室、控えの間と続き、一番奥に柱廊で囲まれた独立した至聖所が現れる。壁画のヒエログリフには、この神殿が古代の規範に従って建造され、神に捧げられたものであることが強調されている。

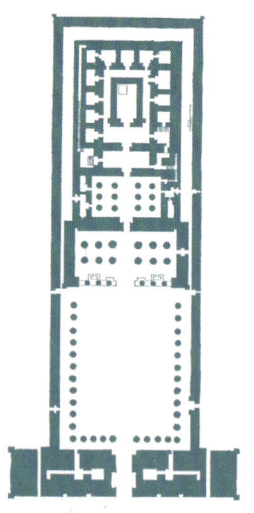

▽ **中　庭**
第1塔門のベーデット神（天地の創造者であり守護者である）を象徴する有翼日輪の下を通ると、柱廊になったポルティコで両側を囲まれた中庭に出る。精巧な彫刻と明るい色彩で装飾された柱頭、大きなハヤブサの神ホルスの彫刻など、この中庭は訪れる者を圧倒せずにはおかない。

▽ **エドフ神殿断面図**
グレコ・ローマ神殿の最も完成されたものであるエドフ神殿は、ハヤブサの神ホルスを祀っている。180年もの年月をかけて築かれた神殿は、今なお大部分が当時のまま保存されている。まぐさの途切れた玄関、精巧な彫刻が施された柱頭、大列柱室前面の衝立壁、厳粛さを出すための屋根の使用等々。

古代エジプト

プロナオス(前室)/エドフ
「神座の前の広間」であるプロナオスは、列柱で縦割りにされた部屋で、神の住処への入り口である。エドフ神殿のプロナオスは、衝立壁の背後に6本の円柱が3列に並んでいる。太陽光線は屋根開口部だけから入り、外界である肉体世界と内部の霊魂の世界の移行を表現している。

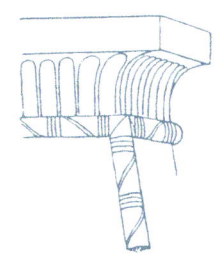

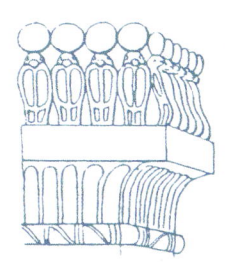

ハトホル神の柱頭/デンデラ(BC1世紀)
ギリシャ人によってアフロディテと同一視されたハトホル神は、最高位の愛の神である。4面ともハトホル神の頭部で飾られた円柱が、彼女自身を祀る神殿の大列柱室を支えている。柱頭の最上部には、神の出自と関係する「誕生の場所」、マミシが図像化されている。

コーニス
神殿の壁や塔門の頂上に沿って造られる、突き出した繰型の装飾であるコーニスはエジプト建築の基本的な装飾エレメントである。初期の日干しレンガと葦の単純なものから、宗教的な意味を象徴化した精巧なもの(コブラや日輪など)まで多くあり、記念碑的建造物の優雅さを増幅している。

衝立壁(スクリーン・ウォール)
プロナオスへ入ってくる太陽光線の量を抑え、至聖所へ近づく前の身を清めるための静謐な環境を作り出している衝立壁は、薄い石で造られ、1列目の列柱の間に架け渡されている。王と王妃、宗教的なテーマ、神話的モティーフで高度な装飾を施されたこの壁は、ファラオの宗教的役割をさらに強調している。

27

世界の建築様式の歴史

バビロニア／アッシリア／ペルシャ
Babylon, Assyria, Persia　紀元前2000年頃〜紀元前333年

バビロニア建築

　古代メソポタミア（現在のイラン）の建築を総称してバビロニア建築、またはカルデアン建築と呼ぶ。数少ない遺跡が、主にティグリス川とユーフラテス川にはさまれた地域で発掘された。ウルとウルカの発掘により、紀元前2235年から紀元前1520年までのジッグラト（階段神殿）や墳墓の遺跡が発見された。紀元前9世紀から紀元前7世紀に至るアッシリア時代の遺跡については、古代都市ニネベ、ニムルド、クエンジク、コルサバード周辺からかなりの数の宮殿や神殿跡が発見された。BC538〜BC333年のアレキサンダー大王のペルシャ征服までの古代ペルシャ時代については、パサルガダエ、スーサ、そして最も壮観なペルセポリスが有名である。この時代の建築は全般に、エジプト、バビロニア、ギリシャ文化の影響を強く受けながら、それらの様式を混淆させている。

▲ 7段の神殿／ビルス・ニムルド（紀元前2000年頃）
日干しレンガと木材で建てられた現存する数少ない遺跡であるこの神殿は、7段からなり、階段が頂上まで通じている。底面は正方形で、その上に6段が積み重ねられているが、どの段も中心を後方にずらしている。最上段はセラと呼ばれる、神殿の至聖所である。

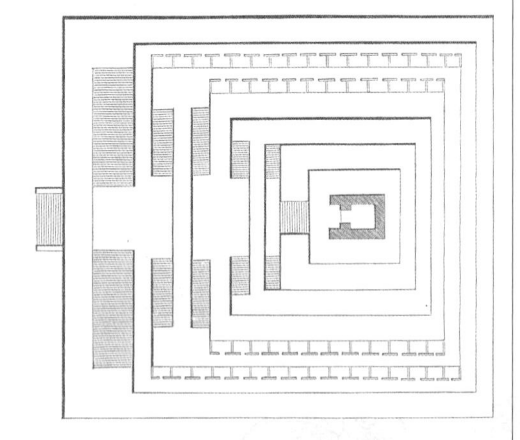

▲ 7段の神殿が祀るもの
この神殿は7つの天体に捧げられている。各段は異なった色の彩釉磁器タイルで覆われており、1階は黒（土星）で、次がオレンジ（木星）、そして赤（火星）、黄金（太陽）、緑（金星）、青（水星）そして最後が白または銀色（月）である。

▷ ジッグラト／ビルス・ニムルド
「ジッグラト」という語は「上昇するフィニアル」という意味で、四角形の基壇が徐々に小さくなりながら数段重なり、頂上に神殿を戴く建造物のことである。その形はバビロニア人の、天国に近づきたいという願望を表している。このジッグラトは正方形の底面を持ち、階段を上っていくものである。

バビロニア／アッシリア／ペルシャ

▶ **立面・平面図／
ボルシッパ神殿
（紀元前2000年頃）**
この階段型神殿は頂上に小さな神殿を戴いている。各階の4辺は正確に東西南北を向いており、階段が同じ側面に設けられている。

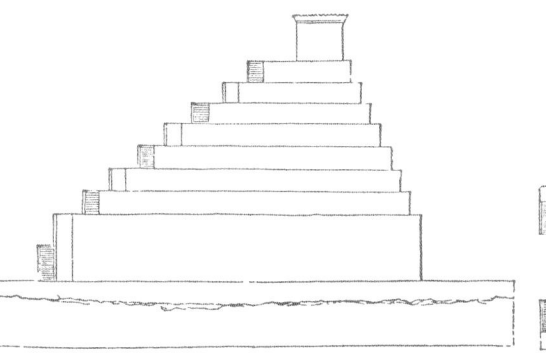

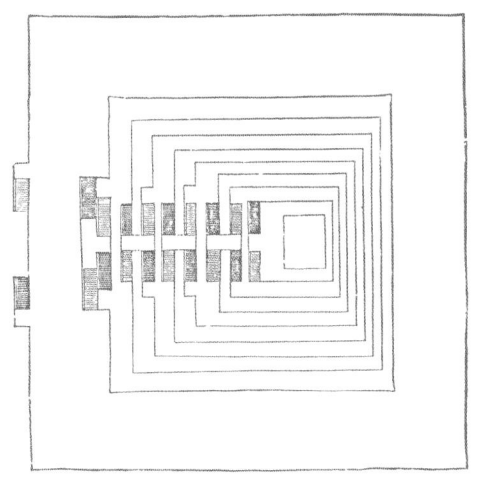

▼ **空中庭園／セミラミス
（紀元前7世紀頃）**
古代世界7不思議の1つである有名なバビロンのセミラミスの空中庭園は、カルデア／バビロニア新王国にあった。各階ごとにテラスがあり、それらが合成されて1つの大きな空中庭園が造られていたようだ。

▲ **クユンジクの浅浮き彫り**
これはクユンジクで発見された浅浮き彫りを描いたものである。4階建ての神殿が彫られているが、ファサードにエジプトの塔門に似た門がある。入り口は1階にあり、2階のテラスは控え壁（バットレス）で支持され、最上階（消失している）にはセラがある。

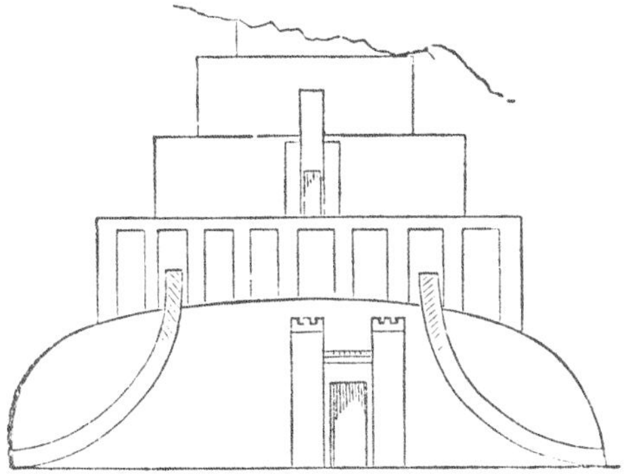

◀ **ジッグラト**
初期メソポタミア神殿は日干しレンガの基壇の上に建てられ、その上部にジッグラトが造られていた。それは四角形の基壇を積み重ねた人工的な山であった。ジッグラトの壁面は、乾燥する前の漆喰に円錐形のモザイクを施したり、彩釉磁器レンガを使ったりして、さまざまな技法で装飾されていた。

世界の建築様式の歴史

Babylon, Assyria, Persia

アッシリア建築

アッシリア建築は宮殿と要塞に象徴され、力強さと権威を誇示するために建てられたが、その一方で多くが多色の彩釉レンガで表面を装飾されていて、その美しさがしのばれる。日干しレンガで造られていたため、形態と配置は廃墟からしかうかがうことはできないが、基本的な配置を示す遺構、建築物や動物、人間を題材にした石彫りのレリーフなどが残っている。コルサバード宮殿（紀元前720年）遺跡がアッシリアの宮殿の全体像を最もよく示しており、石工事（ヴォールト、柱、抱き、まぐさ）や、記念碑的な人面有翼牡牛、怪獣グリフィンなどの建築的彫刻から往時の姿を想像することができる。

サルゴン宮殿の門
コルサバードのサルゴン宮殿の門は、厚い壁の中に築かれている。中央部近くの2つの小さく暗い部分に人面有翼牡牛の石の彫刻が置かれ、中央入り口の脇を固めていた。そこを抜けると開放的な外庭に出る。

コルサバード宮殿の城門
宮殿へと続く階段を上ると、多くあるアーチ形の門の1つが目に飛び込んでくる。そのアーチは、人間の頭部を持つ有翼牡牛の石の彫刻の背後から起拱し、星と人物の模様の青色の彩釉レンガで装飾されていた。

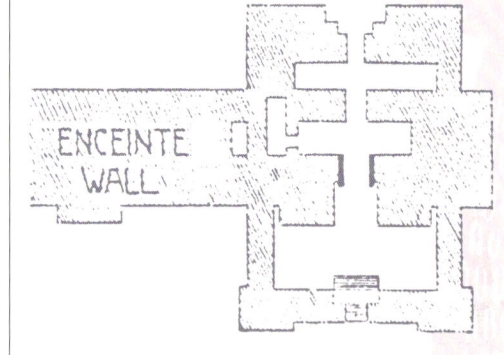

平面図／サルゴン宮殿／コルサバード宮殿（紀元前720年）
この宮殿は、要塞都市の近く、平原に築かれた土台の上に築かれた。宮殿へは土台の下から階段を上って行く。3つの大きな城門（ポータル）の1つを抜けると、広い外庭があり、その内部に家畜小屋と食糧貯蔵庫、6〜7の小さな中庭がある。王の住居と行政官室は敷地の内部深くに置かれていた。配置は軸的でも対称的でもなく、対角線状になっている。

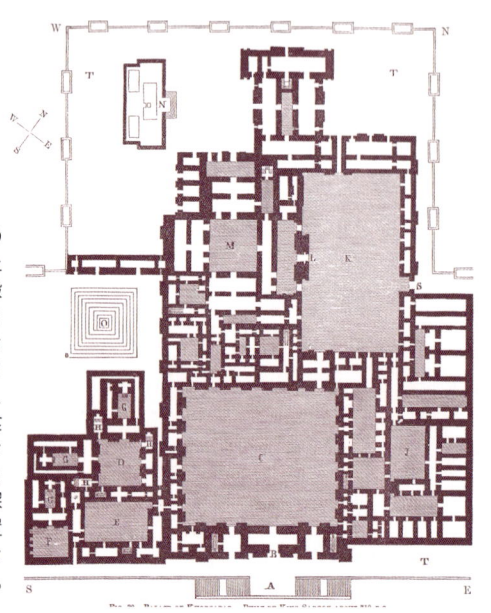

トンネル・ヴォールト
これはアッシリア人によって用いられたヴォールト構造の初期の例である。このヴォールトは、迫り枠（仮設の木枠）なしに直接垂直部から円弧を描き始めている。この方法はおそらく、地下の上下水道や宮殿の狭い部屋のヴォールトにも用いられたであろう。

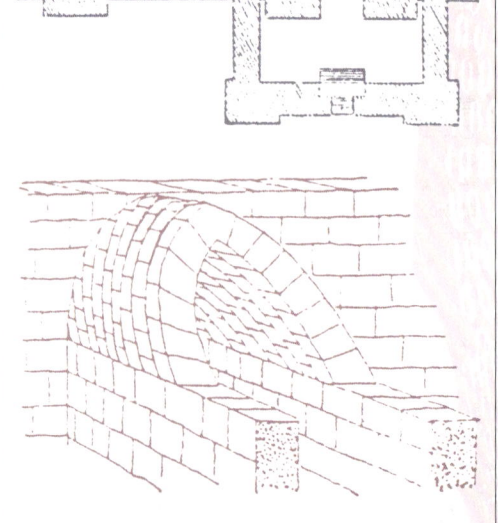

バビロニア／アッシリア／ペルシャ

天体観測所／コルサバード宮殿（紀元前720年）

古代の宮殿(前ページ参照)と同じく、このコルサバードのジッグラトも7段になっているが、違う点は中心の位置が後方にずれていないことである。また各段の周りのテラスが斜面になり、塔を渦巻状に巻きながら頂上に導くようになっている点である。これはバビロンのバベル(ベルス)の塔と同じである。またこの塔は、ビルス・ニムルドの神殿と同じ規範で彩色されていた。

サルゴン宮殿の門

サルゴン宮殿の主要な門はアーチ形の入り口になっており、胸壁上部にはアッシリア独特の棟飾りが施されている。その棟飾りは聖なる山を象徴化したものである。

宮殿中庭／コルサバード宮殿

これは宮殿中庭の一角を想像に基づき復元したものである。行政官室の壁は浮き彫りが施されたアラバスターのスラブで覆われ、王の雄姿、歴史的戦い、人間や動物の写実的な絵が描かれていた。その上方の壁面はスタッコの上から顔料で絵が描かれていた。外壁はピラスターとパネルで整然と分節化されていた。

宮殿室内／コルサバード宮殿

これはコルサバード宮殿の、ある重要な部屋を想像に基づき復元したものである。壁の低い部分はアラバスターのスラブが直線状に並べられ、その上部の開口部から光が入ってくる。宮殿内の狭い部屋や通路はヴォールト構造になっていたが、王や王妃の部屋は木の天井が張られていたようだ。

歩行者入り口／コルサバード宮殿

徒歩で旅をしている者のための入り口は、いかめしい姿の人間の頭部を持つ有翼牡牛像で固められている。牡牛像の真ん中に立つのは、ライオンを絞め殺している巨人の像である。

世界の建築様式の歴史

Babylon, Assyria, Persia

ニネベ、ニムルド、クエンジクのアッシリア宮殿

　アッシリア時代に、ジッグラトを持つもの、持たないものを合わせて、多くの神殿が建てられたが、後期アッシリア時代になると、王の中央集権的な力を示す宮殿が重要な役割を担うようになった。紀元前9世紀にニムルドの町が要塞都市として再建され、城壁内部に宮殿が建てられた。宮殿内部には集会のための広い庭があり、東側には一続きの住居、南側にはいくつかの大きな式典場があった。これはその後のアッシリア様式の宮殿の基本的な配置となり、王の権威と栄光を象徴するものとなった。ニネベ、ニムルド、クエンジクの宮殿跡（紀元前8〜7世紀）は同様の平面計画を持ち、テラスに囲まれた1段高くなった土台の上に建造された。

アッシリア装飾様式
ニネベ遺跡から出土した浮き彫り装飾のある縁飾りには、人面有翼牡牛と意匠化された植物が見られるが、この植物は神聖な木の象徴だと思われる。花と動物を図案化した縁飾りは天井の梁にも描かれ、金や宝石の象嵌が施され、さらに華麗に装飾されていたようだ。

怪獣グリフィンの浮き彫り／ニネベ
アッシリアの浅浮き彫りは写実的な力強い男性や動物の姿が特徴で、骨格や筋肉の動きなどの解剖学的観察に裏付けられていることがうかがえると同時に、建築装飾用にデフォルメする芸術性の高さにも驚かされる。巨大な石のパネルやオーソスタット（石製の腰羽目板）が高い壁の層を、あるいは長い壁のフリーズを飾っている。主な主題は、猛獣や、牡牛、ライオン、グリフィン（ライオンと鳥が合体したもの）などで、ときに王がそれらを殺す場面が描かれ、王の勇敢さと、悪に対する善の勝利が象徴化されている。

舗道スラブ／クエンジク中央宮殿
この装飾舗道スラブは、外側が蓮の花をモティーフにした模様（古代エジプトの装飾紋様と同じ）、内側が別の植物の模様になっており、その間にバラ形装飾（ロゼッタ）の細い帯が通っている。

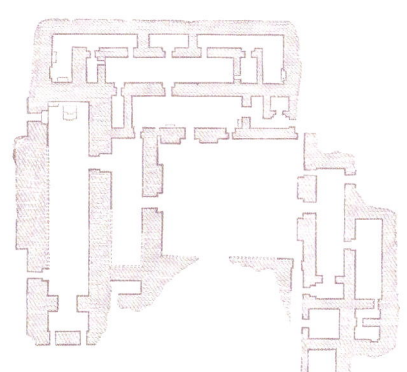

バビロニア／アッシリア／ペルシャ

アッシリアの柱頭
ニネベ遺跡から発掘された物の中に、アッシリア（またはギリシャ）の職人たちが用いた建築的ディテールを描いた浅浮き彫りが発見された。この渦巻模様は、ギリシャのイオニア式とコリント式のものと似ている。

平面図／北西宮殿／ニムルド（紀元前884年）
ニムルドの段丘に建てられた最も古い建築物の1つであるこの宮殿は、中心部に広い中庭を持ち、主入り口に達している。主入り口は、牡牛に守られた階段を上ったところにあり、大広間へと通じている。大広間の東側には居室が並び、そのなかには王に仕える女性の間（ハーレム）もあった。南側には式典場が並んでいる。

アッシリア宮殿の復元図
多くの建築歴史家が、推測に基づきアッシリア宮殿の復元図を完成させている。ジェームズ・ファーガソンの復元図には宮殿の主な特徴が描かれているが、そこには胸壁のあるテラス、王に対する尊崇のしるしである美しい曲線階段、光を取り入れるための壁のない上階、鋸壁のある屋根棟などが描かれている。

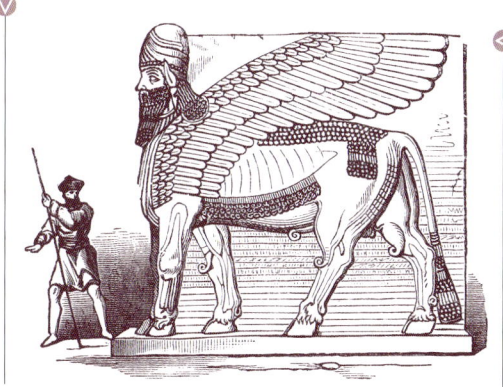

ラマス（人面有翼牡牛）
ラマスは王宮の門を悪の侵入から守っているが、それはライオンの獰猛さ、遠くまで見通す鷲の眼力、人間の叡智と知性を兼ね備えている。

ディヴァヌブラのオベリスク（紀元前800年）
日干しレンガと焼成レンガで作られているこのオベリスクは、背の高い台形をしており、最上部が段状になっている。浮き彫りと碑文から、墓碑のような役割をしていたと推測される。

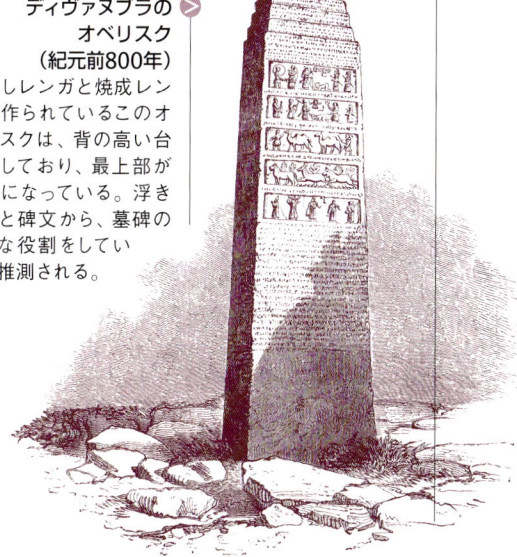

33

世界の建築様式の歴史

Babylon, Assyria, Persia

ペルシャ建築：ペルセポリス宮殿

　紀元前6〜4世紀のペルシャ建築については、主にパサルガダエ、スーサ、ペルセポリスの宮殿や神殿の遺跡からうかがい知ることができるが、エジプトとギリシャの影響を受けながら独自の発展を遂げていた。ペルシャがアッシリアの建築技法を継承していたことは、土台や石畳の上に建築物を築いたこと（動物や王の戦士の彫像が並ぶ巨大な長い石の階段を通って、ようやく入り口に達するものもある）、大規模な浮き彫り装飾、彩釉レンガによる華麗な装飾などで明らかである。ペルセポリスは規模の大きさで他を圧倒しており、多くの列柱からなる巨大な四角形の謁見の間（アパダーナ）、巧妙な建築物の配置、石の多用などが際立っている。

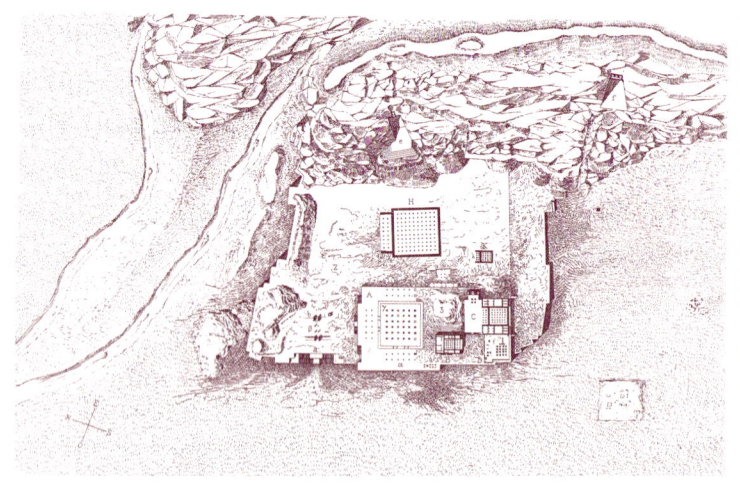

平面図／ペルセポリス（紀元前521〜465年）
全体が壁で囲まれ、その中に3つの大きなテラスがある。中央の高いテラスの側面には低い土台がいくつかあり、これらの基礎の上にダレイオス大王とその息子クセルクセス王の宮殿の遺跡がある。北側のテラスの上にはクセルクセス王のプロピライア（万国の門）があり、その他の建築物は中央テラスの上にあった。

ダレイオス大王の宮殿（紀元前521年）
この復元図によると、左右の折れ階段を上ると開放的なロッジアがあり、その先に大広間がある。建築物の屋上には一段高くなった基壇ターラールがあり、その上で王（最高位の神官でもあった）が宗教的儀式を執り行った。この復元図はダレイオス大王の墳墓に刻まれた宮殿の図をもとにしている。

人面有翼牡牛／100柱の間
100柱の間の手前に、アッシリアのニネベやニムルドにある人面有翼牡牛（ラマス）に似た巨大石像に守られた入り口がある。そのすぐ背後の門楼の壁は日干しレンガでできているが、それは多色の彩釉レンガで被覆されていた。

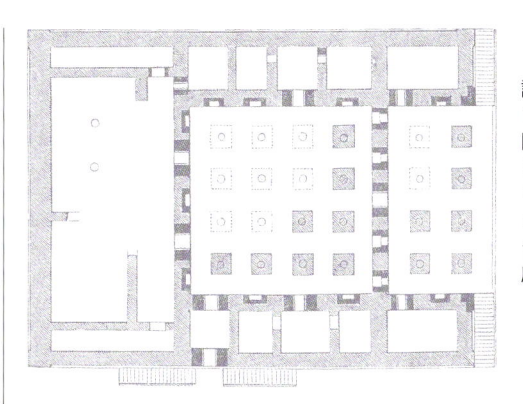

バビロニア／アッシリア／ペルシャ

平面図／ダレイオス大王宮殿
謁見の間（アパダーナ）は16本の円柱からなり、周囲を小区画が囲んでいる。4隅の塔には階段とその上の見張り台があったであろう。西側のポルティコからは開放的な中庭が望まれたであろう。

ダレイオス大王宮殿のファサード
宮殿へはテラスの左右の端から延びる広い階段を上って行く。ポルティコを通り抜けると入り口がある。この入り口には浮き彫りとフルートの彫られたコーニスがあり、それはエジプトの神殿にあるものと似ている。

大階段からの眺め
左側にクセルクセス王のプロピライアがあり、その後ろ右側にクセルクセス王のアパダーナの円柱が立つ。遠景に小さく見えるのが、ダレイオス大王とクセルクセス王の小広間である。

階段の石造胸壁
クセルクセス王の謁見の間へと続く階段には、行進している戦士を描いた浮き彫りのあるパネルが並んでいる。槍を持つ兵士が2人はっきりと見えるが、人物像がバラ形装飾（ロゼッタ）や蓮の花弁などの植物を意匠化したものと結合されて建築的装飾として用いられている。

ダレイオス大王宮殿の中央門
エジプト様式のコーニスを別の角度から見ると、門の抱きの部分の石のスラブには、日傘をさしている従者に守られて今この門に帰ってきた王の姿が描かれている。

世界の建築様式の歴史

Babylon, Assyria, Persia

ペルセポリス：クセルクセス宮殿

　ダレイオス大王（紀元前522～486年統治）と彼の息子クセルクセス王（紀元前486～465年統治）の宮殿は、王の住居という機能と同時に、神殿という機能も果たした。大広間と宮殿居室の複合体は、王とその側近のための住居という機能と、儀式を執り行い統治を行う場所という機能を結合させていた。王は統治に関するすべてにわたって唯一無二の崇高な役割を担う最高権力者であると同時に、人民のための最高位の神官でもあった。宮殿は、世俗と宗教的権威の統合の象徴であった。神殿――おそらく木造の基壇と天蓋からできていたであろう――は宮殿の屋上に造られており、王は彼を崇拝する臣下の眼前で、天体に対する尊崇の儀式を行った。

南側広間の石柱／クセルクセス王謁見の間
クセルクセス王謁見の間は円柱で支えられた正方形の大広間で、4隅に塔があり、3側面にポルティコがある。そこへは2基の石の階段が通じている。フルートの彫ってある背の高い円柱の上には背中合わせの牡牛の柱頭があり、それが平らな木造の屋根を支えている。ヒマラヤ杉材の梁の下側には、豪華な装飾が施されていたであろう。

▷ 平面図／謁見の間および宮殿居室（紀元前485年）
宮殿は、左右対称の2基の折れ階段を上った高い基壇の上に建てられている。12柱構えの開放的なポルティコの奥の壁には2つの扉があり、その先に謁見の間（アパダーナ）がある。その両側2列に居室部分が並ぶ。居室部分の中心は4本の円柱を持つ正方形の部屋で、その部屋の奥には小さな部屋が3室並び、手前側には護衛室がある。謁見の間の36本の円柱は等間隔に並び、光は6つの窓から入る。奥には狭いテラスへ続く扉があり、そこから下のテラスへと階段が通じている。

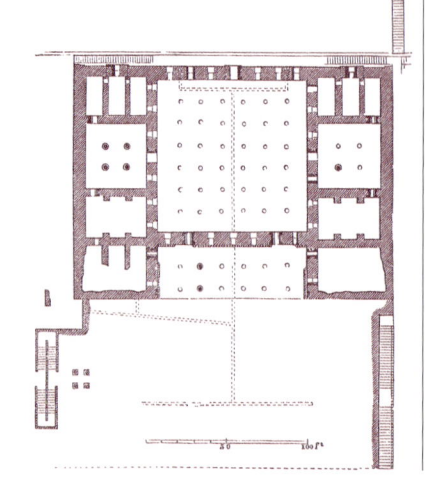

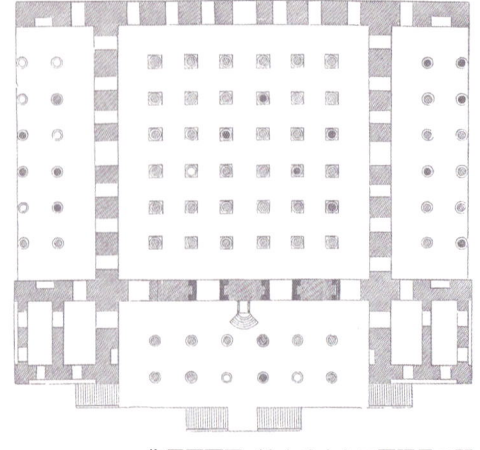

復元平面図／クセルクセス王謁見の間
階段を上ると、3つの開放的なロッジアのうちの1つに立つ。そこから扉を開け進むと、36本の円柱で支えられた中央の大広間、クセルクセス王謁見の間に入る。その3側面にはポルティコがある。

バビロニア／アッシリア／ペルシャ

西側ポルティコの円柱
この円柱はペルセポリスのなかではめずらしく上に向かってやや細くなっている。細いフルートの彫られた柱身は、円盤形の柱礎との間にトーラスとフィレットをはさみ、上に伸びている。その上には、頭部と首だけの2頭の牡牛が背中合わせに合体している空想的な像の柱身が載っている。

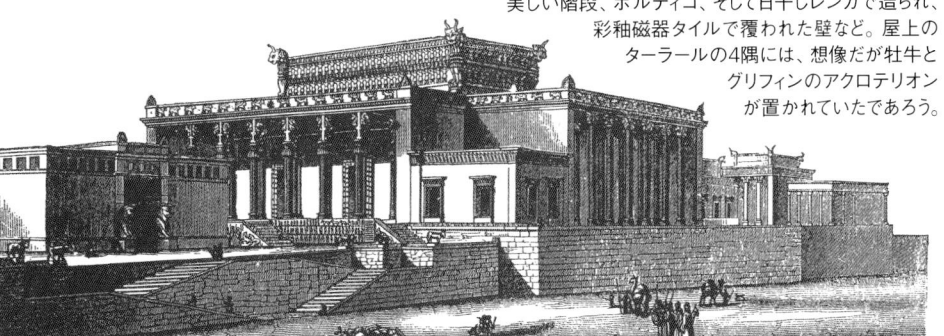

北側ポルティコの円柱
釣鐘の形をした柱礎の上に、西側と同様の細いフルートを彫った柱身が立っているが、柱頭の形は非常に変わっている(これもまたペルセポリスにはめずらしい)。基部は蓮の葉をかたどっており、その上が凸面に膨らみ、さらにその上にⅠ形の上部が載っている。その中心部にはフルートが彫られているが、"Ⅰ"の横棒の部分は内側に向けた二重の渦巻形になっている。

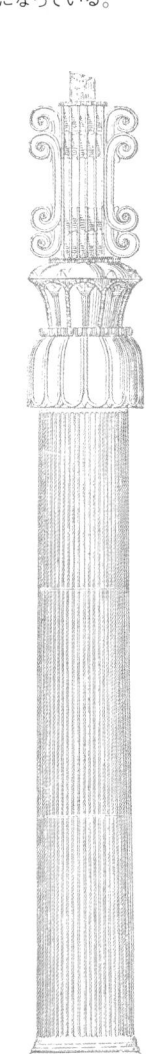

踊り場付き折れ階段
クセルクセス宮殿へは踊り場付き折れ階段を上っていくが、その階段には戦士と槍を担いだ兵士が行進する浅浮き彫りのあるフリーズが並び、最上段と最下段には獰猛な野獣が闘っている姿が彫られている。外側の壁には、意匠化された植物が彫られたスラブが並んでいる。

100柱の間
この広大な正方形の大広間は、ペルシャ帝国の偉大な建築的創造物である。採光は入り口壁の上の石の回り枠に造られた7つの窓から得る。この復元図は内部の様子を想像して描いたものである。巨大な円柱の柱頭には2頭の牡牛の腕木(ブラケット)があり、それによって支えられた天井には、漆喰の上から鮮やかな顔料で絵が描かれていた。その屋根の上には、ターラールと呼ばれる宗教的儀式のための基壇があった。

クセルクセス王の大広間
この復元図は大広間のいくつかの重要な特徴を描き出している。美しい階段、ポルティコ、そして日干しレンガで造られ、彩釉磁器タイルで覆われた壁など。屋上のターラールの4隅には、想像だが牡牛とグリフィンのアクロテリオンが置かれていたであろう。

世界の建築様式の歴史

Babylon, Assyria, Persia

ペルシャ建築の名工

ペルセポリスには、ペルシャ帝国の版図全域から名工が招集された。建造物全体にわたって、王の居場所として、また神を祀る神殿としてふさわしい仕上げが細部まで入念に行われた。壁面の一部が反射率を最高度に高めるまで磨き上げられていること、石の彫刻の細部の仕上げの線が非常に純粋で鋭いことなど、ダイアモンドの刃が使われていた形跡がある。同時に石工の仕事はかなり大掛かりで、窓や、扉の回り枠（階段の段板も）など、一枚岩から掘り出されているものもある。木工技術も非常に精密で、大きな梁には細密な繰型が施されていた。木材のなかには表面に厚い貴金属の板が張られていたものもあり、金や象牙、緑色の蛇紋石が象嵌されているものもあった。浮き彫りのあるフリーズは、トルコ石のターコイズや、赤、黄などの顔料で彩色され、また厚いレンガの壁は漆喰で被覆されていた。

▽ 円柱
牡牛の柱頭を持つ背の高い円柱がポルティコや列柱大広間の屋根を支えるために用いられ、先行する古代エジプトの影響がうかがえる。しかしそれが支えるのは石材ではなく木材であったため、エジプトの円柱よりも細く、高く、しかも広く間隔を開けることができた。

△ ペルシャの木造建築
この斜めに見上げた形の精密画は、ペルセポリスの大広間の一角を復元している。日干しレンガの壁、繰型の施されたヒマラヤスギの梁、2頭の牡牛の柱頭、フルートの彫られた細い円柱などが見える。

▷ 渦巻模様とバラ形装飾
イオニア出身のギリシャの職人がペルセポリスで働いていたことが知られている。渦巻模様の細部装飾は彼らによって持ち込まれたと思われる。中央のバラ形（ロゼッタ）は太陽と豊饒のシンボルである。

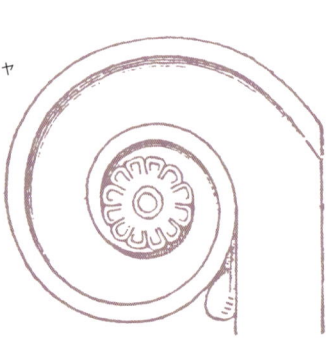

△ 柱頭
凸形に膨らんだ基礎は椰子の葉形の模様で装飾され、途中でくびれた後、外側に向かって開き、フルートの彫られた長方形の柱身を支えている。その上端と下端には1対の渦巻模様がある。

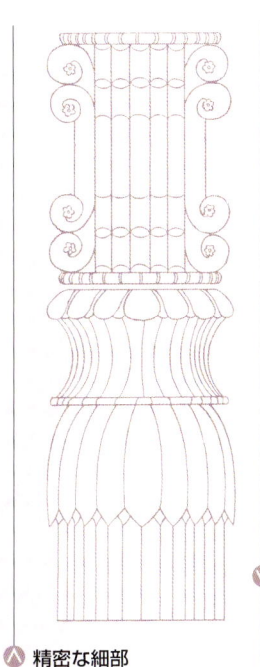

バビロニア／アッシリア／ペルシャ

ダレイオス大王墳墓／ナクシュ・イ・ルスタム（紀元前485年）

この十字形の墳墓のファサードは、崖の面を直接削って造られている。中央部分は宮殿のポルティコ（おそらくペルセポリスのダレイオス宮殿のもの）を模しており、牡牛の柱頭を持つ4本の円柱がある。墳墓の内部へは中央の扉から入っていく。ファサード上部では、2列の担ぎ手が王の檀を担ぎ、その上で王は火の祭壇に祈りを捧げている。有翼日輪の像はアシュール神か、死者となった王の魂であろう。

精密な細部

ペルシャ式柱頭の異なった部分が、この線描画では非常に明瞭に描かれている。最上部は直方体で、各側面にフルートが彫られている。その下が円筒形を基本とした形である。この2つの部分だけで5m以上の高さがある。

多様性と変化

壁面、柱礎、柱頭を飾る彫刻は非常に変化に富んでいる。アッシリアの彫像由来のラマス、葉飾りの図案、エジプト由来の釣鐘形の柱礎、フルートの彫られた柱身、ギリシャ由来の渦巻模様など。2頭の牡牛（馬）の柱頭だけがペルセポリス独自のものである。

岩窟墓

ペルシャ王のための墳墓は、独立した建築物の場合も、崖をくりぬいた岩窟墓の場合もある。岩窟墓の前面には宮殿のファサードと同じ形がくりぬかれ、像が立っている。ペルセポリスから北へ数km離れた岩山の高い崖の上に、ダレイオス大王とその3人の後継者のための墳墓がある。

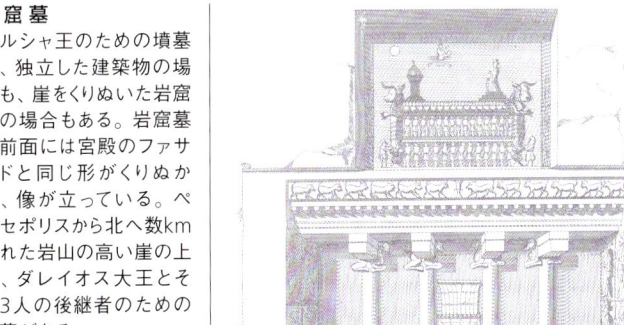

39

古代・古典インド

Early and Classical India
紀元前300～紀元1750年

ストゥーパとスタンバ

現存するインド最古の建築物は、紀元前5世紀に創設された仏教教団によって建てられたものである。仏教建築のなかで重要な位置を占めるのがストゥーパで、ダガバ、トペとも呼ばれている。ストゥーパは円墳が起源であったが、ブッダ（紀元前483年没）やその弟子の遺骨がその中に納められるようになると、遺物を祀る寺院としてブッダとその教えを象徴する建築物となった。仏像が登場するまで、礼拝の主要な対象はストゥーパであった。ストゥーパはまた、聖なる場所や出来事を記念して建てられた。関連する建造物としては、独立した塔であるスタンバ（ラスともいう）がある。それは大きなストゥーパに隣接して、また重要なチャイティヤ堂の前に、1本または2本必ず建てられた。

ストゥーパの装飾

初期のストゥーパの大半は装飾がなかったが、後期のもの、特に紀元2～3世紀以降のものは、かなり精巧な装飾が施されていた。これはデカンのアマラバティーの巨大ストゥーパの内部を復元した図であるが、内部はスタッコで仕上げられ、その上を大きなメダル、花冠、そしてブッダの生涯を描いた絵が飾っている。

トラナ

ストゥーパの周りの欄干（ヴェーディカー）は、東西南北の基本方位がトラナという門で区切られている。構造は簡単で、2本の支柱を3本のアーキトレーブ（化粧縁）で連結したものであるが、ここサーンチーのものは凝った浮き彫り装飾が施されている。トラナの浮き彫りを凝視することで、礼拝者はプラダクシナ（聖地巡礼）に必要な心の状態に入っていく。

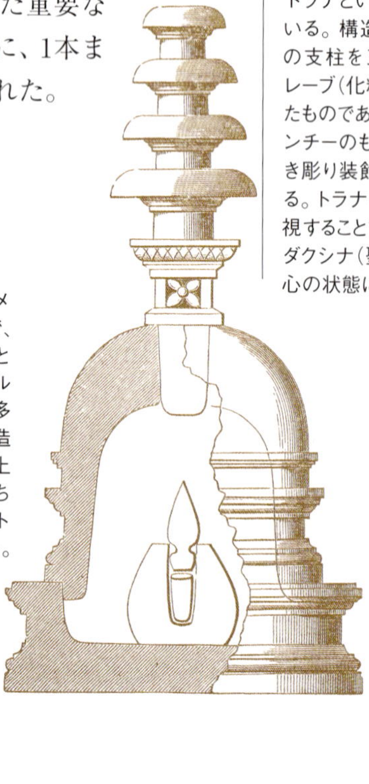

ストゥーパのエレメント

ストゥーパの中心的なエレメントは、その半球のドームで、アンダ（「卵」を意味する）と呼ばれる。頂上のピナクルの上にティーと呼ばれる、多くが欄干で囲まれている構造物が載っている。ティーの上からヤスティという柱が立ちそれが傘形の構造物（チャトラ、数は不定）を支えている。図には遺骨を納める棺が描かれているが、その形はそれが納められているストゥーパに似せて造られている。

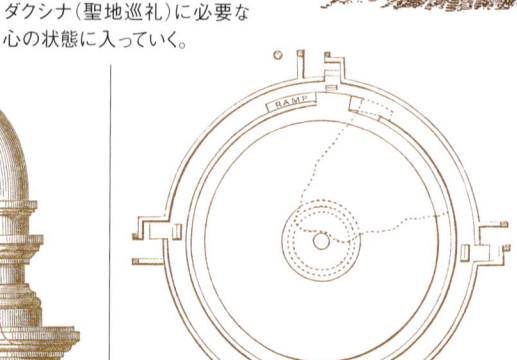

プラダクシナ

礼拝はストゥーパの周りを時計回りに回ること（circumambulating）によって行われた。その儀式はプラダクシナと呼ばれている。それはヴェーディカーで囲まれた石畳の歩行路で行われた。

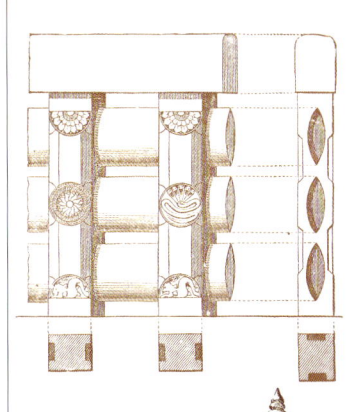

古代・古典インド

ヴェーディカー
ストゥーパの周りを囲むヴェーディカー（欄干）は、それ自体重要なエレメントである。それは聖域の境界を印すものであり、多くが鳥、花、動物、神話上の動物を図案化したメダルで豊かに装飾されていた。

装飾柱頭
装飾的なくびれの上にスタンバの柱頭が載っている。多くがペルシャ様式──より正確にはペルセポリス様式──である。これは紀元1世紀のもので、馬と象の上に人物が乗っている。

後期のスタンバ
スタンバは紀元17〜18世紀頃まで建てられ続け、特にジャイナ教では多くが寺院の前に建てられた。このジャイナ教のものはマナスタンバと呼ばれ、その柱頭に小さなパヴィリオンを戴いている。スタンバはヒンズー教でも用いられ、ディプダン（灯明塔）と呼ばれている。

初期のスタンバ
最も古いスタンバはアショーカ王（紀元前269〜232）の建てたものである。それは木製のもの（現在消失している）を雛形にしていたようで、表面に仏教の教義と歴史的事実が刻まれている。円柱のくびれの部分にはスイカズラの装飾があり、ペルシャとアッシリアの影響を受けていたことがうかがえる。

世界の建築様式の歴史

Early and Classical India

チャイティヤ堂

インド仏教建築のなかで最も神聖なものが、チャイティヤ堂である。チャイティヤ堂は会衆のための礼拝堂であるが、その平面構成と機能はロマネスクやゴシック教会と比肩しうる。しかし教会と違い、チャイティヤ堂はほとんどが自然の岩山を鉄の鑿と槌でくりぬいて造った石窟である。現存する最古のものは紀元前2世紀に造られたもので、ペルシャやミノアの石窟からいくぶん影響を受けていたのではないかと思われる。紀元500年頃まで造られていたようだ。チャイティヤ堂内部は2列の柱列により、側廊と身廊に分けられ、その奥に礼拝の対象である、石を削って造られ奉納されたストゥーパ――チャイティヤともいう――が納められている。ストゥーパの形と、それを周回するプラダクシナの歩路のため、チャイティヤ堂の奥は半円形になっているが、それはキリスト教教会の最奥部であるアプス（後陣）と非常によく似ている。

◭ 木造遮蔽物
石窟のチャイティヤ堂の前面には木造の遮蔽物があったようだ。下部には1つか2つの扉があり、上部には採光のための窓もあったようだ。ここデカン高原バージャの初期のチャイティヤ堂の木造遮蔽物もすでに消滅しているが、それを固定するための軸受け穴が残っている。遮蔽物はその後も造られていたが、石造のものに変わっていった。

▷ 木造チャイティヤ堂／チェザーラ
最古のチャイティヤ堂は、木造の独立した建造物であったようだ。現在まで残っているものは皆無だが、チェンナイ市の近くにあるこのレンガと石で模造したものを通じてその姿を想像することができる。紀元2〜3世紀に建てられた同様の構造のものは、デカン高原のテルに現存している。

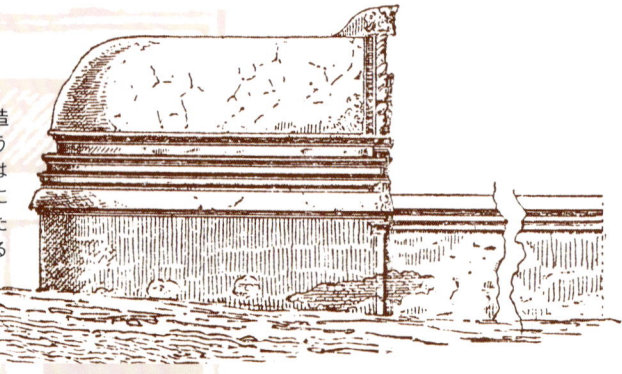

古代・古典インド

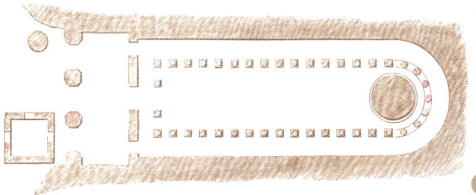

チャイティヤ堂／カールリー（紀元1世紀）
初期のチャイティヤ堂のなかで最も大きく、最もよく保存されているのが、デカン高原カールリーのものである。基本的な配置──2列の柱列、一番奥にストゥーパ──は変わらない。チャイティヤ堂内部は比較的簡素であるが、柱の彫刻は圧巻である。

大チャイティヤ窓
上部の大チャイティヤ（太陽窓）は、チャイティヤ建築の中心をなすもので、堂内に日光を取り込んでいる。馬蹄形のデザインは、ガヴァクシャとも呼ばれ、チャイティヤ堂のファサードのデザインに繰り返し用いられている。この形はその後ずっと仏教建築に多く用いられるようになった。

ストゥーパ
岩を削って造るストゥーパの多くが、華麗な装飾を施されている。大きな窓を通して入ってくる日光は、直接このストゥーパを照らし出し、それは比較的暗い周囲から浮き出て見える。このカールリーのストゥーパは下部の円筒部が2段になっており、その間に欄干の装飾がある。その上にティーと、精巧な造りの木製の傘が載っている。

チャイティヤ堂屋根
基本的にチャイティヤ堂の屋根は半円筒ヴォールトで、側廊の上にも半ヴォールトが載っている。両者ともリブを有しているが、木製のものと、木製に似せて石を切り出したものとがある。このデカン高原アジャンタのチャイティヤ堂は、例外的に高いトリフォリュウムを有しており、それは当初漆喰で塗られ、精密な絵が描かれていた。

43

世界の建築様式の歴史

Early and Classical India

ヴィハーラ

初期の仏教建築を代表するもう1つの建造物がヴィハーラ(僧院)で、現存する最古のものは紀元前2世紀のものである。大半が簡素な石窟で、修道僧が礼拝し、眠る場所であった。中心となるエレメントは、礼拝の対象(ストゥーパか仏像)と、修道僧の独房(ベッド用の石の檀がある)、そして瞑想のための聖堂である。ヴィハーラの多くが僧院複合体として建てられている。最も有名なものが、デカン高原アジャンタの石窟群である。ヴィハーラは紀元前2世紀の後半から紀元5世紀までの間に建造され、後期に建造されたものは華麗な装飾が施され、インド芸術の歴史のなかでも異色である。ヴィハーラは、仏教と同時期に興ったジャイナ教の信徒によっても建造されている。

独 房
大チャイティヤ窓の形に由来する馬蹄形のアーチが、修道僧の眠る場所である独房の入り口にも造られている。後期にはかなり複雑な構造に進化していき、ドーム形の屋根や彫刻の施されたファサードを有するようになった。

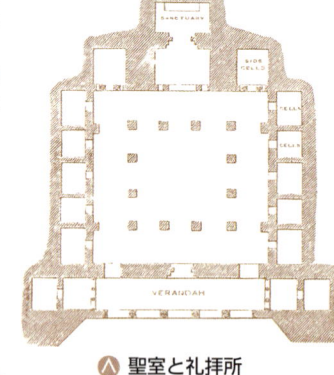

聖室と礼拝所
紀元5世紀頃にはヴィハーラの中に礼拝所と聖室が設けられ、チャイティヤ堂から分かれて独自に礼拝が行われるようになった。聖室は入り口の反対側にあり、ストゥーパまたは仏像が置かれていた。

独立建造物のヴィハーラ
現存する最古のヴィハーラは岩をくりぬいた石窟であるが、もともとはチャイティヤ堂と同じく独立した建造物だったようである。最近の文献によれば、ピラミッド型をしており、木の柱によって数階の広間が積み上げられた形をしていたようだ。

ヴィハーラとチャイティヤ堂
初期の石窟ヴィハーラはチャイティヤ堂の隣に、しかし独立して造られていた。奥に独房がいくつかあるだけの単純な四角形の広い空間で、当初は隣接するチャイティヤ堂に勤行に行けばよかったので、そこに礼拝所を設ける必要はなかった。

古代・古典インド

▽ サ ラ
後期のヴィハーラのなかには、サラと呼ばれる小さな部屋を持つものがあった。サラは主に教室として使われていたが、食堂（ダルムサラ）として、あるいは礼拝の場所としても使われていたようだ。

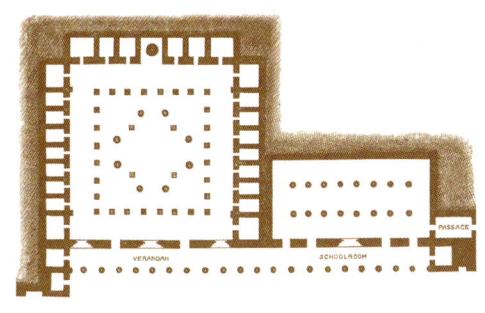

▽ ヴェランダ
大半のヴィハーラの前には、ヴェランダ（広いポーチ）があった。そこは外界と石窟広間の間の移行の場所であり、主に装飾が施されている場所である。柱は彫刻され、壁面にはフレスコ画が描かれていた。

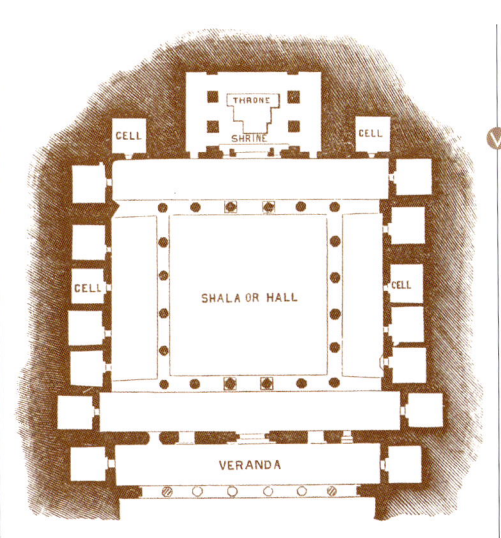

▽ 石造ヴィハーラの構造
現在はパキスタン北部となっているガンダーラでは、ヴィハーラはどれも石造の独立した建造物であった。紀元3世紀のこのタフテ・バフィーの修道院は、中央にストゥーパのある中庭（A）、ブッダの像の壁がんのある庭（B）、サンガラマと呼ばれる居住区（C）、ウパサナサラと呼ばれる集会場（D）からなっている。

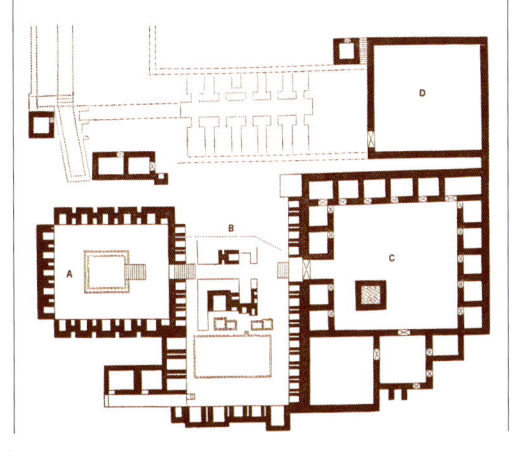

△ 列柱室
ヴィハーラがより大きく、より豪華になるにつれて、広くなった天井を支えるため、広間内部に多くの柱が立てられるようになった。最初は4本、そして12本、後期には20本以上の柱を持つものも現れた。デカン高原アジャンタのこのヴィハーラは、柱、屋根、壁面がすべて多色の壁画で飾られていた。

世界の建築様式の歴史

Early and Classical India

石窟寺院

　紀元6世紀になると、インドでは仏教が衰退し、各地にヒンズー教王朝が復活した。ヒンズー教の下で寺院は、神の居場所として独特の建築様式を発展させていった。インドの寺院建築は、ヒンズー教もジャイナ教も基本的には変わらない。建築に関するインドの古典的書物であるシャーストラはインドの寺院建築を3つに分類しているが、それは宗教別ではなく、地理的に分類されている。1つは南インドに属するドラヴィダ様式で、もう1つが北インドに属するナガラまたはインド・アーリア様式である。3つめのヴェサラまたはチャールキヤ様式はこの2つの様式の混合で、主に中央インド（デカン高原）に多く見られる。現存する初期の寺院のなかで最も完成された姿を示しているのが、ドラヴィダ様式である。

ドラヴィダ様式の塔
ラタはどれも独特の目立つ塔（ヴィマーナ）を上に載せている。それは華麗な基壇（タラ）を積み重ねたような形をしており、一番上にシカラ（ナガラ様式の塔の説明にでてくる同名のものと混同しないこと）と呼ばれるドームのような飾りを戴いている。この塔の形が、その後のドラヴィダ様式を最もよく特徴づけるものになる。

ラタ

ドラヴィダ様式を最も純粋な形で残しているものがマラマプラムにある。それは紀元7世紀に造られたモノリス的な独特の形状の寺院群で、ラタ（「礼拝のための荷車」または「山車」を意味する）と呼ばれている。それらの寺院は、花崗岩の石塊をくりぬいて造られており、表面は粗仕上げのままである。ラタは実際の建造物（おそらく初期の独立した建造物であるヴィハーラ）を模して造られたものである。

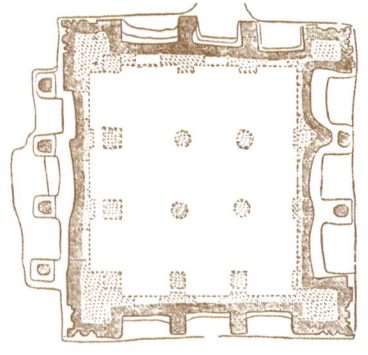

平面図／ドラヴィダ様式寺院
ドラヴィダ様式の寺院は、平面的にはあまり目だった進化は見せていない。内部は単純な空間で、数は少ないが柱を持っているものもある。

古代・古典インド

インドラ・サバー石窟／エローラ（紀元9世紀）

エローラには、ヒンズー教徒だけでなく、ジャイナ教徒によって築かれた寺院もある。それらはカイラサ寺院（下）に見られるドラヴィダ様式に比肩しうるほどに芸術的価値が高い。最も優れたものが、右のインドラ・サバー石窟である。柱にはギリシャのアカンサスを彷彿とさせる豊かな葉形模様が彫られている。

獅子柱／ママラプラム（紀元7世紀）

この彫刻柱はドラヴィダ様式を特徴づけるもので、ママラプラムで発見されたものの典型である。柱礎が座る獅子（ヴァリス）──パッラーヴァ朝の象徴──で、柱頭がフルートの彫られた座布団形（クンバ）になっている。クンバの上は、イダルと呼ばれる開いた蓮の花のように外側に広がる部分になり、その上がパラガイと呼ばれる幅が広く薄いアバクスである。

ヴィシュヌ神像

ヒンズー教の像のなかで最もよく目にするのが、ヴィシュヌ神の像である。ドラヴィダ様式の寺院のなかでも最古の6世紀のバダミ石窟では、ヴィシュヌ神は5つの頭を持つアナンタと呼ばれる蛇の上に座っている。

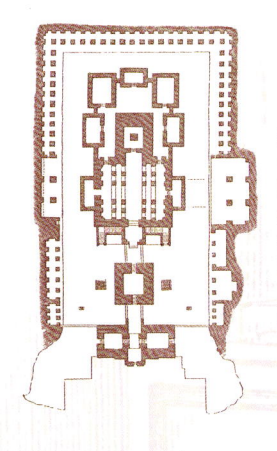

カイラサ寺院／エローラ（紀元8世紀）

8世紀半ばに築かれたこの寺院は、石造寺院の絶頂期に当たり、ドラヴィダ様式が初めて全面的に開花したものである。カイラサ寺院（左下）は独立した建築物で、これ以降寺院は石窟から離れ、内部も彫刻的なものから石材を組み合わせたものに変わっていく。

47

世界の建築様式の歴史

Early and Classical India

寺院：平面構成と内部

インド寺院の平面構成は厳密な規範に基づいているが、それは、正確な比率で建てられた建築物は宇宙と調和し、社会に秩序をもたらすと信じられていたからである。寺院は東西を軸にして建てられ、日の出、日の入りの場所と整合し、マンダラと呼ばれる幾何学的平面図に基づいて設計された。最初すべての寺院は単一の簡素な聖室だけから構成され、その多くが柱を持つ独立したポルティコを有していた。時を経て、その聖室（ガルバグリハ）は装飾され、塔は目立つようになり、ポルティコは聖室に隣接する広間になっていった。5世紀から7世紀にかけて、インドの北と南、そして中央部で寺院はそれぞれ独自の発展を遂げ、3つの主要な様式——ナガラ、ドラヴィダ、ヴェサラ——へと発展していった（しかしそのなかでも場所によって建築的伝統は大きく異なる）。

柱
インド寺院、特にマンダパの内部で使われる柱の様式は、数100年をかけて徐々に変化していった。これは17世紀のもので、この頃になると彫刻は信じられないほど豪華に、多彩になってきた。図のたれ飾り（持送りの端から下向きに出ているもの）は、ドラヴィダ人が好んで用いたもので、プースポボディガイと呼ばれている。

ガルバグリハとマンダパ
インド寺院内部の最も聖なる場所が、ガルバグリハ（胎内の部屋）と呼ばれる狭くて暗い部屋、聖室で、そこには神の像が安置されている。その聖室の周りはプラダクシナと呼ばれる歩路で囲まれており、それは礼拝のための集会堂マンダパの奥にある。マンダパとガルバグリハの間の短い前室はアンタラーラと呼ばれる。

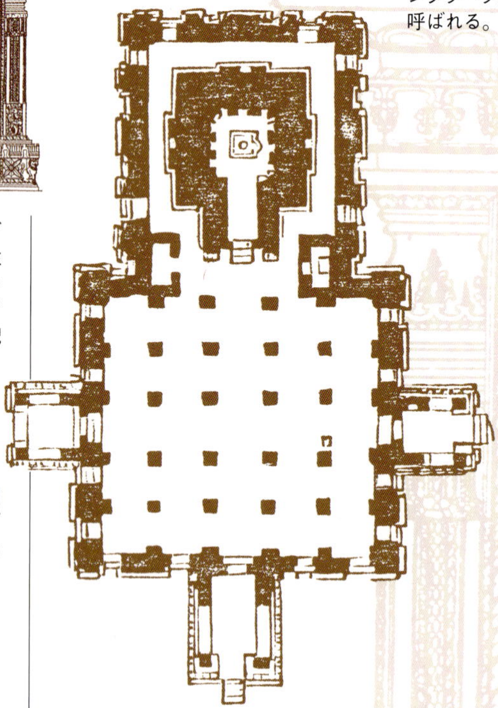

塔と屋根
ガルバグリハの位置は塔、スパイアによって外部から確認することができ、一方マンダパ（拝堂）の屋根はそれよりも低く、多くがピラミッド型である。この図のマンダパはオリッサ様式の特徴である、層が上に行くにつれて小さくなるピダと呼ばれる屋根を有している。

オリッサ様式
インド東部オリッサには、10～11世紀に絶頂期を迎えた独特の寺院建築群が残っている。平面構成は北部のスタイルを踏襲しており、正方形を基本に、多くが2つの空間からなっている。1つが地元の言葉でデウルと呼ばれる聖室で、もう1つが、ジャガモハンと呼ばれるマンダパである。

古代・古典インド

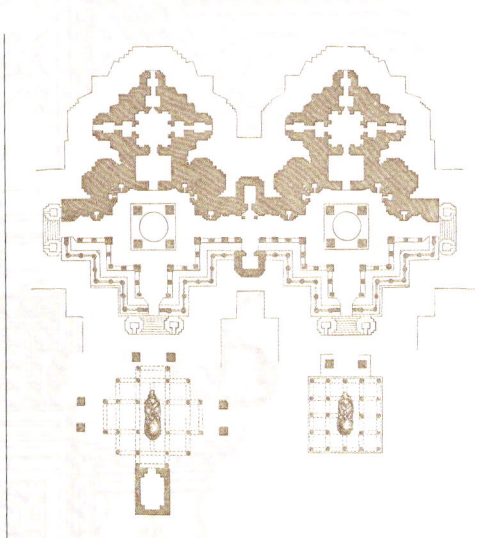

ホイサラ様式
3つの様式——ドラヴィダ、ナガラ、ヴェサラ——が主流であったが、各地には支配王朝の名で呼ばれるさまざまな亜流の様式があった。ヴェサラ様式の小区分であるホイサラ様式は、星形の聖室と2つの寺院が連結した平面構成が特徴である。

並列マンダパ
さらに複雑な平面構成には、軸に沿って複数のマンダパを並列させたものがある。各マンダパは舞踊、聖餐、奉納など特別な用途が定められていた。

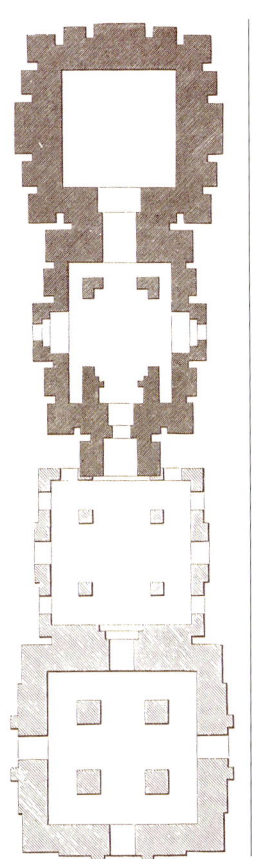

ポーチとマンダパの装飾
ガルバグリハの簡素で静謐なつくりとは対照的に、寺院の柱廊玄関とマンダパは非常に豪華に装飾されている。柱には神々や半神半人、天上界の存在が浮き彫りにされている。これはインド南部チダムバラムの寺院内部。

マンダパ・ドーム
マンダパ中心の開放的な空間の多くが、上部に持送りによって造られたドームを持ち、豪華な彫刻で装飾されている。インド西部アブ王朝（1032年以降）のジャイナ教寺院のドーム（右端図）には16体のヴィデャデヴィス神（智慧の神）が彫られており、中心にたれ飾りがある。

49

世界の建築様式の歴史

Early and Classical India

寺院：外観

　インド寺院建築においては、場所と方位に対して深い考察が行われ、建築の各段階も正確に日時を合わせて行われる。寺院と宇宙の構造の間には深い関係があると信じられていたからである。通常切石はモルタルを使わず、鉛直荷重によって固定される。石は土の傾斜路を通じて運ばれるが、時には全体の建築物の内部が土砂で満たされ、建築工事が終了した段階でそれらの土砂が入り口からかきだされるという方法がとられる場合もある。建築工事を指揮するのはスートラダーラと呼ばれる現場監督と総指揮者であるが、工事は多くの住民が参加して行われたようだ。寺院は通常強大な王朝の支援の下で建立されるため、それらの建築物は王朝の名前を冠した様式名で呼ばれる。

▽ アマラカ
この立面図はナガラ様式の小区分であるオリッサ様式を最もよく表している。正方形の土台の上に柔らかな曲線を描いて立ち上がる塔（シカラ）は、ブーミという水平の繰型で分節化され、その頂点にアーマラカと呼ばれる南瓜形の特徴的な構造物を載せている。その上にさらにカラシャと呼ばれる水瓶形の頂華が立ち上がっている。

△ シカラとヴィマーナ
インド寺院の2つの大きな様式の最も簡単な見分け方は、塔をよく見ることである。ナガラ様式（北部）の寺院は、シカラと呼ばれる曲線的な蜂の巣形の塔を持ち、一方ドラヴィダ様式（南部）の寺院は、ヴィマーナと呼ばれる多層のピラミッド型の塔を持っている。シカラというのは頂上や尾根を意味する語で、寺院は神の住む聖なる場所、山とみなされていたことを示している。

◁ 外部装飾
装飾（アランカーラ）は、寺院にとって不可欠のものとみなされている。この8世紀半ばに建てられたパッタダカイの寺院は、当時としては最も荘厳なもので、ドラヴィダ様式のモティーフ——背の高い柱、彫刻された壁がん、そしてガヴァクシャと呼ばれる馬蹄形のアーチ——で飾られている。

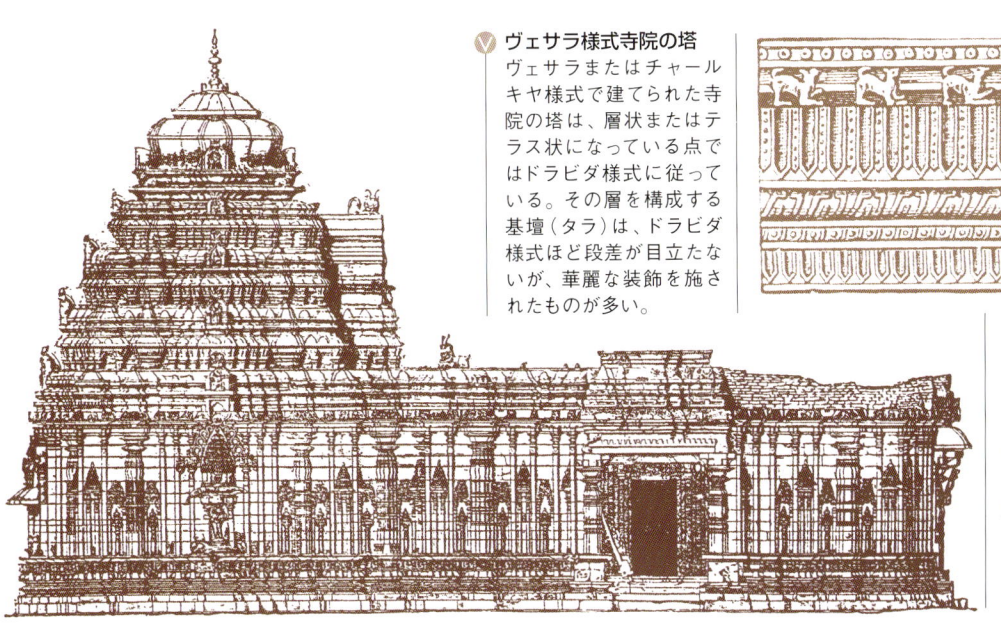

古代・古典インド

ヴェサラ様式寺院の塔
ヴェサラまたはチャールキヤ様式で建てられた寺院の塔は、層状またはテラス状になっている点ではドラビダ様式に従っている。その層を構成する基壇（タラ）は、ドラビダ様式ほど段差が目立たないが、華麗な装飾を施されたものが多い。

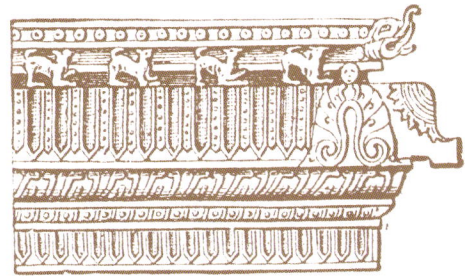

エンタブラチュア
インドの建築用語では、エンタブラチュアのことをプラスタラという。ヒンズーの彫刻装飾は非常に躍動的で、面の出入りを明瞭にするために深く彫り下げられている。

ピラスター（片蓋柱）
インド建築で使われているピラスターは、ギリシャやローマ建築で使われているものとよく似ており、壁面から少ししか突出していない。インドのピラスターは、すべて柱頭とブラケットを有している。

基壇
インド寺院は、多くが高く持ち上げられた基壇（アディスターナ）の上に建てられているが、それは建築物外側の彫刻を目の高さに持ち上げるためである。これはヴェサラまたはチャールキヤ様式で顕著である。

柱廊玄関
寺院の柱廊玄関は装飾で飾られ、仏教寺院の欄干と同じく、外界と聖なる空間の境界を印している。この柱廊玄関はドラヴィダ様式の典型である。コーニスは広く、柱は集合的に使われ、猛獣の彫刻があり、基壇が豪華に装飾されている。

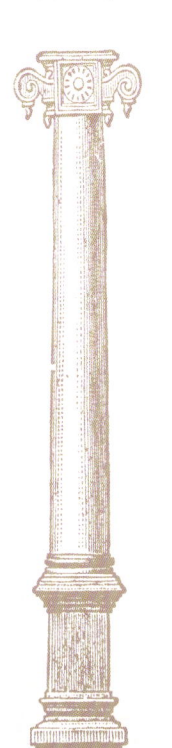

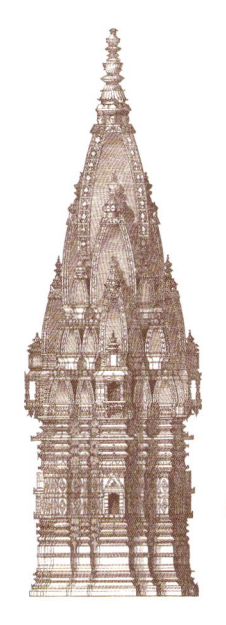

シカラの進化
北方ナガラ様式後期のシカラには、シカラをそれ自身のミニチュア（ウルスリンガ）で装飾しているものが多く見られる。

51

世界の建築様式の歴史

Early and Classical India

寺院：伽藍

インド北部ナガラ様式の大きな進化は10世紀で一応終わるが、南部のドラヴィダ様式はその後も数100年にわたって進化し続ける。ドラヴィダ様式が最も広まったのは、1250年頃のチョラ王朝の時代である。用途の異なる複数のマンダパ（拝堂）を持ち、高さが50mにも達する巨大な塔門が造られ、中庭（プラカラ）が随所に設けられた。聖室はそれらに囲まれてこれまで以上に奥まった場所に置かれた。その豪華な塔門は、寺院の富と権勢を誇示し、聖域へ入る準備を視覚的に強調した。多くの場合、寺院の増築は18世紀まで続けられた。そのためヒンズー様式が、1100年代からインドで偉大な建築物を造り始めたイスラム様式と重複している場合が多く見られるようになった。

プラカラ
インド南部では元の伽藍が不十分になって、祠やマンダパ、その他の建築物を含む伽藍の外に、新たに中庭（プラカラ）を設け、ひと回り大きな伽藍を造ることが多くなった。

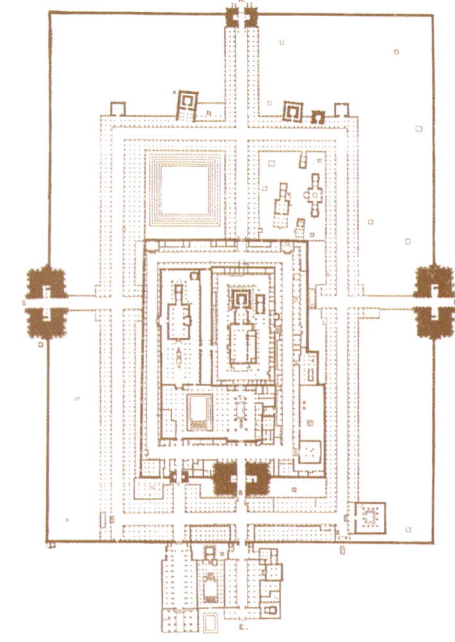

ゴプラム
記念碑的な塔門、ゴプラムは、インド建築のなかでも最も巨大なものの1つである。礼拝者はその巨大な門の下をくぐって境内に入る。それは石の土台の上に、レンガと木と漆喰の層を積み重ねて造られている。頂上にストゥーピカ（小型のストゥーパ）を並べているものが多い。

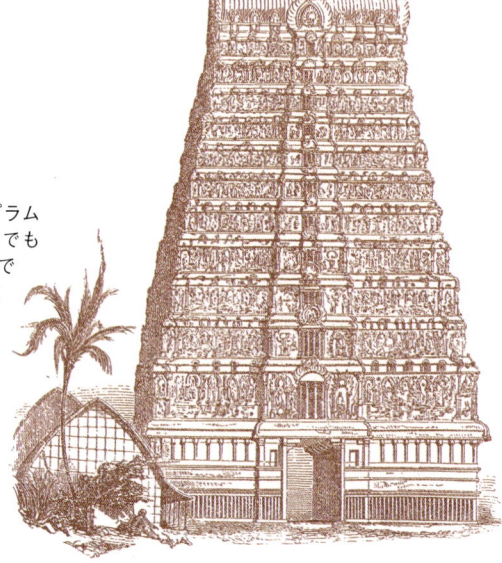

ターラール（17〜18世紀）
寺院伽藍の重要なエレメントの1つにターラール（水槽）がある。それは水浴と聖なる儀式のためのものである。水槽は雨水、泉、水路などによって満たされ、縁が階段状になっているものが多い。この平面図（図の左上）は、ラメシュワラムの寺院のものだが、ターラールの3側面が柱廊になっている。

52

古代・古典インド

チャウルティ、ブドゥ・マンダパ／マドゥライ（17世紀）
列柱室チャウルティは、後期ドラヴィダ様式の寺院では多く見られ、玄関から祭儀のための大広間までさまざまな用途を持っている。この大広間は土地の神を迎えるために建てられたもの。柱は全部で128本あり、それぞれに異なった彫刻が施されている。

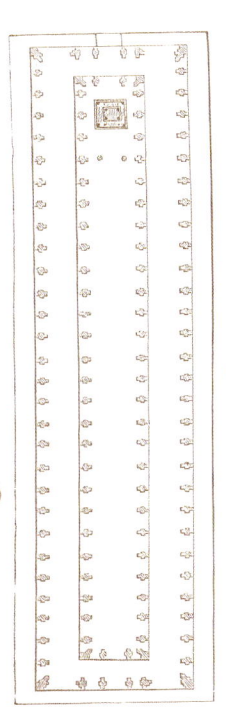

祠（12世紀）
寺院伽藍のなかには、初期の頃から、傍流の神を祀る祠があった。これはベルールの寺院にあるものの1つで、屋根はこの寺院本体の屋根の形をかたどっている。

ジャイナ教寺院伽藍（16世紀）
ヒンズー教と異なり、ジャイナ教では多くの寺院を1カ所に集めて建てることが多い。ここインド西部のサトゥルンジャヤの聖なる丘には、トゥクと呼ばれる城砦の中に500以上の寺院や祠が建てられている。トゥクには豪華に装飾された入り口があり、角には稜堡が築かれている。

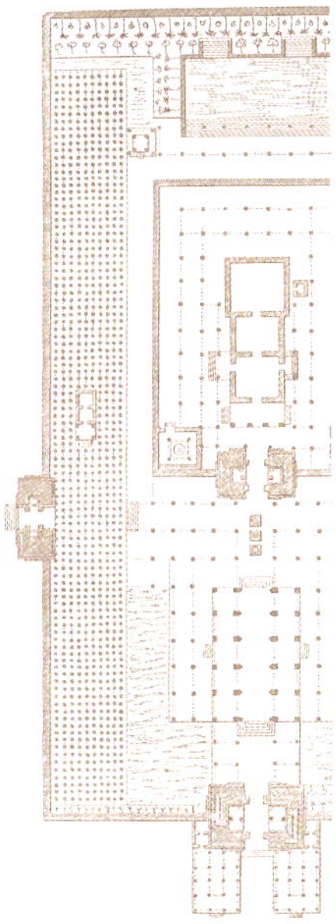

伽藍／ブバネシュワール（11世紀後半）
インド北部のナガラ様式の伽藍では、南部と異なり、シカラのある寺院本体が依然として最も目立つ存在であった。入り口塔門は低く、多くが簡素である。右はオリッサ、ブバネシュワールのリンガラージャ（「偉大なる」の意味）寺院。

1000柱広間
17世紀から18世紀にかけて建立されたドラヴィダ様式の寺院には、柱廊や1000本もの柱のある大広間があり、それらはエジプトの大列柱室と比肩しうるものである。

53

世界の建築様式の歴史

中国古代・歴代王朝
Early and Dynastic China
紀元前1500年〜19世紀

木造本堂：形態と構造

　近代以前の中国建築は、ほとんどが木造である。木造建築は、生活空間としても、また神に礼拝を捧げる場所としても最適であると考えられてきた。中国の建造物の基本形を最もよく表現しているのが、一段高くなった基壇の上に建てられた四角形の大広間である。木の円柱が複雑なまぐさ式構造（柱梁構造）を通じて、ほぞ継ぎによって結合され、壁は構造壁ではなく、カーテンウォールである。7世紀頃までには、巧妙なモジュール方式が確立されて広く使われるようになり、設計と建設が規格化された。こうして木造広間はさまざまな用途に適用できるものとなり、柱と柱の間の広いスパンは、邪魔するもののない大きな空間を生み出し、出入口と窓の位置を構造に関係なく自由に決めることができるようになった。そして建築物はどの方向にも思いのままに伸展させることができるようになった。

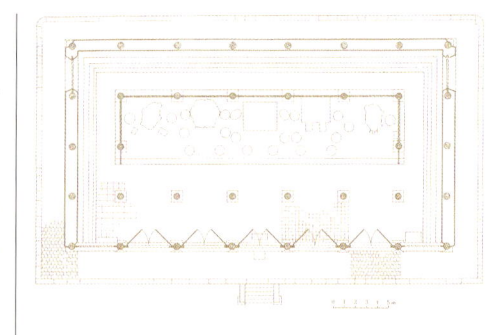

床平面図／佛光山寺
この本堂は、中国の木造建築のなかでも最古のものの1つである。長手方向を、軸を明確にしたファサードとし、円柱と円柱の間隔、ベイ（間）──建物の基本単位──は広く取り、中心から両端に向かっていくにつれて若干狭くなっている。

佛光山寺立面図
屋根はなだらかな曲線を描き、外に大きく張り出すことによって、建物のなかでも強調される。視覚的美しさを高めているのが、軒下の、直接円柱によって支えられている斗拱（ダウグォン）である。円柱はエンタシス状にいくぶん膨らんでおり（胴張）、全体がほんのわずかではあるが中心に向かって傾き（側脚）、中央のベイから離れるにつれてかすかに長くなっている（隅延）。

本堂の構造／佛光山寺、五台山
台座の上に立つ円柱は、さまざまな高さで繋ぎ梁によって固定されている。腕木（ブラケット）の集合体が非常に大きな役割を果たし、それによって円柱と屋根の結合が強化されて梁と垂木の耐荷重が増し、円柱の両側の荷重が平均化されて長手方向の部材が結束され、さらに軒を大きく外に突き出すことが可能となった。屋根は、平面全体にわたって立体的に張り巡らされ、支柱によって分節化された短い梁によって支えられている。この柱梁構造台輪によって、屋根の美しい曲線が生み出される。

中国古代・歴代王朝

> 平面図／太和殿／
紫禁城
1420年に創建された太和殿は、中国に現存する建造物のなかで最大規模のものである。木造本殿の多くが、内部外側に列柱による開放的な回廊を持ち、ファサードにも回廊を持つ。

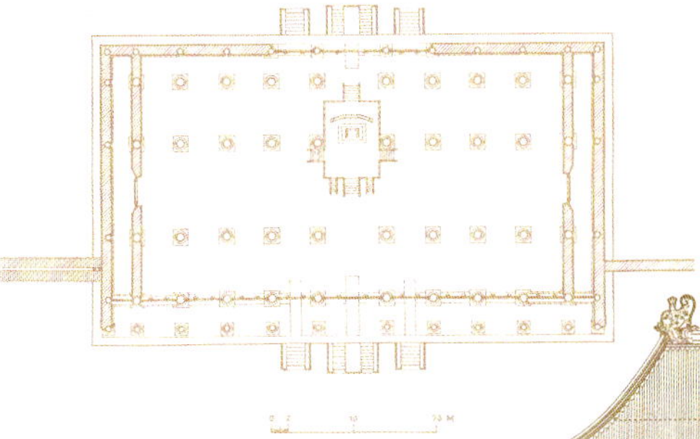

太和殿立面図
木造本殿は数世紀を経て形態と様式が大きく変化していった。15世紀になると、屋根は高く、傾斜は急になる一方で、棟と軒のラインはより直線的で機械的になった。円柱はエンタシスではなくなり、また等しい長さになった。軒の出もかなり少なくなった。

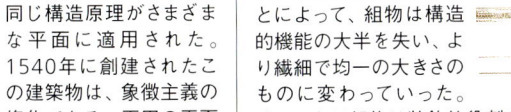

> 平面図／祈年殿／
天壇／北京
同じ構造原理がさまざまな平面に適用された。1540年に創建されたこの建築物は、象徴主義の権化である。正円の平面プランは天を象徴している（中国では天は円であり、地球は四角形であると信じられていた）。本殿の屋根は3重の円を描く円柱の列によって支えられているが、中心の4本の大きい円柱は季節を、真ん中の12本の円柱は月を、そしてその外側の12本の円柱は、中国式の1日の時間区分を表している。

> 太和殿構造図
太い円柱と梁を用いることによって、組物は構造的機能の大半を失い、より繊細で均一の大きさのものに変わっていった。そのかわり組物は装飾的役割が増し、円柱と繋ぎ梁全体に広がっていき、屋根と円柱をつなぐ部材としてではなく、それらを分断する部材として強調されるようになっていった。

> 平面図／紫禁城
個々の建造物は、それ自身独立して存在するのではなく、社会的規範を示す建築複合体の一部を構成するものと考えられた。城壁内部に多くの区画が作られ、その中に軸に沿って個々の建築物が集合化された。中心となる建築物は、南の方角を向いているのが理想とされた。

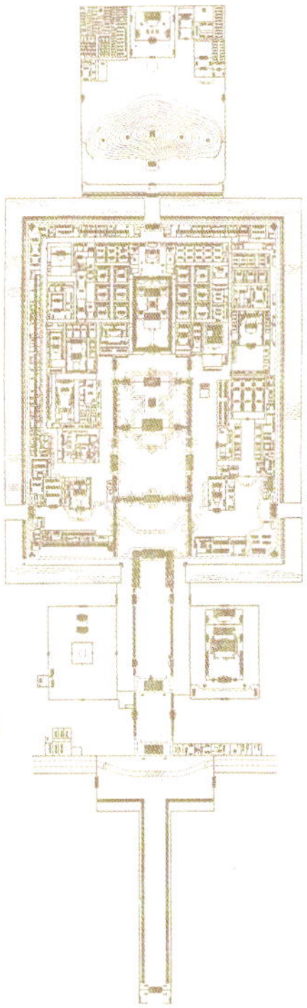

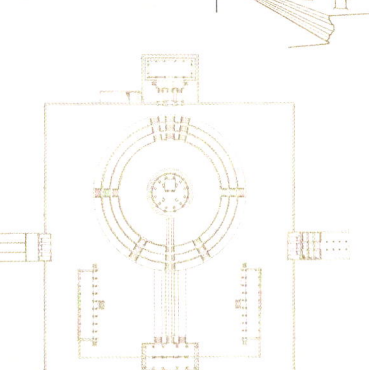

天壇立面図
3段の大理石の基壇の上に建てられたこの本殿は、明るい青色の彩釉瓦で葺かれた3層の屋根を持ち、頂点に黄金色の玉を載せている。

世界の建築様式の歴史

Early and Dynastic China

木造本殿：外部装飾

中国の木造建築は、その形態の簡潔さと、構造と装飾の緊密な関係が特徴である。装飾はそれ自身のために存在するのではなく、構造的目的に添って存在する。たとえば塗装は、木材の腐朽を防ぐために建築物の構造的部材に施されるが、それは同時に装飾的役割も果たす。本殿の外構は、それぞれ異なった装飾方法が適用される4つの部分に分けることができるだろう。建築物を雨から守るために外側に大きく張り出している屋根。構造的であると同時に装飾的要素である色塗りされた組物。多色塗りされた円柱・壁・出入口・窓から構成される各部。そして建築物がその上に立ち、それゆえ防蝕塗装される必要のある基壇またはテラス。歴代王朝は、建築物の規模、形態、装飾を規制する特別な節倹税を施行した。

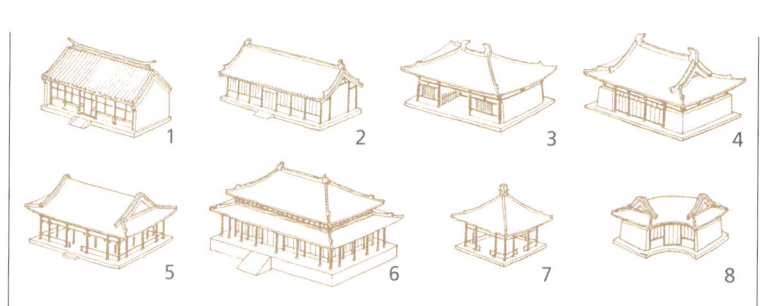

屋根形状
屋根の形状に視覚的強調が置かれていたのは、その種類の多さからして明らかである。基本的には4つのタイプに分類でき、それらの組み合わせで多様な形状が生み出された。切妻(1,2)、寄棟(3,6)、半切妻半寄棟(入母屋、4,5,8)、ピラミッド型(方形、7)。これらのなかで、寄棟が最高位とされた。

北部様式と南部様式
中国の北部と南部とでは、建築様式にかなり大きな違いがある。北部様式(上右)はおおむねがっしりとしており、装飾もあまり繊細さがみられない。しかし視覚的に大きな相違点は、南部様式(上左)では屋根の軒先が劇的に上方に反りあがっている点である。

フィニアル
屋根の棟の納まりを覆うために棟木の両端に置かれている陶製のフィニアルを正吻という。14世紀には、正吻にさまざまな空想上の動物が現れるようになったが、それらは建築物を火災から守る力の象徴であった。この龍に似た動物は非常に逃げるのがうまいので、棟には剣で固定しなければならないと考えられていた。

中国古代・歴代王朝

アクロテリオン
屋根の角、隅棟には、空想上の動物をあしらったアクロテリオン(中国語では「走獣」という)が並べられている。その主な機能的役割は、棟瓦を固定する金具を保護することである。

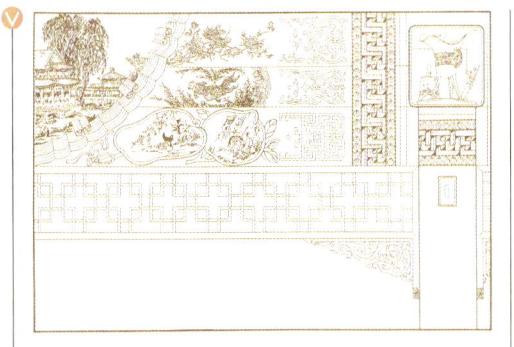

欄干
欄干頂部の装飾には特別な注意が払われている。すぐ下の2点は、龍と鳳凰が雲海を飛翔している姿で、最も高貴な場所に用いられた。その他の蓮の花やザクロを意匠化したものは、庭の欄干に多く見られる。

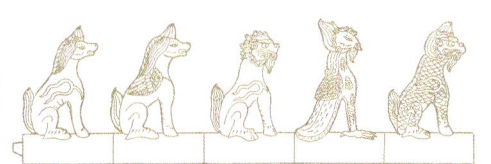

装飾塗り
建築物の外構全体にわたって、彩画と呼ばれる多色塗りが施されている。14世紀後半から中国華北では、柱、出入口、窓には暖色系の色(特に朱色)が、そして、まぐさ、腕木、その他軒下の陰の部分の図柄には寒色系の色が用いられるようになった。これらは主要な2つの様式である。すぐ上の3つが河西様式で、一番上が、蘇州様式である。

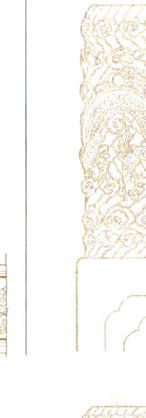

欄干
木造建造物の基壇や露台の縁は、多くが欄干で境界が印されている。10世紀には個人の庭園にも木造の欄干が見られるようになったが、大半は大理石のものが占めていた。この噴水口のついた欄干は、太和殿基壇のものである。

世界の建築様式の歴史

Early and Dynastic China

城

　中国の王朝の歴史を通して、城は主として皇帝政府の行政的中心という機能を果たしてきた。城はそれ自体完結した共同体ではなく、それが置かれている地域（主に農村）の政治的な核であった。「城」として防衛されるために、それは壁で囲まれていなければならなかった。実際、中国語で「城(cheng)」という語は、「市」「市壁」「市を壁で囲む」という意味を持つ。14世紀以降、城壁はその機能を変化させ、政庁の存在と社会規範を象徴するものとなった。多くの城が事前に綿密に計画された上で築かれるため、その形は規則的である。しかしなかには自然発生的な市街の上に、ある程度の計画的プランが重ねられる場合もあるが、その場合は不徹底なものにならざるを得ない。

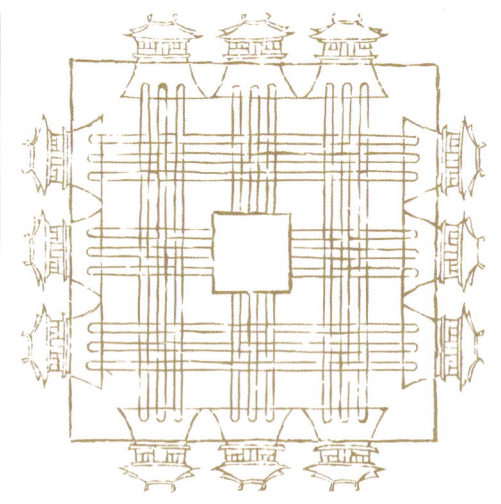

規範的平面図／皇帝の城
この図は紀元前100年頃に体系化された城（都）の理想的な配置である。南北が軸とされ、正しく東西南北を向いた正方形の各辺に3つの門がある。宮殿がその中央に位置することが強調されている。歴史的実例ではなく規範的な図であるが、その後2000年にわたって、これが城（都）の平面構成の規範となってきた。

唐の城（都）、長安
長安は6世紀後半に建設され、当時としては世界最大の都市であった。城郭（壁または堀で囲まれた城砦の中心部）は、北側中央部に置かれ、その真南は政庁のための皇帝直轄地であった。都市の残りの部分は108の壁で仕切られ、居住区として厳重に監視された。2つの壁で仕切られた市場が東西に対照的に設置されていた。

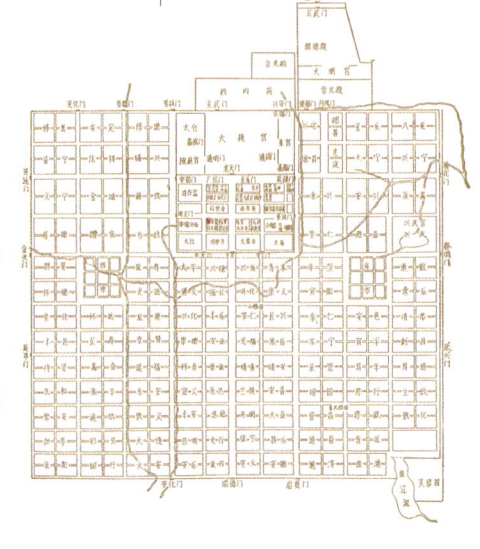

蘇州城絵図
1229年に石の上に彫られた、古くから栄えた蘇州の地図である。8世紀から10世紀にかけて、経済的な繁栄を謳歌した都市は、その内部構造を劇的に変化させた。居住区を厳重に区切る壁が壊され、商業のための自由な通路、ネットワークが発達し始めた。内部の壁で囲まれた部分に行政官庁が置かれ、上下水道が完備され、道路による人や車の往来が活発に行われた。

中国古代・歴代王朝

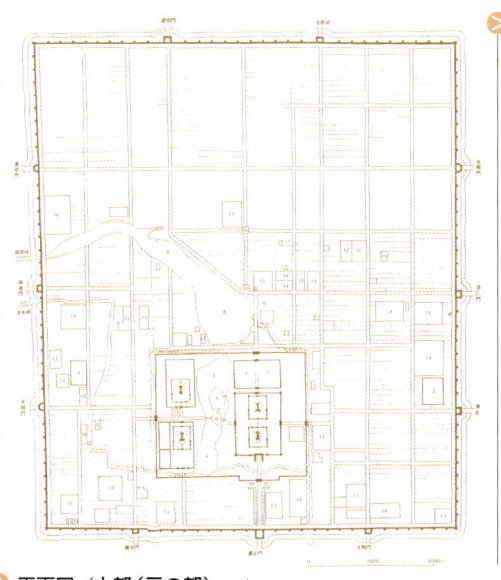

> 平面図／紹興
> 中国華北の平原地帯では正方形または長方形の都市計画が優先されたが、地形の複雑な中国華南では、都市は不規則な形とならざるを得なかった。運河と橋で有名なこの県都は、1893年に開かれた。

> 平面図／大都（元の都）
> 現在の北京市にあった大都は、1267～1284年に建設された。平面は3重の壁で囲まれた完璧に近い幾何学的形で、宮殿は南北の軸上に皇帝直轄地に囲まれて存在していた。外壁の門は、北側の壁には2つしかなかったが、他の3方角の壁には3つずつあった。

> 平面図／明・清の首都北京
> 1403年に皇帝の都として元王朝大都の廃墟の上に築かれた北京は、その後20世紀までの中国王朝の時代を通してその地位を譲らなかった。外側の城壁は、商業が発展した南側郊外を守るために1553年に築かれたもので、その結果、外城南中央の永定門から北の鐘鼓楼まで都の南北の軸の長さは8kmに達した。

> 平面図／大同市
> この華北の都には、地方政庁、地方軍本部と兵舎、孔子廟、仏教と道教の寺院、鐘鼓楼などがあった。この市はまた、城郭内部に穀物や野菜を生産する田畑を有しており、当時の都市の典型を示している。追加された城壁は、市の南門の外側に発展した商業地区を守るために築かれたものである。

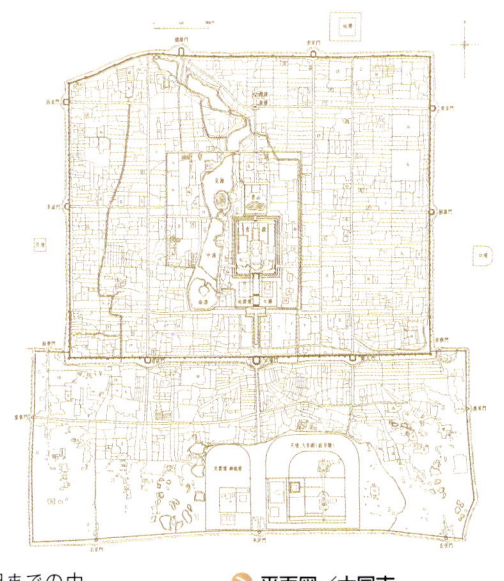

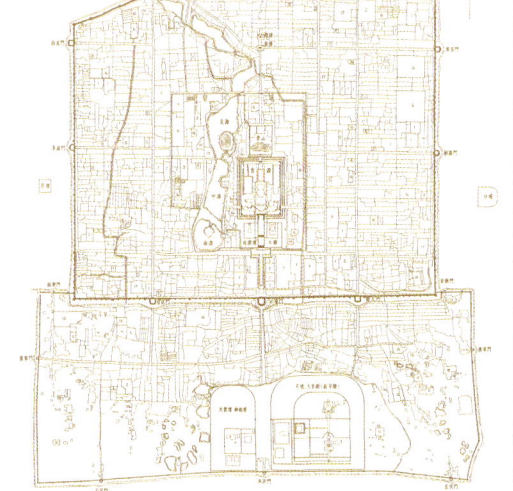

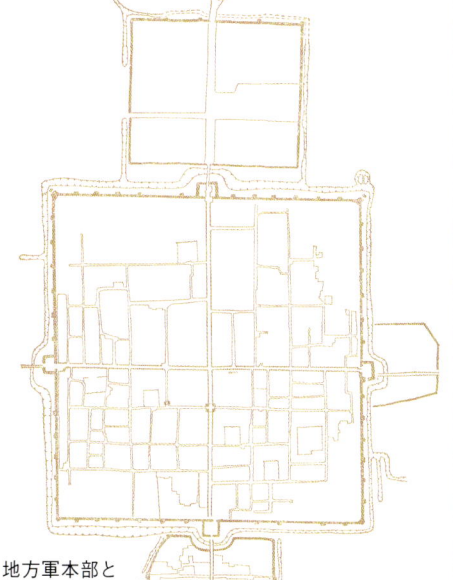

世界の建築様式の歴史

Early and Dynastic China

塔

　中国の塔には2つの主な起源がある。1つは紀元1世紀の仏教伝来（教団の設立）以前にこの国にすでに存在していた多層の木造の塔で、もう1つがインドから伝わった仏教徒のストゥーパ（スパイアまたはフィニアルとして機能する）である。王朝ごとに、好まれる平面プランは異なっているが、10世紀前までは四角形が主流であった。しかしその後多角形の平面プランが優勢になった。同様に塔の形と様式も、西域の新しいストゥーパの形態の影響、宗教の変化、様式の進化によって変わっていった。木造またはレンガ組積造、あるいはその両者の組み合わせが大半で、仏教関係の場所に限らず、視覚的象徴として単独で多く建てられた。また風水の解釈に基づき建てられることも多かった。

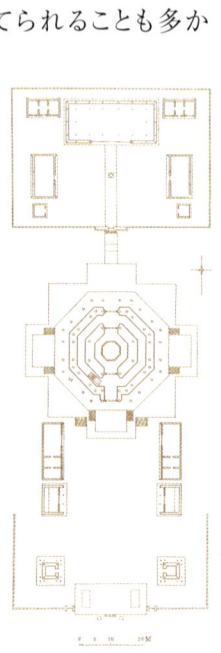

高丘寺塔／河南省登封（523年）
これは中国最古のレンガ組積造の塔で、十二角形の平面図を持つ唯一のものである。内部は八角形の吹き抜けとなっているが、外側から見ると高い2段の台座の上に、それぞれが屋根を持つ同一形状の層が15層築かれている。高くなるにつれて細くなる紡錘形で、頂上に擦（支柱）と宝珠を冠している。

棲霞寺舎利塔／南京（937～75）
この小さな石彫りの塔は、八角形の五重の塔である。基壇と頂華の蓮の花のモティーフが特徴的であるが、蓮の花は仏教では浄土の象徴である。

平面図／仏宮寺釈迦塔／応県（1056年）
この木造六角形の塔は、寺院伽藍の南北の軸の真ん中に位置している。8世紀まではこの形が主流であったが、それ以降はまれにしか見られなくなった。

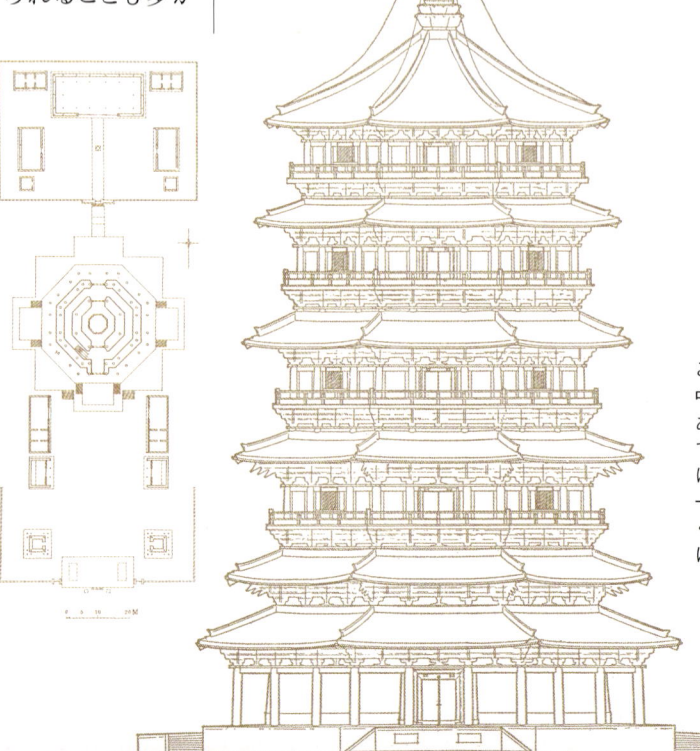

釈迦塔立面図
この塔は高さが67.3mあり、中国で最も高い木造の塔である。軒は54種類もの組物で支えられているが、それらは完璧な調和を保ち、構造的一体化を示しているため、遠くから見るだけではその存在は気付かれない。

中国古代・歴代王朝

釈迦塔断面図
この塔は外部から見ると六重の塔に見えるが、一番下の屋根は外側に張り出した基壇の縁を覆っているだけである。また内部には4つの中二階が設けられ、大きな構造部材のための空間となっている。それゆえ、この塔は実は9階建てである。

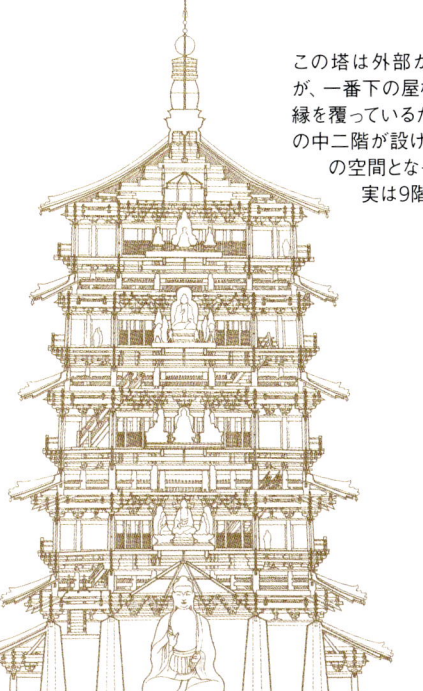

妙応寺白塔／北京（1271年）
元の皇帝フビライに招聘されたネパール人技師によって設計された、この白く磨き上げられたレンガ組積造の塔は、1271年大都（現在の北京）に建てられたもの。その形状はダガバ（ストゥーパ）がチベットのチャイティヤを経由してきたことを明確に物語っている。

報恩寺塔 構造解剖図／蘇州
1153年に創建され、1898年に大規模に改修されたこの九重の塔は、木とレンガの組み合わせによって建てられたものである。レンガの核を木で被覆したもので、外側からは木造建築物としか見えない。

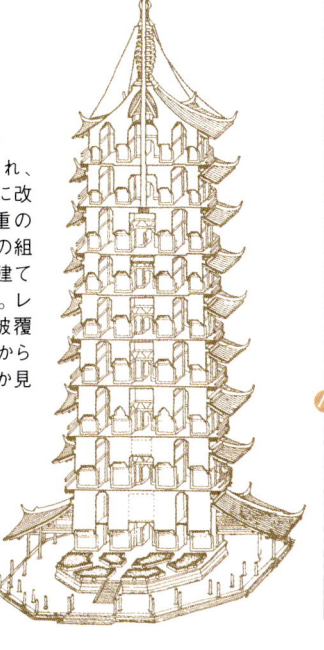

開元寺仁寿塔／泉州（1228～37年）
これは開元寺に2つある石造の塔のうちの1つである（もう1つは鎮国塔）。それぞれ1237年と1250年に建立された。どちらも八角形の平面の上に建ち、木造の塔の組物を精巧に真似ている。軒先が上方に激しく反りあがり、中国華南様式の特徴をよく示している。

61

世界の建築様式の歴史

Early and Dynastic China

住 居

広大な国土、地域・地方の環境、歴史、文化の多様性、複雑な民族構成、これらによって中国の住居の形態と様式は驚くほど変化に富んでいる。その多様性は、中国全土に見られる「行政的画一性」と対照的である。どのような地域でも、機構の社会的地位が高くなればなるほど、その建築物の形態は民族的特徴を失っていく傾向がある。その一方で、どの地域・地方の住居もある種の顕著な統合性を示しており、その中に中国の土着建築を特徴づけるいくつかの共通した要素が見うけられる。すなわち、多様性のなかで、基本的な構造原理だけでなく、方位、対称性、軸性、配置の特徴も共有されている。

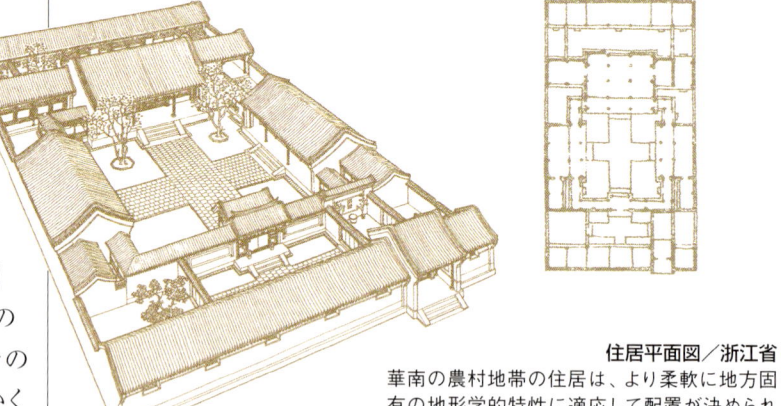

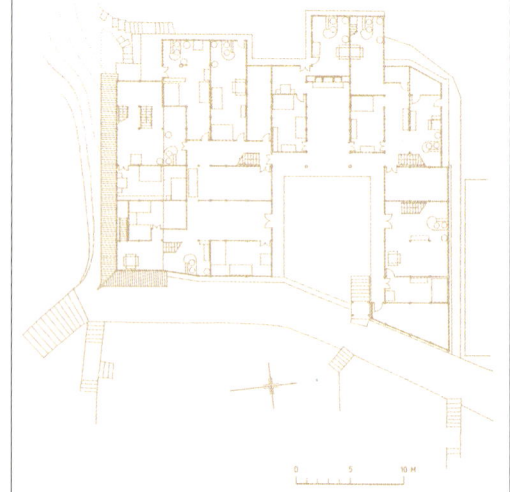

▽ 浙江省眺望図
軒先の激しい反りあがりはいうまでもないが、もう1つ華南建築の特徴を示しているのが、柱と繋ぎ梁の構造、穿斗である。この構造は、より公式的な建築物に用いられる台輪構造とは異なり、屋根の荷重は、棟と結合し母屋桁を受け止める柱の列によって直接支えられている。

△ 典型的な
中庭のある家／北京
この家の表門は、複合住宅の南東の角にある。その先にいくつもの門があるが、それは訪問客に、ある境界を越えていることを意識させる象徴的役割を果たしている。客はそれらの門をくぐるたびに、家族の私的世界の次なる深みへと入っていくことを感じざるを得ない。この共同体的私生活は、家族内部における個々人の私的生活よりも、家族と外部世界との関係を重視していることの現れである。

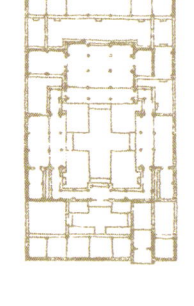

▽ 住居平面図／浙江省
華南の農村地帯の住居は、より柔軟に地方固有の地形学的特性に適応して配置が決められているようだ。この複合住宅は、両親とその子供の家族が住む多所帯住宅で、各家族ごとに独立した住居が割り当てられている。それを象徴しているのが、かまどである。

中国古代・歴代王朝

客家円楼眺望図／福建省
この複合住宅の中心を占めているのは、先祖の霊を祀る慰霊殿である。内側2つの輪のなかには、客室、井戸と家畜のための場所がある。外側の輪の1階部分には、台所、洗濯場、多用途の部屋があり、2階部分は穀物倉庫、そして3階と4階が住宅部分となっている。

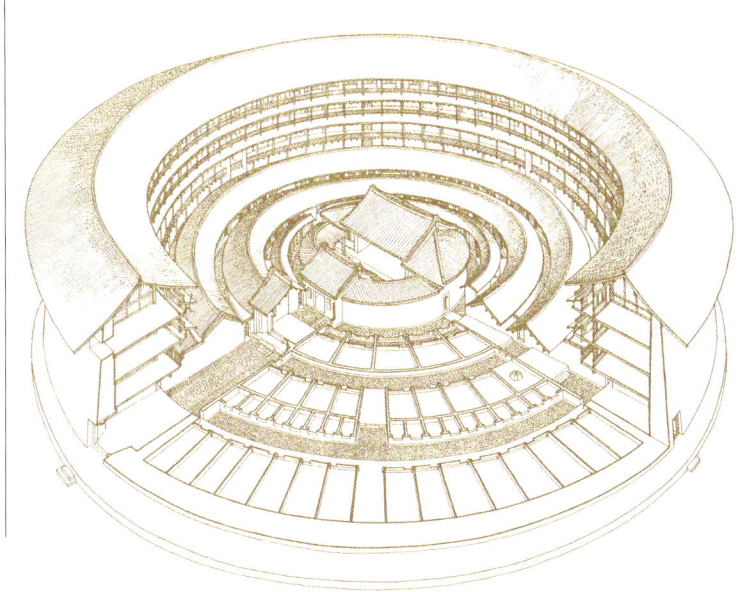

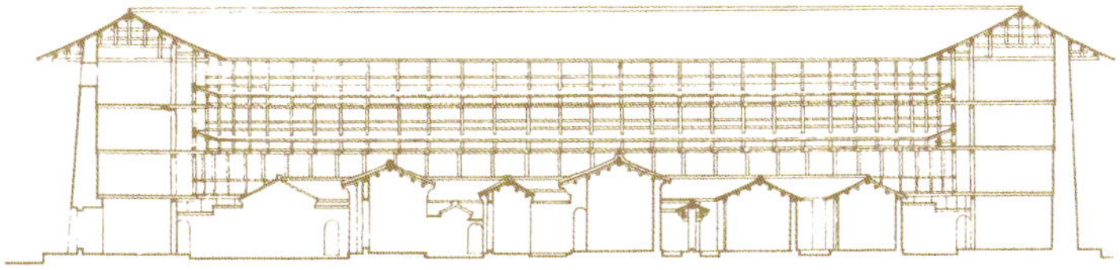

客家円楼平面図
紀元前3世紀頃から、中国中央部に住んでいた客家（KejiaまたはHakka）と呼ばれる人々が、華南の福建省、広東省、広西省へとたびたび移住してきた。彼らは土着の人々に歓迎されなかったため、一族が固まって集団的に生活するようになった。その伝統のなかで生まれたのが、円形または方形の、壁に囲まれた多層階の共同住宅である。

客家円楼断面図
この4階建ての建築物の外壁は1mの厚さの版築（突き固めた土）でできており、それが内側の木構造と結合されている。外に対しては、1階部分の壁の上方に設けられた小窓を通して開かれているだけだが、バルコニーのある住居はすべて内側に大きく開かれている。

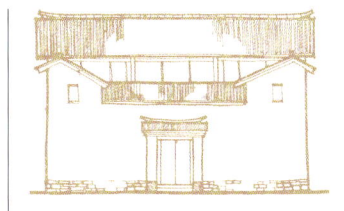

一顆印式住宅／雲南省
安徽省などの華南の地域でよく見られるこの正方形の平面に建つ2階建ての家屋は、すべてが内向きで、家族のプライバシーを極限まで追求している。各部屋は緊密に接しており、唯一外に向かって開け日光と外気を得る中庭は、「空の井戸」と呼ばれる小さな頭頂部の開口部にまで縮小されている。建築物の全体像が中国の伝統的な印判に似ていることから、この名前が付いた。

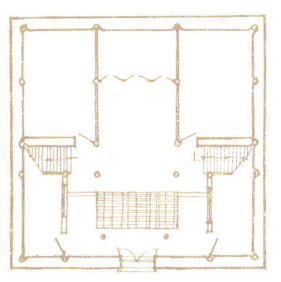

63

世界の建築様式の歴史

Early and Dynastic China

庭　園

　昔の姿をいまも留めている中国の庭園は、ほとんどが19世紀以降に造られたものである。しかしその庭園を生み出した文化は、3000年以上の歴史を持つ。皇族のための庭園造りと、古典的教養を身に付けた個人のための庭園造りという2つの大きな流れが、3世紀の終わり頃にはすでに明確になってきた。その2つの大きな流れは、その後1500年以上にわたって相互に影響し合った。山水画同様に、庭園は自然の理想的な姿を抽象化したものに他ならず、自然の概念的本質の再現である。庭園のもう1つの重要な要素が文学である。庭園は詩の創作のための主題と場所を提供し、庭園の名前はその概念的意味を暗示している。

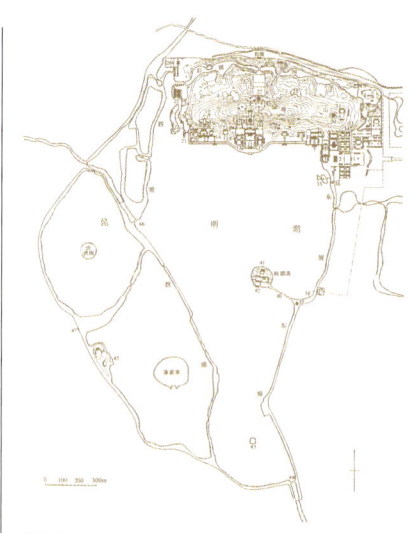

頤和園（夏の離宮）平面図／北京
最初1750年に造られたこの庭園は、北京の西の郊外にある皇帝の5つの庭園の1つである。全体の構成は杭州の西湖を真似ているが、眺望は前景を越えて遠く西側の丘まで届くようになっている。「借景」というこの方法は、多くの庭園で使われている。

北海園（西庭園）平面図／北京
1450～1460年代に造成が始まった皇帝の庭園のレイアウト。紫禁城西側の城内に位置するこの庭園は、3つの湖で構成されている。頤和園同様に、それらの湖は内部に小島を持っているが、その小島は山東省の沖合い、渤海にあると信じられていた神話上の不滅の島を象徴している。またこれも頤和園同様に、それ自身周りを壁で囲まれている小さな庭園がその中に点在し、いわゆる「庭園の中の庭園」を形成している。

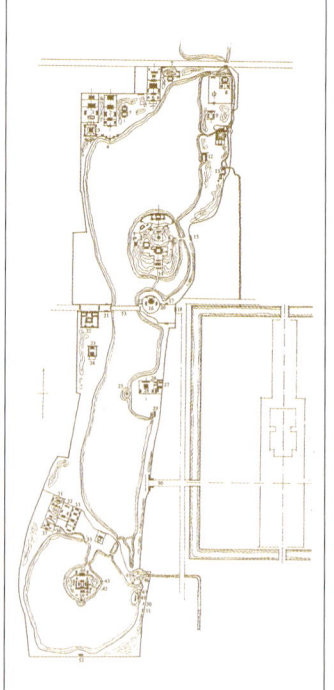

網師園鳥瞰図／蘇州
この庭園は、訪問客が回遊するための庭園であり、池の周りは、「一歩ごとに景観が変化する」。そして各所に、あずまや、回廊、見晴台など、眺望のよい場所を配置している。庭園の基本原理は、山水画の理論から導き出されている。

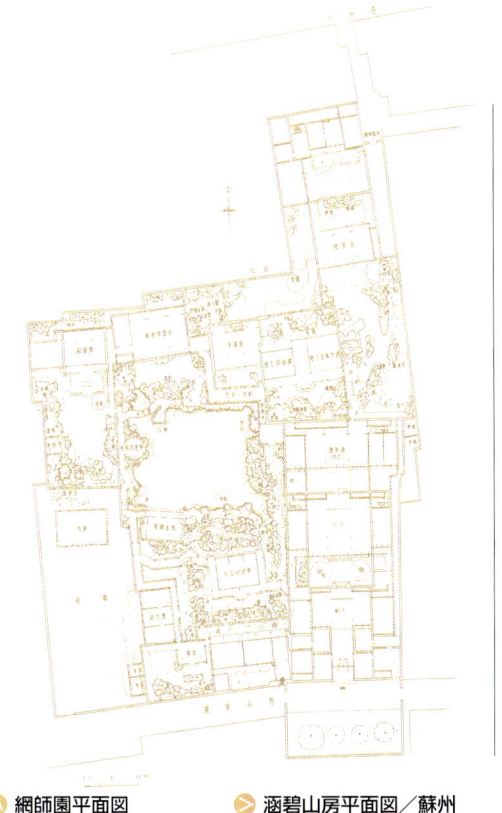

中国古代・歴代王朝

留園平面図／蘇州
この私的庭園は19世紀後半に拡充されたものであるが、景観の豊かさと多様性を生み出すための基本的な方法の手本が随所に見られる。庭園全体を小区画に分け、それぞれに異なった主題と特徴を持たせる。壁、柵、露台、建築物、岩、掘割、橋などが巧みに演出されている。

涵碧山房鳥瞰図／蘇州
ここでは、等高線に沿うように一連の基壇が設けられ、その上に個々の建築物が建てられている。全体の庭園複合体が周囲の景観と完全に調和し、飾らない簡潔さが建築物の周りに漂っている。

網師園平面図
これは1795年に大規模に改修されたこの市民公園の現在の平面図である。邸宅の延長として造られた私的庭園の典型的な配置を示している。邸宅建築の大半は、大工職人の手による非個性的な技術によるものだが、庭園のレイアウトは、詩人、画家の仕事であると同時に、易学博士の仕事でもあった。

涵碧山房平面図／蘇州
この山房は市の北西3kmの場所に位置する虎丘の南側の斜面に1884年に建てられた。この山房は庭園を場所の地形にうまく適合させた優れた実例で、地形を完全に生かしている。

留園断面図
対照的でありながら、相互に補完しあう要素──たとえば山水画の陰陽の考え方──が、目立つ部分を強調するために、あるいは無限の変化（そして完全なる調和）を暗示するように用いられており、これは中国の庭園造りに共通する。大と小、明と暗、虚と実、これらの要素が取り込まれている。

日本古典 Classical Japan
紀元前6世紀～19世紀

神道神社

　神の道を意味する神道は、紀元6世紀の仏教伝来以前から日本に存在していた宗教である。最初神道は、岩山などの天然の境界によって外界から分離された、自然の美しさを湛える荘厳な場所で営まれた。その後自然の材料——主に木を用いた簡単な構造と草を用いた被覆——を用いて、鳥居と呼ばれる門や、小さな社が造られた。高床式切妻（古代の穀物倉庫の形に基づいている）の社という神道の建築様式は日本の景観の中に根付いていった。その一方で、元来神道は大きな建築物を必要としない土着の信仰であった。礼拝の場所を創造するために自然の要素を注意深く取り入れながら、組織化された空間構成が礼拝の様式を形作っていった。そして個々の構成部分と同じく、それらの配置が重要になっていった。

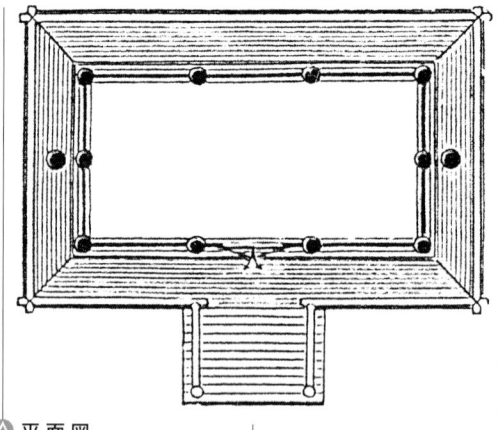

平面図
階段が、厚板の壁に開いた唯一の開口部である中央の扉に向かって続き、それを上ると一段高くなった内側の神殿の前に立つ。神殿の周囲は板張りの大床で囲まれている。地面から直接立ち上がった柱が、両側の切妻中央部で棟木を支えている。

建　設
伊勢神宮の社の構造部材にはヒノキが用いられる。それらは礎石によって受け止められるのではなく、地面に直接深く差し込まれた柱によって支えられている。柱の下に礎石を持つ方式は、この方式よりも古いものである。

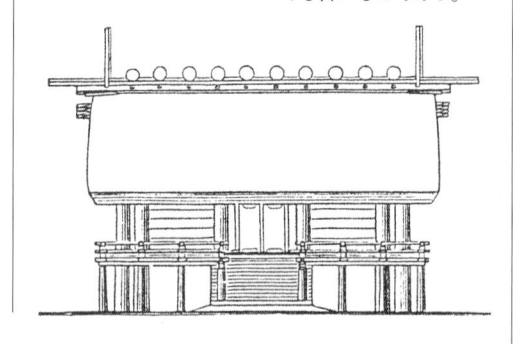

鳥　居
神道神社の不可欠の構成部分であり、最古の建築様式の1つを示しているものが、鳥居である。それは柱梁構造をなし、通常地面に直接深く差し込まれた柱が2本の水平な梁を支えている。この形は、礼拝者がその下をくぐり抜けることによって神の域に入ることが許されることを象徴していると考えられている。

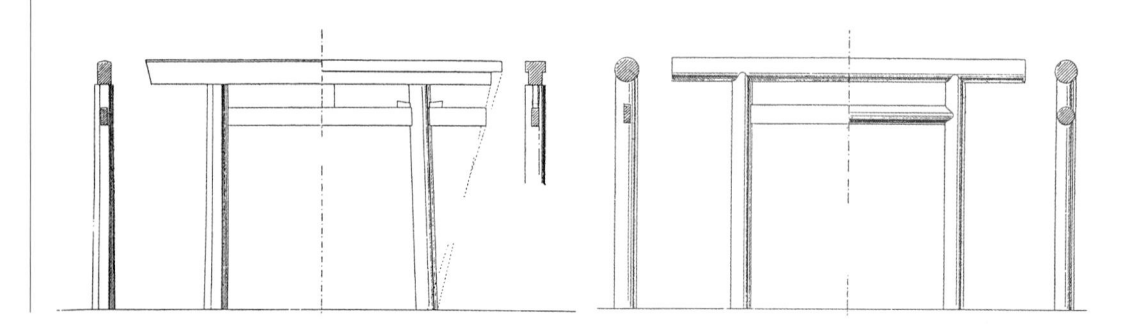

日本古典

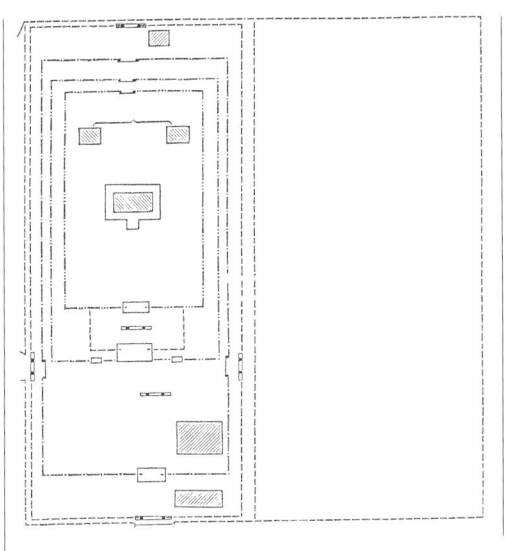

玉垣
初期の神道神社の不可欠の建築要素が玉垣である。それは垂直な支柱に木の板を水平に組み合わせた柵である。

場所
伊勢神宮は日本の東向きの海岸線近くにあり、4世紀に建立された。その場所は非常に自然の美しいところで、その数世紀前から神道の祭祀が捧げられてきたところである。

配置計画
8世紀になると祭祀は国家的に組織されたものとなり、いくつかの神社が集合化されて伊勢神宮と呼ばれるようになった。内宮は皇族の先祖の神を祀り、外宮は地方の神を祀っている。

皇大神宮
伊勢神宮の正宮、皇大神宮は、皇族の先祖の神を祀る神社であると同時に、国家の神社でもある。それは「唯一神明造り」という特別な名前で呼ばれ、地中深く差し込まれた柱、萱葺きの切妻屋根、破風板の延長線上にあり、棟を通り過ぎて2組のフォーク形のフィニアルとなる千木、屋根を補強する10本の横棒、勝男木などが一体となって、建築物に独特の雰囲気をもたらしている。

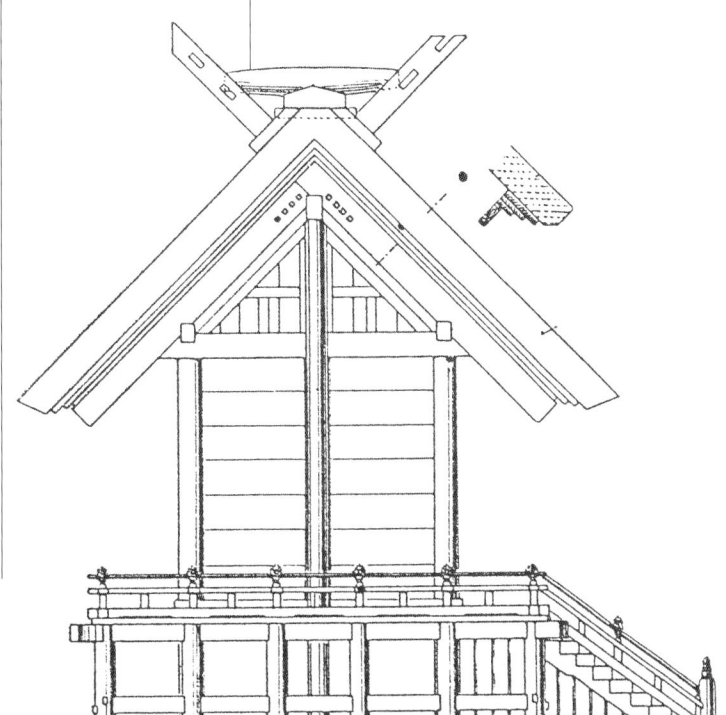

伝統的建築法
20年ごとに神社をまったく同じ方法で建て替える式年遷宮と呼ばれる制度によって、伝統的建築技法が次世代へ継承されることが可能となっている。

Classical Japan

仏教寺院

　6世紀における朝鮮と中国からの仏教伝来は、この国に体系化された教義、儀式をもたらしたが、同時に新しい建築様式をももたらした。建築的装飾の度合いは劇的に高まり、表面は曲線が多用され、壁画が描かれ、漆が塗られ、金箔が張られた。屋根下端の組物、表面塗装、彫刻物を戴く萱葺き屋根、装飾された柱などが導入された。588年、日本で始めての仏教寺院、法興寺が奈良に建立された。古代神道の神社には厳格な建築物配置規範があったが、日本の初期の仏教寺院はある定められた伽藍配置に従うということはなかった。しかし概して、仏像を安置する本堂、釈迦の遺骨を納める塔、鐘楼、講堂、僧のための住居を含んでいた。

組　物
日本仏教寺院の屋根の重要な構成部分が組物と呼ばれる腕木の集合体である。それは回廊の頭上の下端を装飾し、軒の出を支えている。腕木は上に折れ曲がった木の部材で、頭の部分に装飾が施されていることが多い。

柱のディテール
この柱の柱礎の部分（すぐ下図）と柱と梁の結合部分（最下図）は、寺院内部の柱の装飾を示したもの。刺繍から取った有機的な模様を用いている。最も奥まった重要な場所の柱や梁には金箔が使われた。

法隆寺五重塔平面図（7世紀）
この塔は中国から最初に導入されたときの形を表している。塔は釈迦の遺骨を納める場所であり、多くの仏教寺院の伽藍の中に含まれている。1階部分に仏像を安置する場所と聖室、須弥檀があり、頭頂部には相輪を冠している。塔の基壇は通常正方形で、各側面中央に階段があり、張り出した屋根の下はヴェランダとなっている。

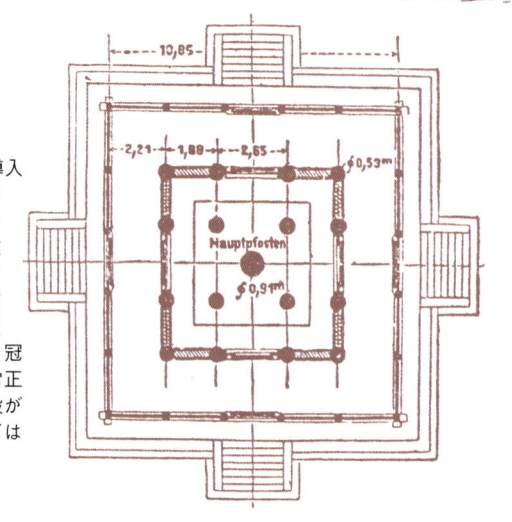

日本古典

横浜神社複合体（19世紀）
この横浜の神社を描いた絵には、鳥居と、大木のそばの萱葺きの神社の前に置かれた神域への入り口を示す1対の石の彫刻が描かれている。神道においては神社本体と同じく、その前の空間がいかに重要であるかがわかる。

法隆寺中門（7世紀）
法隆寺中門は世界最古の木造建築物の1つである。中門はすべてほぞ継ぎで造られ、石の基壇の上、地面から1.2～1.8m持ち上げられたところに床があり、基壇正面には階段がある。正面は5本の柱、4つのベイになっており、左右の端のベイには金剛力士立像が安置されている。5本の柱は中央にふくらみのあるエンタシスで、門中央に柱があるのは古代中国の様式を受け継いだものである。

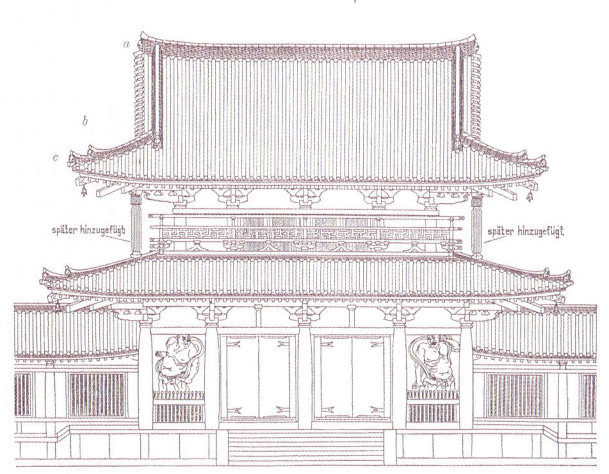

五重塔立面図及び断面図
通常塔は三重または五重で、上に行くに従ってわずかずつ小さくなり、外に張り出した屋根が重なり合う独特の立面を構成する。地震の脅威がつねに存在する国でこのような高い木造建築物を造るために、軽く、柔軟で、振動を吸収する巧みな構造が考え出された。

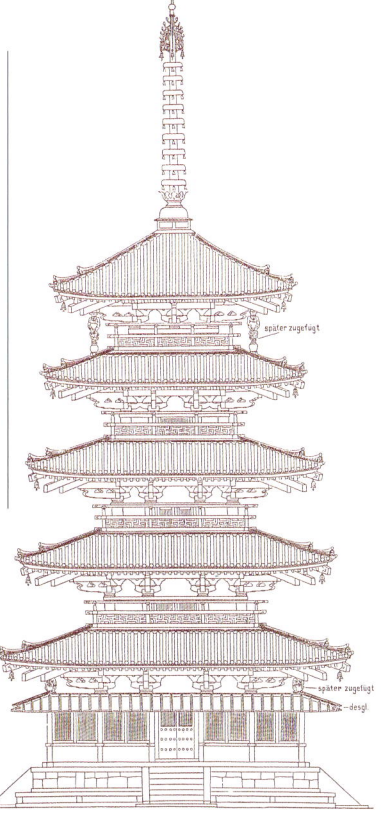

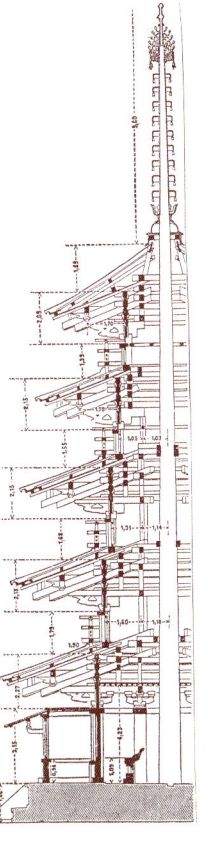

世界の建築様式の歴史

Classical Japan

仏教寺院：発展

　6世紀の仏教伝来以降、仏教建築は幾度かの転換期を迎えた。最初の期間は、寺院建築の「古代」といわれる時期で、飛鳥、奈良、平安時代を含む。12世紀以降の中世仏教の時代は、鎌倉時代、南北朝時代、室町時代に分けられる。16世紀以降は、桃山時代と、19世紀まで続く江戸時代に分けられる。神道神社と初期の仏教寺院は、材料と建築の統一性に基づいていたが、後期仏教建築は、すべての表面と構造部材に対する過度の装飾が目立つようになった。たとえば17世紀に建てられた日光東照宮の門の組物の上端の部分は、以前の水平の梁から突き出したほぞという単純な形ではなく、龍や牡牛の彫り物で装飾されている。

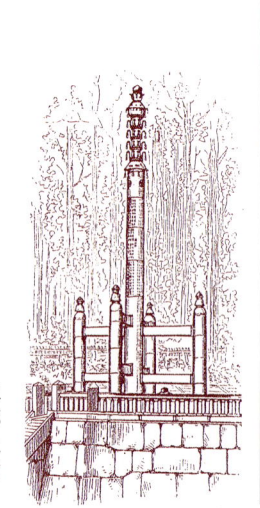

鐘
鐘は仏教徒の宗教的実践を、視覚的に、また聴覚的に導く建築的要素である。仏教は日本の宗教的儀式の中に、詠唱、太鼓、銅鑼、鐘を持ち込んだ。

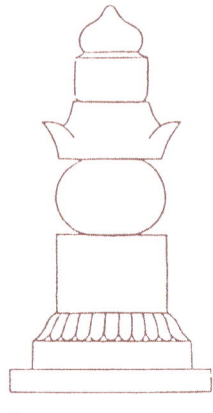

碑
彫刻された物体は、仏教建築で重要な役割を果たす。彫刻された木の燈籠や石燈籠は、神社への歩路や私邸の庭園に見られる。このような石碑が神社の神域の森の中に、何千と立っている。概して3〜6mの高さで、彫刻した石を積み重ねた形をしている。この図では、基礎の部分は蓮の繰型、頭頂が玉葱形ドームになっている。

青銅の柱／日光
石の基壇の上に単独で立つこの相輪塔は、その下部に仏教の経典を納め、上部にはそれらの経典の名前が金で象嵌されている。

日光五重塔（17世紀）
日光五重塔は最上部に相輪を冠してさらに高さを増し、周りの木立ちと関係付けられている。精巧に彫刻が施された屋根を持つ板壁と石組みの土台が、塔と関連する建築物を伽藍の中に囲い込んでいる。

日本古典

西本願寺門
寺院自体の屋根を真似て精巧に造形されたこの門は、周囲を威圧し、そこが仏教徒の聖域であることを宣言している。これは京都西本願寺の東門であるが、精巧な装飾を施された門全体、そして門の扉までが、この寺院の富と権威を誇示すると同時に、それを寄進した人々がいかに裕福な人々であるかを物語っている。

日光東照宮の門
日光東照宮の門は、重量感のある屋根と回廊を持ち、金属細工や木彫、漆塗り、金象嵌、多色浮き彫りなどの技術を駆使した龍や水、雲、布のひだなどの美しい造形で装飾されている。それらの一つひとつが創建を命じた将軍家の地位を象徴しているのはいうまでもない。

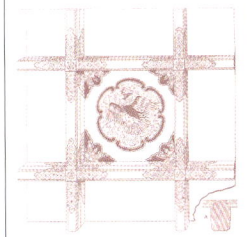

天井
仏教寺院の多くは、天井にも凝った装飾を施している。この17世紀に建てられた神社の天井は銅板で被覆されている。板金された金属の枠で正方形の格間に分割され、格間の中には意匠が金で象嵌されている。

寺院内観
12世紀以降、本堂は単なる仏像を安置する場所ではなく、そこに信徒が入り、礼拝する場所となり、内部は大勢の礼拝者を収容する必要から拡大されていった。本堂内部を描いたこの図は、その圧倒的な大きさをよく表している。一連の梁が装飾的な方法で組み合わされ、屋根組みを構成しているのがよくわかる。

71

Classical Japan

住宅建築

　この島国の気候と地質学的特徴が、この国の伝統的住宅建築の設計の根底にある。住居は多くが南向きに建てられ、軒先は長く突き出し、中庭の壁は高く、海風と潮流を最大限活用するために、窓と仕切りは移動式または着脱可能である。自在に変化する1階建ての木造建築により、豊かな森林は持続可能な形で有効利用され、地震の脅威に立ち向かうことを可能にしてきた。ヨーロッパの建築家によって、すでに3世紀を経ていると記述された19世紀後半に残存していた建築物は、その当時の最新のものと変わらなかった。このことは、日本の住宅建築がいかに長い間伝統を守ってきたかをよく表している。

▶ **萱葺き屋根**
農村の家屋の屋根は、大半が寺院建築で用いられたものと同じ厚い萱葺きの切妻屋根であった。棟の形状は地域によってさまざまに異なる。これは19世紀の江戸郊外の商人の家の屋根で、正面に三角形の窓を持つ切妻が付け加えられ、軒と切妻の萱葺きの切り口が左右対称となるよう入念に手入れされていることが強調されている。

縁　側
日本家屋の重要な構成部分が屋根のあるポーチ、縁側である。それは家の外と内の移行空間である。多くが屋根の軒先から出ている薄い板で作られた、ひさしと呼ばれる短い補助的な屋根が支柱や腕木で支えられている。

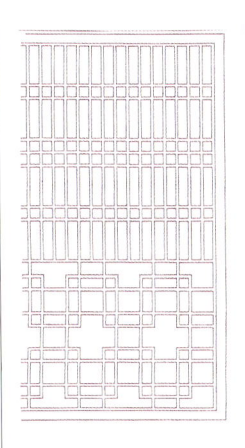

日本古典

江戸の通りの景観
19世紀後半以降の日本の都市型住居がよく表されている。一般的な瓦屋根を持つ平屋の貸し住宅は、それぞれの出入口が直接通りへと通じている。裕福な家は、三角形の煙排出口の付いた端正な萱葺き屋根を持ち、2階のベランダからは海が、そして幅の広い窓からは通りが見渡せる。

出入口
神道神社への進入が鳥居で、また仏教寺院への進入が精巧な造りの門で象徴されているように、伝統的な日本家屋は、そこで他人が家へ進入することを許す儀式を行い、また宗教的儀式から日常生活へ戻る儀式を行う場所、玄関を有している。その玄関と内部の部屋を仕切っているのが、スライド式の衝立、障子である。

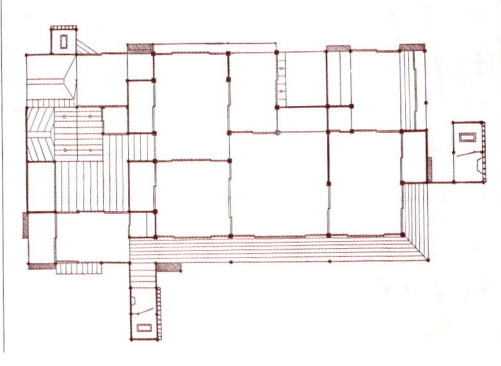

出入口平面図
これはサムライ(騎士階級の一員)の家の出入口の平面図である。段を上がると障子があり、その向こうに寄り付きの間がある。この部屋は3畳と定義され、唯一の家具は衝立と呼ばれる直立した低い仕切りである。

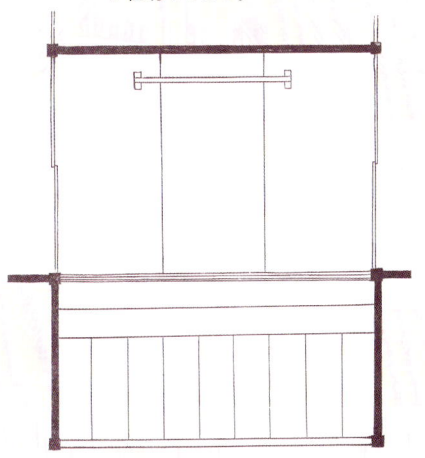

窓
日本の伝統的家屋の窓は、ガラスではなく、不透明の白い紙で作られている。その紙は光線をやわらげながら室内に導く。その紙は木または竹で造られた桟(マリオン)によって固定されている。室内の障子(左上)は、細い木を巧みに組み合わせた格子で装飾されている。

江戸の住宅平面図
この伝統的な日本家屋は、スライド式の衝立(襖)で仕切られた一続きの連結された部屋と、その外側を循環する廊下から構成されている。部屋は家具で塞がれていないが、それは部屋の分割が自在に行われることを意味している。

73

Classical Japan

政府及び商工業施設

　7世紀以降の日本の都城建築は、区割りや主要な建築物の配置など中国から多くを学んで行われた。長安などの中国の都城をモデルに、平城京や平安京などの都は南北と東西に走る通りで碁盤目状に区割りされ、天皇の宮城が北端中央に置かれ、貴族の館、その他の宮、役所が南北の軸に沿って左右対称に配置された。寺院や住宅の建築においては記念碑的な壮大な造営は行われなかったが、貴族と政府（朝廷、幕府）の建築物は、景観に劇的な印象を加えた。17世紀初めの姫路城など、伝統的な屋根の形状を巧妙に変化させて連続的に配置した合奏曲のような城が、市街地を見下ろす高台の上に統治の象徴として建てられた。

宮殿（御所）の壁
宮殿を囲むこの壁は土台の周囲を縁取るように囲み、建築物に記念碑的な意味を持たせると同時に、敵の侵入と地震を防ぐ重要な役割を担っている（堀と一体になっている場合もある）。黒の硬質砂岩の台座を持つこの壁の側面には黄色の漆喰が塗られ、その上に白い線が5本、平行に引かれているが、これはこの宮殿に住んでいる人物が皇族であることを示している。

宮殿（御殿）／江戸
16世紀後半になると、支配階級の建築は、日本の景観に権威的な色合いを加えた。1階建ての砦のような建築物で、崖の上に建てられているものもあった。この江戸の小さな御殿は、日本建築における建築物と周囲の景観の関係をよく表している。

政府建築物
これは日本の中庭で、天皇がある使節の訪問を受けているところである。備品や樹木の配置が構造と同じ位に建築物全体と調和している。天皇は萱葺き屋根の下、広縁の最も高い位置に座している。

日本古典

製茶工場
この複合建築は、建築様式という点では家屋建築や神社建築と同じである。瓦葺の張り出した切妻屋根を支えている腕木が露出し、棟が棟瓦で盛り上がり、ひときわ目立っている。

織物工場
この絹織物工場は、一般の住宅建築とたいして変わらない。格子窓、床に敷かれた畳、そして織機以外には主だった家具はない。都市の建築物の敷地の多くは間口が狭く、それは店先となっていた。

江戸眺望図（19世紀）
技術の高さを証明しているこれらの一連の橋は、この国の水の豊かさと地震の多さをよく物語っている。低い建築物とその屋根の形状は、丘の多いこの町の景観によく合っている。

御所（19世紀）
この宮廷内部を表した図は、建築物内部の床の高低差、大広間の広大な空間と対照的な天皇（ミカド）の御座所の隠された空間、これらがいかに天皇の地位を畏れ多いものにし、訪問者の振る舞いを統御しているかがよく示されている。

茶屋
16世紀に入ると、茶を飲むことがある種の儀式となり、伝統的生活の中に芸術として根付いていった。ほどなくそのための建築様式が生まれ、それが一般的な住宅設計の中に取り入れられていった。茶室は細い小道を抜けて辿り着く畳の数で定義される狭い空間で、多くが簡潔なつくりで、特別な表面仕上げは行われない。下の図は町なかの格式ばらない茶屋の風景で、よろい戸や広縁といった建築的要素が、いかに町のなかで客を周囲の環境と一体化させているかをよく表している。

世界の建築様式の歴史

先コロンブス期

Pre-Columbian
紀元前900年〜1532年

初期メソアメリカ文明

　何百という数の、あるものは熱帯雨林に埋もれていた石造の建築物からなる都市の遺跡は、メキシコ全土とグアテマラ、ベリーズ、ホンジュラスの一部からなるメソアメリカ地域に、早くも紀元前900年からスペインに征服される1519年まで高度な文明が存在していたことを示す証拠である。巨大ピラミッド、基壇、神殿、広場、球技場、行進用道路、生贄のための祭壇、これらの建造物が宗教的儀式のために使われ、民衆の日常生活を支配していた。どの文明も共通して厳格な階級制度を有しており、それが巨大な宮殿建設を可能にした。支配者は建築を自らの地位を高め、支配を永遠にするための手段として用いた。現存する建造物の多くが紀元300年から900年に花開いたマヤ文明に属するものであるが、オルメカ文明やトルテカ文明（そしてテオティワカンなどの都市）の遺跡も多く存在し、建築技術の高さを証明している。

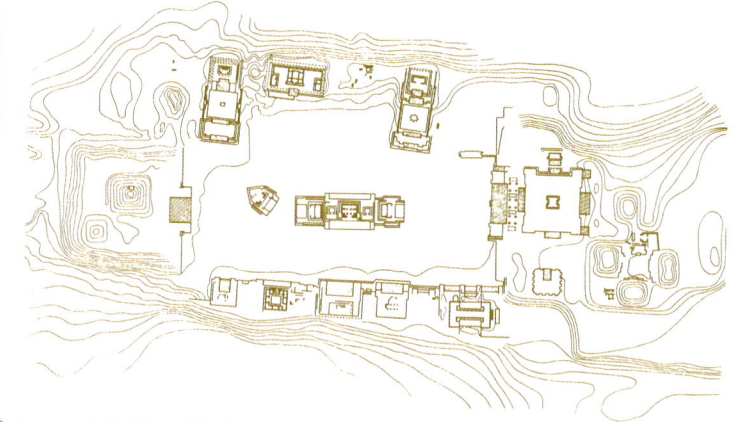

モンテ・アルバンの祭祀場
オアハカ渓谷にあるサポテコ遺跡には、紀元前500年から紀元700年までの間に4回にわたって拡張された痕跡が残されている。中心にあるのが独特の祭祀場である。2つの石の基壇、北と南のアクロポリスが大きな広場をはさみ、その周りに、その他の神殿、ピラミッド、墳墓、球技場が配置されている。すべての建造物が広場よりも一段高い位置に建てられ、広い階段が通じている。

壁がんのピラミッド／エル・タヒン
壁がんのピラミッドはエル・タヒンのトトナカ遺跡にある。6層の基壇からなるピラミッドで、東の側面にエル・タヒンでは多く見られる雷文模様の欄干のある幅の広い階段がある。その中央に小さな建造物が5つあり、その頂上に至聖所がある。各基壇の全側面に正方形の壁がんが彫られていて、その数は全部合わせて365個ある。メソアメリカの建築にとって太陽暦は繰り返し現れる大きな主題である。

先コロンブス期

タルー・タブレロ様式

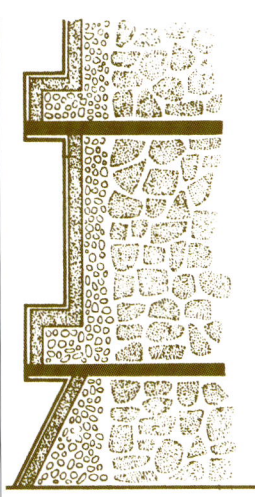

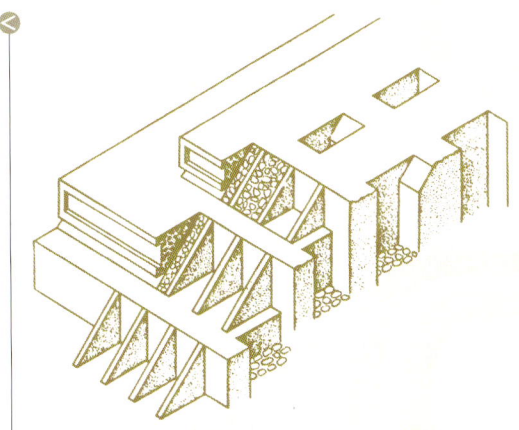

タルー・タブレロ（「スロープとパネル」）様式の最古のものが、テオティワカンの建造物に見られる。外に向けて傾斜する基壇タルーが、フリーズとして処理される垂直に立ち上がるタブレロ（水平な基壇）を支え、その繰り返しで上に伸びていく様式で、多くの場合縁取りと彫刻が施され、鮮やかな色で彩色されていた。

タルー・タブレロ様式

タルー・タブレロ様式はテオティワカンの他のいくつかの建造物と同じく、ピラミッドの最頂部まで繰り返し用いられている。基壇をこの様式で積み上げていく方法は、地域的な特徴はあるが、メソアメリカ全域に見られる。それは視覚的にも美しく、実利的でもある。優美な構造部材が、粗石のコアによって固定された薄い石のスラブによって結合されている。

格子状配置／テオティワカン（紀元150〜650年）

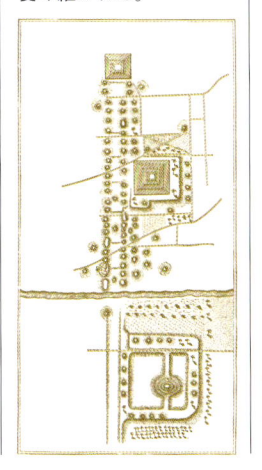

テオティワカンの遺跡から、トルメカ人が格子状の都市を築いていたことがわかる。中央に「太陽のピラミッド」があり、「月のピラミッド」から延びる3.2kmの「死者の大通り」が主要な軸となり、要塞から出る第2の軸がそれと交差している。都市を4分割するこの配置は、その後のアステカ文明に受け継がれた。

月のピラミッド／テオティワカン（紀元200年）

月の神に捧げられたこのピラミッドは、テオティワカンの主要な軸の北端にある巨大な建築物である。4段に積み重ねられたタルー・タブレロ様式の基壇の中央を貫く階段を上ると、頂上には木と葉で作られた至聖所がある。

ステラ／テオティワカン

テオティワカンの神に捧げられた直立した石碑は、純粋に宗教的な目的で造られたものであった。それは神の姿を半抽象的に彫刻したもので、そのなかには有名な羽毛のある大蛇、ケツァルコアトルも見られる。後期のマヤのステラ（石碑）はこれとは違い、実際の支配者の姿をわりと写実的に彫刻しており、神に捧げられたものというよりは、もっと世俗的な役割を持っていたと思われる。

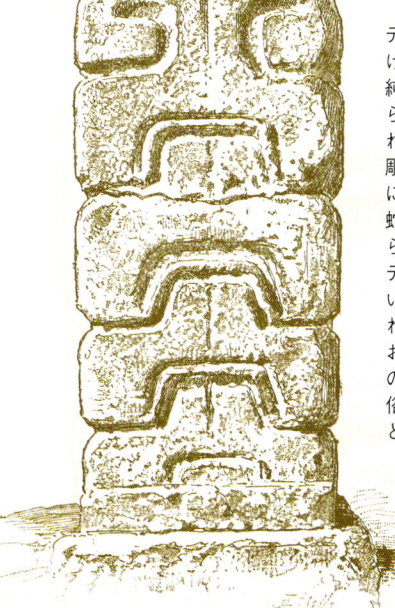

77

世界の建築様式の歴史

Pre-Columbian

古典期マヤ

　マヤ文明は先コロンビア期の最も重要な記念碑的建造物をいくつも残しており、紀元500〜900年に最盛期を迎えた。最近になって、階段やフリーズ、柱、ステラ、祭壇などに刻まれたヒエログリフが判読され、各建造物の建設時期、支配者の名前など、マヤ建築の理解が大きく進展した。ピラミッドは以前のものの上に重層的に造られている場合が多く、その伝統は先祖の権威を新しい建造物に引き継がせることを可能にすると同時に、建造物をさらに高くすることを可能にした。高さの追求はマヤの宗教建築の最大の目的で、めまいがするほどの高い階段は、神へ届けという願望の現れであった。マヤ建築のもう1つの特徴は、革新的な「持送りヴォールト」の使用と、精巧な彫刻装飾である。

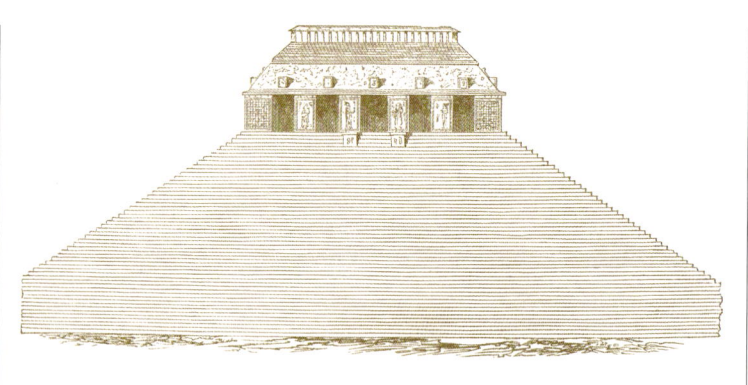

碑銘の神殿／パレンケ(675年)
急な階段が、メソアメリカの宗教では聖なる数字である9段の基壇の頂部まで続き、その上にコンクリート造の、パレンケの特徴であるマンサード屋根を持つ至聖所がある。その至聖所にあるヴォールト構造の秘密の階段を下ると、ピラミッド地下の聖堂にパカル王(613〜83)の墓所がある。内部階段に沿って設置されている石の管を通して、王は死者となってからも命令を発していたと伝えられている。

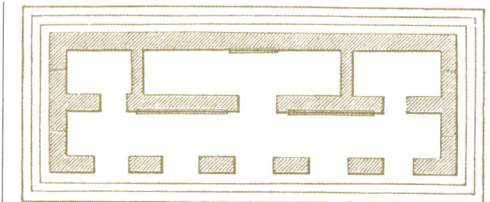

至聖所の構造／パレンケ
「碑銘の神殿」の頂部の至聖所は、5つのヴォールト構造のベイからなる入り口ポルティコによって守られているが、そのポルティコのスタッコにはさまざまな人物像とともに、620個のヒエログリフによってパレンケの王の業績が記された「碑銘」が刻まれている。

ルーフ・コム
古典期マヤのピラミッドの頂上には、ルーフ・コム(クレステリア)と呼ばれる屋根飾りがある。それは風を通す隙間の多い2基の構造壁が内側に向かって傾きながら対面しているもので、スタッコの浮き彫りによる神や王の彫像で装飾されている。

生贄にされる捕虜／パレンケ
パレンケの宮殿の東側中庭の回廊を飾る、石灰岩のモノリスに刻まれた浮き彫り。捕虜の首領が恐怖で顔を引きつらせている様子が生き生きと描かれている。回廊は中庭で儀式が行われるときに使われるが、これらの浮き彫りは王への畏怖と忠誠を強く心に刻ませたに違いない。

持送りヴォールト

古典期マヤの建築技術上の大きな成果が「持送りヴォールト」である。最初は狭い部屋の天井部分が、両側の壁から少しずつ突き出した石の列で塞がれるものであったが、後期になるとマヤ人は、その階段状の天井をモルタルや粗石を使って厚い壁に変えていった。その結果天井部分の壁が滑らかになり、そこに漆喰が塗られ、壁画が描かれるようになった。

二連持送りヴォールト／パレンケ

パレンケにおいてマヤ人は、それまでの狭い部屋だけにしか使われなかった「持送りヴォールト」に大改良を加えた。2つの持送りヴォールトを隣り合わせに造ることによって、真ん中の耐力壁を両方のヴォールトが共有することができ、それによって両端の壁の厚さを薄くし、広い室内空間を創造することができるようになった。

ステラ／コパン

ホンジュラス、コパンの古典期マヤ遺跡（紀元540〜760年）は、多くの精巧な3次元的彫刻があることで有名であるが、なかでも広場に数多く立っているモノリスの石碑、ステラは圧巻である。古典期マヤでは、巨大な石を直立させ、そこに立体的な彫刻を彫り、彩色することが多く行われた。刻まれているのは王を始めとする支配者の像で、頭に儀式用の豪華な飾りをかぶり、両足を外側に向けて立っている。そしてヒエログリフが彼らの偉大な勝利を記している。

祭壇／コパン

コパンの祭壇は背の低い円柱形のモノリスで、常にステラの前に置かれていた。多くがステラの王に降伏した生贄の捕虜の姿が彫られている。初期の、神の姿や神獣が彫られていた純粋に神に捧げるための祭壇に取って代わり、この様式の祭壇が多く造られるようになった。

世界の建築様式の歴史

Pre-Columbian

マヤ「プーク」様式

　8〜9世紀の古典期マヤの終わりに向けて、都市は、威圧的な宗教的建築が支配する都市から、支配者の宮殿が中心となる都市へと変化していった。宮殿は高い基壇の上に建てられ、多くの部屋と広い中庭を持つ複雑な構造へと発展した。地理学的な変化や、自治王国の合従連衡に伴い、多くの地域的な様式が誕生した。ユカタン半島の都市の集合体は、「プーク」様式としてまとめられる様式を持ち、建築の彫刻装飾に幾何学的紋様が多く見られるのが特徴である。取り憑かれたように壁全体に同じモティーフが繰り返し使われたり、マヤ人の宇宙観から導き出された象徴的記号が大きく強調されたりしている。

サイールの宮殿（紀元700〜900年）
ユカタン半島サイールのこの宮殿の2階ファサードは、モノリスの柱と石のアバクスで構成されるポルティコになっている。フリーズは典型的なプーク様式で、円柱の欄干をはさんで、神々の彫像と羽毛のある大蛇の彫像が飾られている。これらは木造の粗末な住宅を石で再構築したもので、支配者と民衆の関係を象徴している。

占い師のピラミッド
「占い師のピラミッド」の頂上にある至聖所は、巨大な宇宙的神獣の顔の彫刻になっている。その顎の部分が入り口になっており、それはそこが黄泉の世界への入り口であることを示唆している。こうした別の世界への「入り口」は、隣のチェネス遺跡でも多く見られる。

尼僧院／ウシュマル（紀元700〜900年）
スペイン人によって「尼僧院」と名付けられた、ウシュマル・プーク遺跡の方形の中庭を囲む建築物は、方形の中庭とそれを囲む独立した4つの建築物によって構成されている。北側の建築物は高い基壇の上に持ち上げられ、他の建築物よりも一段高くなっている。また、東西の建築物は南の正面側の建築物よりも高くなっている。その入り口へは方形の外側の広場から階段を上っていく。そのためこの宮殿は、連続的な上昇の体験という建築的意図があったのではないかと考えられている。

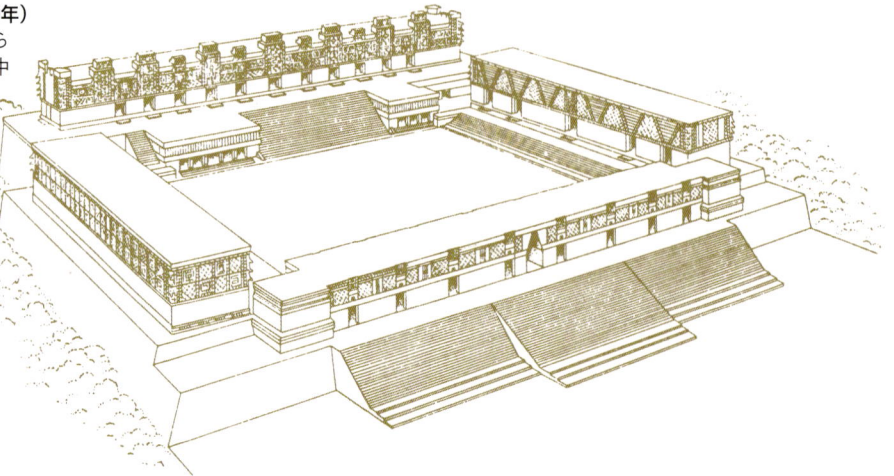

先コロンブス期

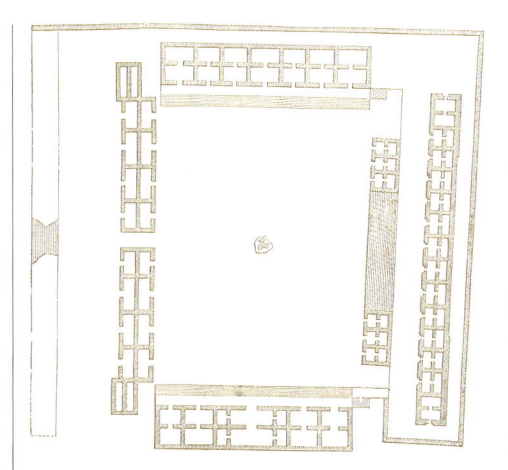

尼僧院平面図／ウシュマル
古典期後期マヤの宮殿の構造は複雑である。尼僧院には40以上の二間続きの部屋があり、それとは別に6部屋からなる祭祀区画を持っている。この巨大建造物は、粗石をコアにし、切石を表面仕上げとしてだけ使用するというプーク建築工法によって建造されている。

モザイク・フリーズ／ウシュマル
ウシュマルの「総督の館」は、長いモザイクのフリーズで装飾されている。雷文の模様とチャークの面（それぞれ太陽と雨を象徴している）が、中央に支配者の像を置くファサード全体にわたって幾何学的に配置されている。

チャーク面の宮殿／カバー（700〜900年）
カバーの「チャーク面の宮殿」の表面には、雨の神であるチャークの顔が取り憑かれたように繰り返し現れるが、それはプーク様式を貫く主題である。その神は木の幹のような鼻を突き出し、両側に深く彫られた眼を2つずつ持っている。農業中心のマヤ人の社会が、他の神以上に雨の神と太陽の神を崇めるのは至極当然なことである。

階段雷文模様／ミトラ
オアハカ渓谷ミトラのサポテカ遺跡は古典期後期マヤに属しているが、プーク地域のモザイク・フリーズをさらに発展させた。ミトラのすべての宮殿の壁面は、複雑な幾何学的模様で構成されるパネルを並列に並べた形で装飾されているが、その模様はさまざまに変化する階段雷文模様である。

世界の建築様式の歴史

Pre-Columbian

後古典期マヤ

　後古典期が始まる10世紀になると、マヤの都市の大半が衰亡し、建築活動の中心は中央メキシコへと移っていった。そこではマヤの建築文化がトルテカ文明に浸透し、2つの重要なトルテカ・マヤ都市であるトゥーラとチチェン・イッツァを生み出した。後古典期マヤの都市はますます戦争に没頭するようになり、その影響でトゥーラやチチェン・イッツァの戦士の神殿に見られるように、厳しい表情の建築物が多くなった。石造りの球技場やチチェン・イッツァのチャクモールなどから、後古典期マヤにおいていかに生贄の儀式が重要な意味を持つものであったかがわかる。この慣習は遠くアステカ文明まで継承された。その首都であるテノチティトランには、メソアメリカ建築のなかでも特筆すべき建造物がいくつかあった。

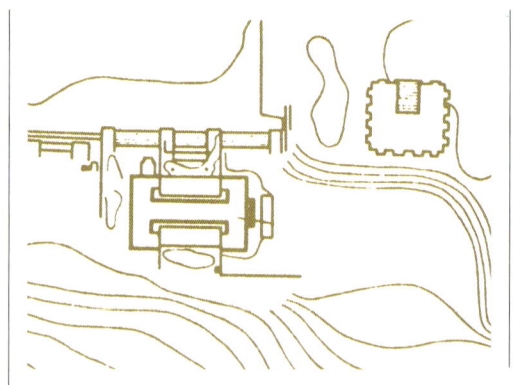

球技場石の輪／トゥーラ
この聖なるゲームは、固いボールをパスしながらコートの両側に置かれている石の輪に通せば勝つというもの。トゥーラの石の輪にはガラガラ蛇の装飾が施され、羽毛のある大蛇ケツァルコアトルに捧げられていた。

球技場／チチェン・イッツァ
球技場はたいていⅠ形をしており、観客席のための石段が周囲を囲んでいる。チチェン・イッツァの球技場内部の壁の細密な浅浮き彫りには、負けたチームのメンバーが生贄に供されている様子が刻まれている。彼らの頭蓋骨は、隣接する頭蓋骨棚、ツォンパントリに並べられた。

アトランティス／トゥーラ
トゥーラのピラミッドBの頂上には、トルテカ族の戦士の巨大な像が並んでいる。それらはこの頂上に建っていた至聖所の前廊を支えていたものだ。神殿内部とピラミッド基壇の列柱広間の浅浮き彫りには、戦争の様子が繰り返し彫られている。

トゥーラの柱
後古典期マヤでは柱が多く使われるようになった。トゥーラの柱は、4個以上の石のブロックをほぞ継ぎにして、結合部をモルタルで固めたもの。また木のコアの周りを粗石で覆ったものもある。

82

先コロンブス期

チャックモール像／トゥーラ及びチチェン・イッツァ
何かにもたれかかっているような姿勢の人の像チャックモールは、宗教的場所にも世俗的な場所にも現れる。頭を90度曲げて正面を向き、腹の上に両手で受け皿を抱えているこの像は、生贄、それも多くの場合人間の新鮮な心臓を神に捧げる祭壇であった。

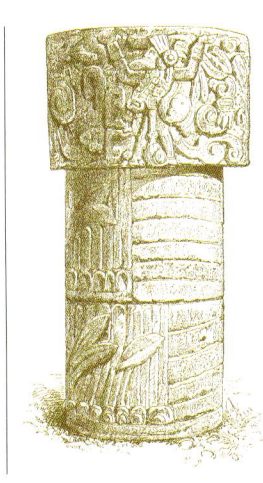

浮き彫りのあるアバクス／チチェン・イッツァ
カスティーヨと呼ばれる大ピラミッドの頂上の至聖所には、柱や支柱、木のまぐさを用いた新しい形の屋根組みが見られる。入り口の2本の柱の柱身には、羽毛のある大蛇が巻きつき、上部のアバクスにはめずらしい図柄が彫られている。

ティソクの石／テノチティトラン
アステカ文明は建築物の彫刻装飾に優れたものが多く、建築物の表面には高浮き彫りで、時に残酷なシーンが彫られている。この祭壇はティソクの石と呼ばれるもので、側面に皇帝が捕虜を引きずっている15のシーンが描かれている。上面には太陽の円盤が彫られている。

プーク様式／チチェン・イッツァ
この遺跡の南端にある「尼僧院」を構成する小さな建築物へは、白い石畳の行進道路サクベが通じている。建築物は雨の神チャークや大きなモザイクのフリーズ、雷文模様などの古典期マヤ・プーク様式で装飾されている。彫刻の密度と主題の攻撃性は後古典期マヤのなかでも特に目立つ。

83

世界の建築様式の歴史

Pre-Columbian

インカ建築

　ペルー、ボリビア、エクアドルにまたがる先コロンビア期インカ文明は、1100年からスペイン征服の1532年までの間に多くの記念碑的建築物を築いた。それらの建築物は、主に太陽神と、その地上での生まれ変わりである「インカ（皇帝）」を礼拝するために造られた。インカは戦略的に重要な場所に駐屯地を築くことによって、荒々しいアンデスの大地を巧妙に優位性に転換した。彼らは優れた技術で急峻な崖にテラスを築き、自然の泉と岩の組み合わせによって水を運び入れ、生贄を捧げる宗教的儀式を行うためのウシュヌ（聖なるテーブル）などの構造物を造った。また彼らは戦争ではなく外交を通じて、首都クスコの内外に高度な道路網を築いた。金の使用を組み合わせた石彫の技術は、15世紀インカの宮殿と神殿の建築で絶頂期を迎えた。

インカの切石積み
インカのそうそうたる巨大建造物の壁は、多角形の石を接合部の線がぴったりと合うまで磨き上げ組み合わせることによって築かれている。この方法は小さなレンガくらいの大きさの石積みから、図のようなクスコのサクサイワマン要塞の大きな石組みまで用いられている。

タンボ
タンボはいわばインカの旅籠で、インカ道に沿って建てられた伝令が休息する場所である。窓のない低い方形の部屋、唯一日光を取り入れることができる優美な台形のドアなど、タンボはインカ建築の特徴をよく示している。並列する台形の壁がんというモティーフは、インカ建築の内外部の壁の装飾に繰り返し登場する。

チュルパ／チチカカ湖
チチカカ湖周辺にある先インカ時代の埋葬塔、チュルパは、死者をその所持品のすべてとともに埋葬するために建てられたもの。それは窓のない家で、いくつかの部屋に分かれており、家族は死後ここに葬られ、黄泉の国でも家族として生活する。聖なる円形の塔というこの様式は、インカ帝国に受け継がれ、マチュピチュのトレオンなどに見られる。

先コロンブス期

マチュピチュ（15世紀）
標高2430mの山の頂に築かれた空中都市マチュピチュは、インカ建築と景観が一体化した最高の例である。穀物を生産する段々畑が崖からはみ出すように築かれている。自然の花崗岩を壁として利用した斜面の上に、精巧な石組みで造られた3つの神殿があり、この儀式のための都市の中核を構成している。

太陽の処女の家
「選ばれし処女の家」とも呼ばれるこの大きな家は、選ばれた女性達――多くが支配者の小室となる――のためのある種の教育的修道院である。彼女たちは太陽神の妻とみなされ、その家はそれにふさわしく金で被覆されていた。二重の抱きを持つ台形の出入口は、高貴な建築物に多く見られる。

マンコ・カパックの家／チチカカ湖
マンコ・カパックは12世紀にインカ帝国を築いたといわれている伝説上の人物である。チチカカ湖の島に築かれた彼の家は、インカ帝国の建築物のなかで最も古いものに属する。1階部分の空洞のない詰まった石組みの上に、塔のように2階部分が独立して建てられている。インカ式の2階建て工法である（十字架は後に立てられたもの）。

トレオン／マチュピチュ
トレオンはマチュピチュの廃墟の中心にある小さな神殿である。聖なる建造物であることを示す半円の壁があり、モルタルを使わない精巧な石組みで台形の壁がんが造られている。壁の内部にはウシュヌと呼ばれる自然石を並べて造られた生贄のためのテーブルがあり、それにはラマの首を受け止めるための彫刻が施されていた。

古典期以前 Preclassical
紀元前7世紀～紀元前1世紀

ミケーネ：城砦（シタデル）

　エーゲ海文明は紀元前1650～1450年に最盛期を迎えたが、それを支配していたのがクレタ島を基盤とするミノア人であった。しかしミノア文明はその影響力が頂点に達した時点で没落し、その地位はミケーネ人に取って代わられた。ミケーネ人は好戦的人種で、紀元前1600～1200年までギリシャを支配した。この時代は「英雄時代」、または「ホメロス時代」とも呼ばれているが、それはミケーネ人の生活と彼らの建造物が、ホメロスの叙事詩『イリアス』『オデュッセイア』で描かれたものとぴったり合致するからである。ミケーネ人の城砦建築にクレタ島の職人たちが徴用されたかもしれないが、2つの建築様式ははっきりと区別される。ミケーネ人の建築は綿密な設計に基づき、メガロン（主室）を軸に展開されているが、ミノア人は複雑な迷路のような建築様式を好んだ。

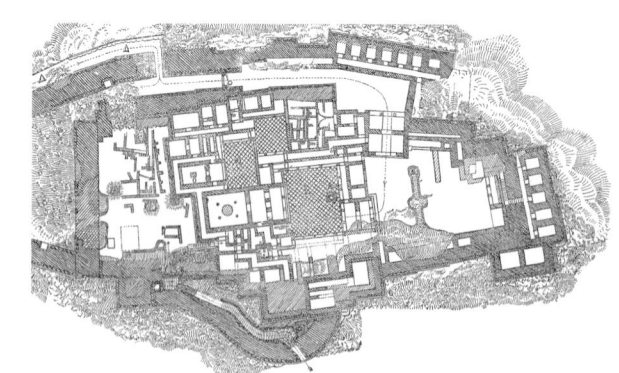

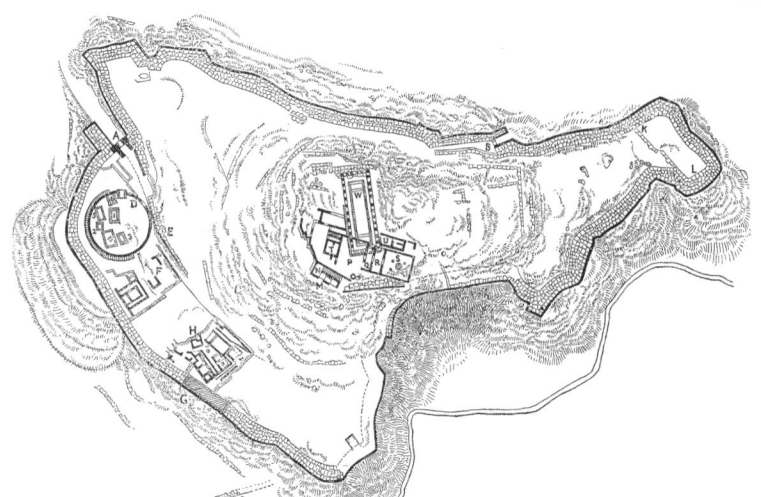

宮殿の配置
宮殿は、それを囲む城砦と同じく、よく防備されている。ミケーネの近くのティリンス宮殿（紀元前13世紀後半）では、訪問者は一連の閉ざされた中庭と2つのH形の門（プロピレア）を通り抜けて初めて主室（メガロン）にたどり着く。メガロンを中心に寝室や浴室など多くの部屋が複雑に配置されている（下図も参照）。

ミケーネのシタデル
シタデルは戦略的に、多くが難攻不落の丘の上に建てられ、堅固な壁で囲まれている。最上部に支配者とその家族が住む宮殿がある。軍事指導者などの重要人物の館も外郭内部に見られるが、それ以外の人々はシタデルの壁の外に住んだ。

古典期以前

ライオン門／ミケーネ（紀元前1250年）

シタデルへは記念碑的な門を通って入って行くが、現存するもののなかで最も有名なのがミケーネのライオン門である。その門は2本の垂直に立った石が巨大なリンテル（まぐさ）を支えて構成されているが、そのリンテルの上には2頭のライオンの浮き彫りがある巨大な三角形の荷重軽減スラブ次ページ参照）が置かれている。左側の石のカーテンウォールと右側の稜堡（右端図）によってこの門は防御されている。

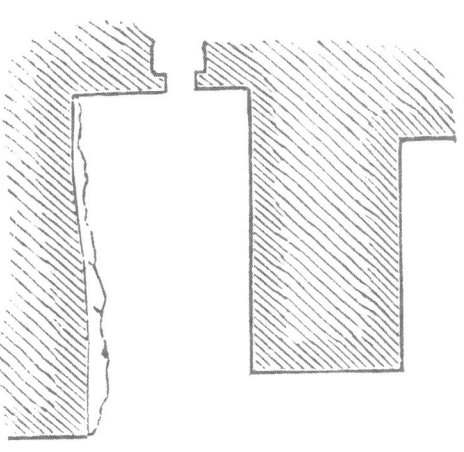

サイクロプスの石組み

ミケーネの巨大な壁——大きな不定形の石でできた——を古典期のギリシャ人たちは、神話上の隻眼の巨人、サイクロプスの仕業だと考えた。そのためこれらの壁は、サイクロピアンと呼ばれている。それらはシタデルを防御するために造られたもので、その上に防御柵（パリセイド）を持つものもあった。

トリグリフ・フリーズ

ミノアとミケーネの両方の宮殿の装飾に共通して現れる模様が、いわゆるトリグリフ・フリーズ（紋様）である。それはバラ形装飾が垂直の帯で半分に分けられた形で、通常連続して用いられる。この紋様がギリシャのドリス式オーダーのメトープとトリグリフのフリーズへと継承されていったのではないかといわれているが、確かな証拠はない。

メガロン

メガロンは宮殿の中央部にある複合体で、主要な居室部分である。長い縦型の平面で、円柱のあるポーチ（ホメロスによってアイトウサと名付けられた）、控えの間（プロドムス）、そしてメガロン本体で構成されている。この図はティリンス宮殿（紀元前13世紀後半）の復元図である。アイトウサは南向きで、その前に中庭が広がっている。

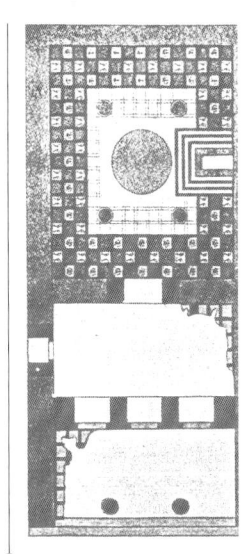

円形炉床

メガロン主室には、一段高くなった玉座があり、中心に固定された円形の炉床がある。その周りに4本の木の柱が立ち、それが屋根を支えている。メガロンの床は格子模様に塗られ、壁はフレスコ画で装飾されていた。

世界の建築様式の歴史

Preclassical

ミケーネ：墳墓

　　ミケーネの建造物のなかでも特筆すべきものがトロス墳墓（「蜂の巣状」墳墓）で、紀元前1510年から紀元前1220年にかけて徐々に発展していった。それは王とその一族を埋葬するものであったらしく、岩を削って造られる民衆の墓とは異なっている。どちらも地下建造物であるが、トロス墳墓は墳丘の中に築かれている。1876年にハインリッヒ・シュリーマンが2つの大型のトロス（複数形はトロイ）——ミケーネの「アトレウス（またはアガメムノン）の宝庫」（紀元前1250年）と「クリテムネストラの宝庫」（紀元前1220年）——を発見した。彼は「アトレウスの宝庫」を、その埋蔵品の豪華さから、ギリシャ中部のドーリア人の宝物庫だと考えた。建築的に最も注目すべき点は、その持送りドームである。「アトレウスの宝庫」は高さが13.2mもあり、ローマ時代以前のヴォールト構造で最大のものとみなされている。

リリーヴィング・トライアングル（荷重軽減三角石）
「リリーヴィング・トライアングル」はミケーネ人独自の建築的発明であり、浮き彫りが施されているものもある。その三角形の石は入り口の上部にかかる鉛直荷重を吸収し、リンテル（まぐさ）にかかる荷重を軽減する役目を持つ。トロスの入り口はリンテルとその上の三角石で構成されている。

平面図エレメント
トロス墳墓には3つのエレメントがある。1. 墳墓への通路ドロモス、2. 墳墓入り口前の細い通路ストミオン、3. 円錐状の主空間トロス。トロスの横に新たに埋葬室が造られているものが2例あった。

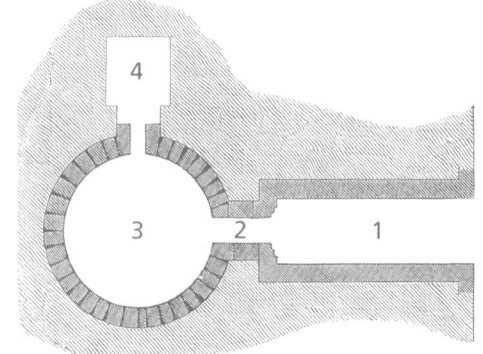

持送りドーム
トロス墳墓の持送りドームはスズメバチの巣に似ている。その工法は、切石（直方体に切り出したもの）を、下の段よりも少しずつせり出す（持送り）形で積み上げていき、最後に頂点に達するというもの。ドームが出来上がると、安定させるために周りに土を被せ、最終的に墳墓（墳丘）にする。

古典期以前

主入り口
トロス墳墓の多くは装飾され、彩色されていた。「アトレウスの宝庫」（紀元前1250年）は、そのなかでも最も華麗なものであったろう。二重の扉で閉ざされている入り口両脇には壁に接している柱があり、上部は赤い斑岩のフリーズになっている。

ドーム内部の装飾
全部ではないにしろ、トロスの内部は本来豪華に装飾されていたようだ。ドームの切石の間から青銅の釘が見つかっているが、それはたぶんバラ形や星形の装飾を留めるための物だっただろう。このようにトロスは天国のドームをイメージして造られていたと思われる。またドームの下部は、金属のフリーズで装飾されていたようだ。

ドロモス
トロス墳墓ドームへは、「クリテムネストラの宝庫」（紀元前1220年）に見られるように、切石を組んだ水平な通路ドロモスを通って入る。ドロモスの入り口には壁があり、またストミオン内部も通行不能にされていたことから、トロス墳墓は使用目的が達成された後は封印され、ドロモス内部も塞がれていたことがわかる。これはすべてのトロスに共通している。

円柱
ミケーネの円柱は（ミノアと同様）全般に細く、特徴的なのは下に向かって鋭く細くなっていることである。「アトレウスの宝庫」の入り口脇を装飾していた円柱は、緑色のアラバスターの柱身を持ち、螺旋と山形紋が描かれていた。

表面装飾
オルコメノスの「ミニアスの宝庫」（紀元前1220年）の付属墓室の壁と天井は、螺旋形やバラ形装飾など当時流行の紋様で飾られたスラブで覆われていた。顔料の痕が残されていた。

89

Preclassical

エトルリア：墳墓

　ミケーネの建築が古典ギリシャに影響を及ぼしたように、エトルリア人が残した建築もローマ建築の発展にとって重要であった。エトルリア人は小アジアのミノアが起源と考えられており、アルノー川とテベレ川にはさまれた中央イタリア西部（エトルリア）に定住した。紀元前7世紀後半以降彼らの勢力は拡大し、当時のローマはエトルリアの王に支配されていた。しかし紀元前509年に共和制が敷かれるようになると、エトルリア文明は衰退していき、その多くの都市国家が征服された。それにもかかわらず、エトルリア人の建築活動は続き、紀元前1世紀までその独特の様式を保っていた。エトルリア人の建築物はほとんど残っていないが、現存するもの、とりわけいくつかの古代墓地（ネクロポリス）に残されている墳墓は非常に精巧に造られている。初期のものは墳丘に覆われているが、紀元前400年頃からは、装飾されたファサードを持ち、外部から直接入ることができる墓室が造られるようになった。

墳丘
エトルリア人は初期の頃から、死者を墳丘に埋葬してきた。それらは多くが密集しており、現在はローマ人が付けた名前でチェルヴェテリと呼ばれているカエレ（エトルリアの都市）に見られるように、整然と並べられていた。

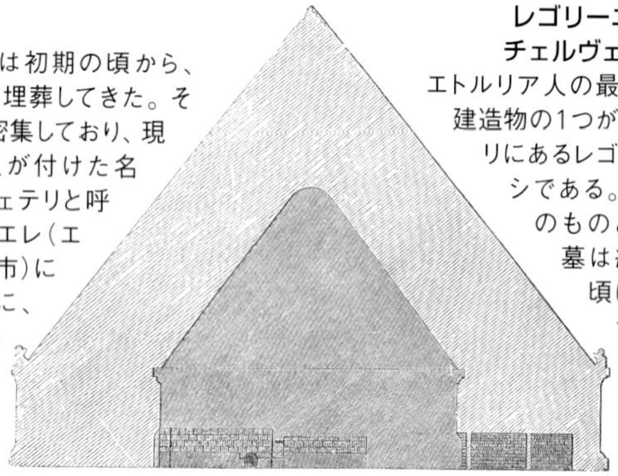

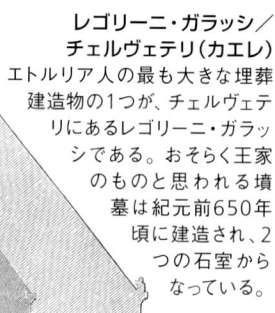

レゴリーニ・ガラッシ／チェルヴェテリ（カエレ）
エトルリア人の最も大きな埋葬建造物の1つが、チェルヴェテリにあるレゴリーニ・ガラッシである。おそらく王家のものと思われる墳墓は紀元前650年頃に建造され、2つの石室からなっている。

住居型墳墓
エトルリア人は、死者は生前住んでいたものと同様の住居に住まうべきだと考えていた。多くの墳墓が彼らの住居に似せて造られており、舗装された道路に沿ったものもあった。それらは岩をくりぬいて造られ、ファサードには彫刻が施された戸枠があり、窓のあるものもあった。墳墓のなかには石を削って作った家具やベッド（そこに死者は横たえられた）、そして枕までもが用意されていた。顔料で装飾された壁には、家財道具が吊るされていた。

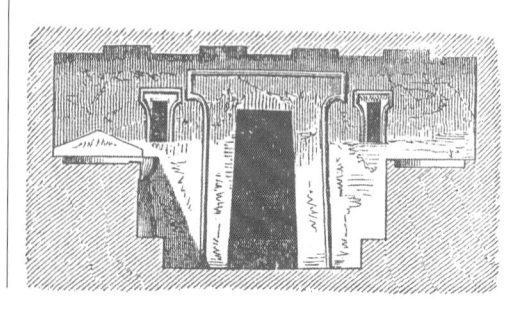

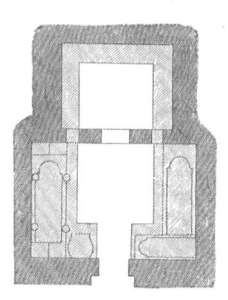

持送り墓室／レゴリーニ・ガラッシ
レゴリーニ・ガラッシの埋葬室は縦長の平面で、独特の形状の屋根を持っている。それはミケーネのトロス・ドームに似た持送構造で造られている。そこへは付属の部屋を持つ長い通路（ドロモス）が通じている。

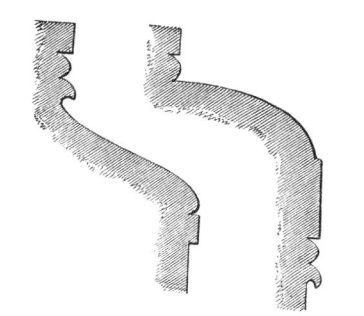

古典期以前

ポルセンナ墳墓／チウシ（クルシウム）
エトルリアの埋葬建造物のなかでも特に美しいのが、紀元前6世紀の有名なエトルリア王ポルセンナの墳墓である。下はローマの学者ヴァッロが記述したものを復元図にしたものであるが、方形のポディウム（基壇）の上の各隅と中心に合計5本の円錐が立ち、その上に同様の構造物が2段重ねられている。下の円錐の上には円形の天蓋があり、その端には多くの鐘が鎖で結び付けられていた。

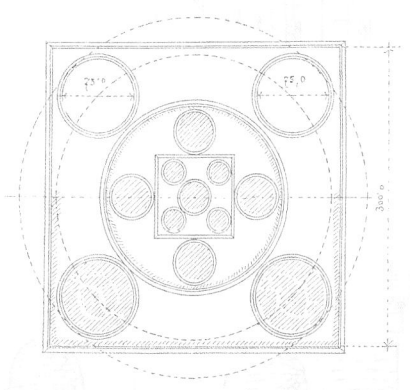

キューブ・トゥーム（立方体型墳墓）
岩を直接削って造られ、地面の上に直立している墳墓もあった。それらはキューブ・トゥームと呼ばれるが、当初は屋根があったようだ。上の図はピラミッド型の屋根を戴いたものの復元図であるが、多くが曲線的なものであったようだ。念入りに造られた繰型が立方体型墳墓の特徴である。特に入り口は優美な枠で囲まれ、ドアの抱きはやや外向きに傾斜し、リンテルは左右に張り出している。

Preclassical

エトルリア：その他の建築物

　紀元前1世紀のローマの建築家であり建築理論家でもあったウィトルウィウスの著作によれば、エトルリア人はギリシャやオリエントの影響を受けながらも、まったく独自の神殿建築を発展させていった。それらはウィトルウィウスによってトスカーナ様式と命名された特別な規範に基づいて造られている。通常神殿は日干しレンガと木材で造られ、後に石材が使われるようになった。建築物は南向きに建てられていたようだ。神殿は町の中心の、祭壇が置かれていた広場に面して建てられた。エトルリア人はまた、優秀な技術者でもあったようで、無数の橋や水道を築いている。紀元4世紀以降、外敵から都市を守るため堅固な城壁が築かれたが、それらには精巧な造りの門が備わっていた。現存するもののなかで、ペルージャ（紀元前300年）、ヴォルテッラ（紀元前300年）、ファレリウム・ノヴム（紀元前250年）の門が特に有名である。

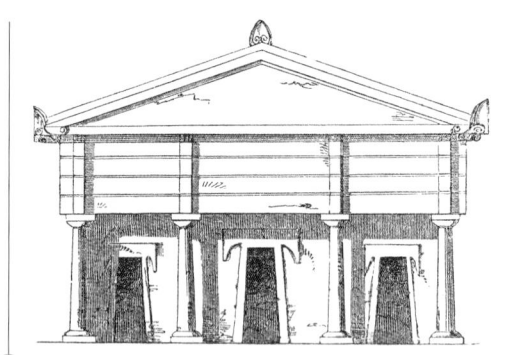

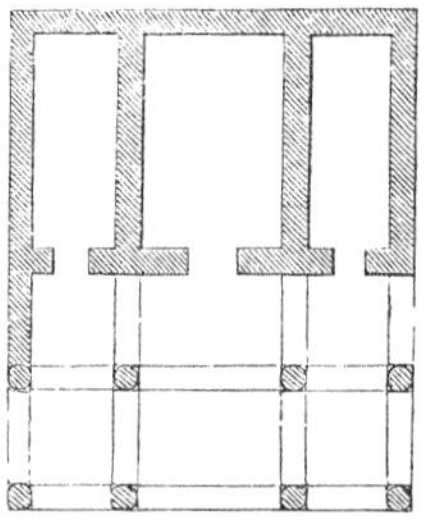

3つのセラの平面図
エトルリアの神殿の多くは3つのセラ（内陣）に分割されていた。中央のセラが最も重要で、たいてい最も大きかった。これは3体の神——ティニア（ジュピター）、ウニ（ユノ）、ミンヴラ（ミネルヴァ）——への信仰の現れであった。セラの前は広い列柱プロナオス（ポルティコのある控えの間）になっていた。側面にも後方にも出入口はなく、前面が強調された。この木造のアーキトレーヴはエトルリアの典型的なもので、4層に重ねられてエンタブラチュアを形成している。

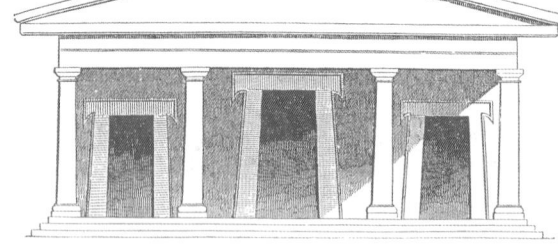

神殿立面図
神殿は必ず切石造で築かれた高いポディウム（基壇）の上に建てられた。ファサードにはプロナオスまで階段が通じている。プロナオスには民衆の礼拝を受けるために宗教的な像が置かれている場合もあった。ペディメント（破風）の勾配はゆるく、柱の外側まで伸びて、軒のようになっている。エトルリアの円柱はギリシャのドリス式を簡素化した形で、フルートはなく、柱礎と柱頭もシンプルである。この様式はローマ人によって受け継がれ、トスカーナ様式となった。

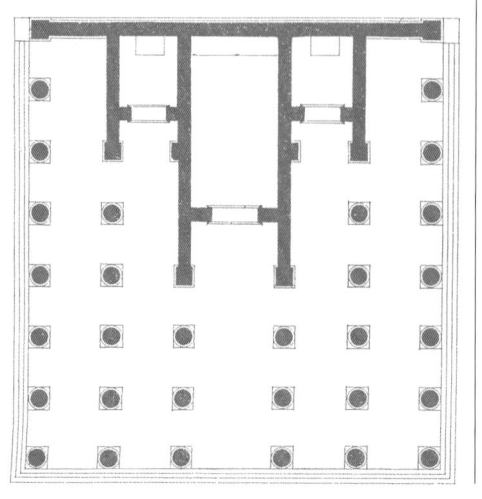

翼（アラ、複数形はアラエ）
セラ（内陣）が3つある多様な平面プランがあった。外側の2つのセラが翼（アラ）となって何も置かれず、外側の壁に沿って柱が並べられていたものがあった。またアラが神殿の外壁に平行な壁で囲まれ、側廊を形成している場合もあった。有名なローマのカピトリヌスの丘のユピテル神殿（紀元前509年に建立され、紀元前69年に再建）は、3つの内陣を持ち、それらがアラで囲まれていた。

古典期以前

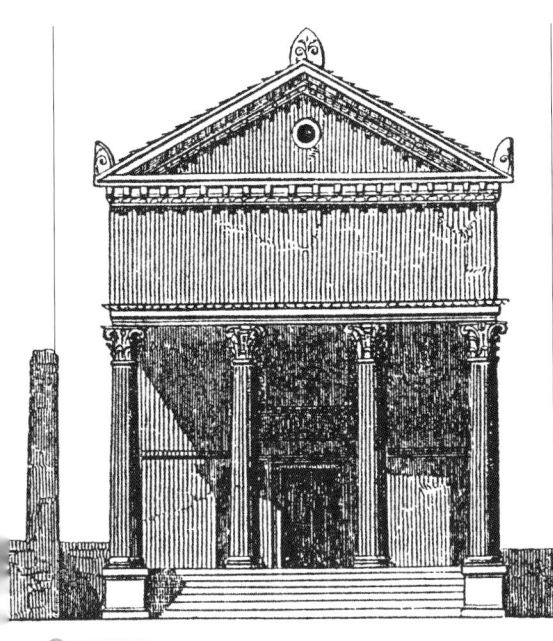

神殿装飾
神殿はテラコッタの上から華麗に彩色されていたが、それは木材の腐食を防ぐためでもあった。また屋根の両端にはアンテフィクス（屋根タイルの列の端を押さえるスラブ）があり、ペディメントの上方とプロナオスの内側には彫像が置かれていた。これはローマ・コリント式の神殿であるが、エトルリアの神殿を模倣したといわれている。

尖頭アーチ
エトルリア人は持送り墓室を造るのと同じ方法で尖頭アーチを造ることができた。これは切石を、内側がアーチを形成するように持送り状に水平に並べて造られる。

迫石アーチ
ギリシャ人と異なり、エトルリア人は、城壁の門、橋、その他の公共建造物だけでなく、住宅建築にもアーチを好んで用いた。アーチはローマ人によって最高度まで発展させられた構造であるが、それをイタリアで最初に活用したのはエトルリア人だったようである。その基本形は楔形に成形した石（迫石）を使うものだった。

世界の建築様式の歴史

古代ギリシャ
Ancient Greece
紀元前7世紀中葉〜紀元前1世紀

初期の建築

　ミケーネ文明が滅んだ紀元前12世紀に始まるギリシャ「暗黒時代」の後、ギリシャは紀元前8〜7世紀に芸術復興を果たす。その初期の時代から、ギリシャでは1つの特殊な建築物が優勢であった。それが神殿である。神殿は神々の居場所と考えられていたが、その神々は地方の伝統に基づき多彩であった。最初神殿は粗末な単一の部屋または小屋の形を取り、壁は日干しレンガで覆われていた。神殿の外に祭壇があり、動物の生贄が供された。これらの建築物内部に徐々に円柱が使用されるようになり、円柱はその後ファサードに登場するようになる。そしてとうとう紀元前7世紀になると、内陣の周囲が一列の円柱で囲まれるようになる。いわゆるペリスタイル（列柱廊）の登場である。ペリスタイルはその後も進化し、ギリシャ建築を象徴する様式として存続し続けた。

クソアノン
ギリシャ神殿は最初は原始的な小屋（プリミティヴ・ハット）のようなもので、クソアノンと呼ばれる粗雑な木彫りの神像を覆うためだけのものだったようである。ほとんどの神殿が東西の方向を軸に建てられており、朝日が燦然と神像を照らし出していたようである。

屋根の構造
ギリシャ建築の小屋組みにおいては、木のリンテル（まぐさ、水平の梁）が重量のある繋ぎ梁を支え、その繋ぎ梁がその上の束と斜めの登り梁（垂木）を支える。この単純な構造のため、内部に円柱の列を造らない限り、間口を広げることができない。その後この木構造のエレメントが石に変わっていくことになる。

古代ギリシャ

まぐさ式構造
ギリシャ建築の根本原理は柱梁構造で、「まぐさ式構造」とも呼ばれる。この構造では、水平な梁（リンテル）が円柱（コラム）によって支えられる。アーチで屋根を支えるアーチ式構造はギリシャでは使われなかった。

柱間
柱間とは、円柱と円柱の間の空間のことである。紀元前1世紀の建築理論家ウィトルウィウスは、5つの主要な比率を確定した。円柱と円柱が近接する密柱式（直径の$1\frac{1}{2}$倍）、やや広い集柱式（直径の2倍）、さらに広い正柱式（直径の$2\frac{1}{4}$倍）、もっと広い広柱式（直径の3倍）、そして「適正以上に離れすぎている」疎柱式（直径の4倍）である。

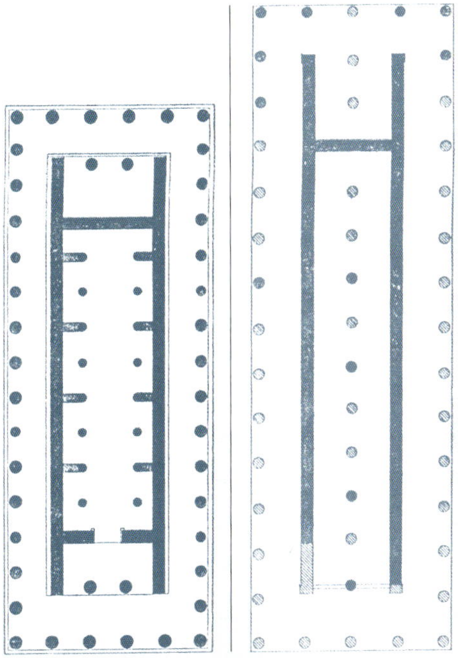

内部柱列
初期の神殿は建築物内部に柱列があることが多い。壁と壁の間隔が広すぎて、1本の繋ぎ梁では屋根や天井が支えきれないときに用いられる。その他初期の神殿を特徴づけるものとしては、広い柱間（アーキトレーブが木材でできており、広い間隔で架け渡されるため）と、平面が縦に長いことがあげられる。この紀元前7世紀のテルムムのアポロ神殿は、ペリスタイルを誇示した最古の建築例の1つである。

トリグリフの起源
古典期建築を特徴づけるディテールの非常に多くのものが、木造建築を起源としている。ドリス式に顕著に見られるトリグリフがそのよい例である。初期の頃、壁を越えてはみ出した梁の先端部はきれいに切り落とされ、ウィトルウィウスによれば、その切断面は青色の蜜蝋（ワックス）で染められた木の板で飾られていたということである。

クレピドーマ
神殿はクレピドーマと呼ばれる石の基壇の上に建てられる。通常は3段になっている。柱が立つ最上段はスタイロベートという。神殿の基礎部分全体をさすときはステレオベートという。

世界の建築様式の歴史

Ancient Greece

神殿：形とエレメント

　紀元前7世紀後半までに神殿の基本的な構図が確定されると、それ以降、形とエレメントにあまり大きな変化はなくなった。ギリシャ人はあらゆる方法で彼らの建築物を完璧なものにしようとしたが、その歩みは遅く、また基本的な要素——ペリスタイル、ポルティコ、プロナオス（前房）、オピストドモス（後房）——は変わらなかった。ギリシャ建築は数学に基礎を置いており、その多くがイオニアの哲学者ピタゴラス（紀元前580〜500年）の発見に基づいている。ピタゴラスは、数字は神と人間を結びつける基本的な言語であると考えた。ギリシャ人は、比と比率が平面と立面の両方に正しく適用されるならば、美、完全、シンメトリア（対称という意味のシンメトリーとは異なり、各部分が完全に均衡が取れていることを意味する）が達成されると考えた。シンメトリアを実現するための測定単位がモジュールである。ギリシャ建築では伝統的に、円柱柱身の基底部分の直径または半径をモジュールとした。

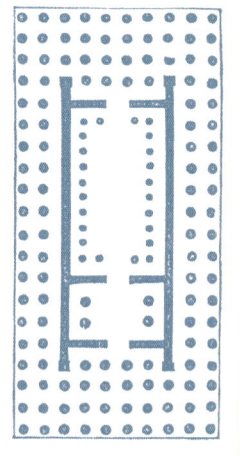

△ ディプテロス（二重周柱式）
ディプテロスとは、周囲が2重の列柱で囲まれている神殿の形式である。

▽ ペディメント（破風）
ペディメントとは、幅が広く傾斜の緩い切妻屋根前面のことで、多くの場合ポルティコの上に位置する。底辺がその下のエンタブラチュアの水平なコーニスで縁取られ、他の2辺が傾斜するコーニスで縁取られている二等辺三角形のことをティンパナムという。

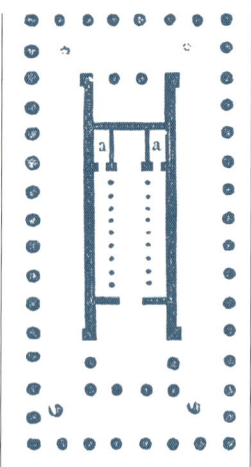

△ 擬似二重周柱式
擬似二重周柱式は二重周柱式の後に出てきたもので、内側の列柱が省略されたものである。この様式は特に紀元前2世紀後半に流行したが、ローマの建築家であり軍事技術者でもあったウィトルウィウスによれば、建築家ヘルモゲネスが先駆者とのことである。

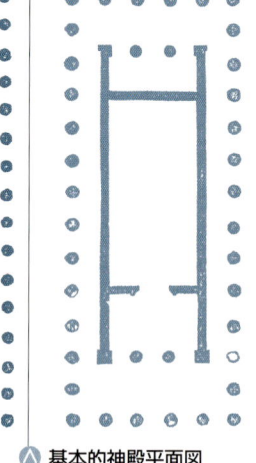

△ 基本的神殿平面図
ギリシャ神殿はほとんどすべてが矩形の平面図を持ち、一定の要素で成り立っている。建築物周囲はペリスタイル（列柱廊、ペリプテラル、プテロンとも呼ばれる）で、主要な内陣は柱の内部にあり、プテローマ（翼廊）で隔てられている。内陣は通常3つの区画に分かれている。控えの間または前房（プロナオス）、神殿中心部（セラまたはナオス）、そして後房（オピストドモス）である。

古代ギリシャ

ポルティコ
ポルティコは神殿の主要な玄関または出入口のことで、屋根があり、側面は壁で閉じられてはいない。ポルティコを構成する円柱の数で区別される。四柱構え（円柱4本）、六柱構え（円柱6本、最も一般的）、十柱構え（円柱10本）など。

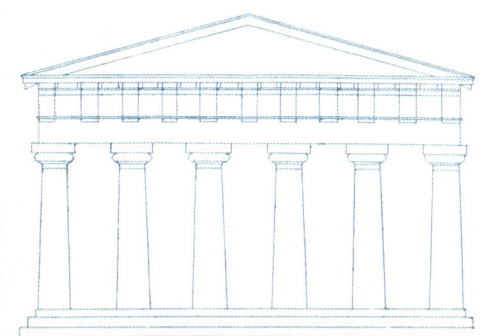

神殿内部
神殿内部は外部にくらべてかなり簡素であるが、それは神殿の本来の目的から生じたものである。神殿は礼拝者の集団を迎え入れるように設計されてはいない。神殿内部に入れるのは神官と特権を有する人物だけで、一般市民は建築物の周囲から礼拝できるだけであった。

ケラ
神殿の中心に位置するケラまたはナオスには、神像が安置されていた。そこは前房（プロナオス）と同じく、奉納品がうず高く積まれていたであろう。後房（オピストドモス）は多くの場合青銅の扉で閉ざされ、宝物庫となっていた。

イン・アンティス
ポルティコの奥まったところ、壁の前面に沿って円柱が並ぶ場所をイン・アンティス（「アンタの間」）という。アンタとは壁の端部を厚くして作る片蓋柱（ピラスター）のことで、ポルティコの両端を形成する。

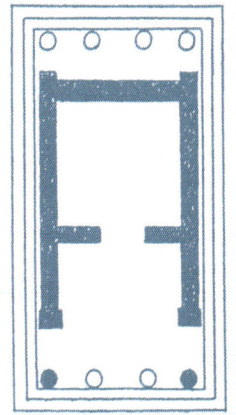

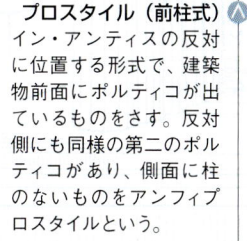

プロスタイル（前柱式）
イン・アンティスの反対に位置する形式で、建築物前面にポルティコが出ているものをさす。反対側にも同様の第二のポルティコがあり、側面に柱のないものをアンフィプロスタイルという。

97

世界の建築様式の歴史

Ancient Greece

ドリス式オーダー

　比（ある長さとある長さの比）と比率（ある長さが全体に占める割合）の完全性を求めるギリシャ人にとって、オーダー——構成部分を組織する構造的体系——はもっとも重要なものである。円柱、柱身、柱頭、エンタブラチュアは、3つの基本的な様式——ドリス式、イオニア式、コリント式——に則って長さが決められ、装飾される。ドリス式オーダーは、ギリシャ人を構成した2つの主要な集団の1つであるドーリア人が占める土地で発展した。その後ギリシャ本土と、マグナ・グラエキアとして知られている西方の植民地（南イタリアとシチリア島）で好まれた。ドリス式は紀元前5世紀半ばに頂点を迎え、ローマ人に継承されたオーダーの1つとなった。ドリス式の特徴は、男らしさ、強さ、堅固さである。

ドリス式の特徴

ドリス式円柱は、常に柱礎はなく、たいていフルート（丸底の溝彫り）が彫られ、柱頭はずんぐりとしている。柱頭を含む円柱の高さは、柱身底部の直径の4〜6倍である。エンタブラチュアは、平明なアーキトレーヴ（まぐさ）、トリグリス縦溝のある部分）とメトープ（人物像が描かれている部分）が交互になっているフリーズ、その上の簡素なコーニスからなる。

トリグリフとメトープ

ドリス式の大きな特徴が、トリグリフとメトープからなるフリーズである。トリグリフは外側の円柱と内部柱列の延長線上にある縦長のブロックのこと。3本の棒と2本の半円の縦溝（それゆえ3つのグリフという意味でトリグリフ）からなる。メトープはトリグリフの間の正方形の板の部分で、豊かに装飾されることが多い。

ドリス式柱頭（キャピタル）

ドリス式の柱頭——円柱の上部——は、座布団のような凸形の繰型エキヌスと、四角形のスラブ、アバクスでできている。エキヌスと柱身をつなぐ扁平な繰型をアヌレットという。その下にある同様の繰型をハイポトラキリュームという。

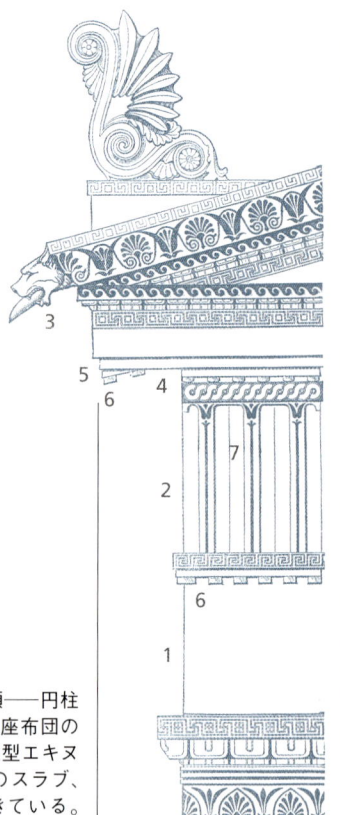

エンタブラチュア

エンタブラチュアは円柱と柱頭の上にあり、3つの水平なエレメントからできている。1.アーキトレーヴ、2.フリーズ、3.コーニスである。ドリス式コーニスのソフィット（下端、4）は下に傾き、突き出した四角形のムトゥルス（5）というブロックを支えている。最初はこれらがすべての登り梁（垂木）の端部に作られていた。ムトゥルスはたいてい露玉（グッタエ、6）で装飾され、それがトリグリフの中央にくる。グッタエはトリグリフの下部にも現れる。

98

古代ギリシャ

アンテフィクス
屋根瓦の接合部を覆う凸形の瓦の末端部分は、アンテフィクスと呼ばれる直立した装飾用部材で隠される。多くの場合スイカズラ(右下)の模様が彫られている。イオニア式はドリス式とは異なり、屋根の端部にこのような部材は持たない。下図では、彫刻されたシーマ繰型と、グリフィンをかたどったアクロテリオン(p.107参照)がみられる。

フルートとフィレット
ドリス式円柱には、通常フルートと呼ばれる丸底の縦溝が彫られている。その数は決まっていて、20本である。フルートとフルートの間の細長い尾根の部分はフィレットという。

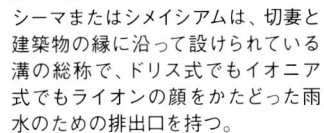

シーマ
シーマまたはシメイシアムは、切妻と建築物の縁に沿って設けられている溝の総称で、ドリス式でもイオニア式でもライオンの顔をかたどった雨水のための排出口を持つ。

雷文
ドリス式神殿で用いられる装飾の一般的な形は、雷文と呼ばれる引き回し細工である。ギリシャ人独特の雷文がメアンダーと呼ばれるもので、ここに見られるように、複雑な迷路のように入り組んだものである。

世界の建築様式の歴史

Ancient Greece

イオニア式オーダー

　イオニア式オーダーはドリス式と同時期に発展したようだが、一般的になることはなく、紀元前5世紀半ばに最後の形を示して終えた。この様式は小アジア沿岸中央部に位置するイオニア地方と小アジアの島々に広がっていたもので、オーダーの形はドリス式ほど固定せず、何十年もの間地方によって違いがあり、それらが近づいた時にも差異は認められた。ドリス式とイオニア式は当初はその発祥の地に限局されていたが、徐々に混ざり合い、アテネのプロピレア（紀元前437〜431年）に見られるように、1つの建築物の中に混在することもあった。それから1世紀ほど経った頃、イオニア式は絶頂期を迎え、プリエネのアテーナ・ポリアス神殿のような傑作を残した。ウィトルウィウスによれば、イオニア式オーダーの特徴は、女性らしさ、細身、美であり、そのオーダーは女性のプロポーションを元に導き出されているということである。

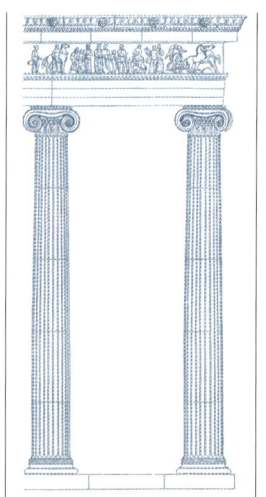

エッグ・アンド・ダート繰型
イオニア式オーダーは、特に精巧な彫刻繰型を使用したが、最もよく使われたのが、このたまご―やじり形である。これは、たまご―舌形、たまご―錨形とも呼ばれる。

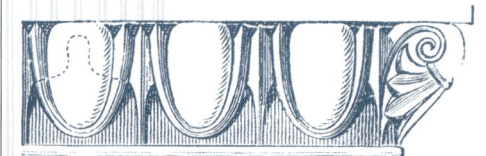

イオニア式オーダーの特徴
イオニア式円柱は、ドリス式とは異なり、必ず柱礎（柱身とクレピドーマの間の部分）の上に立てられる。このオーダーの柱頭――イオニア式のトレードマーク――は、2つの向かい合う渦巻形装飾（ヴォリュート）である。またそれが支えるエンタブラチュアはドリス式オーダーのものよりも軽くできている。

ビーズ・アンド・リール繰型（連球紋）
このオーダーに関係の深いもう1つの繰型が連球紋で、ビーズ・アンド・フィレットと呼ばれることもある。この繰型は柱身と柱頭の間にある半円形断面の帯に彫られることが多い。

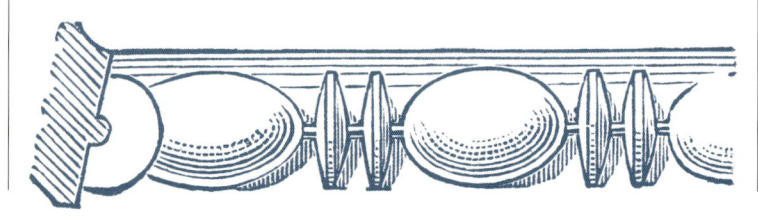

エンタブラチュア
イオニア式エンタブラチュアはさまざまな段階を経て進化してきたが、最も特徴的な形（紀元前4世紀以降）は、3つの広い帯からなるフェイシアと呼ばれるアーキトレーヴ、連続的なフリーズ（彫刻されている場合も平滑な場合もある）、そして歯飾り（デンティル）で装飾されることが多いコーニスである。

古代ギリシャ

アンテミオンとパルメット
イオニア式柱頭の首にあたる部分には、意匠化された椰子の葉の形、パルメットと、スイカズラの模様アンテミオンを彫った装飾がよく使われる。アンテミオンは単独でも非常に多く使われ、ほとんどのギリシャ神殿に見られる。

イオニア式柱頭
イオニア式柱頭の渦巻形装飾（ヴォリュート）は、たいていエッグ・アンド・ダートが彫られているエキヌスの上に載っている。渦巻模様の上のアバクスの浮き彫りはドリス式よりも浅く、コーニスには再びエッグ・アンド・ダートが彫られている。

アッティカ式柱礎
アッティカ式柱礎──アテネ（アッティカ）で完成されたのでこう呼ばれる──は、紀元前5〜6世紀に広く使われた。2つの凸形モールディング（トーラス、下の方が直径が長い）が、凹形モールディング（スコーシア）で結ばれている。

フルート・アンド・フィレット
イオニア式円柱にはフルートが彫られ、その数は通常24本である。ドリス式のものよりも深く、溝と溝の間のフィレットと呼ばれる狭い部分の先端が平らになっているのが特徴である。

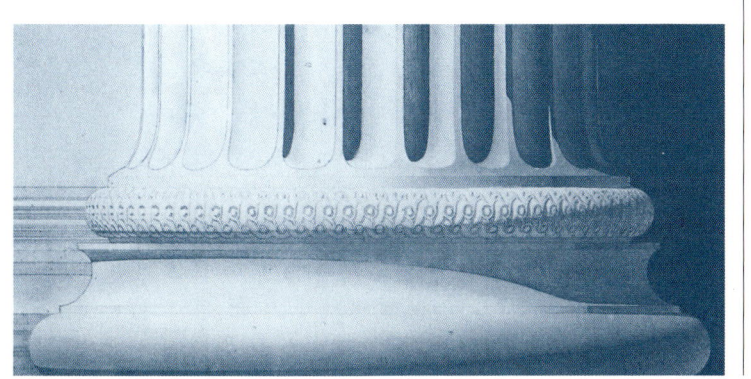

ヴォリュート（渦巻形装飾）
ヘリックスとも呼ばれるイオニア式柱頭独特の渦巻形装飾ヴォリュートは、貝殻やシダなど自然の生物から学んだ造形と思われるが、それよりも早くアイオリス式柱頭で作られた。渦巻の中心部分はアイ（目）と呼ばれる。

世界の建築様式の歴史

Ancient Greece

コリント式オーダー

　ギリシャの3番目のオーダーは、最後に発展したオーダーでもある。コリント式が最初に使われた例として挙げられているのは、神殿内部ではバッサイのアポロ・エピクリウス神殿(紀元前429〜390年)であり、外部ではアテネのリュシクラテスの記念碑(紀元前335〜334年)である。コリント式はドリス式やイオニア式とは違い、建築オーダーではない。それは純粋に装飾的なものであり、精巧な花の彫刻で飾られた柱頭が独特のため、別個にコリント式と呼ばれるようになった。ウィトルウィウスによれば、それをデザインしたのはアテネの彫刻家、カリマコスで、最初は青銅で作っていたということである。柱頭以外の部分では、コリント式はすべての構成部分をイオニア式から借用していた。ヘレニズム時代に入りコリント式は徐々に独自の発展を始めたが、各要素を混ぜ合わせ完璧にしたのはローマ人であった。ウィトルウィウスによれば、コリント式オーダーは「少女の繊細さ」を映したもので、全体的に優美で美しい。

コリント式柱頭の起源
ウィトルウィウスによれば、カリマコスがコリント式オーダーをデザインしたのは、籠の外まで繋がっているアカンサスの葉に感動したことがきっかけであったらしい。それは幼くして亡くなったある少女の墓に乳母が供えたもので、なかには少女の愛玩品も入っていた。アカンサスは春になると盛んに芽を出し、辺り一帯に生い繁る。籠の上にタイルで蓋をしているのは、その隙間から出た葉を籠の縁に渦を巻くように繁らせるためである。

コリント式オーダーの特徴
イオニア式と同じく、コリント式オーダーも柱頭で見分けがつく。柱頭以外の部分ではイオニア式を借用しているので、柱頭の下には基部があり、フルートが彫られ、アーキトレーヴはフェイシア、彫刻のあるフリーズ、歯飾りのコーニスで3分割されているのが見られる。

古代ギリシャ

コリント式柱頭
コリント式柱頭の最も完成された形は、8枚のアカンサスの葉が上下2層に分かれ、その一番上まで伸びた葉から茎（カウリコリ）が伸び、その先端が渦巻状になるものである。それが4面凹形のアバクス（柱頭最上部のスラブ）を支える。各側面中央にはアンテミオン（スイカズラの模様）が彫られている。

柱頭の初期の形
これはコリント式柱頭が神殿の外部で始めて登場した紀元前4世紀のリュシクラテスの記念碑の柱頭である。アカンサスの葉は一列に並び、その下には水草の葉が繁っている。柱頭は異様に長く、それだけで円柱の直径の$1\frac{1}{2}$の長さがある。その後$1\frac{1}{6}$まで短くなった。

アカンサス
コリント式柱頭の主要な装飾モティーフがアカンサスである。それは繁殖力の強い草本類で、地中海沿岸部に自生している。ギリシャ人が発想を得た種類は葉の尖ったアカンサス・スピノサスだが、ローマ人はもっと葉の広いアカンサス・モリスを好んだ。

柱礎
コリント式の柱礎はイオニア式のものを借用している。大半がアッティカ様式で、2つのトーラスがスコーシアで結合されている形である。それらの要素は、フィレットと呼ばれる細い帯で仕切られている。もう1つのよく見られる形──アジア風柱礎──は、スコーシアが2つあり、それらが玉縁で仕切られ、その上のトーラスに水平な溝が彫られているものである。

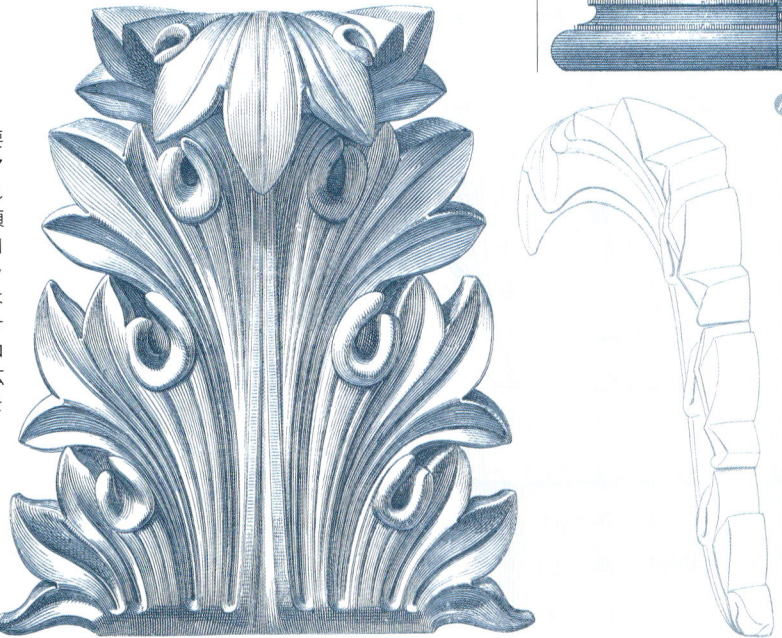

世界の建築様式の歴史

Ancient Greece

ドリス式の興隆

　紀元前6世紀から5世紀初めの、「アルカイック」または「初期古典」と呼ばれる時代、ギリシャの建築様式は着実に進化し、ドリス式オーダーが全面的に開花した。木材に代わって石材が使われるようになり——ペトリフィケーション（石化）と呼ばれる——、木材で作られていた部材がこの新しい材料で作られるようになった。この時代の建造物遺跡の大半が、マグナ・グラエキア（南イタリアとシチリア島）にある。この地域はペルシャ戦争（紀元前490～480年）による全面的な破壊をまぬがれたため、初期の最も興味深く、最も純粋な形に近い姿をとどめているギリシャ神殿が多く見られる。現在から見ると、それらは厳格で質素に見えるが、当初は——他のギリシャ時代の建築物と同じく——精巧な彫刻が施され、豪華に彩色されていた。ドリス式オーダーとギリシャ神殿の形が最終的に完成されたのはこの時代で、紀元前500年以降はあまり大きな進展は見られなかった。

パエストゥム／イタリア南部（紀元前6～5世紀）
パエストゥム——ギリシャ時代はポセイドニアと呼ばれていた——には、一群の素晴らしい神殿が残されている。その中の最も古いものが「バシリカ」で、紀元前540年に建立された（上）。その神殿はめずらしい九柱構え（ポルティコの円柱が9本）であるが、柱の本数が奇数ということは、その内部に軸となる柱廊があることを示唆している。ポセイドン神殿（すぐ上と右）の六柱構えも内部に柱廊を持ち、こちらは2列の列柱のため奥の神像が手前からでも見ることができ、より進化した形であることがわかる。

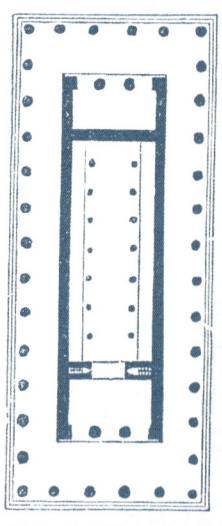

エンタシス
ギリシャ人は初期の頃から、意図的に形を歪める方法——リファインメントと呼ばれる——を神殿建築に用いた。その最もよく知られているものの1つがエンタシスである。柱身の中心部をわずかに膨らませるもので、紀元前6世紀のものが最もよく判別できる。エンタシスは視覚的矯正の1つで、それがなければ円柱は中心部がへこんで見えると考えられていた。

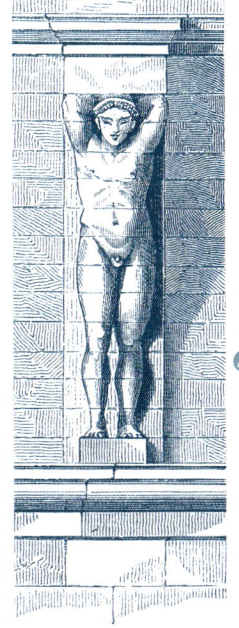

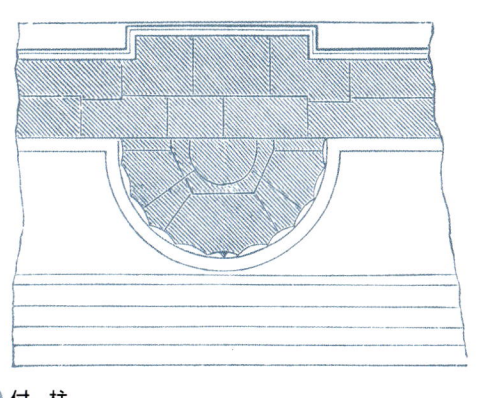

古代ギリシャ

付柱
壁面にじかに密着している円柱のことを付柱という。面積の半分から4分の3まで出ている円柱は半円柱ともいわれる。

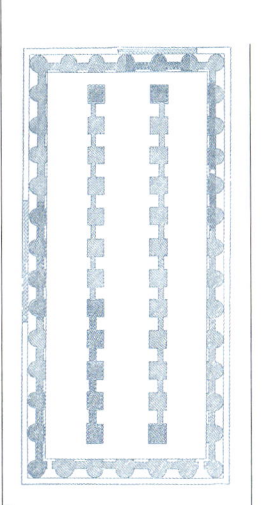

アトランティス
アトランティス──ローマ人はテラモネスと呼んでいた──というのは、男性の彫像が彫られている構造支持材のことである。その彫像はアグリゲンツムのオリンピアのゼウス神殿に見られるように、荷重を支えて筋肉をピンと張っており、外側のエンタブラチュアを支え、その背後の切石積みの推力を軽減していると考えられていた。神殿内部に使われると、かなり劇的な効果を生み出す。同じように女身像が使われている場合は、カリアティドと呼ばれる。

層オーダー
層オーダーとは、1列の列柱の上部に別の列柱を重ねて、2層目または2階を造るオーダーのことである。この時代、層オーダー──ドリス式の上にドリス式──は屋根を支える手段として頻繁に使われた。後に、特にローマ時代には、ドリス式、イオニア式、コリント式の3種類の円柱を重ねた層オーダーも使われた。

擬似周柱式
ドリス式神殿のなかで最も巨大なものの1つが、シチリア島のアクラガス（現在のアグリゲンツム）にあり、オリンポスの主神ゼウスに捧げられたものである（紀元前480年）。それはまた最も革新的である。その神殿は擬似周柱式で、その外側の柱列は壁に付属しており、独立していない。その柱はコロッサルまたはジャイアント・オーダー（すなわち柱が2階以上まで伸びている）で、例外的に柱礎を持っている。

世界の建築様式の歴史

Ancient Greece

ペリクレス時代

　ギリシャ建築は紀元前5世紀半ばに頂点に達した。この時代のことを特に「ギリシャ黄金時代」と呼ぶこともある。世界に名だたる荘厳な建築物が造られたのも、この頃である。この時期、都市国家アテネは政治的にも経済的にも充実し、それが優れた建築を生み出す原動力となった。ギリシャは最終的にペルシャの侵略をはねのけたが、戦争の傷跡は大きく残った。しかし人々はギリシャの勝利に歓喜し、ギリシャ全土に自信と愛国心が復活した。戦争によって獲得された大量の財貨が建築につぎ込まれ、燦然と輝く新しい神殿が生まれた。建築に対する熱狂はペリクレスのもとで最高潮に達した。彼の指導の下でアテネが最も繁栄し、地中海世界に君臨した紀元前444年から429年までを、彼の名前を冠してペリクレス時代と呼ぶ。

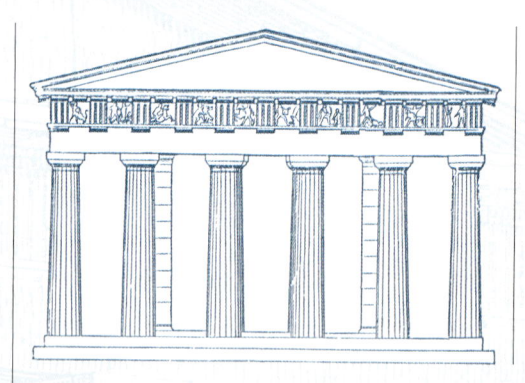

建築的特徴
紀元前5世紀に建てられたドリス式神殿の多くは、はっきりそれとわかる特徴を有している。円柱は「アルカイック」時代のものよりも高くなり、細身になった。フリーズはより豪華に装飾され、柱間は広くなった。これらはすべてイオニア式の影響である。

ヘカトンペドン
ヘカトンペドンとは、奥行き100ギリシャ・フィート(約30m)を超える神殿をさす言葉である。紀元前449〜444年に建てられたアテネのヘファイストス(テセイトス)神殿がその1例である。

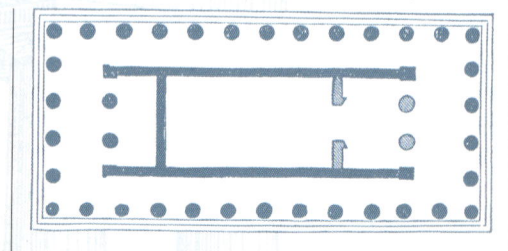

神殿建設
この時代の建設は、内部から外側に向かって進行していったようだ。すなわち、最初神殿本体が造られ、その後その周りにペリスタイルが加えられていった。ヘファイストス神殿(下)は非常に保存状態が良いが、それはビザンチン・ギリシャ時代に教会に改変され、使用されたからである。

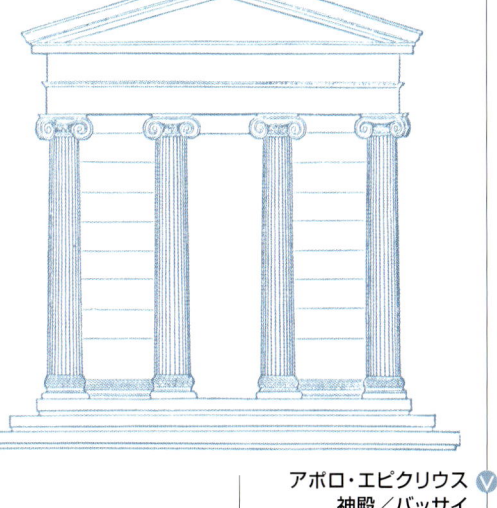

古代ギリシャ

イリソス神殿／アテネ（紀元前449年）

イオニア式神殿が全面的に開花した姿を見せるようになったのは、紀元前5世紀のことである。このアテネの神殿は、イオニア式の特徴、すなわちほっそりとした優美さを明確に示している。これは四柱構え（ポルティコの円柱が4本）である。

アクロテリオン

アクロテリオンとは、ペディメント（破風）の頂部と両端の角に置かれる彫刻や装飾のための台座のことである。またペディメントの上に置かれている彫刻そのものをさす場合もある。オリンピアのゼウス神殿（紀元前470年）の頂部に立つアクロテリオン（右）は、青銅で造られている。その他のアクロテリオンはこれほど華やかではないが、精巧な彫刻が施されている。

アポロ・エピクリウス神殿／バッサイ（紀元前429〜490年）

この神殿の特異性は、何といってもその方位である。普通神殿は東西を軸に建てられるが、この神殿は南北を軸としている。その結果、東側の壁に特別な横扉が設けられている。神像はその横扉の奥、アデュタム、ネイスコスまたはセコスと呼ばれる空間に安置されていたと思われる。

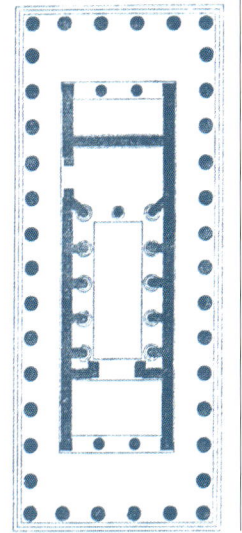

3つのオーダー

紀元前5世紀の建築は保守的で、伝統的であったが、例外もある。その1つが、アルカディア地方のバッサイにあるアポロ・エピクリウス神殿である。設計したのはイクティノスで、パルテノン神殿の設計者である。この神殿が最初であるが、ここにはギリシャ建築の3つのオーダーがすべて使われている。周柱がドリス式、内部がイオニア式、そして軸上にある単独の柱がコリント式である。

107

世界の建築様式の歴史

Ancient Greece

ペリクレス時代：アクロポリス

　ペルシャが紀元前480年に撤退した後も、アテネのアクロポリスは荒廃したままだった。この場所に立つ他の建物同様、古パルテノン神殿は完全に破壊されていた。アテネの信仰の中心を再建しようという動きはあったが、それが本格的に始動したのは紀元前447年、アテネの指導者としてペリクレスが起った時であった。ギリシャの栄光と、都市国家連合における主導的な地位を内外に示すため、彼は野心的な計画を実行に移した。中心となる建物、すなわちアテネの守護神アテナ・ポリアスに捧げる神殿、パルテノン神殿（紀元前438年）を建築するため、彼はイクティノスとカリクラティスを招聘した。さらにフィディアスを総監督に任命した。アクロポリスに建つ2つのペリクレスの建築物、パルテノン神殿とプロピレアは、ドリス式建築の絶頂期を誇示しており、彼ら建築家は、それ以前にもそれ以後にも見られない完璧な比率を具現化した。

アクロポリス
アクロポリスという言葉は、ギリシャのどの都市にもある「要塞」、あるいは「高い丘の上の都市」という意味である。ギリシャの都市はたいてい丘の上に建設され、その頂上にあるアクロポリスが宗教と政治の中心となった。

パンアテナイア祭
パルテノン神殿は、他のすべてのギリシャ神殿同様、神の居場所というだけでなく、社会的そして儀式的役割も有していた。アテネの人々は毎年、守護神アテナの誕生日を祝してパンアテナイア祭を催した。全市民が行進に参加し、女神アテナに新しい豪華な着衣（ペプロス）を奉献するとき、祭りは最高潮に達した。

クリゼレファンタン
パルテノン神殿の内陣（ケラ）に安置されたのは、有名な彫刻家フィディアスの手になる彫像である。この神像は、他の作品同様クリゼレファンタンとして知られれているが、その意味は、木でコアを造り、その上から象牙と金で装飾を施しているということである。

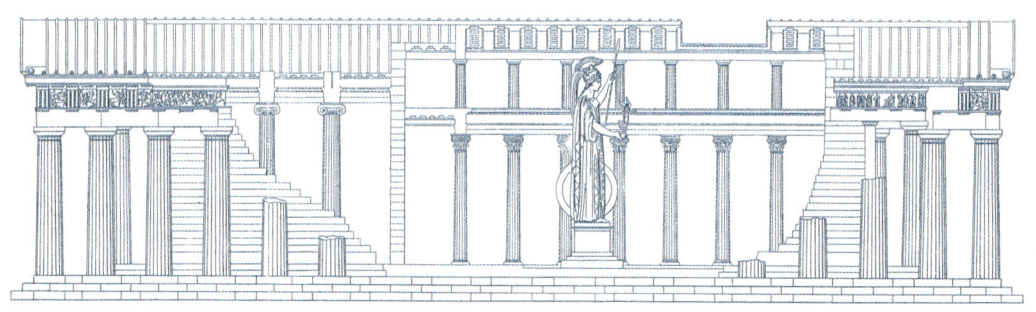

古代ギリシャ

浮き彫り／パルテノン
パルテノン神殿はその彫刻の完成度の高さでも目を瞠るものがあるが、なかでも紀元前438〜432年に造られたペディメントの浮き彫りは圧巻である。上は西側のペディメントであるが、アテナとポセイドンが対峙しているところが描かれている。

プロピレア（紀元前437〜432）
プロピレアというのは聖なる領域への入り口を示す記念碑的な門のことをさす。アテネのプロピレアは、アクロポリスの丘の麓から険しい坂道を登ったところにある。建築物は前面と背面に六柱構えのポルティコを持つが、翼は片方しか完成されなかった。ペロポネソス戦争が始まったからである。

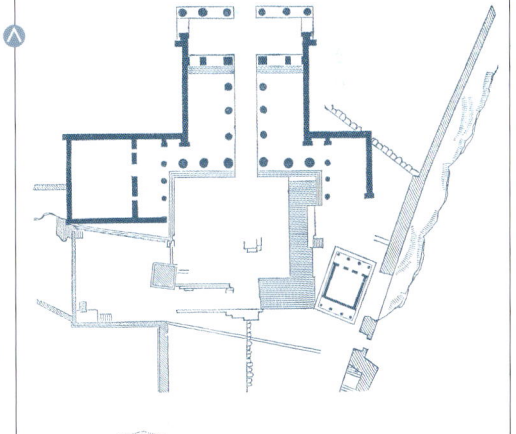

ポリクロミー（多彩装飾）
アクロポリスのすべての建造物はペンテリ産大理石で造られ、多彩装飾（ポリクロミー）が施された。パルテノン神殿の柱頭、メトープ、ペディメントのティンパナム（三角小間）も輝くような色彩で装飾されていた。

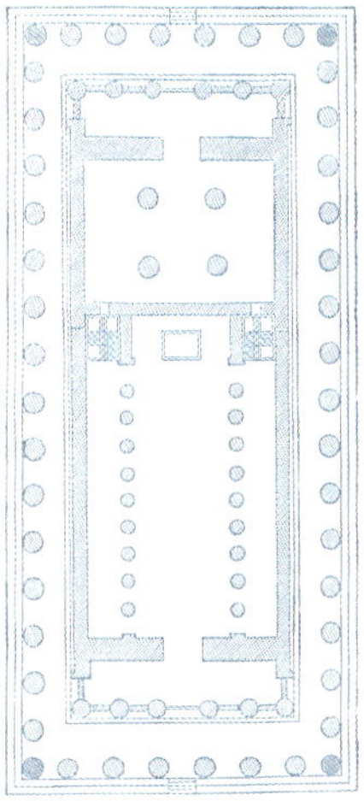

イオニア式円柱／プロピレア
プロピレアの中央は生贄の野獣を乗せた台車が通る道であった。その西側にはイオニア式の円柱が並んでいたが、これはこの時代によく行われた方式であった。それはまた実利的な意味もあった。イオニア式円柱の高さは床の高低差を隠し、その小さな直径は床面積を最大にするのに都合が良かった。

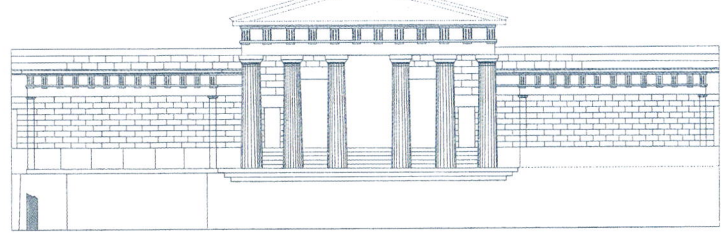

パルテノン神殿平面図
現在のパルテノン神殿はその前身と同じ場所に建てられ、平面プランもそれを踏襲している。しかし先の神殿は六柱構えであったが、現在のものは八柱構えである。とはいえ、構造は同じである。後房（オピストドモス）には4本のイオニア式円柱があり、元々はその場所がパルテノン（「処女の間」という意味）と呼ばれていたが、後に神殿全体をさすようになった。

109

Ancient Greece

ペリクレス時代：アクロポリス（2）

アクロポリスを再建するというペリクレスの大望は、紀元前431年に突然中断させられた。その年、急速に軍事力を拡充させ、政治的影響力を持つようになったスパルタがアテネの前に立ちふさがり、ペロポネソス戦争が勃発したからである。その戦争は紀元前404年まで続いたが、途中紀元前421～413年に短い中断があった。この期間に、アクロポリスで行われていたいくつかの建設工事が完了し、さらにこの時期にふさわしく戦勝を祈願して、アテネの二大イオニア式神殿であるエレクテイオン神殿（紀元前421～406年）と、アテナ・ニケ神殿またはニケ・アプテロス神殿（紀元前421年）の建築が始まった。後者を建築したのは、パルテノン神殿で活躍したカリクラティスで、エレクテイオン神殿の建築家は、プロピレアの設計者であったムネシクレスであった。建築家は同じであったが、様式はかなり変わり、柔らかなフォルムが特徴のイオニア式への傾斜が強まった。ドリス式はパルテノン神殿で具現化した完全性を再度証明することはできなかった。

> **カリアティド（女身柱）／エレクテイオン神殿**
> 最も有名なカリアティドは、エレクテイオン神殿の南側ポーチのものだろう。この美しい建築物は、ポーチというよりはトリビューン（一段高い基壇）といわれるべきであろう。なぜなら外側からは近づくことができないからである。

> **テメノス／アクロポリス**
> 神殿に囲まれた神聖な区域のことをテメノスという。このアテネのアクロポリスのテメノスは、紀元前5世紀以降に建てられた4つの建築物から構成されている。

> **カリアティド**
> カリアティドというのは、円柱の変わりにエンタブラチュアを支える女身像のことである。ウィトルウィウスは、カリアティドという名前は、ペルシャ人に組した罰で奴隷にされたカリアの女性に由来すると述べている。同じような女身像で、頭に籠を載せているものは、カネフォラと呼ばれる。

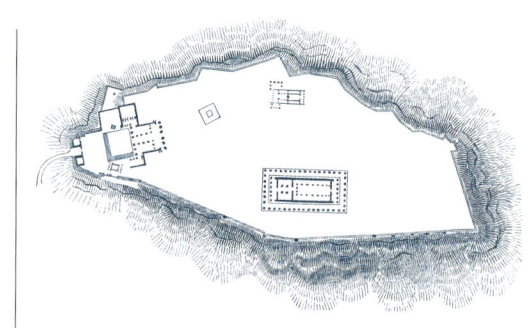

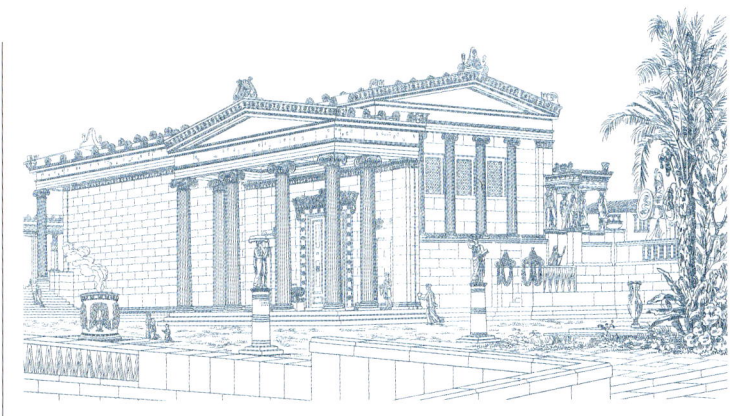

古代ギリシャ

コンソール（装飾持送り）／エレクテイオン神殿
エレクテイオン神殿の北側ポルティコには、美しい保存状態の良い出入口が残されている。出入口上部両側にS字形のコーニスを支える腕木（装飾持送り）があり、精巧な彫刻が施されている。通常出よりも長さがある。アーキトレーヴの形を取っている出入口周りの繰型は、アンテパグメンタと呼ばれている。

エレクテイオン神殿（紀元前421～406年）
エレクテイオン神殿は、アテナ・ポリアスやエレクテウスなどのさまざまな神に捧げられた神殿である。高さの異なる2つの基壇──以前この場所に建っていた建築物に起因すると思われる──の上に建てられ、3つのポーチまたはポルティコを持つ。西側のものは本体に接合された形になっている。この神殿の矩形構成は古典時代に例を見ない独特のもので、躍動的なこの時代の雰囲気をよく表している。

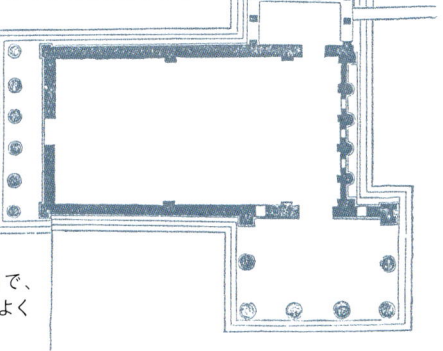

アテナ・ニケ神殿（紀元前421年）
この小さなイオニア式神殿はプロピレアよりも前に計画されていたが、工事が始まったのは紀元前421年のことである。アクロポリスの丘の自然の高台、稜堡の上に建てられている。平面構成はアンフィプロステュロス・テトラスタイル（東西に四柱構えのポルティコを持つ）である。エレクテイオン神殿同様、アテナ・ニケ神殿（翼のない勝利の女神：勝利の女神がアテネから飛んでいかないように翼が切られている）はイオニア様式の傑作である。連続的なフリーズには、アテナなどの神々とともに戦闘場面が描かれ、独創的である。

装飾／エレクテイオン神殿
エレクテイオン神殿は、イオニア式オーダーを精緻な技巧で飾っている。この建築物のエンタブラチュアには、イオニア式の古典的な紋様──エッグ・アンド・ダート、ビーズ・アンド・リール、アンテミオン（スイカズラ）──が見られる。フリーズは黒色の石灰岩の上に白大理石の人物像が留め金で固定されている。

111

世界の建築様式の歴史

Ancient Greece

衰亡の始まり

　デロス同盟の盟主であった時代、すべてが実り多かった。しかしそれは長続きせず、ペロポネソス戦争の終結とともにアテネの衰亡が始まった。この時期からギリシャ建築は徐々に衰退していき、逆にそれほど文化的でなかった都市国家——スパルタ、テーベ、そしてマケドニア——が前面に登場してきた。しばしば「後期古典時代」と呼ばれるこの時代、戦争が絶え間なく起こり、意欲的な建築が計画される余裕はなかった。ギリシャ本土では神殿に代わり世俗建築に力が注がれ、3つのオーダーは個々の建築物のなかで融合した。小アジアのミノアは戦争に巻き込まれることが少なく、ペルシャのサトラップ（州総督）の庇護を受け、またアレキサンダー大王に奨励されてイオニア式が復興した。ミノアは紀元前334〜333年にアレキサンダー大王に征服された。

フィニアル／リュシクラテスのコーラス記念碑
フィニアルというのは、屋根の頂部や破風などの目立つ先端部分に置かれている装飾である。リュシクラテスの記念碑の頂部にあるこのフィニアルは、トライポッドを載せるためにデザインされており、非常に華麗である。アカンサスの葉と渦巻模様で装飾されている。

リュシクラテスのコーラス記念碑／アテナ（紀元前335〜334年）
この時代ギリシャでは、トロスと呼ばれる円形の構造物が多く造られた。その目的は明確ではないが、神殿をかたどったものや、内部に彫像を納めているものもある。おそらく最も有名なトロスが、アクロポリスの丘の麓にあるリュシクラテスのコーラス記念碑であろう。それは内部が空洞の小さな祠で、テアトロで行われたコーラス大会でリュシクラテスが勝ち取った青銅のトライポッド（三脚）を飾るために造られたものである。このトロスはコリント式オーダーが神殿の外で用いられた最初の例で、非常に精巧に造られており、貴重な遺跡である。

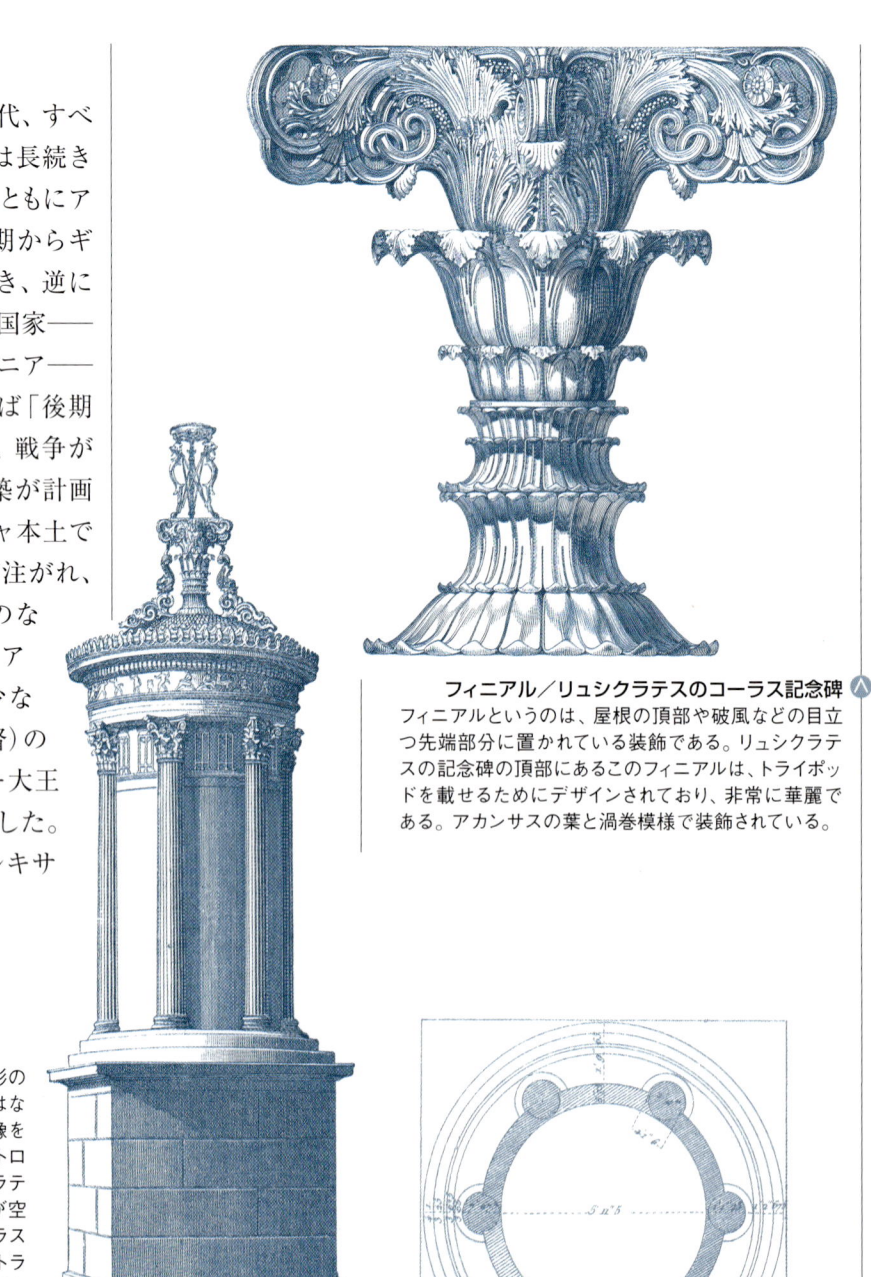

古代ギリシャ

デンティル（歯飾り）／リュシクラテスのコーラス記念碑

小アジア、ミノアで発展したイオニア式オーダーには、デンティル——小さな矩形の突出部が隙間（歯間）と交互に連続して現れる模様——が多く用いられている。デンティルはまた、やや目立たない形ではあるが、リュシクラテスのコーラス記念碑のようなコリント式オーダーのコーニスにも使われている。伝統的にミノアのイオニア式オーダーではフリーズは省略されることが多いが、ここでは用いられている。

アルテミス神殿／エフェソス（紀元前330年に着工）

エフェソスのイオニア式アルテミス神殿は、小アジア、ミノアで最も重要な宗教的建築物で、パルテノン神殿と同じく、古代世界の7不思議の1つに数えられている。紀元前356年に以前の神殿が放火で焼失する前、この場所にはいくつかの神殿が建てられていたと伝えられている。非常に少ない遺構しか残っていないため、平面構成は明確ではないが、十柱構えではなく、上の図に見られるような八柱構えだったらしい。しかし両翼を持っていたことは確かで、また彫刻装飾が優れていたことでも有名である。最も有名なものが、いわゆるコルムナエ・カエラタエ（彫刻円柱）である。

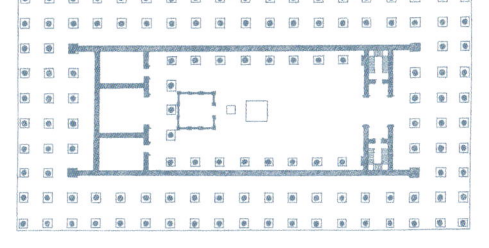

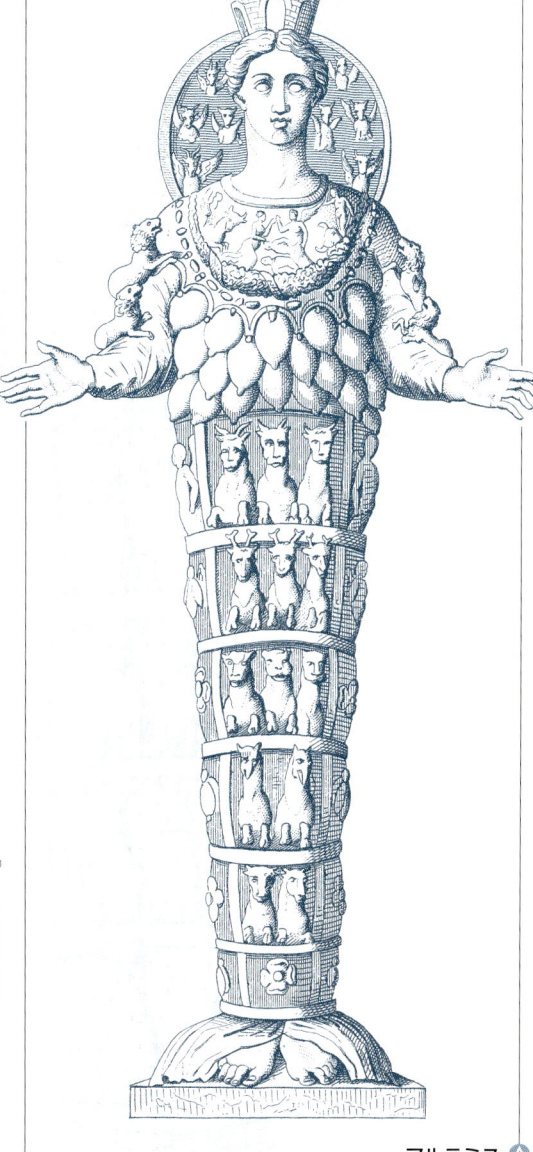

アルテミス

このエフェソスの偉大な神殿はアルテミスに捧げられたものであるが、この女神はローマ人では、純潔、月、そして狩猟の神であるダイアナとして知られている。この神殿にはポリマスティック——多くの乳房を持つ——のアルテミス像が安置されていたということである。その姿は、母の女神でもあり豊穣の神でもあるアルテミスの役割をよく伝えている。

世界の建築様式の歴史

Ancient Greece

ヘレニスティック期

　紀元前323年のアレキサンダー大王の死とともにヘレニック期（紀元前650年頃に始まる）が終わり、ヘレニスティック期が始まる、というのは広く受け入れられている説である。アレキサンダー大王の下でギリシャ帝国は遠くインドやヌビアまで版図を拡大したが、伝統的なヘレニック（古典ギリシャ）の影響は薄まることなく強力なままであった。しかしアレキサンダー大王の死によって帝国はいくつかの独立した王国に分裂し、それ以降の生活様式や美術は、もはや本物のヘレニックではなく、それを模倣したに過ぎないものであることから、総称してヘレニスティックといわれるようになった。こうして初期の形態からの離脱が進み、イオニア式とコリント式がドリス式よりも優先され、ドリス式はほとんど使用されなくなった。建築の関心は建築様式の配列にむけられた。ギリシャ建築のこの最後の段階はローマ人に大きな影響を与えたが、ギリシャは紀元前30年に最終的にローマによって征服された。

▽ 風の塔／アテネ（紀元前1世紀半ば）
アテネのいわゆる風の塔は、ホロロギウム（時計）として建てられた。時間は内部ではクレプシドラ（水時計）によって、外部では日時計によって測られた。基本8方位の側面には風の神を表す浮き彫り（たとえば西風はゼフェロス）が彫られ、頂部の風見が風が吹いてくる方角を指し示した。

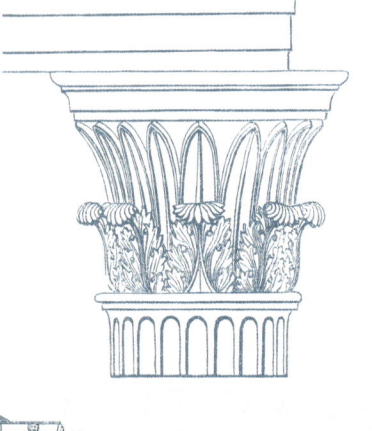

△ コリント式柱頭／変種
ヘレニスティック期に入ると、オーダーは以前の厳密さをなくし、実験的な試みが行われるようになった。たとえば風の塔では、コリント式の柱頭の変種が現れている。アカンサスの葉は1列しかなく、渦巻模様も四角形のアバクスもない。

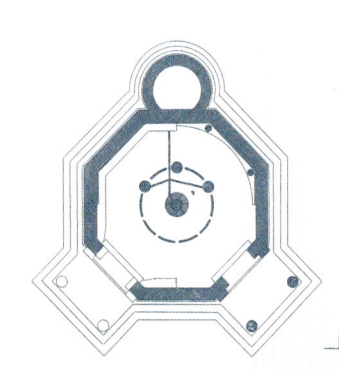

古代ギリシャ

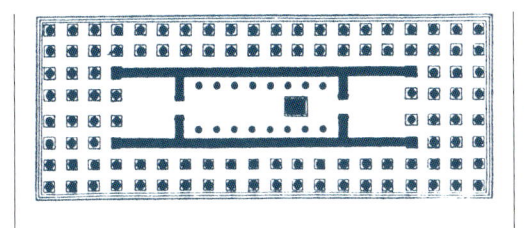

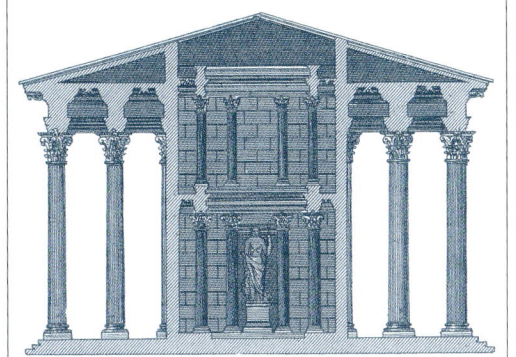

二重周柱式神殿
紀元前4世紀以降は、神殿は2列の列柱（二重周柱式）で囲まれることが一般的になった。その主な効果は威厳が生まれることで、前面と背面にはさらに1列ずつ列柱を増やすことによって（三重周柱式、上の平面図参照）、高さが伸ばされることも多く行われた。これはアテネの壮大な「オリンピアのゼウス神殿」（紀元前174年に着工）である。

イオニア式オーダー／ディオニュソス神殿／テオス（紀元前2世紀半ば）
イオニア式神殿の人気はヘレニスティック時代を通して変わらなかったが、新しいフォルムが開発された。紀元前2世紀の有名な建築家ヘルモゲネスは、イオニア式オーダーの新しい定式を開発し、それを書物に記した。テオスのディオニュソス神殿は、彼の設計によるイオニア式の建築物である。

コリント式オーダー／オリンピアのゼウス神殿
ギリシャでは純粋なコリント式神殿はほとんど造られず、その発展はローマ人に委ねられた。とはいえ、オリンピアのゼウス神殿は特筆すべき価値がある。オーダーは重量感にあふれ、エンタブラチュアは高く延ばされ、非常に背の高い豪壮な建築物になっている。

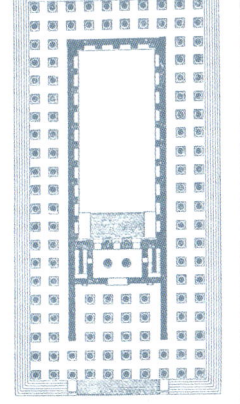

ヒピースラル（青天井式）
建物中央の屋根が一部または全面的に開放されている建築物をヒピースラルという。ミレトスの近くの、300年もの歳月をかけて（紀元前313～紀元41年）建てられた荘厳壮大な神殿、アポロ・ディディマ神殿がその1例である。中庭には神殿と月桂樹の茂みがあり、その壁面にはピラスター（片蓋柱）があった。

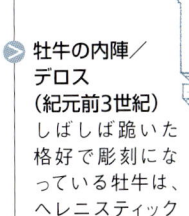

牡牛の内陣／デロス（紀元前3世紀）
しばしば跪いた格好で彫刻になっている牡牛は、ヘレニスティック期によく見られる装飾である。デロスのこの内陣では、牡牛の頭は柱頭になり、トリグリフにも現れている。

世界の建築様式の歴史

Ancient Greece

墳 墓

　ギリシャ人にとっては、死と死者の埋葬は非常に重要な意味を持つ。埋葬の場所を示すものとして最も一般的なものがステレと呼ばれる墓石である。しかしヘレニスティック期になると、小アジアのミノアを中心に、規模の大きい霊廟が造られるようになり、地方の支配者はそのためにギリシャ人建築家や職人を雇い入れた。そのような霊廟は神殿の形に似せて造られたものが多く、ペディメントやペリスタイルを有している。霊廟のなかで、最もよく話題となり、古代世界7不思議の1つとなっているのが、カリアのマウソロス王とその妹で妻でもあるアルテミシアによって紀元前353年頃に着工された、ハリカルナッソスのマウソレウム（霊廟）である。

ライオン霊廟／クニドス（紀元前4世紀）
ハリカルナッソスの近くクニドスのライオン霊廟は、海戦で没したであろう軍人を祀るために建てられたと伝えられている。霊廟の名前はその頂部に置かれた巨大なライオン像に由来するが、ライオンは勇敢、誇り、強さ、勝利の象徴であった。ドリス式の円柱の上に階段形のピラミッドが載る独特の形である。

マウソレウム（霊廟）／ハリカルナッソス（紀元前353年着工）
マウソレウム（mausoleum）というのは、巨大な霊廟を表す英単語であるが、起源はハリカルナッソスのマウソロス王の墳墓にある。それを設計したのはピティウスとサティルスである。16世紀に破壊され現在何も残っていないため、その形や装飾様式について常に熱い論議が交わされている。この図では、霊廟の基壇が非常に高く描かれている。

ボディウム／ネレイデス記念堂／クサントス（紀元前420年頃）
ボディウム（基壇）というのは、低い壁、連続する基礎、あるいは円柱が立つ基台を意味するが、時々ここに見られるように、豪華に装飾された1個の完成された建築物がボディウムの上に造られることもある。クサントスのネレイデス記念堂はイオニア式神殿の形で造られている。

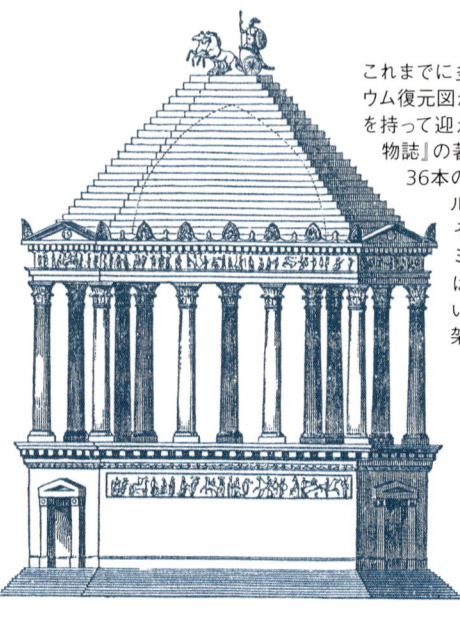

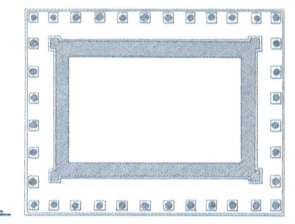

マウソレウムの平面図及び設計／ハリカルナッソス
これまでに多くのハリカルナッソスのマウソレウム復元図が発表されている。あるものは喝采を持って迎えられ、あるものは落胆を誘う。『博物誌』の著者プリニウスによれば、建築物は36本のイオニア式円柱を持つペリスタイルで、その中に埋葬室が納められ、その上に24段の巨大な階段状ピラミッドが載っており、建築物の高さは基壇を含めて41mにも達するという。平面図は矩形、正方形、十字架形などさまざまである。

古代ギリシャ

マウソレウムの装飾／ハリカルナッソス
ハリカルナッソスのマウソレウムの最も賞賛される特徴であり、また古代7不思議の1つに挙げられる主な理由は、その装飾にある。建築物は内外部を問わず、人物、ライオン、馬などの多くの彫像で飾られていたが、それらはギリシャの有名な4人の彫刻家——ブリュアクシス、レオカレス、スコパス、テイモテウス——の手になるものであった。

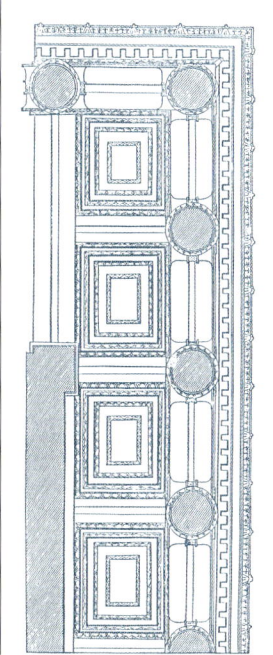

格天井
ギリシャ建築物の平たい天井は、通常四角形または多角形の鏡板で出来た格天井で飾られていた。これは木造建築物の建具職人の仕事をまねたものである。これはハリカルナッソスのマウソレウムの周柱内部の格天井の復元図である。

マウソレウムの4頭立て騎馬戦車／ハリカルナッソス
ハリカルナッソスの霊廟の最頂部には、4頭の馬に引かれている騎馬戦車（クアドリーガ）と御者（オーライガ）の彫像が置かれていた。この特殊な群像彫刻の断片が大英博物館に収蔵されている。

世界の建築様式の歴史

Ancient Greece

テアトロとオデオン

　テアトロ（円形劇場）は、紀元前5〜6世紀頃に、ディオニュソス祭の合唱舞踊のための場所として建設されたのが起源だといわれている。その後ペリクレス時代に絶頂期を迎えるギリシャ演劇の2つの区分、悲劇と喜劇を上演する場所として造られるようになった。テアトロはたいてい丘の上にあり、中心に向かってなだらかに下る斜面上に観覧席──最初は木、後に石で──が造られ、くぼみの中心の演技に視線が集中されるようになっている。テアトロはすべて野外である。アテネのテアトロ・ディオニュソス（紀元前500年建造）とテアトロ・エピダウルスが最も有名である。テアトロによく似た建造物が、音楽堂オデオンである。オデオン（複数形はオデウム）はテアトロよりも小さく、やや後れて発展した。最古のものと考えられているものが、ペリクレスがアテネに造ったものである。

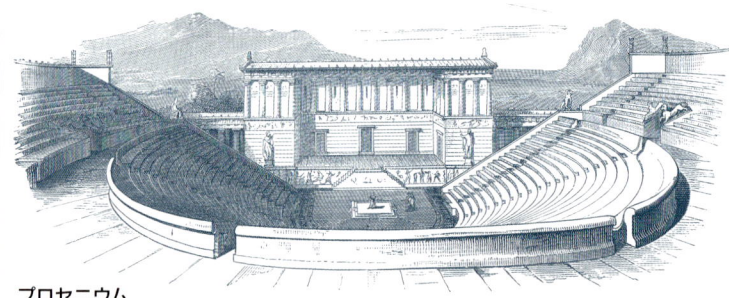

プロセニウム

ヘレニスティック期になると、演技の中心はオルケストラからプロセニウムまたはプロスケニオンの屋根へと移っていった。プロセニウムというのはスケーネ（シーン）・ビルディング（次ページ参照）の正面に沿って造られている柱廊構造物で、その屋根は一段高くなった舞台またはロゲイオン（演壇場）となり、観客は演技をより近くで見ることができるようになった。やがてその後のスケーネ・ビルディングは2階建てとなり、2階のファサード（エピセニウム）がその舞台の背景となった。ローマ時代になるとそのステージはかなり低くなり、エピセニウムがより凝ったものになっていった。

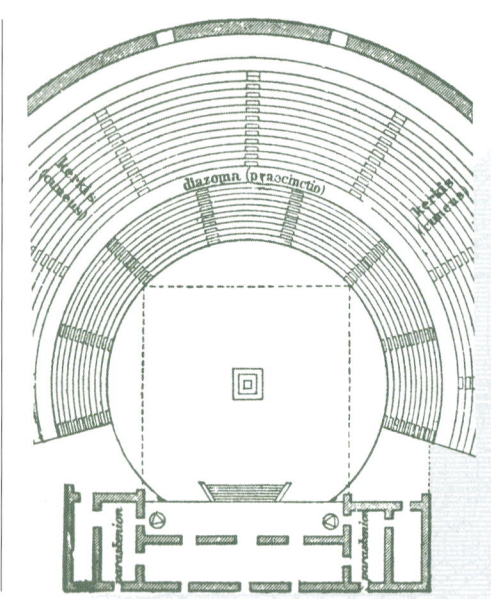

カヴェア

テアトロの大きな半円状の観覧席はカヴェアまたはオーディトリウムと呼ばれた。観覧席は数段に分かれ、オルケストラ（楽団ではない、このページ右端参照）に最も近い場所は、神官、政務官などの高官のための席であった。観覧席は放射状に伸びるいくつかの階段によって、クネイと呼ばれる楔形の区画に仕切られており、中間に歩行用の同心円状の通路があった。

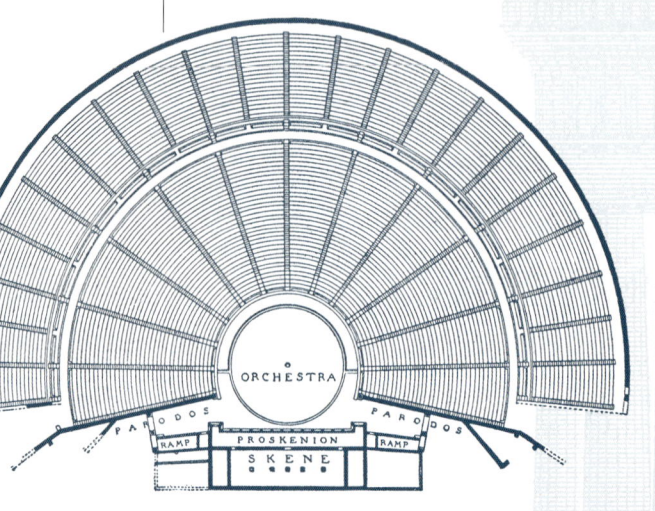

オルケストラ

カヴェアの底部の円形の平面をオルケストラと呼ぶ。オルケストラというのは、文字通りに訳せば「踊る場所」である。その名の通り、演技者はこの場所で踊り歌う。またその中央にディオニュソスに捧げる祭壇が置かれることもあった。俳優はパロドイと呼ばれる通路を通ってオルケストラへ向かう。

118

古代ギリシャ

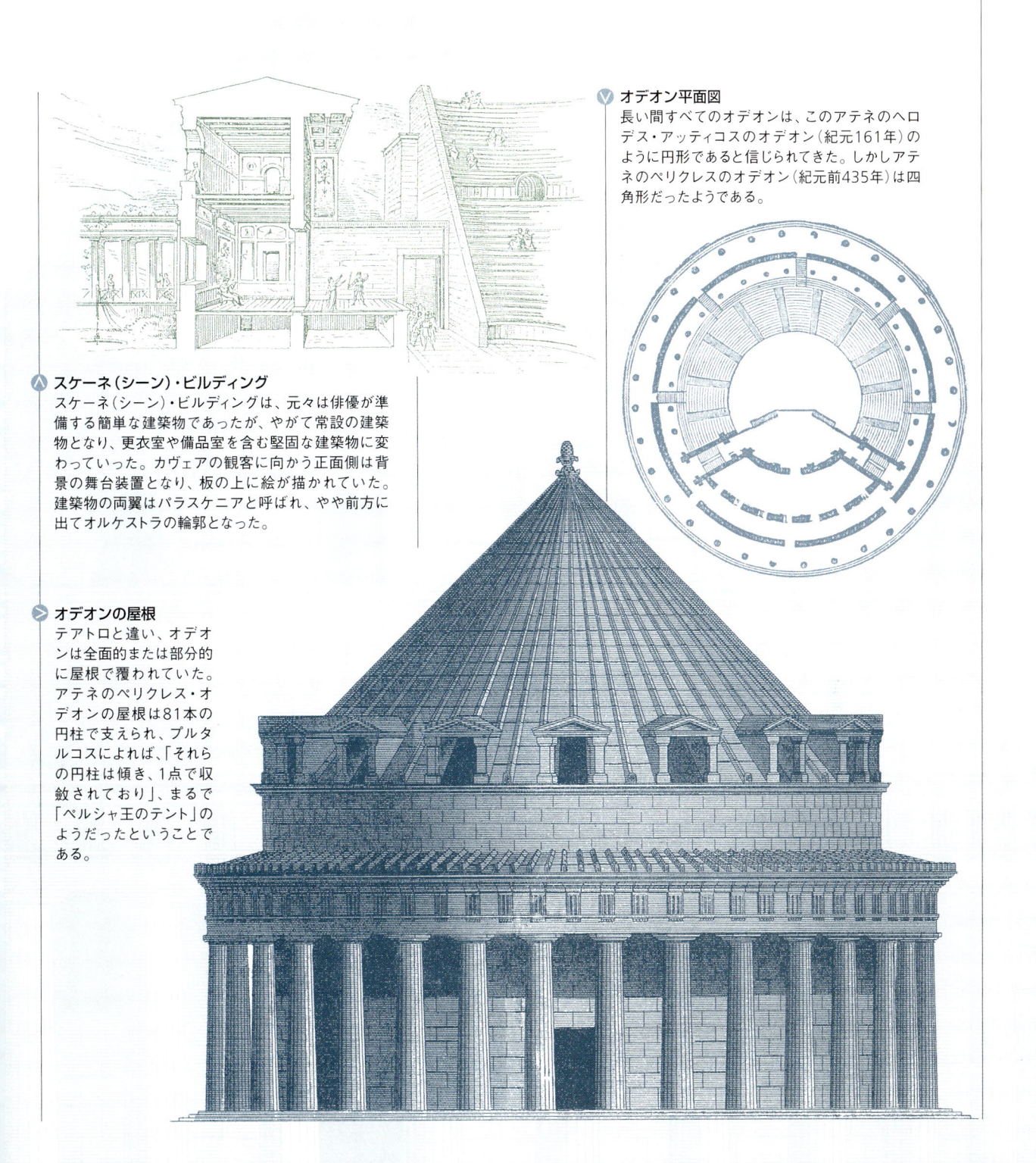

スケーネ（シーン）・ビルディング
スケーネ（シーン）・ビルディングは、元々は俳優が準備する簡単な建築物であったが、やがて常設の建築物となり、更衣室や備品室を含む堅固な建築物に変わっていった。カヴェアの観客に向かう正面側は背景の舞台装置となり、板の上に絵が描かれていた。建築物の両翼はパラスケニアと呼ばれ、やや前方に出てオルケストラの輪郭となった。

オデオン平面図
長い間すべてのオデオンは、このアテネのヘロデス・アッティコスのオデオン（紀元161年）のように円形であると信じられてきた。しかしアテネのペリクレスのオデオン（紀元前435年）は四角形だったようである。

オデオンの屋根
テアトロと違い、オデオンは全面的または部分的に屋根で覆われていた。アテネのペリクレス・オデオンの屋根は81本の円柱で支えられ、プルタルコスによれば、「それらの円柱は傾き、1点で収斂されており」、まるで「ペルシャ王のテント」のようだったということである。

世界の建築様式の歴史

Ancient Greece

その他の世俗的建築物

　すでに見てきたように、ヘレニスティック期では宗教的建築物はあまり造られず、さまざまな種類の世俗的建築物が多く造られるようになった。城郭内の野外市場であるアゴラが、社会生活と商業の中心となり、そこにはストア（屋根つきの小屋）やブーレウテリオン（議会）、プリタネイオン（市役所）、バラネイア（浴場）などの建築物があった。アゴラの外は純粋な住宅地で、いくつかの建築物が残っているが、それらは全体として質素である──市民は1日の大半を集会場で過ごすのを好んだ。スポーツに関係のある建築物（ギムナシウム、スタディウムなど）も多く造られた。宗教的祭りのなかで体操競技が催され、特別な汎ギリシャ的祭典──オリンピック、ピューティア、イストミア、ネーメアの競技会からなる──が4年に1回開催され、オリンピアードと呼ばれた。女性は参加することが許されず、観客はすべて男性であった。

> **2階建てストア**
> ストアは柱廊のある屋根付きの建築物で、風雨を避けて散歩したり、会話したりする場所であった。ストアは壮大な建築物で、多くが列柱の上に列柱を重ねていた。このアテネのアタルスⅡのストア（紀元前150年）は、1階部分の円柱はドリス式で、2階部分がイオニア式である。

> **ストアの屋根**
> ストアの棟のある屋根は、通常建築物の中心部にそって並ぶイオニア式列柱で支えられていた。ストアの多くはアゴラの端やテメノス（神域）の中に建てられた。

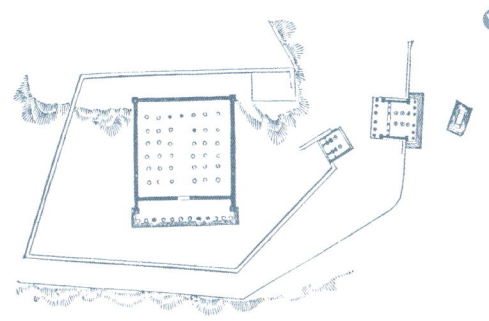

古代ギリシャ

スタディオン
スタディオン（複数形はスタディア）は、徒競走のためのトラック競技場で、直線で、地面は平滑に整地されていた。平均の長さは183mで、競技者は両端に立っている柱を急角度でターンしたようである。競技場の両側は高い土手になっており、後に観客のための座席が設けられた。

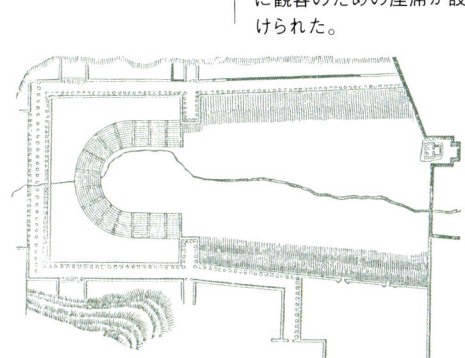

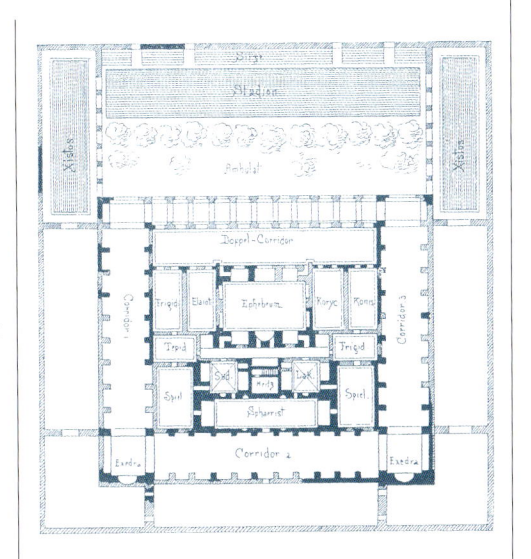

集会場
ギリシャ人はエジプト人の多柱構え広間に似た集会室を有しており、それらは多くの円柱で支えられた屋根を持ち、周囲には座席が用意されていた。最も有名なものが、エレウシスのテレステリオン（秘儀の間）で、主要部分は紀元前5〜4世紀に造られた。

ギムナシウム
ギムナシウム本体は、少年を含む男性があらゆる種類の鍛錬を積む場所である。多くの場合柱廊（ストア）に囲まれている。ギムナシウムという言葉は、浴室、更衣室、教室などからなる建築物だけでなく、その中庭をさす場合にも使われた。

ヒッポドローム
ヒッポドロームは、ギリシャの競技のなかでも最も名誉ある競技である馬術や騎馬戦車のための建築物である。ギリシャのヒッポドロームは残っていないが、U字形のローマのサーカスと類似していたと思われる。競技はU字形の直線部から始まり、中央の塀を回る形で行われたようである。オリンピアのヒッポドロームでは、通常、騎馬戦車の競技は12周で競われ、単騎の場合は1周で争われた。

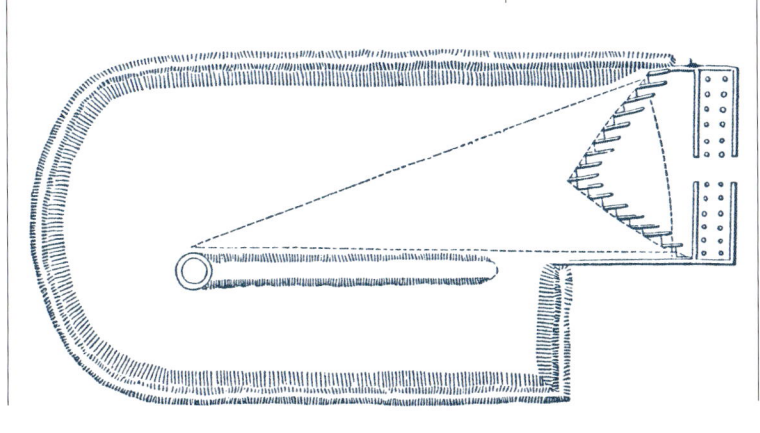

パラエストラ
パラエストラはギムナシウムとよく似ており、2つの言葉はしばしば同じものを表すように使われている。しかし正確にいうならば、パラエストラは個人が所有するレスリング学校である。このオリンピアのパラエストラは中央の中庭を囲むように柱廊があり、その外側に部屋と浴室が交互に並んでいる。

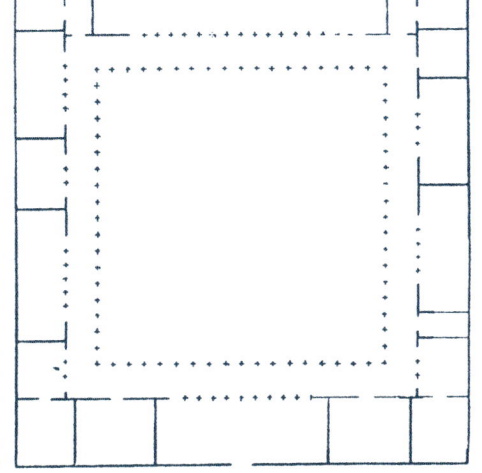

世界の建築様式の歴史

古代ローマ

Ancient Rome
紀元前3世紀頃〜紀元340年頃

共和制ローマ

　紀元前3〜2世紀の間、ローマは敵を征服し、帝国を内外に拡張させることに集中した。共和制の時代、ローマは元老院と民会を支配する貴族の寡頭制によって統治されていた。その時代は、相次ぐ内乱と紀元前27年の皇帝アウグストゥスの即位によって終わりを告げた。共和制ローマの時代、エトルリア・イタリアの伝統の上にギリシャ古典様式を適用させ、さらにローマ独自の建築法を融合させた新しい建築様式が起こった。この時代の遺跡はほとんど残っていないが、現存するわずかな遺構からは、新しい建築材料、これまでにない建築物、独自の装飾的表現などに対する革新的な探求の息吹が伝わってくる。これらの探求を通して、やがてローマ人は独自の建築様式を確立することになる。

コリント式柱頭
ローマ・コリント式の初期の柱頭は後期のものに比べ背が低く、アカンサスの葉はまだ初々しく、大きな花がアバクスに当たっている。これはローマのヴェスタ神殿のものであるが、そこにはこのような柱頭とフルートのある柱身を持つ円柱が20本あった。

バシリカ・アエミリア（紀元前179年頃）
バシリカ・アエミリアについては、下図のような断片以外はほとんど遺構が残っていない。発掘されたメダルや発掘状況から、建築物長手方向をフォルム（公共広場）に向けていたことがわかっている。店が並ぶ2階建ての柱廊によって妨げられ、あまりよく見えなかったと思われる。内部の採光はクリアストーリー（採光用の高窓）からだったようだ。

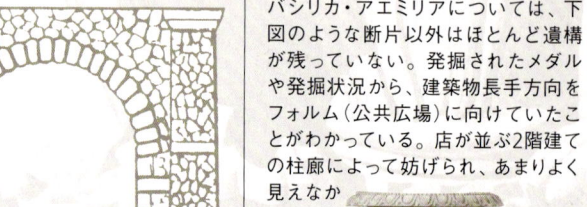

サーカス・マキシマス（紀元4世紀）
サーカスは競馬と剣闘士の競技に使われた場所である。ローマのサーカス・マキシマスは紀元4世紀初めに造られたが、後に改修された。差し渡し600mの平らな地面の上に築かれ、カルケレス（出走ゲート）のある一方の円弧以外はすべて座席が設けられている。中央にスピナと呼ばれる低い分離帯があり、その両端にメタという折り返し点を示す標柱が立っている。

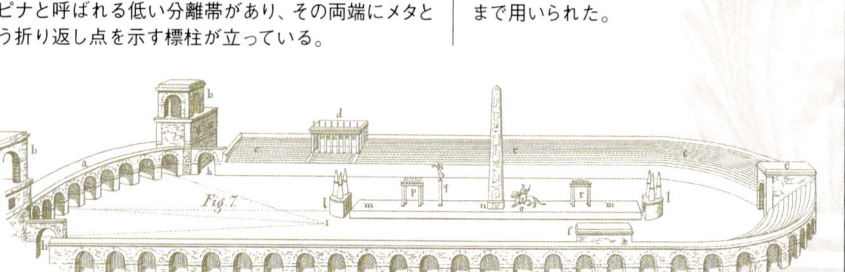

オプス・インケルトゥム（乱層積み）
共和制初期の建築は、小さな粗石を骨材にしたコンクリートで造られ、ときには粗石の代わりにレンガが用いられることもあった。この組み合わせ（オプス・インケルトゥム）は、紀元前2世紀から紀元前1世紀初めまで用いられた。

古代ローマ

フォルトゥナ・ウィリリス神殿（紀元前1世紀）
この神殿はイオニア式四柱構え（ポルティコの円柱が4本）である。ポディウム（基壇）のコンクリートには、イタリア産の火山岩トウファが使われ、表面はティヴォリ近郊から切り出されるトラバーチン大理石で仕上げられている。壁は、同じくトウファで造られているが、こちらはその上からスタッコが塗られている。

ヴェスタ神殿（紀元前1世紀）
この紀元前1世紀の前半に建てられた円形神殿は、その形をエトルリアの円形住居から受け継いでいる。しかし立面はギリシャ的である。円柱と壁はギリシャ産のペンテリック大理石で造られている。建築物周囲の階段、古典的な装飾、使用されている材料などから、建築家はギリシャ人だったようである。エンタブラチュアは残っておらず、ここに見られるドームは純粋に後で付け加えたものである。

フォルトゥナ・ウィリリス神殿平面図
平面図からわかるとおり、この神殿は極度の軸性を示しているが、それはエトルリア人の遺産である。また初期の擬似周柱式神殿でもある。建築物は列柱に囲まれているように見えるが、その柱は内陣（セラ）の壁に密着している。

ブクラニウム（牛の頭蓋骨）・フリーズ／フォルトゥナ・ウィリリス神殿
牛の頭蓋骨（ブクラニウム）と花輪、そして幼児の裸像で飾られたこの非常に装飾的で繊細なフリーズは、フォルトゥナ・ウィリリス神殿（紀元前1世紀）のものである。

フォルム
ローマの都市は2つの主要道路、デクマヌス・マクシムスとカルドを持ち、その交差する場所がフォルムとなる。そこにはさまざまな建築物が並び、ローマの都市の社会的、宗教的、商業的、政治的中心となった。フォルムはエトルリア人の直線的な市場とギリシャ人の柱廊的アゴラを結合させたような場所であった。

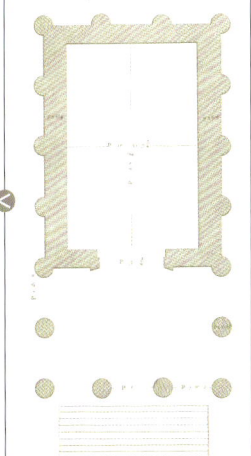

123

世界の建築様式の歴史

Ancient Rome

ポンペイ

　紀元前3世紀頃から栄えたナポリの南の都市ポンペイは、最初、紀元63年の大地震で壊滅的な被害を受け、その後79年のヴェスビオ山の噴火により厚い火山灰の下に埋もれることになった。18世紀後半に発掘作業が始まり、初期のローマ植民地の建築の豊かさを世界に知らせた。道路配置、住居、公共の建築物、記念碑はすべて手付かずのまま残っており、そのなかには共和政時代の建築物も含まれていた。遺跡のなかにはバシリカや浴場複合施設といった最も古くから知られているローマ建築を代表する遺構が多数見つかった。イタリア南部は初期のギリシャ移民の影響を強く受けており、ポンペイも例外ではなく、富者の住居跡からはギリシャ様式が流行していたことがうかがえ、この都市の顕著な特徴となっている。

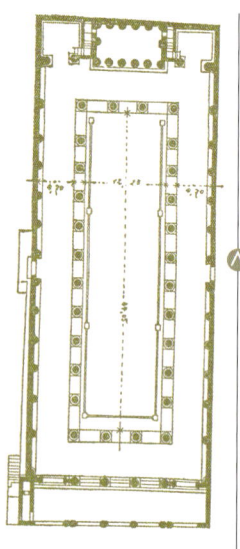

ドムス（紀元前2世紀）
ドムスはエトルリア人の伝統を受け継いだ最古の住宅で、中庭を中心に多くの棟が屋根で集合化されたものである。ギリシャの影響でアトリウムが第2中庭まで拡張されてペリスタイルとなり、絵に見られるようにその周りにさらに部屋が造られている。これは「パンサの家」として知られているものの復元図であるが、2階は後で増築され、道路側正面は商売人に賃貸していたようだ。

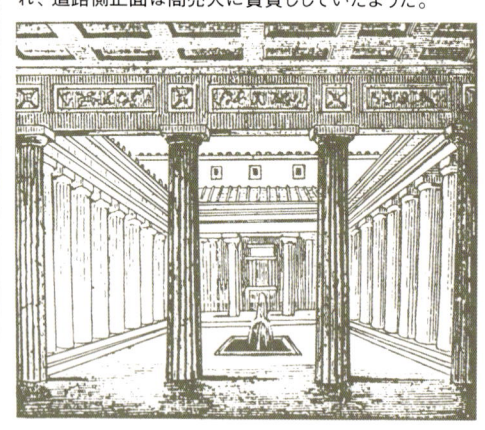

バシリカ
バシリカはギリシャの柱廊アゴラを継承したものと思われるが、徐々に屋根を持つようになった。そこは商業の場所であると同時に、裁判の場所でもあった。これはポンペイのバシリカを間口の狭い側から見た図であるが、前方に演説のための高い基壇、トリビューンが見える。

トスカーナ式アトリウム（中央大広間）
このトスカーナ式アトリウム（内部に柱を持たない広間）は、一目見るだけで住んでいた人物の富裕さがわかる。壁と天井にはフレスコ画が描かれ、天井から下がる豪華な緞帳がアトリウムとタブリヌム（主室）を仕切っている。床は多くがモザイクで装飾されていた。

アトリウム
アトリウムは空に向かって開口しており（コンプルウィウム）、下にあるプール（インプルウィウム）に水を溜めるようになっていた。徐々にヘレニスティック期の円柱が多くの方法で導入されるようになった。上の図では連続する柱廊がインプルウィウムを囲んでいるが、この形はコリント式アトリウムと呼ばれる。

古代ローマ

住宅平面図
ローマ人の住居はおおむね左右対称に配置されている。最も重要な部屋がタブルヌムで、アトリウムとペリスタイルの間にあり、公的な場所と私的な場所を仕切る役割を果たしていた。その周りはアラエ（翼）と呼ばれ、廊下になっている。その先にクビクルム（寝室）、トゥリクリーニウム（食堂）、台所があった。

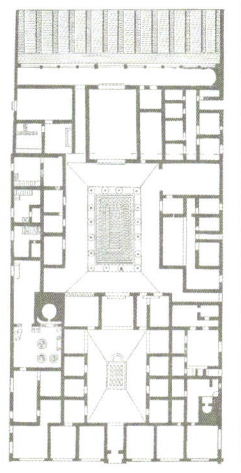

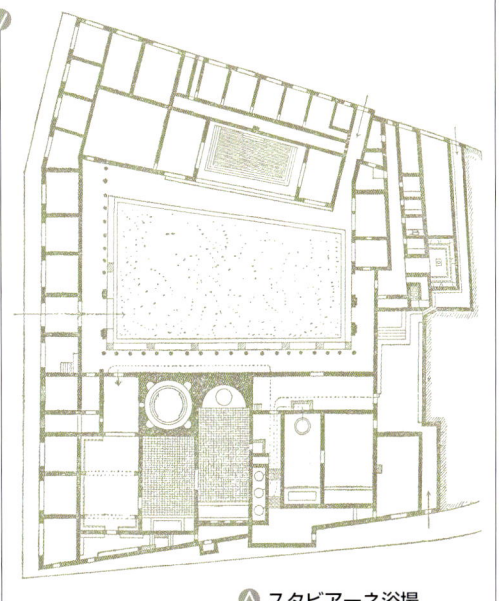

壁 画
初期の住宅の壁は腰羽目や漆喰模様で装飾されていただけであったが、紀元前200年頃から壁をフレスコ画で飾ることが流行し始め、紀元前90年ごろまで続く第1次ポンペイ様式が生まれる。この図に見られるように、その様式では内壁を外壁に似せて構造的に分割していた。続く第2次ポンペイ様式（紀元前70〜15年頃）では柱廊が描かれるようになり、柱の合間から遠景が見えているような構図が多くなった。

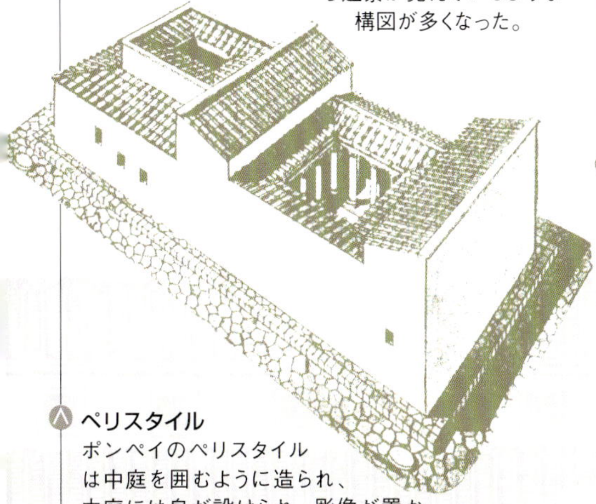

スタビアーネ浴場（紀元前2世紀）
これは複合浴場施設の最古の例である。不規則な平面をしているが、パレストラ（体育場）やナタティオ（水泳プール）などの後期の複合施設の基本的な形は出来上がっている。男女は別々の浴場に入り、それぞれに、アポダイテリウム（更衣室）、テピダリウム（微温浴室）、カルダリウム（温浴室）があった。風呂はブレイザー（金属製釜）で温められた。男性用の浴場の方が豪華な造りとなっており、フリギダリウム（冷室）は、史上最古のコンクリート製のドームで覆われていた。

フレスコ画とヴォールト
ポンペイ浴場（紀元前100年頃）のテピダリウム（微温浴室）が、当時の室内装飾の高さをよく物語っている。壁面にはフレスコ画が描かれ、天井は初期の半円筒ヴォールトである。

ペリスタイル
ポンペイのペリスタイルは中庭を囲むように造られ、中庭には泉が設けられ、彫像が置かれた。住居は外側に向かってほとんど窓がなく、光はペリスタイルとアトリウムから採り入れた。ペリスタイルはやがて1側面ずつ減らされていき、住人は遠景を望むことができるようになったようだ。

Ancient Rome

ローマ以外の共和政時代の建築物

　紀元前3〜1世紀の共和制時代のローマ以外の建築物は、建築物の種類や材料の点で首都と同じ傾向を示している。ローマにはギリシャほど大量に大理石を供給できる石切場がなかったため、代わりに国内資源であるトウファ、トラバーチン、ペペリーノが用いられた。またこの時期、ローマ人は焼成レンガを開発し、生産方法を標準化した。高い耐久性を持つコンクリートの開発により、古いタイプと新しいタイプの両方の建築物に大きな変化が現れた。コンクリートはそのまま外皮になることはなく、常にレンガや彩色スタッコで被覆された。この時代のローマ以外の場所に建てられた神殿は、エトルリア・イタリアの伝統とヘレニスティック期の古典的オーダーを融合させていた。

> **ヴェスタ神殿／ティヴォリ（紀元前1世紀初め）**
> この円形のヴェスタ神殿は、火の女神を祀るためのもので、ティヴォリの山峡の地に建っている（ローマの同名のものとは異なる）。この時代、多くの神殿が風景に劇的な印象を与える場所に建てられ、雄大な景色を眼下に納めていた。

ギリシャとローマの融合／ヴェスタ神殿
ティヴォリのヴェスタ神殿の装飾は、コリント式の柱頭（上）や牛頭のフリーズなど本質的にはギリシャ的である。しかしトウファ、トラバーチン、そしてオプス・インケルトゥムなどの材料や、ポディウム、ドア、窓（右上）、そしてセラの入り口の反対側にある軸性の階段などはローマ固有のものである。

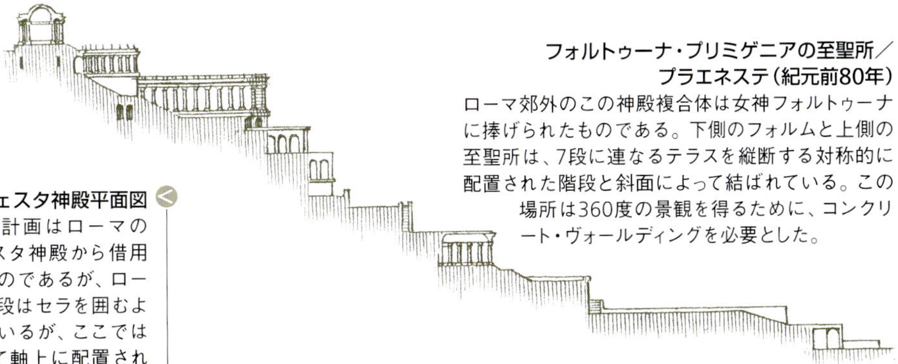

古代ローマ

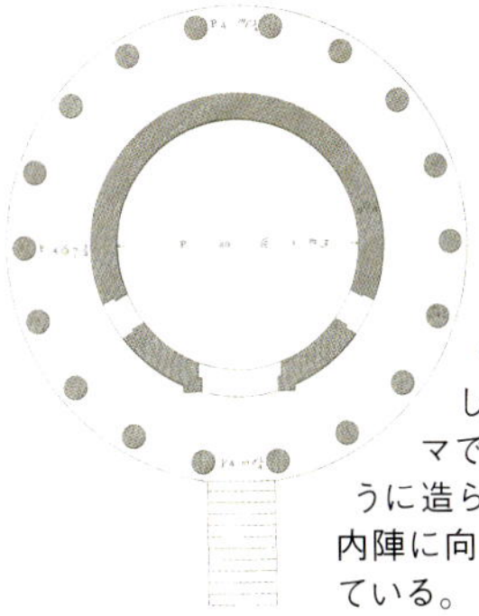

ヴェスタ神殿平面図
平面計画はローマのヴェスタ神殿から借用したものであるが、ローマでは階段はセラを囲むように造られているが、ここでは内陣に向かって軸上に配置されている。

フォルトゥーナ・プリミゲニアの至聖所／プラエネステ（紀元前80年）
ローマ郊外のこの神殿複合体は女神フォルトゥーナに捧げられたものである。下側のフォルムと上側の至聖所は、7段に連なるテラスを縦断する対称的に配置された階段と斜面によって結ばれている。この場所は360度の景観を得るために、コンクリート・ヴォールディングを必要とした。

ローマ式アーチ
ローマ人は迫石アーチと、それを支持するピア（2つの開口部の間の構造体）という構造を発明した。この基本形から、半円筒ヴォールト（右図）、交差ヴォールト、ドームが発展してきた。

アクアダクト（水道橋）／セゴヴィア（紀元10年頃）
アクアダクトは山間部の水源から都市へ水を送るためのものである。水は大部分、地下水道を通って送られるが、地形がそれを許さない場所では、大規模な水道橋が造られた。下図はスペイン、セゴヴィアのものであるが、粗石積み造で、高さは2層建て30m、アーチは128基ある。

バシリカ／ファーノ（紀元前27年）
ウィトルウィウスは、唯一現存する古代ローマの建築に関する専門書『建築十書』を著した人物である。彼が造ったと知られている唯一の建築物が、アドリア海に面するファーノに残るバシリカである。平面は矩形で、フォルムからの入り口は長手方向に設けられ、その正面に司法官が判決を言い渡す法廷がある。彼は、バシリカは訪問者が安らげるように暖かい場所に建てられるべきだと述べている。

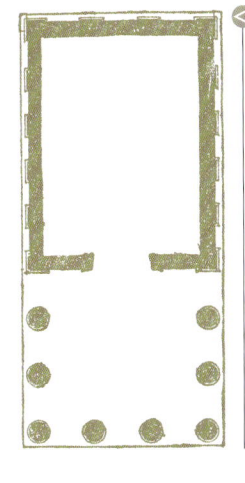

ヘラクレス神殿／コリ（紀元前2世紀後半）
ローマの南、コリのこの擬似周柱式（p.105参照）神殿は、セラの周りがドリス式オーダーの柱で囲まれているが、その柱は壁に密着している。密に円柱を配した奥行きの深いポルティコが建築物の前面に荘厳な雰囲気をもたらしているが、対照的に背面は何も装飾が施されていない。

127

Ancient Rome

アウグストゥス時代の建築

長い内乱の後、紀元前27年にアウグストゥスが権力を掌握すると、彼はその後200年間続くパックス・ロマーナと呼ばれる平和と繁栄の時代の先導者となった。彼はローマと帝国のインフラ整備に着手し、道路、橋、アクアダクトを建設し、富裕市民に都市の発展のために建築物を寄付することを奨励した。しかし残念なことに、そのような世俗的建築物はほとんど残っていない。アウグストゥスは、多くの点で彼の養父であるユリウス・カエサルのやり方を継承した。フォルムを造り、アーチとオーダーの結合であるローマで最も目立つ最古の建築物テアトルム・マルケルス(通称マルチェロ劇場)を完成させた。この頃セメントの利用が増え、ポゾラナと呼ばれる火山灰が多く使われるようになり、セメントのための遅乾方式が開発された。とはいえ、アウグストゥスの時代は建築様式自体は保守的なものであった。

テアトルム・マルケルス／ローマ
テアトルム・マルケルス(紀元前13年にアウグストゥスの孫であるマルケルスに捧げられて建設された)の半円形の外周部は、座席のバットレス(控壁)として2層のアーチからできている。構造はアーチ形、装飾は古典的オーダーという組み合わせは、ローマ人ならではのものである。

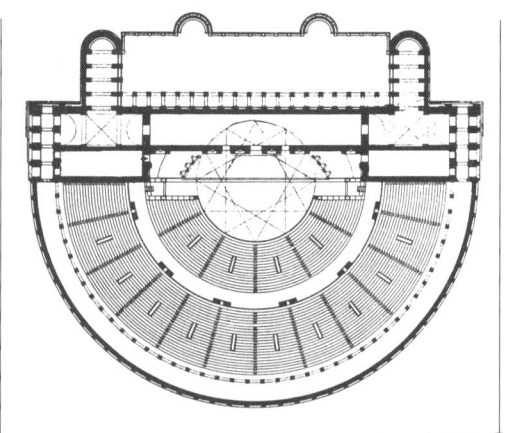

ローマのテアトルム
ローマのテアトルムは、その前身であるギリシャのテアトロとは異なっている。まず第一に、円形ではなく半円形で、ギリシャのように周りの風景の中に開かれているのではなく、壁(スカエナエ・フロンス、p.133参照)に囲まれている。座席カヴェアは弓形の構造物の上に造られ、移動のための放射状の斜路と回廊がある。丘の斜面ではなく、平地に建てられるような造りになっている。

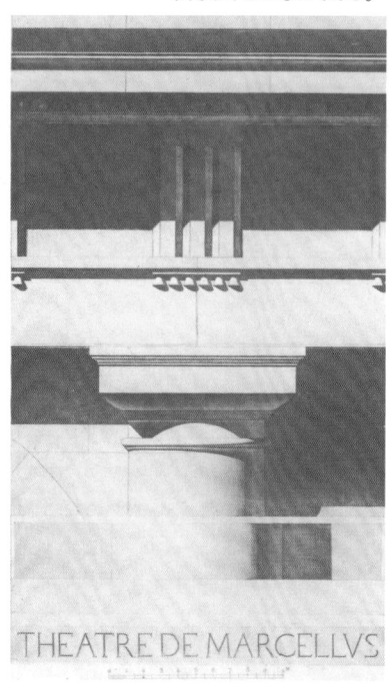

層オーダー／テアトルム・マルケルス
テアトルム・マルケルスは2階までしか残っていないが、アーチの上にはイオニア式とドリス式の2つのオーダーが重ねられている。その上にコリント式オーダーがあったのか、それともただの屋階があっただけなのかは定かではない。ローマのドリス式には必ず柱礎がある。

古代ローマ

ケスティウスのピラミッド（紀元前12年頃）
ケスティウスのピラミッドは、アウグストゥスの霊廟よりも古い形の埋葬建造物の形を示している。セメント造の上から大理石が化粧張りされ、内部の墓室には壁画が描かれている。

ティベリウスのアーチ／オランジュ、フランス
凱旋門は本来機能的な意味はなく、純粋に象徴的な意味を持つだけである。現存する最古のものがアウグストゥスの支配地域にあり、このオランジュのティベリウスのアーチもその1つである。

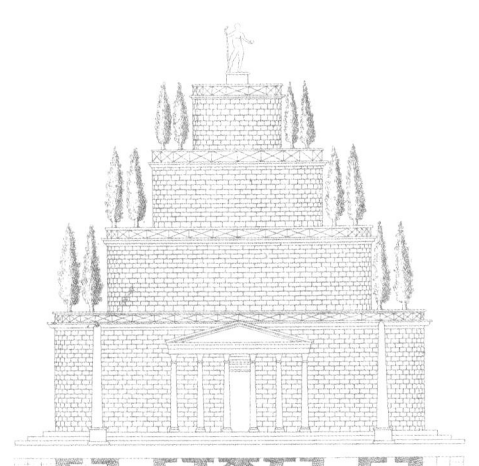

霊廟／ローマ（紀元前28〜23年）
アウグストゥスは、城壁内に墓を設けてはならないというローマの禁を破り、一族の霊廟を立てた。それはエトルリア人の墳墓の形を踏襲したもので、円筒形の塚を積み上げ、それらの周りに糸杉を植え、最頂部に巨大な皇帝の像を戴くものであった。

アウグストゥスの橋／リミニ（紀元1世紀）
ローマ人は、コンクリートが水で硬化するという性質を徹底的に活用した。それは水中でも硬化することができ、橋に十分な強度と美観をもたらす。アドリア海に面したリミニのこの橋はその時代のもので、大きさの異なるアーチが巨大なピアで支持されている。

世界の建築様式の歴史

Ancient Rome

アウグストゥス時代の神殿

　ローマをレンガ造りの都市として確立し、大理石の都市として後世に伝えたと主張できる人物がアウグストゥスである。とりわけ彼が建立し、再建した多くの神殿について、これは正しい。彼は自叙伝『神アウグストゥスの業績録』のなかで、ローマだけで1年に82の神殿を再建したと述べている。この時代の神殿は保守的なもので、エトルリアの平面構成とギリシャの古典的言語を融合させた共和制の伝統を継承している。アウグストゥス時代の神殿の平面構成は多様であるが、全般的に言えることは、長さや広さよりも高さを追求しているという点である。神殿の特徴を構成する高い基壇は、ただこの目的のために仕えるようになった。アウグストゥス時代の神殿の多くはコリント式で、ディテールが凝った仕様になり、大理石がふんだんに使われるようになった。

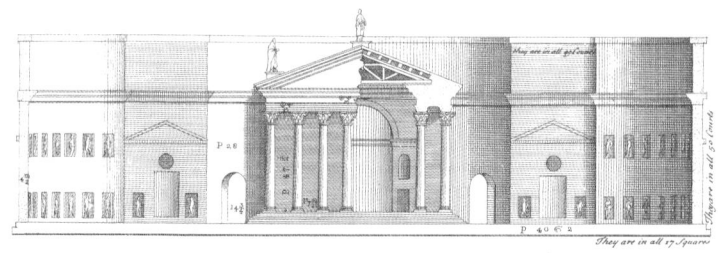

マルス・ウルトル神殿（紀元2年に奉献）
ローマ人は建築は政治家の仕事の一環であると考えていた。ピリッピの戦い（紀元前42年）に際してアウグストゥスは、父ユリウス・カエサルの復讐を祈願してこの神殿を奉献することを誓った。アウグストゥスのフォルムにある復讐者マルス・ウルトル神殿は、ローマに捧げられた彼からの貢物であった。

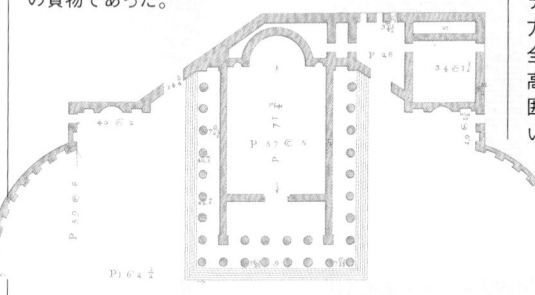

マルス・ウルトル神殿平面図
建物正面の強調、対称性、軸性の動線など、マルス・ウルトル神殿の平面構成はローマ建築の典型である。八柱構え（ポルティコの柱が8本）で、正方形に近い。背面の壁の全長は47mで、その前の高い基壇の上に柱廊で囲まれた内陣が築かれている。

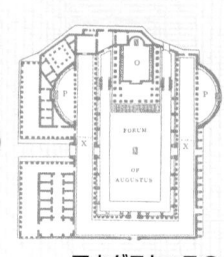

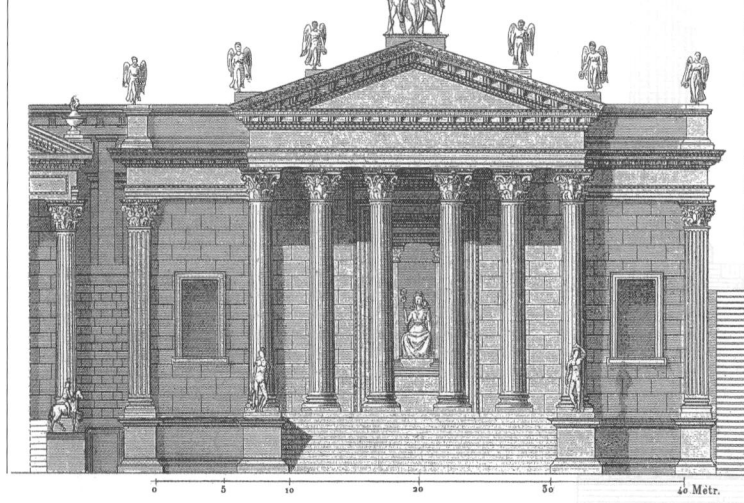

大理石の使用
ローマにとって大理石は高価な建築材料であったが、紀元前20年にルナの石切場が開発されると、アウグストゥスはそれを大々的に利用した。その白さは輸入物の色のついた大理石に対して美しいコントラストをなした。コンコルド神殿（紀元10年に奉献）は大理石をふんだんに使い建立された。

アウグストゥスのフォルム
アウグストゥスは彼の前任者であったユリウス・カエサルの拡張部分に対し直角に、さらにフォルムを追加した。カエサルのフォルム同様に神殿は、交差軸上の半円の中庭を持つ柱廊のある中庭の端に建てられている。ギリシャの建築家であったら非対称的な立地を選んだであろうが、この建築家は軸的な平面構成によって対称性を確保した。

古代ローマ

メゾン・カレ／ニーム／フランス（紀元1〜10年）
メゾン・カレの構造は長い壁によって支えられているのであって、壁の外側に並ぶ円柱はギリシャの柱—梁構造を真似ているに過ぎない。ギリシャ建築では、円柱は屋根を支えていたが、ここでは従属的な装飾的役割しか持たない。

カストル・ポルックス神殿／ローマ（紀元6年に奉献）
アウグストゥスの時代、オーダーの使用は徐々に標準化され、特にコリント式オーダーの場合がそうであった。カストルとポルックス神殿の柱頭は、豪華に装飾されたアーキトレーブ、深く彫りこまれたモディリオン（飾り持送り）・コーニスなどとともに、標準仕様となった。

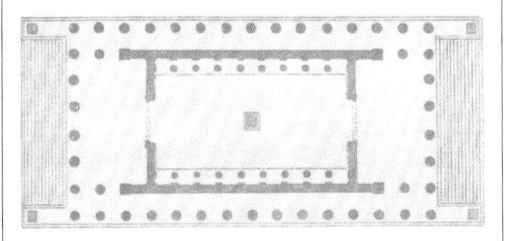

アーキトレーブのディテール／カストルとポルックス神殿
アウグストゥスの建築は大理石を豊富に使用したことが特徴であるが、そのためにギリシャの職人が多く徴用された。彼らの仕事は多くの神殿の美しいディテールに残されている。下のアーキトレーブもギリシャの職人の技であろう。

メゾン・カレの階段
神殿の階段は軸上の動線に導くための重要な役割を果たす。メゾン・カレでは両側の低い擁壁がそれ以外の動線を許さず、また装飾のための新たな平面を提供している。祭壇（アラ）は、階段の上または下の神殿以外の場所に置かれることが多かった。

カストル・ポルックス神殿平面図
他の多くのアウグストゥスの神殿と同じく、カストル・ポルックス神殿は古い神殿跡に建てられており、それが異常な平面構成の理由である。周柱式でありながら2段ポディウム（基壇）となっている。ポディウムはフォルムの地面からかなり高い位置にあり、しばしばそこから演説が行われた。

Ancient Rome

フラヴィアヌス朝

　ウェスパシアヌス帝（紀元69～79年統治）は、唯一の帝国的王朝であるフラヴィアヌス朝を設立した。その前身であるユリウス―クラウディウス朝と同様、この王朝も共和政時代とアウグストゥス時代の建築的禁欲主義を拒否した。これらの王朝の遺産は、平和と豊満の時代にのみ造ることが許されるある種の乱費であった。彼ら自身の宮殿建築において、新しい実験的な部屋やヴォールト構造が試されたが、多くのローマ市民が目にすることができた建築上の革命は、浴場複合体くらいのものだった。コンクリートとヴォールト構造を修得することにより、支持なしに広い間口を確保することができるようになり、ネロ帝のドムス・アウレアのような八角形の天窓を持つ建築物が可能になった。紀元64年の大火でローマの大半が焼失し、ネロ帝はその再建に関する法律を制定した。彼は木の使用を禁じ、床と天井をセメントにし、低い階をアーケードにすることを推奨した。

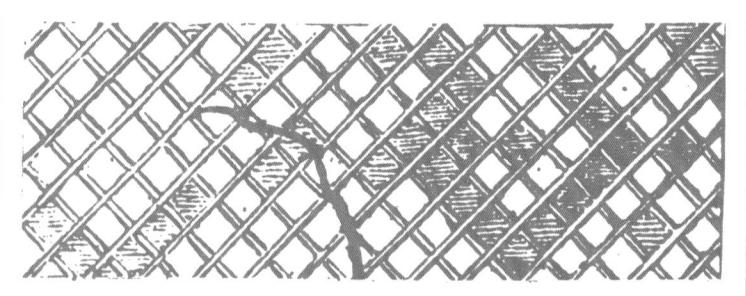

オプス・レティクラトゥム（網目積み）

この時代のコンクリート造の建築の多くは、オプス・レティクラトゥムと呼ばれる、四角形のトゥファのレンガを網目状に組んだ工法で特徴づけられる。建築の過程では、まずトゥファが積み上げられ、次にその中にセメントが流し込まれたようだ。セメントが固まると、オプス・レティクラトゥムは構造的役割を持たなくなるが、今度はその上を大理石やスタッコで仕上げる下地となる。

トスカーナ式オーダー

トスカーナ式オーダーの起源はエトルリア人にあり、彼らの墳墓に証拠が残されている。ローマ人はトスカーナ式オーダーをイタリア独自のものと考えたが、ローマの建築物に見出されるトスカーナ式オーダーは、実際のところエトルリアのものよりも、ギリシャのドリス式オーダーのほうに近い。トスカーナ式オーダーはフリーズに装飾はなく、柱間は広く、他のオーダーよりも粗雑に感じられる。

古代ローマ

ヒポカウストゥム（床下暖房）
ローマ人は床下暖房を開発した。中央の窯から出た熱が床を暖めながら壁の煙道を通り抜けるもので、ほとんどの浴場複合施設に取り入れられていた。しかしこの時代のものはほとんど残っていない。ドミティアヌス宮殿がこの床下暖房システムを備えていたことが知られており、ヒポカウストゥムと呼ばれていた。

タイタスのアーチ／ローマ（紀元81年以後）
このアーチはドミティアヌス帝（紀元81～96年）の時代に完成されたもので、1体のアーチの周囲は付け柱で装飾され、その上の屋階にはエルサレムを征服したタイタス帝の栄誉をたたえた碑文が刻まれている。最頂部には4頭立ての騎馬戦車クアドリーガの群像彫刻が置かれている。

コンポジット・オーダー／タイタスのアーチ
ローマ人はすでにアウグストゥスの時代に、コリント式オーダーとイオニア式オーダーを組み合わせたコンポジット・オーダーを開発していた。このタイタスのアーチは、記念碑的建造物のなかで使われたものとしては最古のものである。このオーダーは頻繁に使われ、ローマでは特に馴染み深いオーダーとなった。

オルケストラ
ローマのテアトルムの半円形の平たい場所、オルケストラは、ギリシャのものとは役割が異なっていた。そこはステージではなく、最も特権的な階層の観覧席であった。

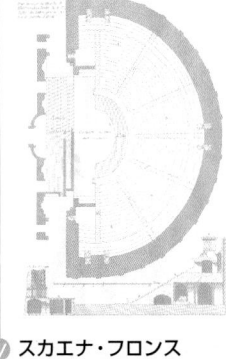

スカエナ・フロンス
ローマのテアトルムの背面を閉じる壁スカエナ・フロンスは非常に特徴的な建造物で、彫刻や壁がんで装飾されていた。そのすぐ前にあるのがステージ・ビルディングのスカエナエで、その前が舞台プロスカエニウムである。

ドミティアヌス帝宮殿（紀元92年落成）
パラティーノの丘として知られているローマの丘に、ドミティアヌス帝の宮殿があった。それを建築したのは、あまり知られていないローマ人建築家ラビルスである。この宮殿はその後3世紀にわたってローマ皇帝の正式な住居となる。中庭を中心に私的な部屋と公的な部屋を組み合わせたもので、不規則な地形にもかかわらず対称的に配置されている。

世界の建築様式の歴史

Ancient Rome

コロッセウム／ローマ

　フラヴィアヌス朝のアンフィテアトルム（円形闘技場）、コロッセウムは、紀元70年にローマへの贈り物としてウェスパシアヌス帝によって着工された。紀元80年に彼の息子であるタイタス帝によって落成式が行われ、ドミティアヌス帝によって最終的に完成させられた。建てられた場所は、ネロ帝のドムス・アウレアの周り、観賞庭園の人口の池があったところである。粘土性の底土が巨大な建築物のための理想的な基礎となった。すぐ傍にネロ帝のコロッサス（巨像）があったため、この円形闘技場はこう呼ばれるようになった。放恣な乱費を重ねたネロ帝とは違い、ウェスパシアヌス帝は賢明にもこの劇場を、ローマ市民の闘技の観戦という娯楽のために寄付し、ローマで初の永久的円形闘技場を実現した。基本的な設計と装飾は保守的なものだが、規模は前代未聞、188m×156mの広さで、またこれを造るための資材運搬方法も革新的なものだった。

▶ **材　料**
規模の大きさと重量を考慮して、材料は慎重に選ばれた。基礎はコンクリートで造られ、トウファの放射状の壁が最頂部のレンガで覆われたコンクリートまで伸びる。外皮にはトラバーチンが張られた。

▶ **アーチ構造の基礎**
座席の重量はアーチ構造の基礎により支えられ、3層構造となっている。座席へは放射状に伸びる階段（ウォミトリア）を通っていき、階段と階段の間の楔形の部分はキューニアスと呼ばれる。外周部の回廊は大衆が歩行するためのものであるが、建築物の外部への推力を支持する役目を持つ。

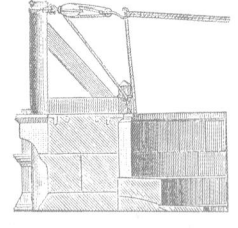

▶ **ヴェラリウム（天幕）**
屋階には天幕を支える腕木のための穴が残っている。アンフィテアトルムの全体または一部を覆うこのヴェラリウムは、観客を強烈な日差しから守るためのものである。それはアンフィテアトルムの外の地面に固定された滑車システムによって支えられた。

古代ローマ

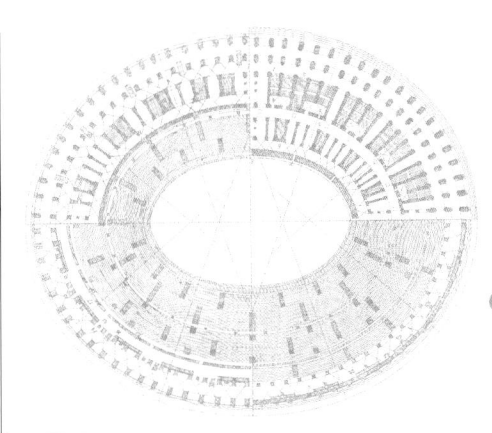

平面図
設計の最も重要な課題は、最大で5万人にも上る、（おそらく規則を無視する）観客をいかに誘導するかという点にあった。コロッセウムは楕円形の平面で、放射状の壁は80基あり、入り口の数は76である。残りの4つは皇帝席の入り口で、ポルティコが造られていた。

座席
3階までの座席は富裕市民のための大理石シートとなっており、その上は推力を最小限にするために貧しい市民のための木製のシートとし、その推力は屋階の壁だけで支えられていた。コロッセウムの床の下には一連の回廊と競技準備のための部屋や通路があり、本番を待つ動物、競技者、舞台装置が控えていた。

外部装飾
アーチと層オーダーの組み合わせは、テアトルム・マルケルスから着想を得たものである。最上階は1つおきにベイに窓を開け、最上階の席に光が入るようにしている。窓と窓の間には、青銅の盾が張られている。

オーダーのヒエラルキー（位階）
下から3層めまでの外壁の円柱は、トスカーナ式、イオニア式、コリント式の順番で上に伸びている。その上の屋階はコリント式のピラスター（片蓋柱）である。このオーダーの"ヒエラルキー"は、ルネサンスの建築家に大きな影響を与えた。

その後の歴史
6世紀には闘技場のなかではもはや剣闘士の戦いは行われなくなり、コロッセウムは防備を強化され、城として使われるようになった。その後外壁を覆っていたトラバーチン大理石は剥がされ、他の多くのローマの建築に使われた。18世紀にコロッセウムは、キリスト教がローマ帝国の国教として認められる以前、ここで多くのキリスト教徒が殉教したことから、キリスト教徒受難の地として聖地化された。

世界の建築様式の歴史

Ancient Rome

トラヤヌス帝時代

　属州スペインの軍人であったトラヤヌスがローマ皇帝の座に着いたのは、紀元98年のことだった。彼は偉大なる建築の皇帝として知られているが、残念なことに彼の業績はほとんど残っていない。大きな例外がトラヤヌス帝市場である。そのレンガとコンクリート造りの市場はトラヤヌス・フォルムの上、クイリナリスの丘の上に建てられている。彼はまた、ネロ帝のドムス・アウレアの跡地に浴場複合施設を建てた。それは大部分タイタスの浴場設計図を借用したものであったが、付属する部屋をさらに充実させていた。トラヤヌス帝はまたポルトゥスの港を拡充させ、岸壁を整備したことでも有名である。しかし彼の最も意欲的な計画は、何といってもフォルム・ロマヌムの拡張である。概して彼の建築は保守的で、彼のフォルムを回顧主義的だという人もいるかもしれない。というのは、それはアウグストゥスのフォルムを模倣しているからである。

▷ **トラヤヌス帝円柱／ローマ（紀元112年）**
ルナ大理石で造られたこの全長47mの記念碑的円柱は、第1回ダキア戦争におけるトラヤヌス帝の戦勝を記念して建てられた。それよりも前に建てられた円柱も残っているが、この円柱の独創性はその彫刻フリーズにある。そのフリーズはポディウムのすぐ上から柱頭まで1本の長い螺旋になっている。

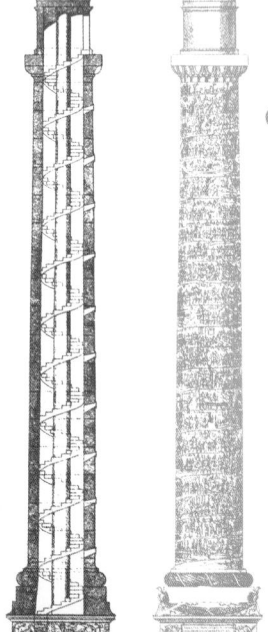

▷ **図書館／ローマ**
トラヤヌス帝円柱をはさんだ両側と、トラヤヌス神殿の向かい側に、2つの図書館が建てられている。1つはギリシャ語の文献で、もう1つはラテン語の文献である。内部の棚には巻物が納められていた。コンクリートの構造の上にレンガを張った造りは、火災の危険性を最小限にするためだったのだろう。

▷ **トラヤヌス帝円柱の彫像**
トラヤヌス帝円柱の基壇には墓室があり、そこにトラヤヌス帝は葬られていた。最頂部の金メッキされた青銅の像まで、内部の螺旋階段を上っていくことができた。その彫像はサン・ピエトロ寺院の彫像の1つになっている。

▷ **トラヤヌス帝凱旋門／ベネヴェント（紀元115年）**
イタリア中央部ベネヴェントのトラヤヌス帝凱旋門は、ローマのタイタスのアーチを模倣している。単一のアーチとコンポジット・オーダーの組み合わせで、その上に屋階がある。しかしこのアーチの特色は、全面を覆う豊かな浮き彫りである。

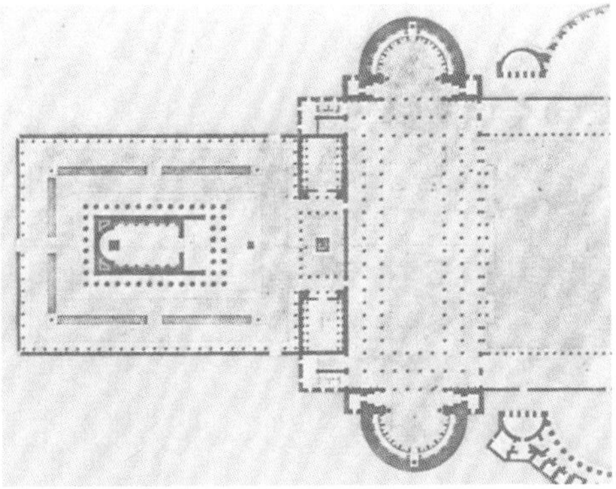

古代ローマ

バシリカ・ウルピア 断面図
身廊は両側を完全に二重柱廊で囲まれ、その一番奥にアプス（後陣）を見ることができる。柱廊の上はおそらく回廊になっていたであろう。年代を経てもこのバシリカはその規模の大きさと美しさで有名であり、初期のキリスト教教会のモデルとなったのであろう。

トラヤヌス帝フォルム／ローマ（紀元100〜112年）
フォルム・ロマヌムの最後の拡張であるトラヤヌス・フォルムは、拡張としては最大規模のものであった。ディテールと装飾はアウグストゥスのフォルムを継承しているが、平面構成は伝統を壊している。神殿がフォルムの中心を占めると誰もが予想するが、ここではその全幅にわたって軸的に位置しているのは、バシリカ・ウルピアである。

バシリカ・ウルピア／ローマ（紀元100〜112年）
これはこのフォルムを訪れた人が見るであろうバシリカ側面の威容である。クリアストーリー（高窓）の場所にある小さな窓から建築物内部に光が入り込む。

トラヤヌス神殿／ローマ
トラヤヌス帝の死後、彼の後継者であったハドリアヌス帝は、彼と彼の妻を神格化するために神殿を建てることを命じた。その神殿はフォルム・ロマヌムの西側端部に建てられた。

トラヤヌス神殿浮き彫り装飾
この浮き彫り装飾のディテールは、トラヤヌス神殿のものである。当時の記念碑的建築の多くを飾っていた装飾浮き彫りがどれほど素晴らしいものだったかがよくわかる。

世界の建築様式の歴史

Ancient Rome

ハドリアヌス帝

　紀元117〜138年のハドリアヌス帝の治世の間、多くの建築的革新はローマ帝国後期を通じて最高潮に達した。チボリの彼の別荘に見られるように、特にコンクリートとレンガを組み合わせた工法は完成の域に達した。小島の別荘テアトルム・マリッティモは、曲線と反曲線の組み合わせ、造形の自由さ、動勢の感覚など、ほとんどバロックに近い。またピアッツァ・ドーロ（黄金広場）内のあずまやのように、建築物以外の場所での複雑な室内表現の最初の試みも行われている。ハドリアヌス帝のギリシャへの深い憧憬も彼の建築の中に多く見られる。彼はアテネに住居を構え、ギリシャの栄光をしのび、そこにいくつかの建築物も建造させた。彼は資金を出すだけでなく、「ヴィーナスとローマの神殿」に見られるように設計も行った。

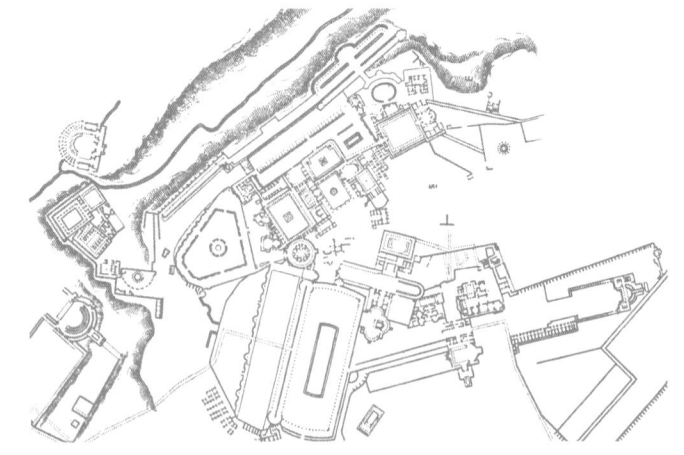

ハドリアヌス帝別荘／チボリ（紀元118〜134年）
ハドリアヌス帝別荘という名称は、チボリ近郊の田園地帯に建てられたこの宮殿の規模を持つ建築複合体にはふさわしくない。いくつもの建築物と空間が複雑に組み合わされ、曲線と反曲線が独特の建築美を生み出している。それはコンクリートとレンガという新しい建築材料を手に入れることによって可能となった。敷地全体にわたって美しい田園を背景に、水と彫刻の饗宴が広がっている。

ヴィーナスとローマ神殿／ローマ（紀元135年奉献）
この二重周柱式神殿は、背中合わせになっている2つの巨大な十柱構えの神殿から構成されている。プロコネソス島産出の青い脈入りの大理石が使われ、小アジアのミノアの石工が徴用された。

ヴィーナスとローマの神殿ファサード
この神殿を設計したのはハドリアヌス帝自身だと知られている。言い伝えでは、建築家アポロドーロスはその設計を批判したため（たぶん大きすぎるという）、命を失ったということである。ギリシャの神殿同様、低い基壇の上に建てられ、長手方向の両側の20本の円柱を含み、全体が連続的な柱廊で囲まれている。

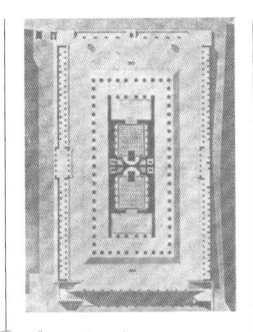

古代ローマ

**ヴィーナスと
ローマの神殿平面図**
ヴィーナスとローマの神殿は、奥行き方向に沿って柱廊があり、間口方向は両側とも開放されている。

**ダイアナ神殿／
ニーム（紀元130年）**
フランス、ニームのいわゆるダイアナ神殿は、全体が切石積みで建てられている。半円筒ヴォールトの荷重を支えるために、推力を下方向外側の通路の外壁に伝達するリブが見られる。

菱形格天井／ヴィーナスとローマの神殿
ヴィーナスとローマの神殿は紀元283年に火災に遭い、ハドリアヌス帝が建てた時の元の屋根とセラ（内陣）は消失したが、その後マクセンティウス帝の時代に再建された。現在残っている神殿アプスの菱形の格天井は、その後の世代の建築家に大きな影響を与えた。

**ポンス・アエリウス
（紀元134年）**
ハドリアヌス帝はローマのカンプス・マルティウス（ローマ市民兵の練兵場）と自分の霊廟を結ぶ7つのアーチからなる橋の建造を命じた。

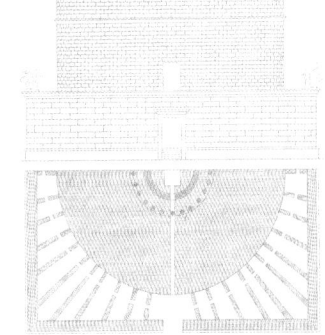

**ハドリアヌス帝霊廟
（紀元140年完成）**
ハドリアヌス帝霊廟は、当時まだ全面的に保存されていたアウグストゥス霊廟と酷似している。最も大きな違いはポディウムが四角形ということと、彫刻と金の調度がふんだんに使われているということである。

139

世界の建築様式の歴史

Ancient Rome

パンテオン／ローマ

　パンテオンは紀元118〜128年にハドリアヌス帝によって、以前執政官マルクス・アグリッパによって神殿が建てられていた跡地に建てられた。表面的にはすべての神に捧げられた神殿となっているが、ハドリアヌス帝がこの建築を思い立った意図、そしてアグリッパの神殿からの碑文をポルティコの上に残した意味は謎のままである。パンテオンは非常に長い歴史を生き残った偉大な建造物であるが、それはその建築の完全性によるものであると同時に、他方では教皇ボニファウスがこの建築物を609年に教会堂にすることによって維持保存した結果でもある。しかし長く生き続けたことだけが、この建築物が建築の歴史に大きな影響力を与えてきた理由ではない。それは革新的な技術と設計、広大なスケールはもちろんだが、何よりもその内部の、畏怖の念を抱かずにはいられない荘厳さによるものである。

ローマ式装飾
パンテオンは、内部空間の新しい解釈とその装飾の可能性を広げたローマ人の独創性の象徴である。これは建築物の平面構成と大きさの多様な展開を可能にするコンクリートという材料の使用によって、自由な設計が許されたことによるものである。

内観
内部は、3層ではなく2層になっており、その上からドームのアーチが跳ね出している。ドームの最頂部にはオキュルス（円窓）が天に向けて開口し、建築物内部へは唯一ここからのみ光が差し込む。

外観
パンテオンは3層構造のドラムの上に巨大なドームが載り、横に8本、奥行き3本の列柱からなるポルティコをファサードとした形をしている。元々は外面はすべてスタッコで覆われていたと思われるが、現在はコンクリートとその上に張られたレンガが露出している。

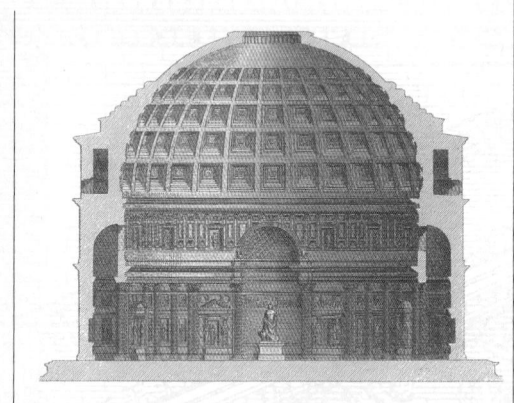

大きさと比率
パンテオンのドームの大きさは、ルネサンスの時代まで追い越されることはなかった。底面の直径（43m）は床からオキュルスまでの高さと等しく、その結果、下半分の空間が円筒形として強調されている。

古代ローマ

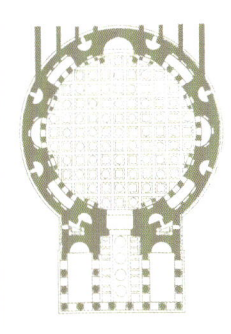

平面図
普通の神殿と同じファサードに、円形のセラ（内陣）という組み合わせは、あまり居心地が良くない。元々パンテオンは柱廊のある場所に立てられており、そこでは建築物の2つの部分は列柱の壁の後ろに隠れていた。

色大理石の内部
内部の壁は、高価な大理石を好む皇帝の嗜好を反映し、さまざまな色の大理石で装飾されている。それがフレスコ画やモザイク装飾と対比されて、独特の光を反射している。ここに見られる古典的装飾は、建築物の構造とはまったく関係がない。

構造
建築物の内部構造はコンクリートで造られている。コンクリートの骨材はさまざまで、基礎の骨材は玄武岩、中ほどがトウファ、そしてドームが軽石になっている。構造全体にわたって壁やドームの重量を軽くするために空洞が設けられているが、見えるものもあれば見えないものもある。

格間
ドームは5層になっており、各層に28の格間がある。それらは頂点のオキュルスに近づくにつれて小さくなり、高さを強調すると同時に、ドームの重量を軽減している。

エクセドラ
ドアの向かい側、建築物の軸上にあるのが、唯一のアプス（後陣）で、それ以外のものはエクセドラである。それは柱によって仕切られた凹部で、矩形と半円が交互に配置されている。

141

世界の建築様式の歴史

Ancient Rome

セウェルス朝

　内戦の後、セウェルス家が皇帝の座についたのは紀元193年のことであった。帝国全体に対するローマの威信が衰亡する中、彼らに出来たことといえば、さらに規模の大きな建築物を建てることくらいだった。ローマにおける彼らの大規模建築の代表が、浴場複合施設テルメである。この帝国後期の浴場の基本的な設計の源は、実は紀元1世紀のタイタス帝とトラヤヌス帝の浴場であった。基本的な対称性の平面と部屋の配置はそのまま踏襲すれば良く、彼らはただその規模を大きくしただけだった。カラカラ帝の浴場は20haの敷地があり、一時に1600人が入浴できた。コンクリート・ドームとヴォールトの使用によって、それだけの広い空間が内部の支持なしに確保できるようになった。

セプティミウス・セウェルス帝凱旋門（紀元203年）
フォルム・ロマヌムにあるこの凱旋門は、デザインにあまり特徴はない。一連の階段がこの門の儀式的な機能を強調している。しかし3つのアーチ開口部を仕切る4本の付け柱という形は、凱旋門の新たな方向性を示している。

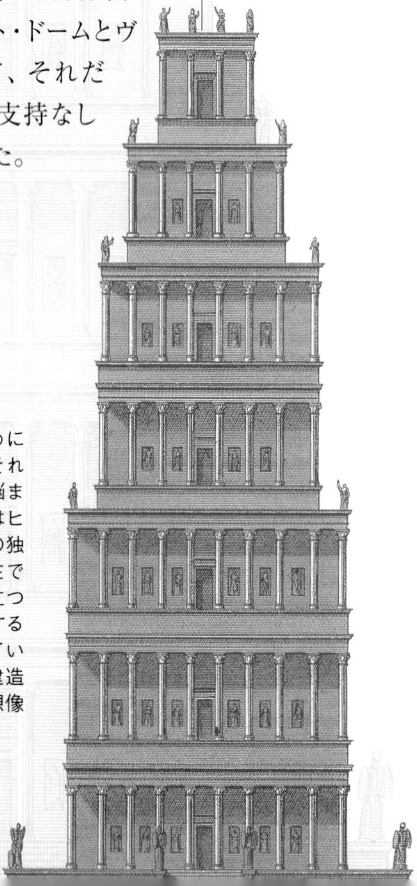

セプティゾディウム（泉水堂、紀元203年）
この建造物がいったい何のために建てられたのかは、1588年にそれが破壊されるまで後世の人々を悩まし続けてきた謎であった。それはヒエラルキー的に配置された3層の独立円柱で構成されていた。現在では、それはパラティヌスの丘に立つ宮殿のような建築物をただ遮蔽するだけのものであったと考えられている。この版画は創建当時この建造物がどのようなものだったかを想像して描かれたものである。

セプティミウス・セウェルス帝凱旋門格間
セプティミウス・セウェルス帝凱旋門には、かなり芸術性の高い浮き彫り装飾がある。3つの半円筒ヴォールトの天井には精巧に彫刻された格間がある。中央の花をアカンサスの葉が囲み、その外側がエッグ・アンド・ダート模様になっている。

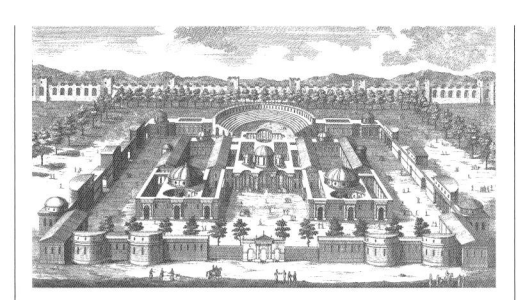

古代ローマ

ディオクレティアヌス帝浴場（298〜305年）
周囲を広い庭で囲まれた浴場複合施設はカラカラ帝浴場が最初であるが、このディオクレティアヌス帝浴場（298〜305年）は、周囲に等間隔で、図書館、劇場、教室が配置されている。浴場そのものは背後の景観庭園と一体化している。

浴場の装飾
後期の皇帝が建てた浴場は、さまざまな形態と空間を持つドームやアーチなど、さながらコンクリートの建築的可能性の展示場である。浴場内部は大理石、モザイク・タイル、フレスコ画などで華麗に装飾され、空間の豪華さと光のまばゆさで訪れるものを幻惑させたことであろう。

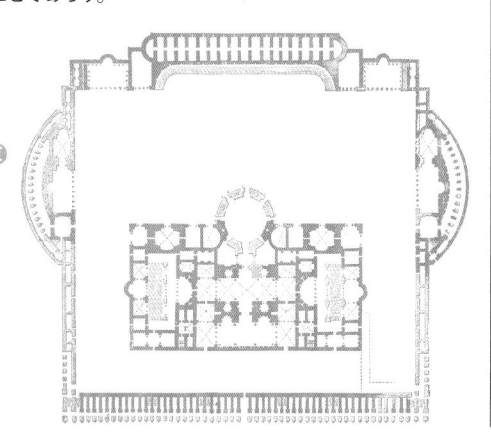

カラカラ帝浴場平面図（216年）
後期の皇帝の浴場はその対称性に特徴がある。カラカラ帝浴場（216年）は、2つの軸に沿って建てられ、1つの軸には水泳プールと浴室があり、もう一方の軸には運動場と、その両端にまったく同形のサービス・ルームがある。コンクリートとレンガの組み合わせにより、部屋の形は格段に自由になり、中央のカルダリウム（温浴室）のように円形の部屋もできるようになった。この部屋は午後の太陽の光を浴びることができるように、中央ブロックから運動場の方にはみ出している。

コリント式オーダー
ローマ建築でもっとも多く使われたオーダーがコリント式である。豪華に装飾されたエンタブラチュアと柱頭もギリシャ・コリント式と違うところだが、最も違う点はモディリオン（飾り持送り）――深く切れ込んだコーニスを支える水平な腕木――である。地面から見上げたときの効果を高めるために、その間に格間が彫られているものもある。

世界の建築様式の歴史

Ancient Rome

セウェルス帝国

　すでにローマは衰退期に入っていたが、新しいタイプの建築物や新しい建設方法が開発されたのは、より寛大になったセウェルス帝国（193〜305年）の時代だった。ローマ人は彼らの建築を帝国各地に輸出したが、受け入れる側はその建築を地元の建築的伝統、材料に合わせて変化させていった。ローマ以外の土地ではセメントはほとんど使われることはなく、そのため造られる建築の種類も限られていた。たとえば、スプリト（現在クロアチア領）にあるディオクレティアヌス帝霊廟のドームは、すべてが複雑な扇形のレンガでできており、そのため全般的に小型である。ローマではかなり前から使われなくなっていた切石が地方では引き続き使われ、その地方の特産である大理石も贅沢に使用された。古典的オーダーを自由に使うことが許されるようになり、気品のあるフォルムを生み出すために、エンタブラチュアを新しい形で処理することなどが行われるようになった。

バッカス神殿の内部装飾
バッカス神殿の内部装飾は、現存するローマ建築の遺跡のなかでも屈指の豪華さである。石灰岩の壁は、床から天井まで伸びるジャイアント・オーダーの柱によって分節化され、全体が古典的装飾で覆われている。柱と柱の間の壁は、上は切妻、下はアーチ形の屋根を持つ2列の壁がんによってさらに分節化されている。

ヴェスタ神殿／バールベック（3世紀）
この印象的な形をしたヴェスタ神殿は、円形のセラを組積造のドームが覆っていた。そのドームを支えるために設計者は、円弧状のアーキトレーブを持つコリント式の円柱を5面に配置する必要があったのかもしれない。その結果曲線と反曲線を組み合わせたバロック的な外観が生み出された。

バールベック至聖所壁がん
バールベック至聖所の中庭の周りの壁には、交互に並ぶ矩形と半円の壁がん（エクセドラ）が造られている。壁面全体が、ピラスターとエンタブラチュア、そして上下2段になった壁がんによって装飾されている。

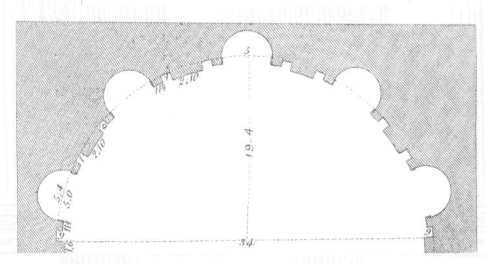

バッカス神殿／バールベック（2世紀）
バールベック（現在レバノン領）の至聖所近くに立つこの神殿の立面図は、典型的なローマ建築の特徴を示している。基壇は高く、ポーチの奥行きは深く、セラ（内陣）が広い。ローマ建築の神殿としては最も保存状態の良いものの1つである。

古代ローマ

持送り円柱／ディオクレティアヌス帝宮殿／スプリト（300～306年）
ディオクレティアヌス帝宮殿の入り口上方には、持送りに支えられた円柱の列が並んでいるが、これは西側正面列柱の最古の例の1つである。さらに古い例がシリアにある。

要塞建築／ディオクレティアヌス帝宮殿
ディオクレティアヌス帝宮殿が軍事的建築の影響を受けていることは、その厚く堅固な外壁、四方の角に置かれた四角い見張り塔で明らかである。蛮族の脅威が建築に現れている。

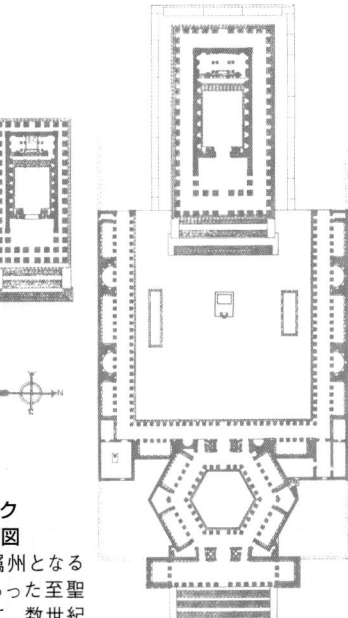

バールベック至聖所平面図
ローマの属州となる以前からあった至聖所の場所に、数世紀にわたって多くの建築物が建てられている。バールベック至聖所は矩形の中庭にあるユピテル神殿の中央にあり、そこへは六角形の前庭を通っていく。近くにバッカス神殿も建っている。

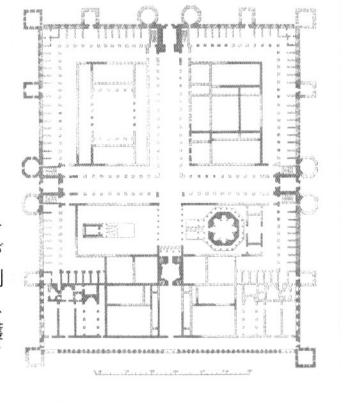

部屋配置図／ディオクレティアヌス帝宮殿
ディオクレティアヌス帝宮殿の平面図は、ローマの要塞都市カストルムに似ている。全体が中央で交差する2本の柱廊通路によって分割されている。海に近い2区画には、皇帝の霊廟、神殿、住居があり、他の2区画にはおそらく護衛兵が詰めていたであろう。

アーチ起拱点／ディオクレティアヌス帝宮殿
ディオクレティアヌス帝宮殿の中庭入り口には柱廊アーケードがあり、アーチはコリント式柱頭から起拱（きこう）している。同じ中庭には円弧状になったコーニスが見られ、同形のものが海側のファサードにもある。後にこの形は、ディオクレティアヌス窓と呼ばれるようになった。

世界の建築様式の歴史

Ancient Rome

帝国後期

コンスタンティヌス帝は彼の治世に2つの歴史的決定を下したが、それは以後のローマ建築に大きな影響を及ぼした。彼は313年にキリスト教を公認し、彼自身キリスト教徒となった。また330年にはローマ帝国の首都をローマからコンスタンティノープルへと移した。増大する北方民族の脅威と政治的不安定さから、材料は再使用されることが多くなり、石工の技術は衰えていった。とはいえ多くの建築工事が行われ、そのなかにはローマを囲むアウレリウス城壁もあった。またマクセンティウス帝は自ら別荘を建て、アッピア街道の近くに競馬場も造った。ローマ帝国後期（306〜340）は、帝国からビザンチン世界への移行期にあたり、そのことはドーム、ドラム、飛び出したアプスなどを有するミネルヴァ・メディカ神殿がよく示している。

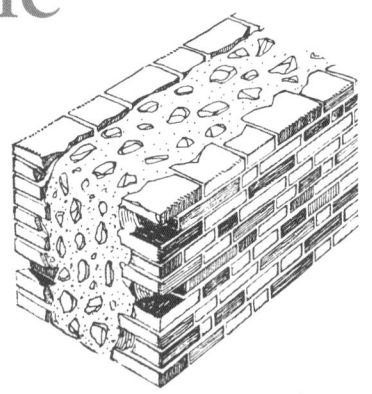

オプス・テスタセウム（明快なレンガ仕上げ）
表面がレンガで、内部がコンクリートという構造（オプス・テスタセウム）はアウグストゥスの時代から使われていたが、ローマ帝国後期になって建築材料の主流となった。そのため凱旋門は別にして、切石はほとんど使われなくなった。

サイド・ベイ／マクセンティウス帝のバシリカ
身廊の両側の3つのベイは構造的な目的を持っている。それらは巨大なコンクリート・ヴォールトの推力を支持するものであるが、この形はビザンチン、そして中世の建築へと継承されていく。

交差ヴォールト／マクセンティウス帝のバシリカ
この交差ヴォールトは高さが35m、幅が25mある。アーチのスパンを短くするために、建築家はピアに貼り付けた巨大なプロコネシアン大理石の円柱柱頭からアーチを起拱させている。

マクセンティウス帝のバシリカ／ローマ
マクセンティウス帝によって始められたこのバシリカを完成させたのは、コンスタンティヌス帝であった。彼は建築物の軸を変え、新しい入り口を設け、長手方向にアプスを置いた。このデザインは帝国浴場のフリギダリウム（冷室）から取ったものである。

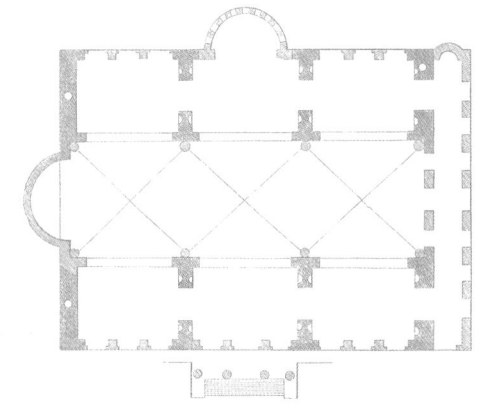

古代ローマ

レリーフ／ローマ（312～315年）
コンスタンティヌス帝凱旋門のレリーフは、1世紀と2世紀の記念碑から取ってきたものを混ぜて使用している。概して新しい年代のものは彫りが粗雑である。これは石があまり使用されなくなったことから、石工の技術が伝承されなくなったからであろう。

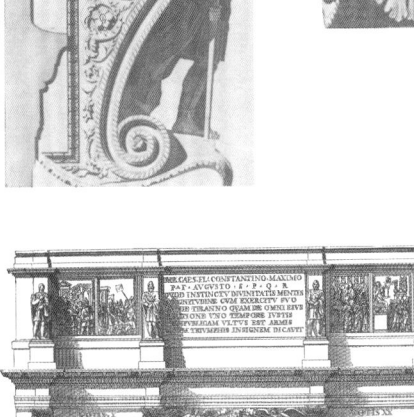

カンポ・ヴァッチーノ（雌牛の野）／ローマ
330年にコンスタンティヌス帝が首都をコンスタンティノープルに移した後、ローマは衰退の一途をたどった。栄光をたたえた記念碑は土に埋もれ、地上に露出している部分も、後世の人にとっては家畜が草を食べている間に眺めるぐらいのものになっていた。そこからローマは、雌牛の野カンポ・ヴァッチーノと呼ばれるようになった。

コンスタンティヌス帝霊（350年）
皇帝は愛娘コンスタンツァのための霊廟をローマに建設した。ドームは窓の開いたドラムの上に載っているが、そのドラムは2重円柱によって支えられ、その周りは周歩廊となっている。

コンスタンティヌス帝の最後の凱旋門
この凱旋門は、彼が312年のミルヴィオ橋の戦いで政敵マクセンティウスに勝利したことを記念して建てられた。ローマ時代最後の凱旋門であるが、最大でもある。形はセプティミウス・セウェルス帝凱旋門から取っているが、アーチ上方の屋階の3分節化はより明瞭になっている。

ポルタ・ニグラ／トリーア（4世紀初め）
ドイツ、トリーアのポルタ・ニグラは、都市を守る威圧的な城門である。伝統的なアーチやオーダーの適用にもかかわらず、光と影、虚と実の饗宴があり、新しい時代を予感させる。

世界の建築様式の歴史

初期キリスト教／ビザンチン
Early Christian and Byzantine　313〜1453年

バシリカ

　西暦313年、コンスタンティヌス1世はミラノ勅令を発布し、キリスト教はローマ帝国によって公認された。そして326年、キリスト教はローマ国教となった。ビザンティウム――コンスタンティノープルを改名（現在のイスタンブール）――を首都としたローマ帝国は、西はミラノ、ケルン、東はシリア、南はギリシャ、エジプトへと版図を広げていた。新興の宗教は新しい建築を必要とし、ローマ建築のなかでも最もローマ的な類型を採用した。それが市場から裁判所まで何にでも応用可能な集会広間――バシリカであった。いかなる宗教的つながりも持たない公共の施設であったバシリカは、キリスト教教会に改変するための最適な土台であった。帝国全土にわたって建てられていたバシリカは、各地方の伝統の影響を受け多様な展開を見せていた。

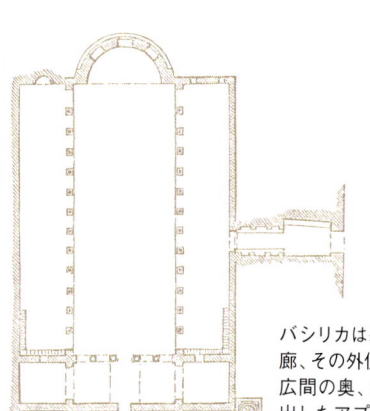

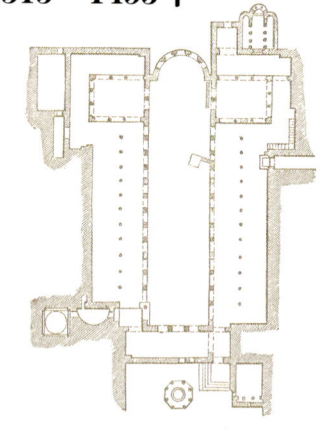

聖デメトリウス教会の翼廊／テッセロニカ（5世紀末）
バシリカ式教会堂のなかには、アプス（後陣）と身廊の間に横軸方向の拡張部分を有し、その結果ラテン十字形の平面を持つものがあった。ギリシャ、テッセロニカの聖デメトリウス教会の翼廊（トランセプト）は、教会本体と同様に身廊と側廊に分けられていた――交差翼廊。

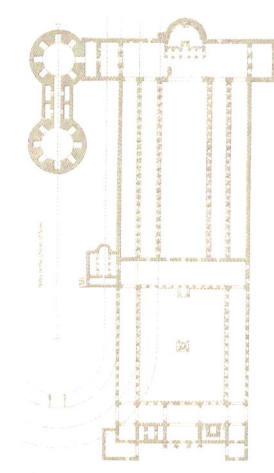

旧サン・ピエトロ大聖堂平面図／ローマ（319〜322）
コンスタンティヌス帝によって建てられた旧サン・ピエトロ大聖堂は、交差しない「連続翼廊」を有し、そのなかに十二使徒の遺物を納めている。この教会は通常とは異なり、西側に後陣がある。反対側では、拝廊（ナルテックス）が身廊と側廊を横切ってアトリウムへと通じている。

バシリカ平面図
バシリカは基本的に矩形の広間で、内部は中央の身廊、その外側の2つまたは4つの側廊に分かれている。広間の奥、ほとんどは東側に、半円形に外側にはみ出したアプス（後陣）がある。ローマ時代のバシリカの場合、そこには演壇が設けられていたが、バシリカ式教会の場合は至聖所となる。

アトリウムとファサード／旧サン・ピエトロ大聖堂／ローマ
アトリウムはナルテックスの前庭となっており、柱廊ポルティコに囲まれている。その場所はまだ洗礼を受けていない新信者のための控えの間である。彼らは教会の典礼の始めの部分には参加できるが、信徒のミサには出席できない。

148

初期キリスト教／ビザンチン

建築材料
バシリカ教会の屋根はたいてい格天井にするか、木材の梁桁露出であった。時に、中近東では多く見られたが、ヴォールト構造のものもあった。壁面は通常レンガの組積造か、コンクリートを芯にして外側にレンガまたは石を張ったものであった。

外観
旧サン・ピエトロ大聖堂のファサード（前頁下）に見られるように、初期キリスト教のバシリカ教会の外観はきわめて簡潔である。これは中近東においても同様で、そこでは建築材料は主に切石であった。トゥルマニンのこの教会（5世紀）は、シリアのバシリカ教会の特徴をよく示しており、中央に列柱ポルティコ（プロピュラエウム）があり、その両脇を塔が固めている。

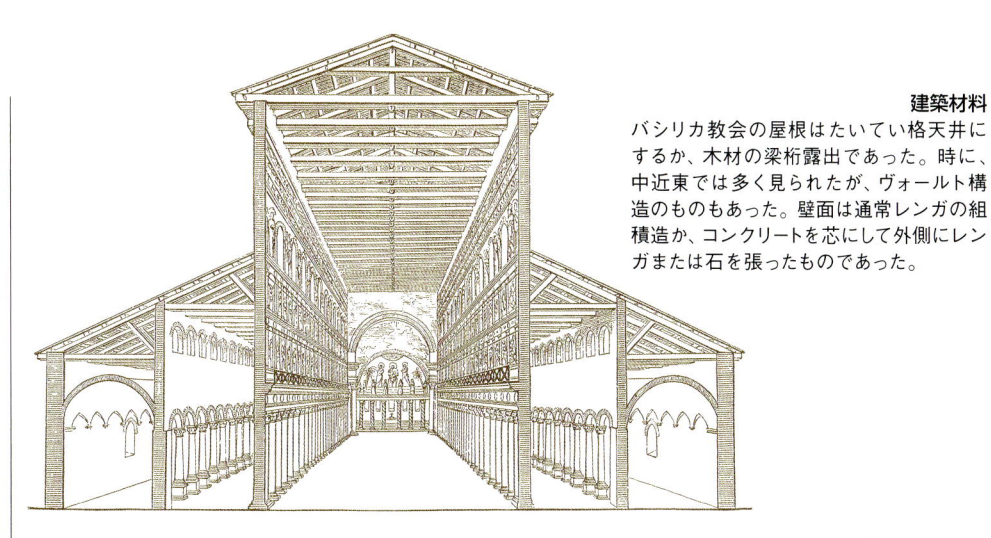

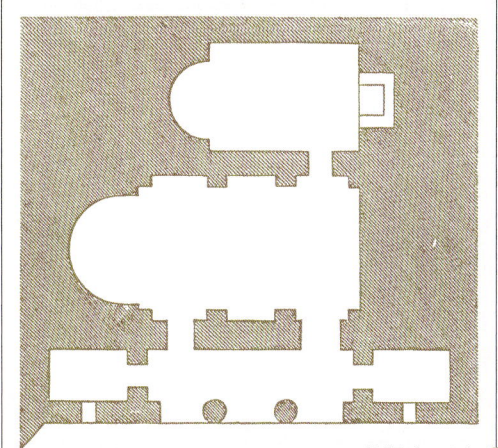

後期バシリカ
バシリカ式は教会堂建築として驚くほど永続性があり、柔軟性があることを証明し、初期キリスト教からビザンチンの時代まで使われ続けた。たとえばトルコの岩窟教会（これはカッパドキアの例である）では、側廊のない簡素な形態のバシリカが岩の中に穿たれている。

149

世界の建築様式の歴史

Early Christian and Byzantine

初期キリスト教教会堂内部

　初期キリスト教教会堂（3〜5世紀）は、外観の簡潔さとは対照的に、内部は光と色彩、希少材料のきらめくばかりの混淆である。表面という表面がすべて豪華に装飾された。壁には大理石が張られ、フレスコ画やモザイクで紋様や聖人が描かれた。列柱やアーケードのピアは大理石で造られ、柱頭は金で仕上げられていた。屋根（梁桁露出か格天井）には金箔が張られ、床はたいてい大理石モザイクであった。アーキトレーブやエンタブラチュア、衝立は、精巧に彫刻された幾何学模様や葉形模様で装飾され、祭壇は金や銀が象嵌され、宝石がちりばめられていた。後陣を見ると、半円形のドームは一面のフレスコ画またはモザイクで覆われ、キリストや十二使徒が描かれていた。また特に西ローマ帝国では、古いローマ建築の柱頭が切り離され、改変されて使われた。

アプス（後陣）
アーケードの終点がアプスとなっている。アプスは通常ドーム型で、凱旋門によって強調されている。中には至聖所とシントロノン――聖職者のための席――が設けられている。アプスの内部またはその前には、聖遺物を納めた厨子や背の高い祭壇が置かれ、それらは精巧に造られた天蓋――バルダッキーノまたはチボリウム――で覆われている。

クリアストーリー（高窓）
身廊の屋根は側廊の屋根よりも高くなっており、身廊の壁の上部に空けられたクリアストーリーを通して、高い位置からの光が内部を照らす。

ギャラリー（回廊）
身廊は時に2階のギャラリー（しばしば女性席として指定され、ギュナイケイアと呼ばれることもある）を持っている。このような回廊がない場合は、男女は身廊の両側に別れて座る。

アーケード
身廊と側廊は列柱またはピアで区切られ、その上は、アーチが載ってアーケードを構成するか、エンタブラチュア――組積造の帯で彫刻が施されている――となっている。

柱頭と副柱頭
テッサロニキの聖デメトリウス教会の身廊には、強奪されたさまざまな柱頭が見られる。この2層構造のプロトマイ（動物の半身をかたどった柱頭）は、アカンサスの葉の上に2頭の鷲が半身を見せている。その上に角ばった副柱頭が載り、円形の柱頭から四角形のアーケード基部への移行が図られている。

初期キリスト教／ビザンチン

中近東の教会内部
西欧や中欧の教会堂とは違い、中近東の教会堂の内部は禁欲主義的で、幅の広い低いピアで支えられた重厚なアーケードを持つ。

窓
初期キリスト教バシリカ教会の窓は、教会内部の神秘性を高める重要な役割を持っている。希薄な半透明の光は、装飾的な穴が開けられている石の飾り板を通り抜けてくるか、色ガラス（雲母）、あるいは方解石を通して入ってくる。夜には大理石やガラス、それに金銀が、揺らめく蝋燭の光で神秘的な輝きを放つ。

礼拝用調度
至聖所は時に基壇（ベマ）の上に置かれ、聖職者だけがそこに上がることが許される。多くの場合その場所は低い欄干またはイコノスタシス（聖障）と呼ばれる高い衝立で身廊から隔てられている。聖職者はここから、身廊に突き出した一段高くなった通路（ソレア）を通って、説教壇（アンボ）へ向かう場合もある。

アンボ
アンボは一段高くなった基壇で、ここから使徒書や福音書が読まれる。他の調度品と同じく石で作られており、装飾パネルで豪華に飾られている。

オプス・セクティレ（嵌め石細工）
多くの教会の壁や床を飾るのが、オプス・セクティレと呼ばれる嵌め石細工で、さまざまな色の大理石がカットされ、幾何学的模様を作るように嵌め込まれている。その他の床仕上げには、敷石張り仕上げ、大理石張り仕上げがある。

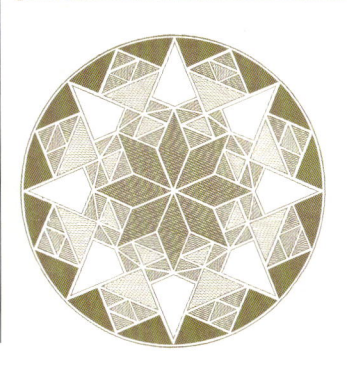

151

世界の建築様式の歴史

Early Christian and Byzantine

集中式平面

　初期キリスト教建築はローマ建築から、円、交差、多角形を基本とする集中式平面を継承した。この形態はローマ建築の偉大な遺産の1つで、特にマウソレウム（霊廟）建築のなかで発展していったものである。この伝統は初期キリスト教の霊廟建築に大きな影響を及ぼし、特に死者を祀る記念碑的建築物の設計のなかで生かされた。祠堂は当初はローマの旧サン・ピエトロ大聖堂のような礼拝教会のなかに死者を記念して造られていたが、やがて集中式平面を持った独立した埋葬堂として切り離されていった。その集中式平面が今度は教会建築のなかに吸収され、特に王家の私的な礼拝堂が、円、八角形、四つ葉形で造られるようになった。

ラテラノ・バプティストリ／ローマ（315年）
初期キリスト教時代、洗礼のための特別な建築物が建てられるようになった。その目的のために参考にされたのが、ローマの公衆浴場の集中式平面であった。建築物は多くが八角形であったが、8という数字はキリスト教的改心を象徴していた。というのも、世界は天地創造の8日後に始まったから。

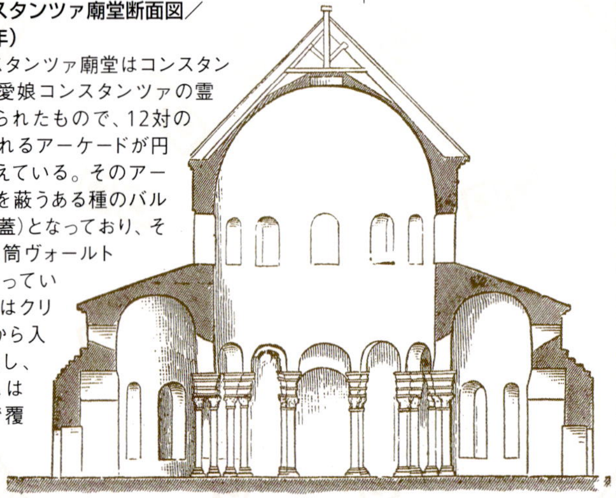

マウソレウム
初期キリスト教の霊廟は、直接ローマのマウソレウムを踏襲したが、それも集中式平面であった。しかしローマのマウソレウムと異なる点は、それがバシリカ式教会のすぐ近くに建てられたことである。多くが中心部を囲むように列柱が並び、その外側にさらに周歩廊がある。

サンタ・コンスタンツァ廟堂断面図／ローマ（350年）
サンタ・コンスタンツァ廟堂はコンスタンティヌス帝の愛娘コンスタンツァの霊廟として建てられたもので、12対の円柱で構成されるアーケードが円形ドームを支えている。そのアーケードは石棺を蔽うある種のバルダッキーノ（天蓋）となっており、その外側は半円筒ヴォールトの周歩廊となっている。廟堂内部はクリアストーリーから入る光を照明とし、上方のドームは木製の屋根で覆われている。

サンタ・コンスタンツァ廟堂内観
マウソレウムの内部は、ここサンタ・コンスタンツァ廟堂と同様に、豪華な装飾が施されていた。ここでは壁全体がモザイクで覆われているが、それはまず幾何学紋様から始まり、次に蔦と幼児の裸像へと移っていく。モザイクは入り口正面に見える石棺の上で最高潮に達する。そこは金色に輝く天国のドームで、旧約聖書の世界が描かれている。

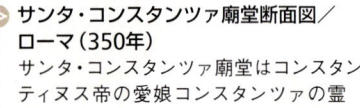

初期キリスト教／ビザンチン

殉教者記念堂／カラート・サマーン／シリア（480〜490年）
殉教者や聖なる場所を尊崇する目的で建てられる建築物は、集中式平面をとることが多い。カラート・サマーンの巨大な十字形教会堂は、聖シメオン・スティリテスがその上で殉教したといわれている柱を記念して建てられた記念堂を中心に、その周りに4棟のバシリカをそれぞれ十字形の腕として造られている。この巨大な複合体は、多くの巡礼者を収容できるように設計されていた。

十字形平面／ガッラ・プラチディア廟堂／ラヴェンナ（425年）
埋葬堂（右上参照）や廟堂では、十字形平面が採用されることが多かった。ガッラ・プラチディア廟堂はその初期の例で、一方の腕だけがやや長く伸ばされてラテン十字を作っている。

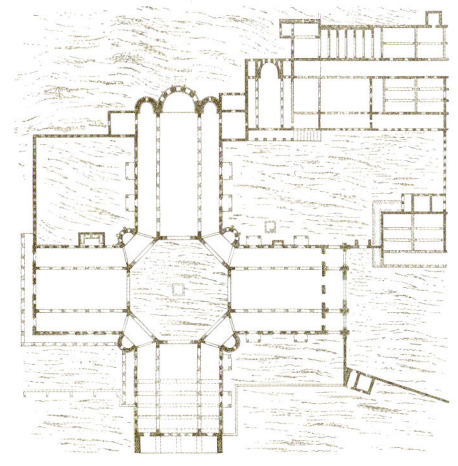

ガッラ・プラチディア廟堂の内観／ラヴェンナ
廟堂の内部は半円筒ヴォールトになっているが、中央ベイの上のドームは四角い塔に隠されて外からは見えない。

テトラコンチ（四つ葉形）／サン・ロレンツォ教会／ミラノ（378年）
テトラコンチ（四つ葉形）もまた記念堂によく用いられる平面である。しかしこのサン・ロレンツォ教会は宮殿礼拝堂である。それは二重殻構造で、中央ドームが内部の核を形成し、外側の周歩廊とギャラリーに侵入するエクセドラ（大型壁がん）を有している。

世界の建築様式の歴史

Early Christian and Byzantine

ラヴェンナ

　西暦395年、ローマ帝国は再び分裂した。東ローマではビザンチン帝国が文化の華を開かせ始めたが、西ローマは北方民族からの絶え間ない侵入に脅かされ続けていた。その結果イタリア半島東岸のラヴェンナの重要性が認識され始めた。402年、西ローマ帝国の首都がミラノからこの地に移され、5世紀末には東ゴート族の王テオドリック（495～526年）が王宮を築き、コンスタンティノープルと密接な関係を結んだ。6世紀にユスティニアヌス帝がイタリアを再統一すると、ラヴェンナにビザンチン総督府が置かれた。こうしてラヴェンナは東ローマと西ローマの架け橋となり、創成期のビザンチン様式の影響を受けた多くの建築物が建てられた。

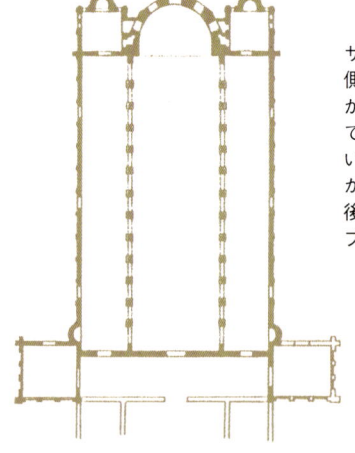

サン・アポリナーレ・ヌオーヴォ聖堂（490年）

サン・アポリナーレ・ヌオーヴォ聖堂のバシリカは、モザイク装飾が圧巻で、西ローマの伝統を打ち破っている。聖書の一幕ではなく、行進する聖人群が身廊に沿って大胆な構図で描かれている。北側の壁面には22人の女性の聖人が、そして南側には26人の男性の殉教者が並んでいる。

サン・アポリナーレ・イン・クラッセ聖堂（532～549年）

サン・アポリナーレ・イン・クラッセ聖堂は、側廊が両側1本ずつの単純なバシリカであるが、東ローマ帝国の文化の影響を色濃く受けている。ナルテックス（拝廊）では、2つの低い塔が側道に飛び出している。後陣は外側から見ると半円ではなく多面体である。また後陣の横には2つの小室があり、その奥はアブサイディオーレ（副次的後陣）となっている。

モザイク

モザイクは、テッセラと呼ばれる石またはガラスの四角形の小片によって作られる。金箔の上に透明なガラスのテッセラを置いて、華麗な沸き立つような背景を創り出すことも行われた。モザイクは次第にありとあらゆる表面を覆うようになり、繰型やコーニスをしりぞけ、壁からアーチ、ドームへと氾濫していった。ここに描かれているのは聖人となったユスティニアヌス帝である。

初期キリスト教／ビザンチン

サン・ヴィターレ大聖堂（526〜547年）
サン・ヴィターレ大聖堂は同心の二重の八角形で構成されている二重殻構造の教会である。核となっているのは、8本のピアと、その間の、周歩廊（屋根のある回廊、または後陣を回る通路）へ突き出した7つのエクセドラで定義されている。その核の八面を通ると、内陣と一段奥に引っ込んだ後陣、そしてその両脇の円形の礼拝堂に行き着く。

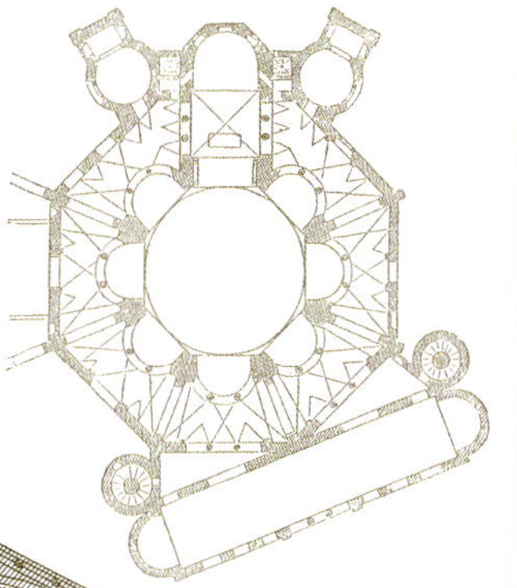

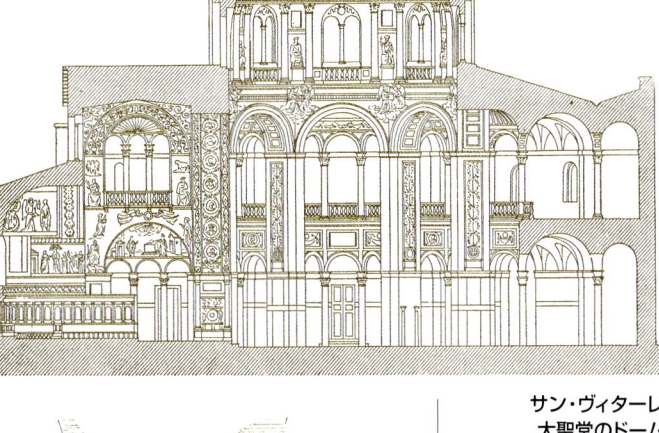

サン・アポリナーレ・イン・クラッセ聖堂内部
サン・アポリナーレ・イン・クラッセ聖堂の内部にも東ローマ帝国の影響が見られる。壁を覆う大理石の薄板、「ウインドーブロウン（額に撫で付けた髪型）」型の柱頭などは、おそらくコンスタンティノープル近くの皇帝直属の工房から供給されたものであろう。

鐘楼／サン・アポリナーレ・イン・クラッセ聖堂
聖堂の外には、最古の円筒型鐘楼がある。その窓は上るにつれて、一重、二重、三重と変化している。この聖堂は、ラヴェンナの伝統的な厚みのあるレンガではなく、特殊な薄く長いレンガで造られているが、それはコンスタンティノープルでよく使われているものだ。

レース細工及び籠細工
5〜6世紀に建てられたラヴェンナの教会の多くは、ビザンチン様式の柱頭を用いている。コリント式の自然に近いアカンサスの葉ではなく、レース細工や籠細工のような葉飾りが高浮き彫りで精巧に彫り込まれている。ビザンチン式柱頭はまた、半球に近い「座布団形」や「籠形」などの新しい形を取り入れている。

サン・ヴィターレ大聖堂のドーム
サン・ヴィターレ大聖堂の八角形の核の上部を蔽うドームは、石やレンガではなく、小さな磁器の壺をつなぎ合わせて造られている。この西ローマ帝国由来の技法により、ドームの重量は軽くてすみ、ドームを支えるためのアーチやバットレスは不要になっている。そのドームは木造の屋根で覆われている。

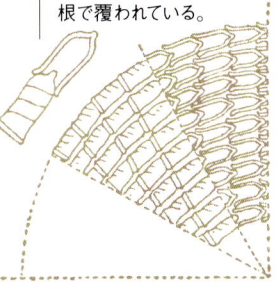

世界の建築様式の歴史

Early Christian and Byzantine

初期ビザンチン建築

　6世紀はビザンチン帝国の栄光の時期である。ユスティニアヌス帝の治世（527〜562年）に版図は最大となり、帝国は栄華を極めた。西ローマ帝国が絶えざる脅威に曝されるなかで、コンスタンティノープルは政治的、文化的——宗教的ではないにしろ——中心となった。布教活動の一環としての壮大な建築活動によって建築的革新は加速され、初期キリスト教建築からビザンチン建築へと移っていった。西ローマでは相変わらずバシリカ式が主要であったが、東ローマ帝国ではより一層複雑な構成へと変わっていった。特に集中式平面が推進され、バシリカの矩形の平面構成のなかに正方形のドームのベイが導入された。この傾向は、ミサの間に聖職者が行列をなして入場してくる東方教会の礼拝式の形といくぶん関係がある。新しい集中式平面では、聖職者の行列の舞台となる身廊に重点が置かれる一方で、一般信徒は側廊や回廊、拝廊（ナルテックス）からそれを眺める形となった。

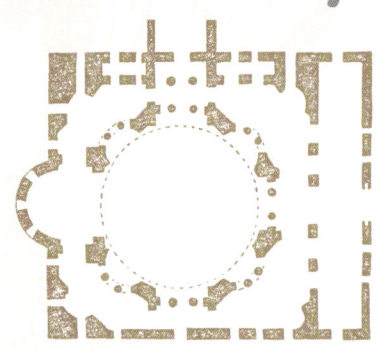

聖セルジウス・聖バッカス教会／コンスタンティノープル（527〜536年）
聖セルジウス・聖バッカス教会はサン・ヴィターレ大聖堂と同じくユスティニアヌス帝によって造られたもので、中央が八角形、外側が正方形の二重殻構造となっている。しかし構造はさらに複雑になり、中心の核の壁がんは円形と四角形が交互に並び、また外側の壁がんのある壁ではエコーが生じる。

南瓜形ドーム／聖セルジウス・聖バッカス教会
このドームは直径16mの南瓜型で、側面はえぐられた部分と尾根が連なる16面構成となっている。木造の屋根によって隠されることはなく、その形は外側からも判別できる。

丸ひだ柱頭／聖セルジウス・聖バッカス教会
聖セルジウス・聖バッカス教会の1階部分の柱頭は丸ひだ形で、先の尖った葉を持つツタの巻きひげ模様が深く刻まれ、暗い地の部分から強く浮き出て見える。

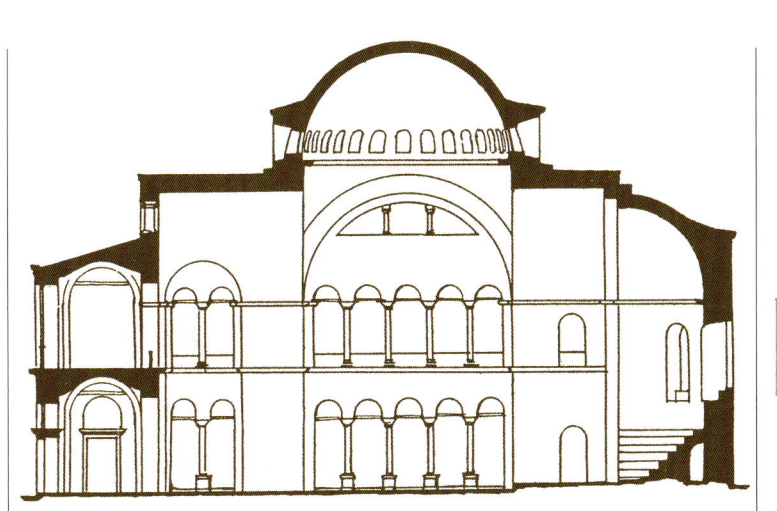

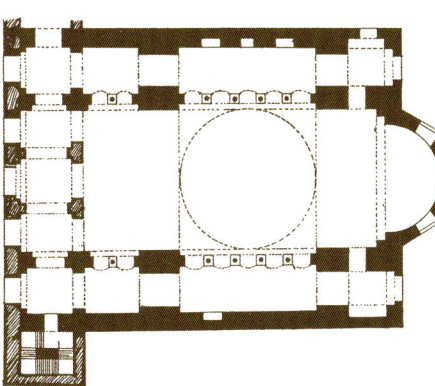

初期キリスト教／ビザンチン

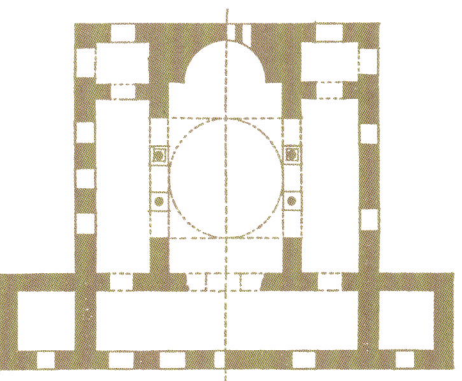

圧縮ドーム・バシリカ／カスル・イブン・ワルダン教会堂／シリア(564年)
カスル・イブン・ワルダン教会堂では、ドームの載った中央ベイの周りの身廊は、短い半円筒ヴォールトにまで圧縮され、その外側3方向は、2階建ての側廊と回廊になり、2層の拝廊(ナルテックス)へと繋がっている。この圧縮ドーム・バシリカでは、すべて身廊に注意が向けられるような構成になっている。

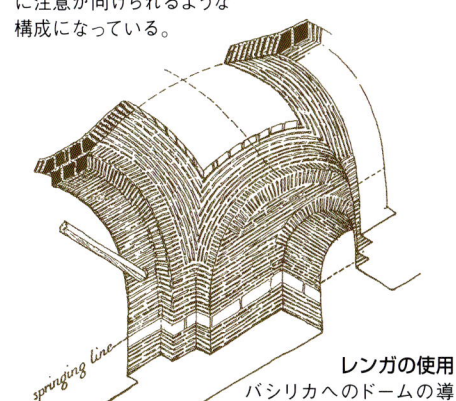

ドーム・バシリカ／サン・イレーネ大聖堂／コンスタンティノープル(532年)
バシリカの平面の上に、ドームを載せた四角形のベイが導入され、ドーム・バシリカが造られている。この大聖堂は532年にユスティニアヌス帝によって建てられたものである。ドームは4本の巨大なピアに支えられた4基のアーチの上に載っている。身廊は東側にあり、西側は半円筒ヴォールトで、その外側にヴォールトの側廊と回廊がある。

レンガの使用
バシリカへのドームの導入のもう1つの重要な要素がレンガの使用である。そのレンガは薄く、厚く塗られたモルタルの上に張られている。コンクリートや石のヴォールトは短いスパンしか取ることはできないが、レンガは薄く軽いヴォールトを造ることが可能で、少ない数の細い支持体で、より大きな、可変性のあるスパンを創造することができる。

ペンデンティヴ
集中式平面へのドームの導入は、ペンデンティヴ——アーチとアーチの間の三角形の曲面——によって可能となった。ローマ建築は円形の平面の上にしかドームを造れなかったが、ビザンチン建築はペンデンティヴにより、正方形の平面の上にドームが造れるようになった。この形はエーゲ海地域やシリアの建築に起源を持っているようだ。

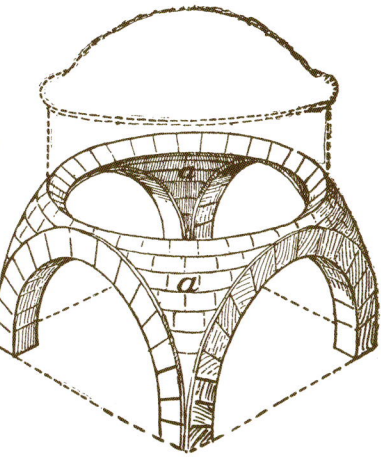

157

世界の建築様式の歴史

Early Christian and Byzantine

ハギア・ソフィア大聖堂／コンスタンティノープル（532〜537年）

　ハギア・ソフィア――「聖なる叡智」を意味する――大聖堂は、ビザンチン建築の最も偉大な記念碑的建築物と考えられている。しかしそれは唯一のものであり、もう一度建設しようとしてもけっして建設し得ないものである。同名のバシリカ教会が廃墟になっていた場所にユスティニアヌス帝が建立させたものであるが、それを創造したのは従来のような建築集団の長ではなかった。設計を行ったのは、トラレスのアンテミオスとミレトスのイシドロスであったが、彼らは建築家というよりは科学者であり、数学と物理学の専門家であった。その結果まったく独創的なフォルムが形成された。2種類の建築物――二重殻構造のドーム教会とドーム・バシリカ――が融合され、まるで聖セルジウス・聖バッカス教会を半分に切り、その間に巨大なドーム・ベイを嵌めこんだようである。この革新的なフォルムは主要な建築材料として薄いレンガを使用したことによって可能であった。ただしそれらを支える巨大な8基のピアは、切石積みで造られた。ドームは完成後20年目の558年に崩落したが、それはこの大聖堂が当時の建築技術の可能性を極限まで追求して建てられたことを物語っている。ドームは563年に再建された。

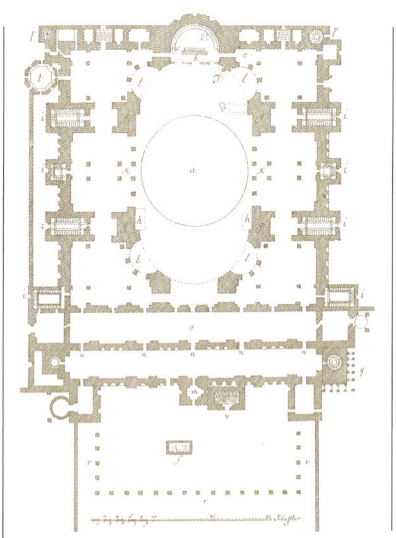

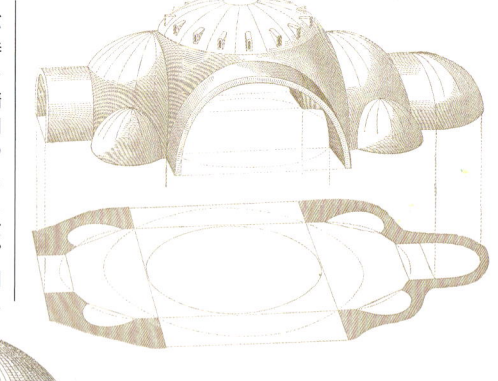

コア
主ドームは西側と東側の2基の副ドームで支えられ、それらがまたドーム型のエクセドラを両側に2基ずつ有している。最後に2基の半円筒ヴォールトが東側の後陣と西側の拝廊へと導く。このドーム構成のコア部分を2階建ての廻廊、拝廊、回廊が囲み、正方形に近い平面が作られている。

平面図
ハギア・ソフィア大聖堂はバシリカの身廊と側廊を保持しているが、その内側のアーケードは両端で弧を描き楕円を形成している。その楕円の中に32.6mの直径を持つドームが4基のアーチに支えられて立ち上がっているが、そのアーチはまた4基の巨大なピアの上に載っている。ピアは外壁まで達し、側廊と回廊を通すために穴があけられている。

外観
主ドームと副ドームは木造屋根によって隠されるのではなく、その上に鉛板が張られているだけである。そのためドームの形状は外部から明確に認識され、それらのヴォリュームが目を中央ドームの軸に向けさせる。外部はレンガで覆われ、何の装飾もなく禁欲的であるが、それゆえに圧倒的な量塊を感じさせる。

初期キリスト教／ビザンチン

断面図
ドーム内部は緑、赤、白、青、黒、黄色の大理石スラブで覆われ、ドーム下部の40の窓からは光線が槍のように差し込み、副ドームとエクセドラ、身廊と側廊の遠い窓からも光が入る。

内部
広大な内部は、凸面と凹面のヴォリュームの複雑な交錯である。巨大なドームは天高く頭上に伸び、身廊とエクセドラのアーケードが周囲の側廊の上の衝立となり、中央のコアは外側にも上方にも広がっていくように見える。

アーケード
アーケードは3、5、7拍子のリズムを刻んでいる。身廊アーケード1階は5つのベイ、回廊は7つのベイからなり、その上方のクリアストーリーには7つの窓がある。一方エクセドラと両端の穹窿部は、1階部分は3つのベイからなり、その上の回廊は7つのベイからなる。

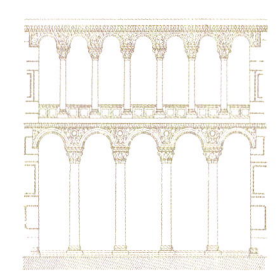

モザイク
壁面、ドーム、半球ドーム、ヴォールト、ソフィットはモザイクで覆われているが、人物像はなく、草花模様と十字形が主体である。主ドームは全面金色のモザイクで覆われている。

立方体柱頭
主アーケードの柱頭は立方体柱頭——半球から立方体への移行——である。4つの角には小さなイオニア式渦巻があり、草花模様が高浮き彫りされている。

世界の建築様式の歴史

Early Christian and Byzantine

ユスティニアヌス帝以後の建築

　初期ビザンチン建築は、その後ハギア・ソフィア大聖堂ほどの規模と複雑さに達することはなかった。562年にユスティニアヌス帝が没して以降、東ローマ帝国はギリシャの一部、シリア、パレスチナ、北アフリカの領土を失っていった。8世紀にはフランク王国が西欧世界に覇権を広げ、ローマ教皇と同盟を結び、ついに800年、教皇はカール大帝（シャルルマーニュ）に西ローマ帝国皇帝の称号を与えた。ビザンチン帝国をたびたび襲う災厄は、イコンの崇拝に対する神の懲罰であると信じたレオ3世は、726年に聖像破壊運動を起こし、教会堂内部の人物像のモザイクは、十字形や草花模様、幾何学模様に置き換えられた。この時代の禁欲主義を反映して、教会は規模が小さくなり、大胆な発想は少なくなった。しかしユスティニアヌス帝時代の基本的な建築方法は一般化され、教会建築においては集中式、ドーム・バシリカ、交差ドームが支配的となった。

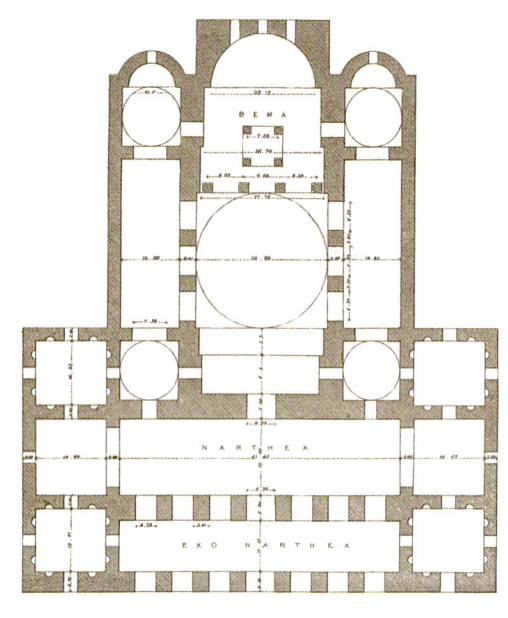

聖ニコラス教会／ミラ（8世紀）
コンスタンティノープルのサン・イレーネ教会同様、ミラ（トルコ）の聖ニコラス教会はドーム・バシリカである。ローマ型バシリカの縦方向の強調はますます弱められ、身廊はただ主ドームのベイと東側と西側を支えるアーチだけになり、南北だけでなく西側の側廊も回廊化した。

交差ドーム教会／ハギア・ソフィア聖堂／テッサロニキ（780年代）
ユスティニアヌス帝の死後250年間は、交差ドーム型教会が主流であった。中央のドームが載るベイは、ほとんど同じ長さの4つの半円筒ヴォールトからなる十字によって支えられている。この十字形のコアは3面を、回廊化した拝廊（ナルテックス）と側廊で囲まれ、それらが外側の四角形の殻を形成する。

ハギア・ソフィア聖堂平面図
これは交差ドーム型教会の典型的な平面図である。十字形の身廊からは、ピアと円柱が交互になっているアーケードが伸び、半円筒ヴォールトの側廊に達する。一方、側廊と拝廊（ナルテックス）、そして回廊は繋がり、U字形の2階建ての周歩廊を形成する。中央コアの東側の腕は内陣を形成し、そのまま後陣へと至る。後陣の両横にはアプサイディオーレのある2つの小室が設けられている。

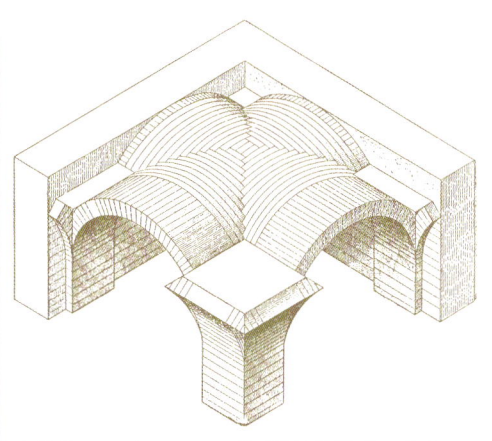

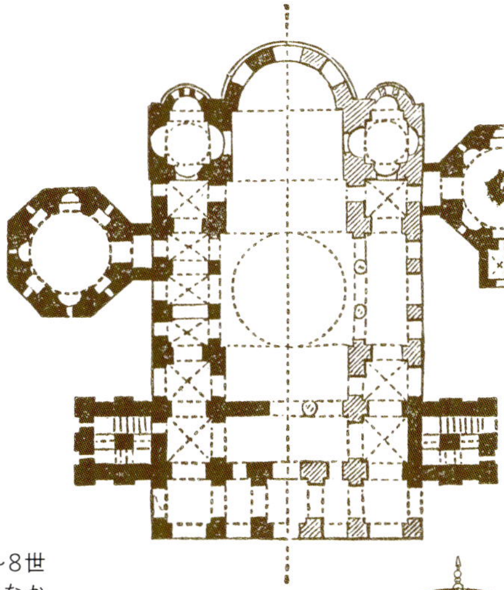

初期キリスト教／ビザンチン

レンガと切石積み
組積造はレンガだけを使うのではなく、状況に応じて切石積みとレンガの帯を交互に重ねる方法もとられた。この方法は5世紀頃からエーゲ海地域とコンスタンティノープルで用いられてきた。レンガ組積造を一列の切石積みで強化する方法も時々行われた。

交差ヴォールト
テッサロニキ、ハギア・ソフィア聖堂のドームを支える西側ピアには空洞があけられ、その中に小さな交差ヴォールトを内包している。半円筒ヴォールトを組み合わせて十字形を作る交差ヴォールト（十字ヴォールトとも呼ばれる）はビザンチン建築の発明ではない。

3至聖所平面図／デレ・アグジ／リキア（8世紀）
ビザンチン型礼拝式が7～8世紀にかけて確立されていくなかで、教会平面には後陣の両横に小室パストフォリアを持つものが多くなる。南側の小室ディアコニコンには聖福音が、北側の小室プロテシスには聖餐が準備され、ミサに入る儀式が行われる。

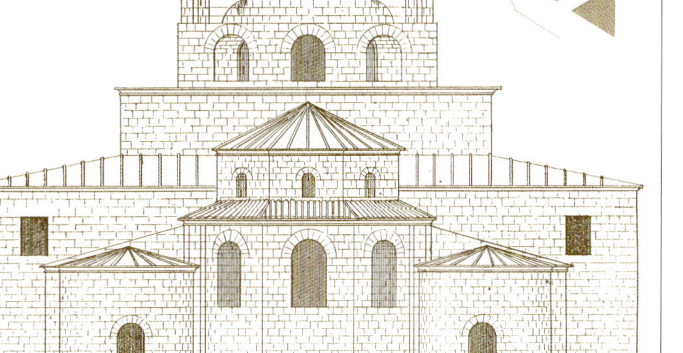

ユスティニアヌス帝以後の内部
時代の禁欲主義を反映させて、ハギア・ソフィア聖堂の断面図は6世紀の教会に比べると非常に簡潔で堅固である。壁とピアは重量感があり、窓とアーケードの開口部は狭い。複雑に交錯した空間は、明確に定義された空間に変わっている。

ユスティニアヌス帝以後の外観
ハギア・ソフィア聖堂の外観も、ユスティニアヌス帝の聖堂と同じく、装飾はほとんどなく簡素であるが、全体的にはがっしりとした格好になってきた。簡潔な直方体の上に窓の開いた低いドラムが載り、ドームを隠している。後陣は内部から見ると半球であるが外側から見ると多面体で、ギリシャ的特徴を示している。

Early Christian and Byzantine

中期ビザンチン建築

　843年の聖像破壊運動（イコノクラスム）の終結から、1204年のラテン帝国によるコンスタンティノープルの占領までの期間は、中期ビザンチン時代と呼ばれている。最初のマケドニア朝の180年は、ある種の黄金時代であった。領土の面ではギリシャとイタリアを回復し、東側にも新たな土地を獲得した。建築の面では文化復興が起こり、教会建築に新機軸が生まれた。1025年のマケドニア朝の没落のあと、1057年にコムネノス朝が権力を握り、一時的な安定の時代が築かれ、建築方法の整理統合が行われた。この時代には1054年の「大シスマ」が起こり、長い間続いてきた東方正教会と西方カトリック教会の分裂状態が定式化された。この時期はまた、東方正教会がセルビア、ブルガリア、ロシアへと影響力を拡大していく時期でもあった。

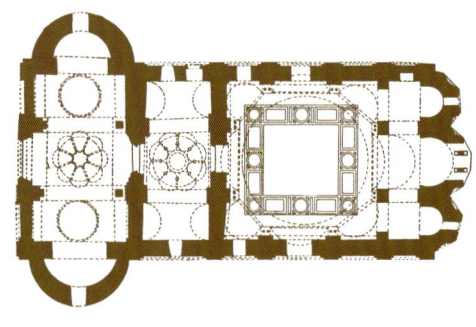

隅迫持（スキンチ）
スキンチは7世紀頃からアルメニアの教会で使われるようになった形で、10世紀以降はイスラム建築でも多く使われるようになった。正方形のベイの角に差し渡される短いアーチまたは壁がんでドームの基礎となる。

ドーム型八角形／ネア・モニ修道院／ヒオス（1042～1056年）
この時代、特にギリシャで多く見られるようになった教会の新しい形は、ヒオスのネア・モニ修道院に見られるドームを載せた八角形型である。この形では側廊のない正方形の身廊があるだけである。身廊の角に架かるスキンチ（隅迫持）が八角形を形成し、その上にドームが載る形となる。

周歩廊型教会／フェティエ・カルミ／聖マリヤ・パンマカリストス礼拝堂／コンスタンティノープル（11世紀）
周歩廊型教会は、初期の交差ドーム型教会に似ているが、身廊はより小さくなり、腕は壁面のアーチにまで縮められている。逆に周囲の空間が広げられると同時に定型化され、回廊もなくなり、ドームのコアの周りをめぐる周歩廊に変わった。

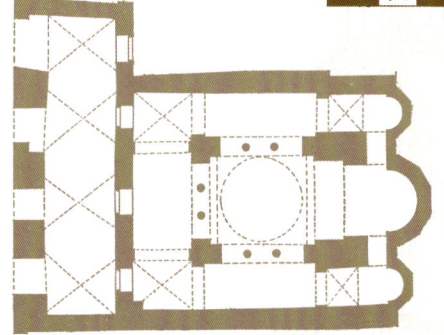

ギリシャ十字八角形平面／ダフネ（1080年）
ギリシャ十字八角形は、これもまた主にギリシャに見られる形で、スキンチを用いている。ドームを載せた八角形から4方向に半円筒ヴォールトが伸び、十字形を形成する。全体は長方形の平面のなかに包含され、各角にはヴォールト・ベイが設けられている。

初期キリスト教／ビザンチン

▷ クロス・イン・スクエア型／
聖使徒教会／
コンスタンティノープル
（920〜921年）
中期ビザンチン建築で最も多く使われたのが、内接十字形（クインカンクス）平面である。ドームを載せた正方形のベイと4本の腕がギリシャ十字を形成し、各角にはドーム型のベイがある。外部から見ると、主ドームのドラムと角のベイの上に立ち上がる十字の腕で分節化されている。

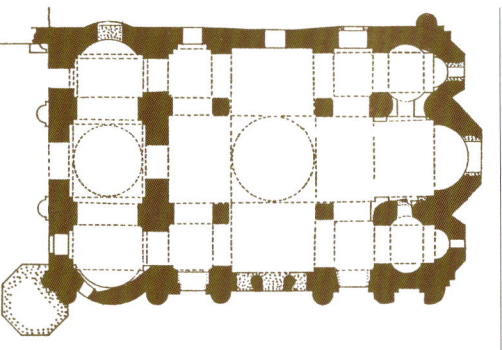

聖マルコ教会／
ヴェネチア（1063年）
大分裂にもかかわらず、イタリアとコンスタンティノープルの外交的、商業的つながりは深く、イタリアに対するビザンチンの影響は相変わらず大きかった。ヴェネチアの聖マルコ教会に見られるように、東方正教会の要素は、西方カトリック教会のなかに吸収され、カール大帝の下での初期キリスト教的伝統の復興と結合され、ロマネスク様式へと発展していく。

中期ビザンチン建築の外観
中期ビザンチンの時代になると、聖堂の外側に多くの装飾が施されるようになった。レンガは模様――矢筈、山形、雷文、犬歯飾り――を描くように組積され、ギリシャでは薄いレンガが石のブロックを囲むクロワゾネと呼ばれる様式も使われた。装飾壁がん、埋め込みアーチ型窓、コロネット（小柱）、ピラスター（柱形）などが導入された。

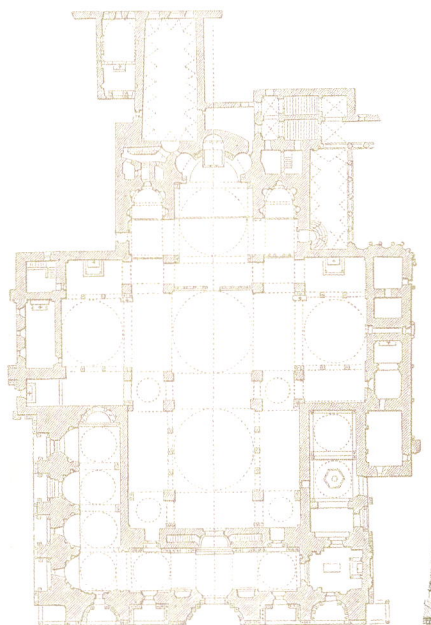

△ 聖マルコ教会平面図
聖マルコ教会は元はバシリカ様式の教会であったが、後に翼廊が増築され、中央と各腕に5つのドームを持つ十字形平面に変形させられた。またU字形の拝廊（ナルテックス）が西側の腕の周りに築かれた。内部は豪華に装飾が施され、あらゆる表面を大理石とモザイクが覆っている。

163

世界の建築様式の歴史

Early Christian and Byzantine

後期ビザンチン建築

　1204年、コンスタンティノープルはフランク族に略奪され、領土は周辺の諸部族によって簒奪された。ビザンチン帝国の最後の拠り所は、ニカイア、トレビゾンド、アルタ、テッサロニキであった。1261年、ニカイアのミカエル8世パレオロゴスがコンスタンティノープルを奪還し、それ以後の小康の時期（1261～1453年）をパレオロゴス期と呼ぶ。しかし1453年、コンスタンティノープルはオスマン・トルコの下に陥落し、ビザンチン帝国は滅亡した。それにもかかわらず、ビザンチン文化は旺盛なままであった。新しいフォルムは現れなかったが、古い形の変種が精巧な装飾をもつ外観と結合され、高さの追及も行われるようになった。最も大きな変化は、埋葬記念堂のための分離された空間が要求され、既存の教会に補助的空間が付け加えられて、不定型の巨大複合体が創造されたことである。

▷ **聖ソフィア聖堂／トレビゾンド（1238～1263年）**
この内接十字形教会は、北、南、東側に突き出したポーチを持っているが、おそらくそれはグルジア建築から取り入れたものであろう。長く伸ばされた西側角のベイ（図左下）は、この時期の初期ビザンチン様式の復興を反映して、長手方向を強調したもので、集中式とバシリカ様式の融合が行われている。

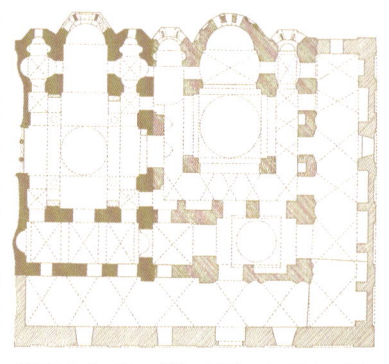

▷ **パラクレシオン／聖マリア・コンスタンティン・リップス聖堂／コンスタンティノープル**
小さな内接十字形教会であった聖マリア・コンスタンティン・リップス聖堂（907年）の南側に、1282～1304年にかけて洗礼者ヨハネに奉献された小さな周歩廊礼拝堂が増築された。2つの礼拝堂は両方の教会の西側端部に沿って延長されたエクソナルテックスで結ばれ、それらが南側の埋葬記念堂（パラクレシオン）と結合された。

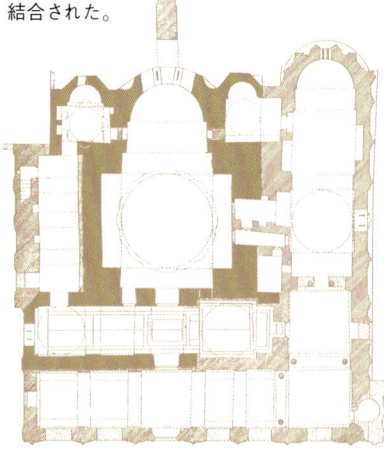

▷ **キリセ・ジャーミイ／聖テオドール聖堂／コンスタンティノープル**
11世紀に建てられた内接十字形教会である聖テオドール聖堂は、1320年に5つのベイのエクソナルテックス（外付けナルテックス）と、テッサロニキの伝統の形であった3つのドームが増築された。エクソナルテックスの凝ったファサードには、欄干のある3連アーチの壁がんが設けられ、その上方の壁には5つの半円の装飾アーチが独特のリズムで嵌め込まれている。

▷ **カリエ・ジャーミイ／コーラのキリスト修道院／コンスタンティノープル**
この教会は1315年から1320年にかけて修復され、ドーム中心部の北側に別館、西側にドーム型の拝廊（ナルテックス）、さらに西側前面の真向かいにエクソナルテックスが設けられ、それが南側のパラクレシオンへと結合された。パラクレシオンはますます複雑になり、ドームや半円筒ヴォールトを持ち、ここに見られるように内接十字形平面まで持つに至った。

初期キリスト教／ビザンチン

多色化／キリセ・ジャーミイ

キリセ・ジャーミイは新しい色の展開を見せ、切石の白とレンガの赤が美しいコントラストを創りだしている。コンスタンティノープルにおいて、このような、おそらくマケドニアからと思われる地方の技術が採用されているのは、この都市の弱体化を示唆しているとも考えられる。他の場所でも色のついた石が導入されている。

聖使徒教会／テッサロニキ（1310〜1314年）

この内接十字形教会の周囲にはU字形のエクソナルテックスが付け加えられ、各角にはドームが立っている。外部は豪華に装飾が施され、後陣の外壁には深くえぐられた壁がん、精巧な格子模様のレンガ細工が見える。

シルエット／聖使徒教会

5基のドームの細く背の高いドラムが、表情豊かなシルエットを生み出している。教会の各部が高く伸びようとする動きがすでに感じられる。ドームの屋根のタイル張りが、ドラムのアーチ型の窓まで流れ出し、波紋のようなまぐさの曲線を創りだしている。これはギリシャ特有のものだ。

玉葱形ドーム／聖ソフィア聖堂／ノヴゴロド（1052）

ノヴゴロドの聖ソフィア聖堂は、中期から後期ビザンチン建築の急勾配と東洋的な玉葱形ドームを組み合わせている。ビザンチン帝国の滅亡以後もその文化は長く東方正教会によって受け継がれ、ロシアやバルカン諸国の国境も浸透し、強い影響力を持ち続けている。

165

世界の建築様式の歴史

イスラム Islamic 632〜1800年

中東／初期イスラム建築

　世界3大宗教の1つイスラム教は、西暦570年メッカに生まれ632年に同地で没した預言者ムハンマドによって開かれた宗教である。イスラム建築は7世紀に中東で起こり、イスラム教が近隣諸国——ペルシャ（現在のイラン）、エジプト、さらに西の北アフリカ、スペイン——に広まっていくにつれて地域的な特色を帯びていったが、イスラム建築としての統合的原理は確保されていた。その顕著な様式的特徴は、基本的なイスラム教建築物——ムスリム（イスラム教徒）が礼拝を捧げる場所であるモスクなど——のなかに見出される。尖頭アーチ、ドーム、ミナレット（光塔）、華麗な扉口、建築物に囲まれた中庭、イスラム様式で統一された精巧な表面装飾等々。

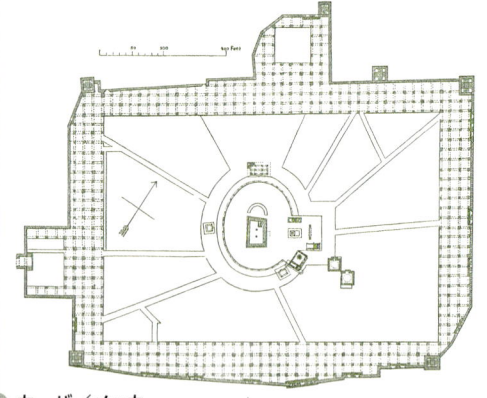

▲ カーバ／メッカ
預言者ムハンマド自身のモスクは、彼の死後メッカに再建されたが、それは6本の円柱に支えられた平屋根のテントのような建築物である。一方イスラム教最高の神殿である黒い布で覆われたカーバ神殿は、7世紀に周囲の壁が築かれた神殿複合体の中心に位置している。

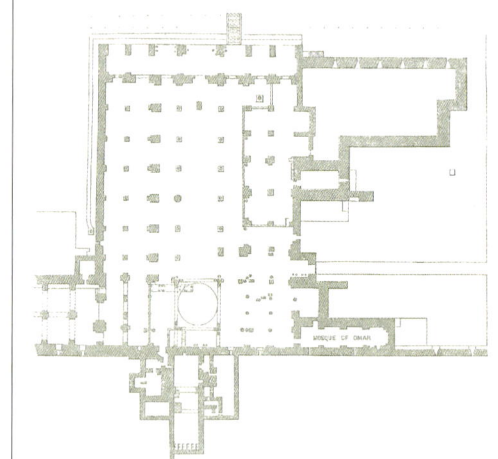

▽ アクサ・モスク／エルサレム（637年）
アクサ・モスクはカリフ・オマールによって637年に築かれたもので、「岩のドーム」とともに、現存する最古のイスラム教モスクの1つである。その本来の形は、1基の単純なヴォールト形の部屋（フジュラ）である。691年にアル・ワリドによって拡張され、大理石や石の円柱を持つ巨大な四角形の側廊広間が増築された。

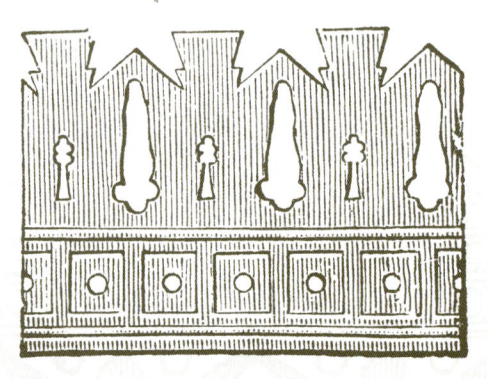

▷ 尖頭アーチ／アクサ・モスク
このモスクの円柱は横梁で連結されている。ピア・アーチの先端は尖っている——尖頭アーチの初期の形態——が、その上の連続した開口部の先端は丸みを帯びている。

▷ 外部胸壁
これは外部胸壁の一部分を拡大したものであるが、その幾何学模様は、さまざまな要素を集めたというよりは、1個の材料に穴を穿った形に近い。

イスラム

ジャーリー

ジャーリーというのは透かし彫りの施された石のスクリーンで、外壁の窓に嵌め込まれ日光や埃の侵入を減らす働きをする。精巧な幾何学模様を透かし彫りにした大理石のグリルは、初期のモスクの大きな特徴である。木製の同様のスクリーンまたはグリル（マシュラビイヤ）は、イスラム諸国の一般住宅でもしばしば目にすることができる。

中庭内観／イブン・トゥールーン・モスク／カイロ

すべてのイスラム建築に見られる最大の特徴は、外観やファサード以上に、建築物に囲まれた内部空間（サハン）に焦点が当てられているということである。イスラム様式建築物の内部構造や機能は、西欧の建築様式と違い外観から判断することは難しい。

初期イスラム建築アーチ

初期のアーチは、起拱部（迫り元）の内側にイスラム独特の模様が刻まれている。柱頭は柔らかな曲線を描き、意匠化した草花模様が彫り込んである。また壁の平らな面はアラベスク模様——生物の形を意匠化した直線または曲線の模様——で装飾されている。

イブン・トゥールーン・モスク平面図（876～879年）

このカイロにある初期の完全なモスクには、後のモスクが持つことになるすべての要素が含まれている。補足的な回廊（ジヤダス）を持つアーケードに囲まれた四角形の中庭、屋根付きの五重側廊になった礼拝堂、外壁に背を向けて立っている至聖所と説教壇等々。中庭の中心を占めるのは、体を清めるための噴水である。

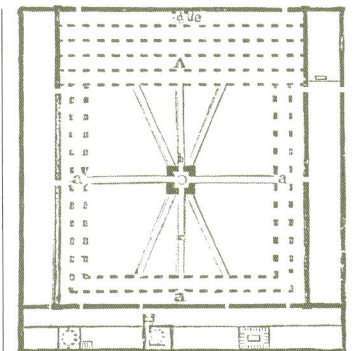

アーケード

このアーケード断面図の左端には、祈祷のための広間がある。尖頭アーチのアーケードは半円柱を持った巨大なピアから起拱している。これらのアーチは建築の歴史のなかでもかなり早い時期の尖頭アーチで、原始的な柱梁構造からの推移を表している。

Islamic

都市

　初期のイスラム建築は統一した様式を持っていなかったが、エジプトのファーティマ朝（969〜1171年）では、宗教的建築と世俗的建築の両方に共通する建築言語が登場してきた。それがドームとキール（竜骨）・アーチ、そして石の組積造である。11世紀に建てられたカイロの2つの城門は要塞造りの職人の技術力を誇示している。城門の内部には中庭を持つ住宅と宮殿が立ち並んでいた。そしてその先には墓地と霊廟があった。スルタニア（イラン領）のペルシャ人の霊廟は、ドーム型の美しい建築物で、カイロ城外のマムルーク朝の霊廟は、優雅なイスラム建築のシルエットの精華を見せている。マムルーク朝は1250年から、オスマン・トルコに占領される1516年までエジプトを支配し、優雅な美しさを誇るモスク、イスラム神学校（マドラサ）、霊廟を建設した。

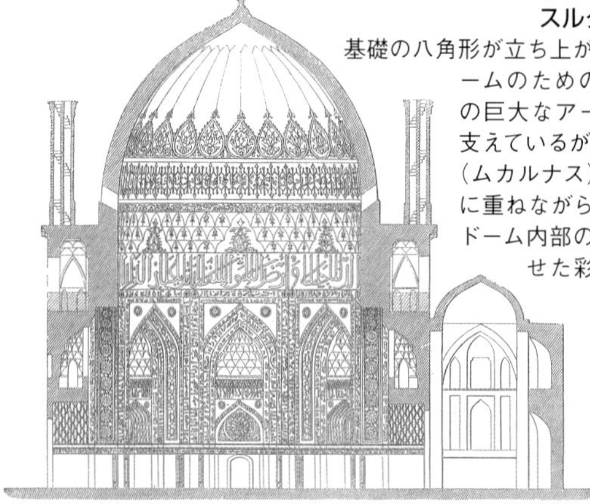

オルジェイトゥ霊廟の断面図／スルタニア／イラン（1310年）
基礎の八角形が立ち上がり、一連の腕木を通してドームのための円形の基壇を造る。8基の巨大なアーチがエンタブラチュアを支えているが、そこには鍾乳石型の彫刻（ムカルナス）が八角形と円の列を交互に重ねながら作りだすコーニスがある。ドーム内部の壁面は青の色調を対比させた彩釉磁器タイルで装飾されている。高い八角形のドラムの上に尖頭ドームが載り、その周りを回廊の上から伸びる8本のミナレットが囲む。回廊の内部も外部も彩釉磁器タイルで被覆されている。

ダルガー／オルジェイトゥ霊廟
この霊廟の図には優雅なアーチ型の境内入り口（ダルガー）の脇にあった階段の遺構が描かれている。入り口は14世紀初めからイスラム建築的において重要な役割を演じ始める。

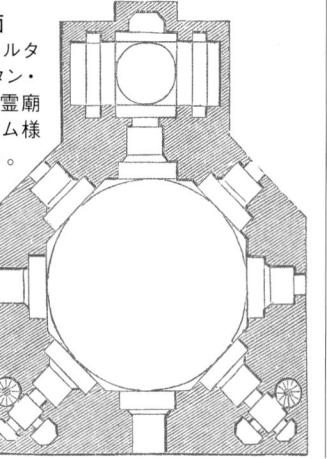

オルジェイトゥ霊廟の八角形平面
イランの北西部スルタニアにあるスルタン・オルジェイトゥの霊廟は、巨大なイスラム様式の霊廟である。平面は八角形で、各側面にある入り口には階段があり、小さな礼拝堂（図最上部）に棺が安置されていた。

バブ・アン・ナスル城門／カイロ
このバブ・アン・ナスル（勝利の門）の堂々とした要塞城門とその両脇の四角い塔は、ファーティマ朝の高官が彼の宮殿の周りに造らせたものである。最初は日干しレンガの組積造であったが、後に石で造り替えられている。四角い切石ブロックと、壁に開いた広い通路の背の高いヴォールト天井は、線と形の美しさで際立っている。

イスラム

バブ・アール・フトゥーフ門／カイロ

バブ・アール・フトゥーフ（征服の門）は、カイロ北側の防備を固める門で、宮殿を他の一般居住区と区別するためのものであった。塔の円形の形は四角形よりも防備の面でより有効であった。内部には敵に煮えたぎった油をかける垂直抗や、火矢を射るための開口部がある。

スルタン・イナル霊廟複合体／カイロ（1451～1456年）

エジプト人の死に対する伝統的な考え方は、マムルーク朝の下で新たな形式を持って現れた。モスク、霊廟、マドラサ、修道院（カンクァ）からなる霊廟複合体は、マムルーク朝の威信を誇示し、支配を強固にするためのものであった。マムルーク朝建築のディテールは、色に対する強い感覚と、アブラク（白と黒、あるいは明色と暗色の大理石を帯状に組んだ壁装飾）の使用が特徴的である。

マムルーク朝霊廟ドーム／カイロ（14世紀）

中に納めている墓標を守るこれらの小さなドームから、当時のドームの形（卵形、半球、ピラミッド）と装飾模様（ジグザグ、幾何学的星模様、花柄）がわかる。

初期マムルーク朝霊廟／カイロ（14世紀）

初期マムルーク朝時代の霊廟ドームの特徴は、背の高いファサードの上から、これも背の高いドラムの上にリブ（肋材）で造ったドームが載るものである。ミナレットは異なった形を数層重ねたもので、開廊と展望台を有している。これに反して墓標の低い壁は、慎ましやかに簡潔で、絶壁のようである。

世界の建築様式の歴史

Islamic

中近東イスラム建築モスク、霊廟、マドラサ

　メジナ(サウジアラビア領)の自宅にいたムハンマドは、624年に礼拝を捧げる方向(キブラ)をメッカの方向とすることを定めた。それ以降現在もなお、モスクのなかには必ずその方向を示す小さな壁がん、ミフラーブが設けられている。その横には小さな説教壇、ミンバルがある。それは数段階段を上ったところにある天蓋に覆われた主座で、不在の預言者ムハンマドの席として空席のままにしておかれる。礼拝の導師イマムは階段の一番上に上がる。7世紀に始まるこのような建築上の決まりは、その後、広い中庭やミナレット——高い塔で、その上からイマムがムスリムに対して「アッラーは偉大なり。ムハンマドは神の使徒なり」と、礼拝に来るように呼びかける——へと展開していく。モスクには必ず広い中庭が必要であるが、それは人々が参集し、礼拝の前に体を清め、礼拝マットを広げるためである。毎週金曜日の正午、礼拝者はモスクに参集し、礼拝を捧げるので、「フライデー・モスク」と呼ばれるようになった。モスクはムスリムの生活の宗教的、社会的、政治的中心である。

立面図・断面図／スルタン・ハッサンのモスクとマドラサ
スルタンの霊廟は、2本のミナレットが両脇に立つドーム型屋根の四角い小室である。9階建ての神学校マドラサは広い中庭に面しており、右側に入り口がある。断面図左側が背の高い霊廟内部で、中央の広い中庭にはドームのある噴水が見える。

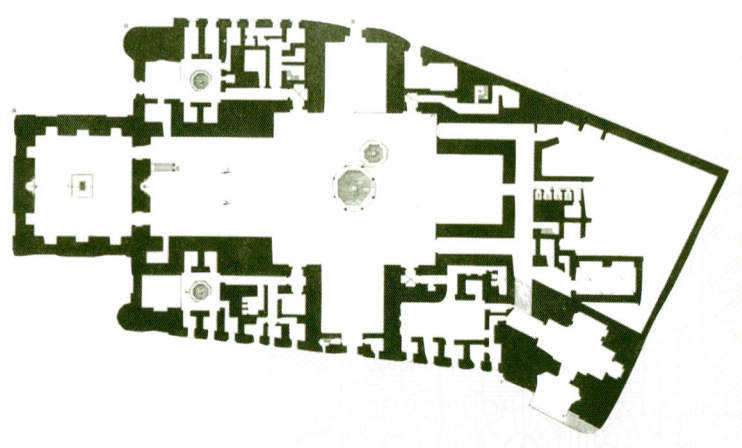

▶ **イーワン／スルタン・ハッサンのモスクとマドラサ／カイロ(1356～1363)**
モスクと霊廟、イスラム教神学校(マドラサ)がどのように結合されて複合体を形成しているかを示す平面図。4つのヴォールト構造の広間が、中庭(イーワン)に向けて開口している。イーワンは以前モスクで一般的であった列柱室に取って代わった。この特徴的な複合体は、イスラム建築において4-イーワン形式と呼ばれる。

イスラム

ムカルナ
華美な装飾は、王族の霊廟マドラサ複合体の特徴である。入り口内面の精巧に造られたムカルナ（鍾乳石形あるいは蜂の巣形のヴォールト）は、そのような装飾様式の1つで、壁面の色の違う大理石で造られた幾何学模様、その上の古代アラビア文字が書かれているフリーズなどもそうである（右）。

断面図／スルタン・ハッサンのモスクとマドラサ
中央中庭は屋根がなく、周囲の壁には巨大な壁がんがあるが、メッカの方角を向いているものが最大である。その向こう、創設者の霊廟はペンデンティヴ（ナスターリク）の上に載るドームで覆われている。

清めの噴水
中庭の中央には礼拝堂に入る前に体を清める大きな噴水（フィスキヤ、ハンニフィヤ、ハウド）がある。主に実用に供するための構築物であるが、モスク建築を完成させるものである。

Islamic

エジプトとペルシャのモスク複合体

　エジプトでは12世紀後半にイーワン形式が定着した。この形はとりわけ、18世紀までに建てられたカイロのモスク―マドラサ複合体に多く見られる。一方、ペルシャのイスラム建築は、11世紀のセルジューク朝の侵出に大きく影響され、円筒形のミナレット型や、モスク―マドラサ複合体のための4-イーワン形式、巨大ドーム空間、複雑なレンガ装飾などの特徴を持つ。17世紀のサファヴィー朝末期になると、彩釉磁器タイルのモザイクが、特にイスファファーン(サファーヴィー朝首都)で発展し、青いドームを持つ多色のファサードという様式が頻繁に用いられるようになった。

シャー・スルタン・フセインのマドラサ／イスファハーン・モスク（1706～1715年）
風船型のドームと入り口両側の2層アーケードを持つイスファハーンのシャー・スルタン・フセインのマドラサは、マイダン・シャーの初期の中庭に似ている。これらはペルシャの公共建築物の最高峰である。

カイトベイ・モスク／カイロ（1472～1474年）
この霊廟複合体の美しさは、何よりもその装飾の質の高さにある。アブラク(大理石の帯の装飾)、アラベスクと星形模様が複雑に入り組んだスルタン霊廟のドームの彫刻、入り口やミナレットの装飾等々。この霊廟はスルタン・カイトベイの富と地位を象徴している。

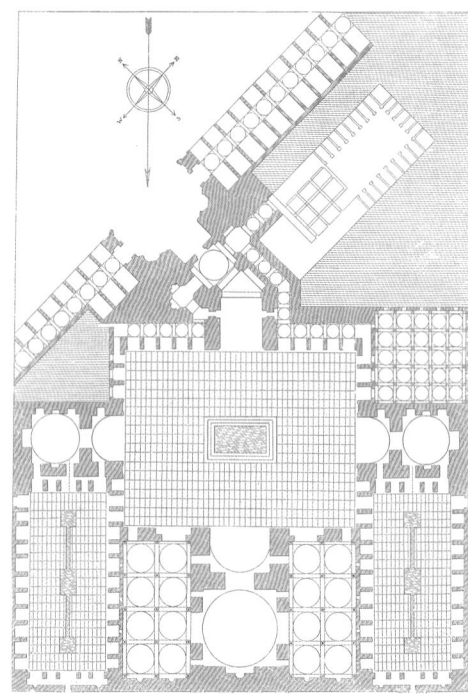

マイダン／イスファハーン・モスク／ペルシャ（1612～1637年）
このモスクの入り口は奇妙にも建築物の角に設けられているが、それはモスクが正確にメッカの方向を向くようにするためである。その広々とした中庭(マイダン)には体を清めるための噴水と池がある。礼拝用の広場はドームが載る中央の隔室によって分割されている。外側の分室はマドラサになっている。

イスラム

鹿の塔／イスファハーン・モスク（17世紀初め）
狩猟はペルシャでは最も重要なスポーツで、大成功に終わった狩猟を祝ってこのような塔が建てられた。その下部の広間では饗宴が開かれた。塔の先にはしばしば獲物であった鹿が飾られた。

スルタン・バルクークのモスク断面図／カイロ（15世紀初め）
断面図には、イスラム建築の特徴であるジグザグ模様で飾られたドーム、優美なミナレット、尖頭アーチの簡潔なアーケードが描かれている。

ヴァキールのモスク／ペルシャ（1750～1779年）
この2-イーワン形式のモスクには、5列の石のツイステッド・コラムの上に載る礼拝堂がある。外側の記念碑的な入り口ピシュタークは、タイル・モザイクとピンク色の壁の美しさで名高い。

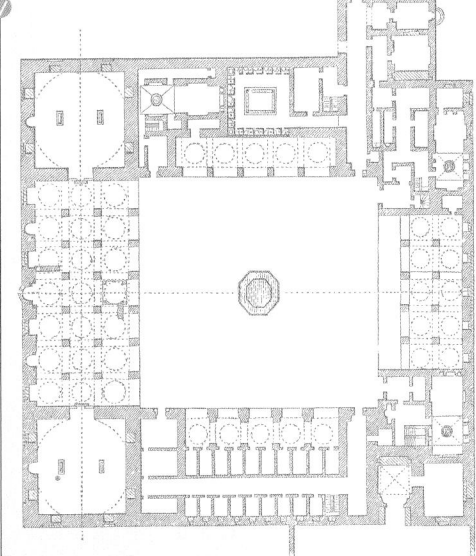

スルタン・バルクークのモスク平面図
15世紀初頭に建てられたカイロ郊外のこの霊廟複合体は、スルタン・バルクークのモスク、霊廟、修道院（カンカァ）からなっている。2つの霊廟、修道院、モスク、噴水が中庭を中心に統合されている。3列の身廊からなる礼拝堂の横に霊廟があり、反対側に修道僧の独房が並ぶ。

Islamic

スペイン・イスラム建築：ムーア式モスク

　西暦711年、イベリア半島はアラブ人に征服された。755年アブド・アッラフマーンは、スペインに独立したイスラム帝国を築き、首都をコルドバに置いた。そこで彼はこの国ではじめての壮大なモスクを建立した。そのモスクの工事は786年に始まり、796年に一応の完成を見たが、965年に別の中庭が建て増しされ、最終的には987〜990年にエル・マンサールの下で完成させられた。このモスクは、10世紀ヨーロッパで最も大きく最も豊かな都市で、最大の巡礼地であったコルドバの興隆を反映している。イベリア半島におけるイスラム支配は1492年まで続き、北アフリカのイスラム様式（マグリブ人）や、初期の西ゴート族、さらにはローマの伝統が混ざり合った独特の建築が生まれた。

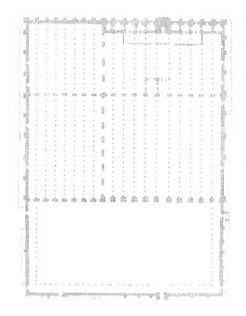

コルドバ・モスク平面図
モスクの最初の部分は右側の11本の側廊からなる矩形の部分である。965年にアル・ハカム2世が14列の列柱と新しいミフラーブを加えた。さらに10世紀後半には、東側に7列の列柱が加えられた。

ドーム 木製リブ
ミフラーブ入り口は馬蹄型アーチの形をしている。その上には3つのドームが重なりながら載っているが、それを支えているのは複雑に組まれたリブ（肋材）のシステムである。その木製リブには華麗な彫刻と彩色が施されている。

ヴィラ・ヴィソーザのスクリーン／コルドバ（1200年）
ローマ式円柱の上にアーチを交錯させて美しいスクリーンが造られている。アーチは尖頭ではなく、柔らかい円弧になっているが、それはローマとビザンチンのアーチの影響がまだ残っていることを示している。

コルドバ・モスク
モスクの断面図には、大理石の列柱に支えられた石とレンガでできた二重アーチ式のアーケードが描かれている。右端近くの交差している多心アーチ（多くの円弧を組み合わせたアーチ）がドームを支えている箇所が10世紀の拡張部分で、中央やや右の多角形の部屋にはミフラーブがある。

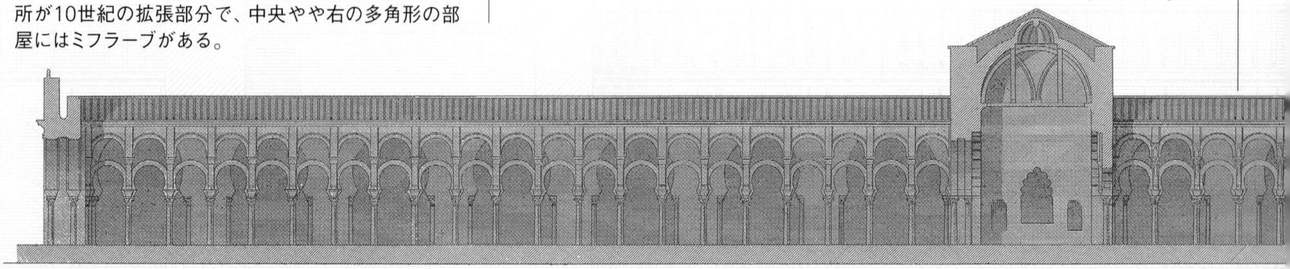

イスラム

コルドバ・モスク
キブラ壁(メッカの方角の壁)の前には、独特の多心アーチが見える。壁の中央ミフラーブは、深くえぐられた多角形の小室で、内部では花柄の模様とコーランの一節が大理石に刻まれている。ミフラーブの長方形の額縁は金とガラスのモザイクで飾られている。

スキンチ(隅迫持)
スキンチ(シルダブ)は、壁が直角に交わる角に造られる小さなヴォールト型工作物で、さまざまな形のものがある。たとえば、正方形が円、そして八角形に変化していくものなど。

サン・クリスト・デ・ラ・ルスの断面図／トレド(11世紀)
スペイン最古のムーア式建築物の1つである。小さな四角形の建築物内部では、床から4本のがっしりとしたピラーが立ち上がり、空間を9つの小室に分割している。中央部分が一段高く持ち上げられ、その上がドームとなっている。

馬蹄形アーチ／トレドのシナゴーグ(13世紀)
このトレドにあるシナゴーグの内部は、まるでモスクの内部のようである。レンガ組積造の上から漆喰で仕上げたアーケードは、漆喰の繰型で仕上げられた八角形のピラーが馬蹄形アーチを支えて造られている。スパンドレル(アーチとアーチの間の三角の部分)はアラベスク模様で装飾されている。

馬蹄形アーチ／コルドバ・モスク
至聖所も965年に再建されたが、それはスペイン・イスラム建築の至宝である。円柱はローマ時代の建築物のものを再使用している。それは強度はあるが、イスラム建築には短すぎるため、その上に四角形の柱を継ぎ足して使用している。馬蹄形アーチは非常に頑丈なため、低いピラーの上から起拱させることができる。アーチは石とレンガを交互に組み合わせてできているが、その赤と白で作られる縞模様は、空間に独特の響きを与えている。

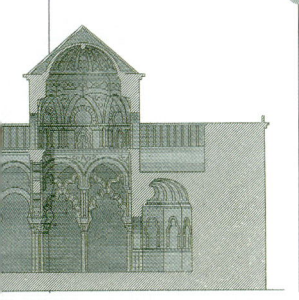

世界の建築様式の歴史

Islamic

スペイン・イスラム建築：アルハンブラ宮殿

　グラナダでその城砦の建設が始まったのは1248年のことで、1300年に完成された。その後14世紀に2度にわたって大規模な増築が行われ、城砦内部にアルハンブラの2つの宮殿——ナスル朝宮殿——が築かれた。どちらの宮殿も、大広間とスルタンの執務室、そして噴水のある中庭、池、庭園を見下ろす多くの個室からなる居住部分が組み合わされて複雑な複合体を構成している。光と水が巧みに演出されて壮麗な空間が生み出されているが、建築はここでは、アーケードや天井の華麗で荘厳な漆喰装飾のための基礎を提供しているに過ぎない。明るい装飾性の高い構造がスペイン・イスラム建築の大きな特徴である。スタッコに彫り込まれた彫刻やモザイク・タイルの装飾模様は、精巧な幾何学模様やアラベスク、さらにはコーランの銘刻など実に多彩である。明と暗の鋭い対比は異なった平面という幻覚を生じさせ、イスラム芸術がすべて2次元世界に閉じ込められているわけではないと主張しているようである。

ライオンの中庭内観
この中庭は十字型のレイアウトになっているが、それはここが至福の地であることの象徴である。中庭の両端には宮殿の部屋から突き出したパビリオンが見える。この中庭は内部庭園となっており、灌木、香り高い薬草などが植えられ、中央部には12頭のライオンの石造彫刻で囲まれた大理石の噴水がある。

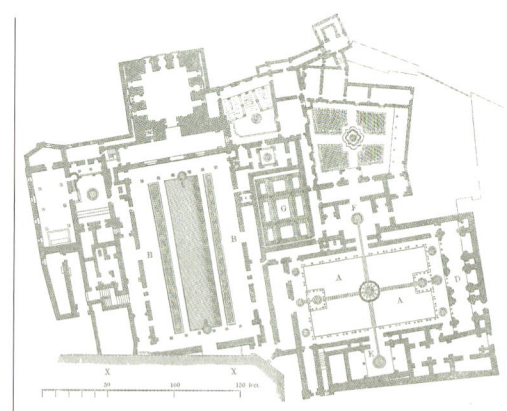

アーケード／ライオンの中庭
中庭を囲むアーケードのディテールが巧緻で美しい装飾を見せている。アーケードは交互に1本、2本となる細い円柱によって支えられている。柱頭は角の丸められた四角形で、植物描写の組み合わせで飾られている。柱頭の上からアーチが起拱しているが、その内面は金銀細工のような華麗な模様で装飾されている。そのなかには、筆記体でコーランの一節が刻み込まれており、文字が長く引き延ばされて優美な模様を作り出している。

平面図
アルハンブラは2つの宮殿からなり、それぞれが矩形の中庭を有している。最初14世紀初めに造られたのが、アルベルカまたはギンバイカの庭（図のB）で、謁見の間（大使の間）や北端の迎賓の間などがある。もう1つがライオンの中庭（図のA）で、14世紀半ばから後半に造られ、その周りにホールが並んでいる。

イスラム

ムーア式壁面装飾
イスラム建築の装飾は平らな面によって構成されているが、それはコーランによって3次元の肖像的装飾が禁じられているからである。幾何学模様と意匠化された植物模様を組み合わせたアラベスクは、漆喰に刻まれる場合も上から彩色される場合もある。

装飾模様
ここにディテールを示したアタウルケ(装飾的漆喰細工)は、アカンサスから生まれた花柄の意匠が主題になっているが、ギリシャ的なパルメット、パイナップル、貝殻も見える。また四角張ったクーフィー体や、より曲線的な筆記体の文字も装飾に使われている。アルハンブラ宮殿で最も多い銘刻は"Wala ghaliba illa-Llah"「神以外の勝者はいない」である。

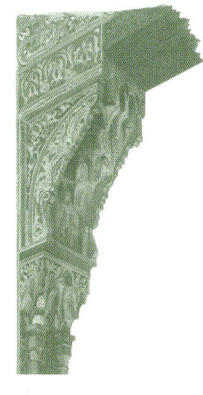

漆喰細工
漆喰はアーチ、鍾乳石型コーニス、柱頭、蜂の巣状ヴォールトなど、すべての壁面装飾に用いられる。装飾は乾いてない漆喰に、鑿で刻んだり繰型を押し当てたりして作られる。

アルベルカの庭内観
この庭は大使や賓客のためのもので、最初の宮殿複合体の一部である。周囲の部屋はこの中庭に向かって開口部を持ち、大理石の列柱アーケードで縁取られている。中央に池があり、その両脇にギンバイカの灌木が繁っている。北側端部がこの宮殿の中心となる四角形の部屋、「大使の間」である。そのヴォールト構造の天井は、モサラベ──ムカルナス(蜂の巣細工)に該当するスペイン語──で装飾されており、ここスペインではさまざまな色の絵の具や金粉が塗られている。

世界の建築様式の歴史

Islamic

インド・イスラム建築：
ヒンズー様式とイスラム様式の融合

　7世紀にアラビア半島で興ったイスラム教は、イラン、中央アジア、アフガニスタンを経由して、早くも8世紀にはインド亜大陸に到着したが、インド北部に到達するには12世紀までかかった。インド亜大陸へのムスリムの侵出は、尖頭アーチ、ヴォールト、スキンチ、ドームなどの建築構造に関する成熟した理論と、装飾書体や幾何学模様などの新たな装飾様式をもたらした。一方インド在来のヒンズー建築様式は、柱梁構造の石造建築と精巧な木彫装飾に基づくものであった。ほどなくイスラム建築とヒンズー建築が融合し、デリー・スルタン朝（イスラム・パターン朝）の巨大建造物や、16～18世紀のムガール帝国の壮麗なモスクや霊廟が生まれた。

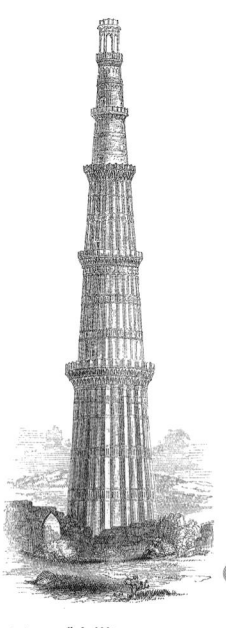

クトゥブ小塔（12世紀後半）
この高い塔は、勝利を記念したものである。4層構造で、上部2層は白い大理石の円筒で、その上に柱で支えられた展望台が載っている。下2層は赤い砂岩でできており、縦溝が彫られ、胴を巻く帯にはアラビア文字が刻まれている。

ラール・ダルワジャー・モスク／ジャウンプル（1400～1450年）
このモスクは豪放で巨大な門を有しており、その高さはミナレットを必要としないほどである。尖頭アーチなどのイスラム的形態と、短い円柱などのヒンズー的形態の融合した形を示している。

パター霊廟／シェプリー（16世紀半ば）
太く短いジャイナ教式円柱が四角形の壁を支え、その上に八角形のドラムが立ち上がり、さらにその上に霊廟ドームが載っている。

ハーネ・ジャハーン・ティランガニ霊廟／デリー
これはイスラム様式を見せるパターン朝の霊廟である。八角形の墓室は開放された縁に囲まれ、八角形の各辺は角ばったピアの上に載る3連続尖頭アーチで構成されている。八角形の平面、アーケードの縁、軒石、クーポラという組み合わせは、その後のインド霊廟建築のモデルとなった。

178

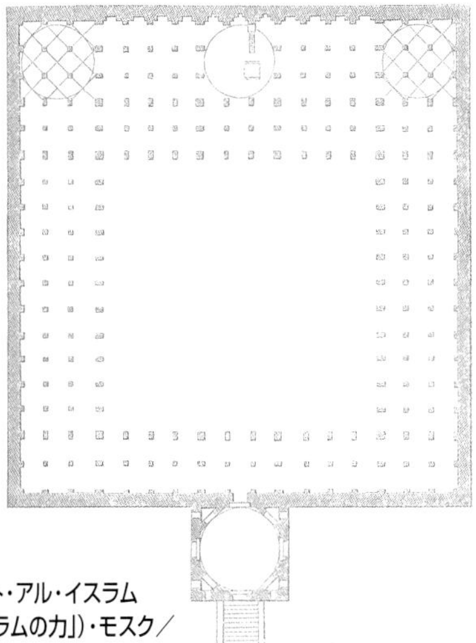

イスラム

パターン朝モスク／マンドゥー（1305〜1432年）

平面図中央に中庭があり、2方向に3列の、1方向に2列の側廊があり、上部のメッカの方角を向いた側には5列の側廊がある。中庭は11基のアーチのアーケードで囲まれている。3基のドームが等間隔に並べられた12本の円柱で支えられている。

パターン朝モスク外観／マンドゥー

メッカの方角から見た外観である。側廊の上の小さなドームの列と、3基の大きなドームが特徴である。

クッワト・アル・イスラム（「イスラムの力」）・モスク／デリー（1199年）

このモスクは、占領した城砦内部に建てられたモスクとしてはインド最古のものである。中庭を囲むアーケードは、ヒンズー寺院とジャイナ教寺院の似たような円柱を集めて造られているが、壁面はすべてイスラム様式で、尖頭アーチやアラビア式装飾が施されている。3基の大きなアーチと8基の小さなアーチでアーケードが造られている。

ミナール／ガズニー（11世紀初め）

このミナール（塔）は、戦闘での勝利を記念して建てられた多くの塔の1つで、新興宗教であるイスラム教の力を誇示するためのものである。レンガの組積造の上からテラコッタで仕上げられている。断面図の下部は星形で上部は円になっている。

ペンデンティヴ／オールド・デリー・モスク

オールド・デリー・モスクのこのペンデンティヴは、インド式ムカルナス・ヴォールトであるが、鍾乳石模様や蜂の巣模様に似ている。これはペンデンティヴ・ヴォールトを造る伝統的なヒンズー式建築法である。

世界の建築様式の歴史

Islamic

インド・イスラム建築：
ムガール帝国モスク・霊廟・宮殿

　インド・イスラム建築は、16〜19世紀に栄えたムガール帝国時代に黄金期を迎えた。ムガール建築の究極の成果が、アーグラのタージ・マハルであろう。その建設のために、全イスラム世界から職人が招集され、精巧なヴォールトを組み、大理石を彫り、宝石を象嵌した。南インド中央に位置するビジャープルはインド・イスラム王朝の首都の1つで、17世紀半ば国王ムハンマド・アーディル・シャーは、この地に壮大な建築物を築いた。それは巨大なドーム型霊廟で、その大きさはゆうにローマのパンテオンを凌ぐ。その他インド各地（アーグラ、マンドゥ、ビジャープル、デリー、アラハバード）に、イスラム様式のパヴィリオン、広間、ヴェランダ、中庭、庭園を持つ王宮が建てられた。

ムハンマド・アーディル・シャー霊廟平面図
霊廟は巨大な立方体で、四隅には小塔が設けられている。その上に巨大な半球ドームが載っている。ドームの重量は、組積造の一体構造で造られた星型に交差するペンデンティヴとアーチで支えられている。離れ業的な建築技法が使われている。

ムハンマド・アーディル・シャー霊廟／ビジャープル(1626〜1656年)
交差アーチの複雑な構造が、四角形の墓室を円筒形のドラムに推移させ、その上にドームが載っている。円状の基壇がドームの起拱部を隠し、ドームがまるで墓室の上に浮いているような幻覚を生み出す。塔は8層構造で、その上に小さなドームを戴き、壁面には高く突き出したコーニスが層を区切っている。

フライデー・モスク／ニュー・デリー(1644〜1658年)
壮麗な中央門は、大きな竜骨アーチ、3基の球根型ドーム、対称的なアーケードで構成されている。高い位置にある礼拝堂の両側には1対のミナレットがある。中庭には広い柱廊があり、交差する場所にはキオスク（あずまや）が設けられている。きめの細かい赤色の砂岩を主体にした構造のなかに、白い大理石の帯が美しいコントラストを見せている。

180

イスラム

▲ タージ・マハル平面図
四角形の平面中央に円形の中心がある形で、シャーと王妃の墓室の上を円形ドームが覆っている。四隅は直角に曲がり、その上にそれぞれ小さなドームを載せている。それらのドームと中央ドームはすべて通路で結ばれている。

▲ タージ・マハル／アーグラ（1632〜1654年）
ムガール帝国皇帝シャー・ジャハーンが王妃ムムターズ・マハルの死を悼んで建立したこの壮麗な霊廟は、巨大な敷地の中央に位置している。アラベスク模様で装飾された白亜の大理石の建築物がテラスの基壇の上に立ち上がっている。四隅にはミナレットが立ち、周囲を見張っている。外側の中庭はアーケードで囲まれ、4つの門があり、その中央の門をくぐると内部の庭園に導かれる。

▷ 宮殿大広間／アラハバード
四角形の大広間は8本×8列の列柱によって支えられ、周囲を、華麗な彫刻を施された腕木柱頭を持つ二重円柱の広縁で囲まれている。

◁ タージ・マハル断面図
中央墓室の下にヴォールトが見えるが、そこに王妃の棺が安置されている。ドームは二重殻構造となっており、外側のドームは高いドラムの上に載っている。内側のドームと墓室の間は、白大理石の格子細工のスクリーンで仕切られており、光がその格子の隙間から入り込む。墓室内部壁面も白大理石で覆われ、宝石が象嵌でちりばめられている。

世界の建築様式の歴史

Islamic

トルコと北アフリカのイスラム建築

　11世紀、ペルシャからきたイスラム教徒セルジューク族は、アナトリアに強大な国家を樹立し、レンガ組積造のミナレットや多色タイル装飾の建造物を建てた。しかし1453年のオスマン朝によるコンスタンティノープル（現イスタンブール）の制圧に伴い、セルジューク朝はオスマン朝と交代した。オスマン朝は中央アジア全域を20世紀初頭まで支配し、イスラム様式の最後の展開を示した。オスマン朝は当初、ハギア・ソフィア大聖堂のようなキリスト教建築物をモスクに改修して用いていたが、やがてビザンチン様式の基礎の上にオスマン朝独自の周柱形式のモスクを発展させていった。その特徴は、いくつもの小さな四角形平面上のドームに支えられながら立ち上がる巨大な半球ヴォールトと、高く細いミナレットに縁取られた壮麗なポルティコである。壁面はさまざまな色と意匠のイズニック・タイルで覆われている。北アフリカでは、マグリブ様式と呼ばれる様式が発展した。

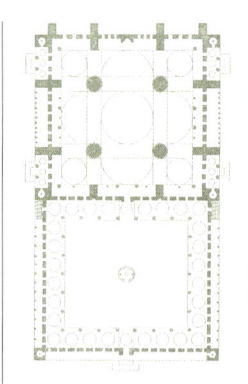

スルタン・アフメット（ブルー）・モスク／イスタンブール（1609〜1617年）
この複合体は、墓廟、マドラサ、イマレット（スープを作るキッチン）で構成されている。四角形の平面で、壁が重厚なピアの上に載る巨大な中央ドームを支えている。その周りの四隅にはそれぞれ副ドームがある。

スルタン・アフメット（ブルー）・モスクのファサード
モスクは噴水のある前庭と庭園に挟まれ、中央に位置している。主入り口から見ると、全体が完全な対称形に見える。噴水のある庭の小さなドーム群が積み上がるようにして最も大きく最も高い中央ドームへと推移し、その周囲をミナレットが囲む。

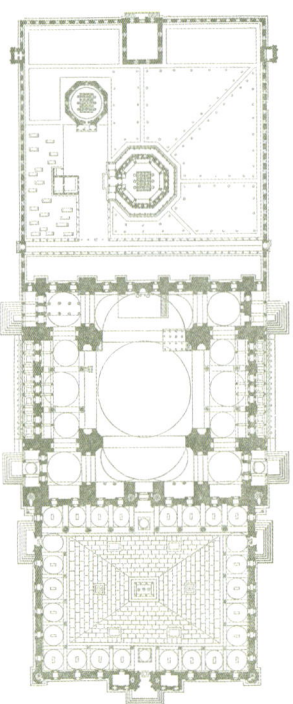

シュレイマニエ・モスク複合体
イスラム建築の巨匠ミマール・シナンによって建設されたこのモスクは、四角形の平面を持ち、アーケードに囲まれた噴水のある前庭が非常に美しい。墓碑庭園にはシュレイマニエとその妻の墓廟がある。

イスラム

ジャーマ・モスク／アルジェリア（1660年）
この十字型モスクは、オスマン朝時代のアルジェリア・モスクの典型的な形を示している。至聖所は半円筒ヴォールトで、その中央部にオスマン様式のペンデンティヴと半円アーチで支えられた卵形のドームが載っている。そのドームのドラムは、アルジェリアの職人によって彫られたスタッコの壁がんを持つフリーズで装飾されている。角ばったミナレットはオスマン様式よりもマグリブ様式に多く見られる。

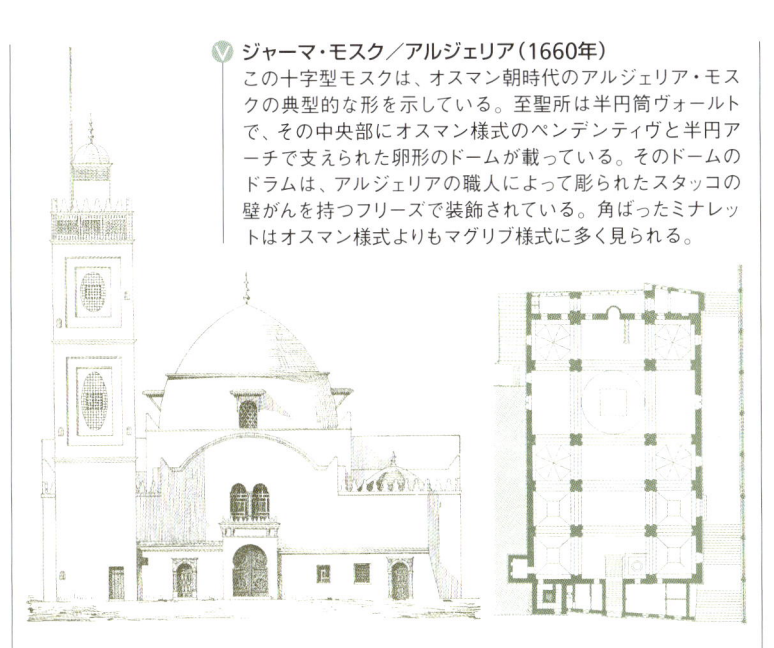

ミナレット／チュニス
このミナレットは典型的なマグリブ・イスラム様式である。すっきりとした多面体のレンガ組積造の塔身、1つしかない展望台、すべてが偉大な簡潔さを示している。

シュレイマニエ・モスク複合体鳥瞰図
この古典的なオスマン様式のモスク複合体は、7つの神学校、病院、浴場、噴水、4つの尖塔ミナレットを持つモスク、そして霊廟で構成されている。噴水中庭には、斑岩、大理石、ピンク色の花崗岩の円柱で支えられたポルティコがある。副ドームが重なり合って巨大な主ドームを支え、その前方遠くにはさらに3つのドームがある。モスクの木製の扉には、象牙、真珠母貝、黒檀の象嵌で装飾が施されている。

シュレイマニエ・モスク断面図
構造は主に4本の巨大なピアで支えられている。窓スクリーン（ジャーリー）は、4本の斑岩の円柱で保持されている。中央ドームは、全部で500基もあるこの複合体のドーム中最大のもので、ハギア・ソフィア大聖堂のドームと肩を並べている。左側にミンバールが見え、ミフラーブのある壁面はステンド・グラスとイズニック・タイルで装飾されている。

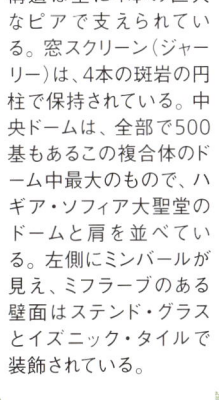

ロマネスク Romanesque
1000年頃〜13世紀前半

フランス・ロマネスク：起源

「ロマネスク（ローマ風）」という言葉は19世紀初めに生まれたもので、11〜12世紀の建築について語るときに用いられる言葉であるが、理由はその時代に、ローマ人によって確立された古典様式への復古が見られたからである。主なものは、ローマ建築の半円筒ヴォールトの使用と、石造ヴォールトによるさらに広い空間の創造——ローマ帝国とともに失われた技術——であった。まず12世紀初めにイギリスでリブ・ヴォールトが登場し、それは13世紀初頭までにノルマンディからヨーロッパ全土へと伝播していった。当時フランスは統一された国家ではなく、諸侯が割拠する分裂状態にあった。そのため、「フランス様式」という単一の様式は存在し得なかったが、多くの地域的建築集団がロマネスクの主要な構成要素——半円アーチ、ヴォールト、華麗な表面装飾——を共有しながらさまざまな様式を生み出していった。またフランスから、スペインのサンティアゴ・デ・コンポステーラへと向かう巡礼の4つのルートに沿って、トゥルーズのサン・セルナン聖堂などの巡礼教会が各地に建設された。

サン・トロフィーム教会ポーチの装飾／アルル
11世紀後半に建てられた地方の教会には、ポーチを持つものが多い。そのポーチは、上図のような精巧な彫像やグロテスクな仮面、空想上の怪獣、人物像で飾られていた。

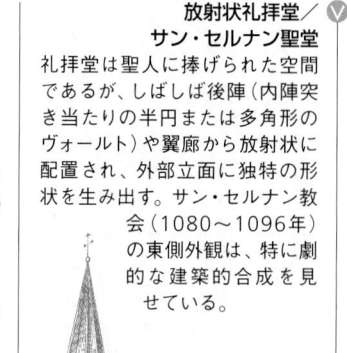

放射状礼拝堂／サン・セルナン聖堂
礼拝堂は聖人に捧げられた空間であるが、しばしば後陣（内陣突き当たりの半円または多角形のヴォールト）や翼廊から放射状に配置され、外部立面に独特の形状を生み出す。サン・セルナン教会（1080〜1096年）の東側外観は、特に劇的な建築的合成を見せている。

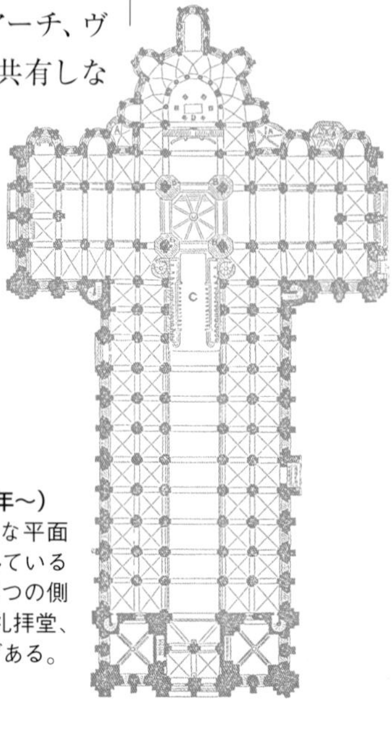

サン・セルナン聖堂回廊
身廊の側廊2階部分は回廊になっており、身廊や聖歌隊席の様子を観覧できるようになっている。回廊は多くの礼拝者や巡礼者が集まる大きな聖堂にはほとんどあった。

サン・セルナン聖堂／トゥールーズ（1080年〜）
11世紀後半に建てられたこの教会の広大な平面は、それが主要な巡礼ルートの1つに位置しているということを反映している。広い構内には5つの側廊、側廊を持つ翼廊、そして東側には4つの礼拝堂、さらに後陣には周歩廊と5つの後陣礼拝堂がある。

ロマネスク

ピラスター／サン・ムヌー聖堂
稚拙な古典的装飾様式が、この時代の地方の建築の特徴である。11世紀ブルゴーニュ地方では、地元の石工頭による古典様式の模倣が行われたが、結果は彼ら独自の風土的様式の創造であった。教会東側を囲むピラスターの中途半端な古典様式の柱頭が、この移行期をよく表している。

モザイク装飾／ノートルダム・デュ・ピュイ大聖堂
イタリアでは多く見られるが、フランスではモザイク装飾は、特別に美しい石を産出する地方で時々見られるくらいである。フランスのモザイク装飾はたいてい幾何学模様で、ここではドームの軒下に幅の広い帯が、さらに下の壁面では、ピラスターとアーチ型窓によって波紋状に区切られた帯が作られている。

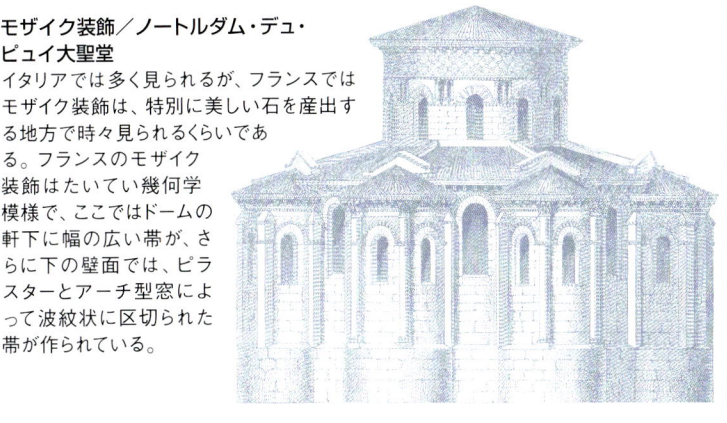

ギリシャ十字型平面／サン・フロン大聖堂／ペリグー
1125～1150年にかけて、さまざまなギリシャ十字型の教会が建てられた。各部――身廊、内陣、翼廊――が、ドーム式ヴォールトを持つ等しい長さの腕のなかに構成されている。東側に向かって突き出した数個の半円形の礼拝堂が、十字型平面を少し変形させているが、それらは諸聖人へ礼拝を捧げる空間として設けられている。

ホリー・トリニティー教会／カン
12世紀に建てられたこのノルマンディの教会の西側ファサードは、立面はほぼ対称形である。四角形の塔が教会本体から立ち上がり、どこからでも見えるようになっている。

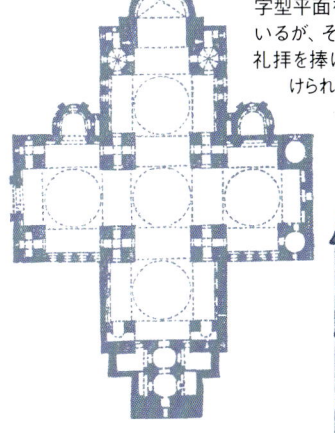

サン・ムヌー聖堂のシュヴェ
シュヴェというのはフランス語で教会の東側端部をさし、そこには半円または多角形の後陣があり、その周りを放射状の礼拝堂を持つ周歩廊が囲んでいる。ここでは中央に聖遺物が置かれ、その周りが周歩廊になっている。

185

Romanesque

フランス・ロマネスク：巡礼者の影響

　巡礼者はヨーロッパ大陸中からやってきて、新しい建築様式を伝道した。また彼ら自身が聖堂の設計に大きな影響を与えた。聖堂に、巡礼の道に沿って旅をする聖職者と多くの巡礼者集団を収容するという新たな必要性が生じたためであった。フランスの聖堂の多くが、東側に放射型またはジグザグ型（編隊型）の平面を持つようになった。放射型の場合、周歩廊（ある明確な形を取った側廊）が半円の後陣に沿って付け加えられ、そこにいくつかの副次的礼拝堂が設けられる。その結果、それらは聖堂本体から外に突き出した形になる。ジグザグ型の場合、翼廊の東側面に副次的礼拝堂が付け加えられる。こうした空間組織化の進化によって、礼拝者と聖職者、諸聖人の祭壇と聖堂本体の高い祭壇との間の分割を維持することが可能となった。

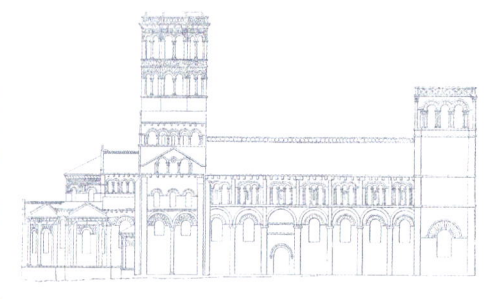

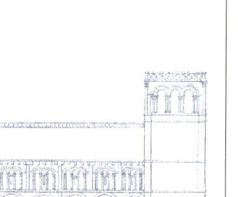

半円筒（トンネル型）ヴォールト／イソワール聖堂
ヴォールトの最も単純な形が、邪魔するもののない半円筒によって形作られている。断面図が示しているように、身廊の上の中央ヴォールトは両側の側廊の上の半ヴォールトによって支えられており、それによって中央ヴォールトの横への推力が相殺されている。

イソワール聖堂塔
西側立面の塔がますます高くなる一方で、翼廊が交差する中央部と、翼廊の南側及び北側端部にも塔が立つようになった。この12世紀の例では、西側端部に背の低い角ばった頭部の塔があり、同形の背の高い塔が交差部から立ち上がっている。

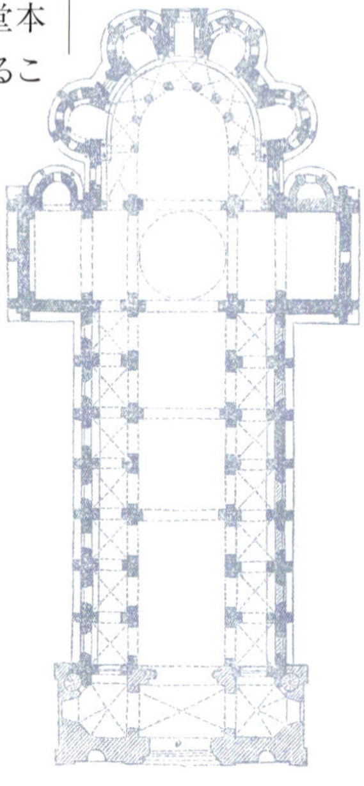

ジグザグ型（編隊型）平面／イソワール聖堂（11世紀）
小さな礼拝堂が後陣と翼廊の両方から放射状に突き出している平面は、すぐにフランス全土に伝播していった。しかしそれはフランス的現象にとどまり、それ以上遠くまで広がることはなかった。

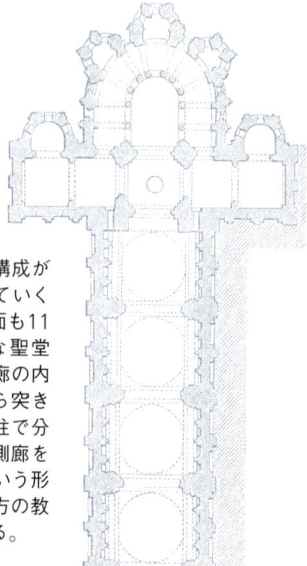

単廊式教会堂／フォントヴロー聖堂（11世紀）
1つの身廊、2つの側廊という平面構成がますます多くなっていくなかで、単廊式平面も11～12世紀の小さな聖堂で維持された。身廊の内側の壁は、壁面から突き出した半円柱の双柱で分節化されている。側廊を持たず身廊だけという形式はアキテーヌ地方の教会建築の特色である。

ロマネスク

装飾アーケード／フォントヴロー聖堂
外面の装飾も多様な形態をとった。最も一般的な処理が、円形アーチの列、アーチ型の開口部、装飾アーケードの連続で、それらによって、平滑な外面の分節化が行われた。

外面装飾／ルーピアック聖堂
しばしば人物の彫像も登場する大胆な彫刻的装飾が12世紀ロマネスク聖堂の大きな特色であるが、この動きに付随して開花したのが、より静かな、抑制された幾何学的装飾で、それは繰り返しと比率によって達成される統一感に基礎を置いている。

尖頭アーチ／フォントヴロー聖堂
ゴシックとロマネスクの重要な相違点の1つで、ゴシック様式の大きな特徴となるものが尖頭アーチであるが、ロマネスク様式にも時折見られる。通常は背の低い形で、新しい建築イディオムの到来を示唆しているだけにとどまり、従来の半円アーチと並んで使われている。

ホリー・トリニティー教会のベイ／カン
身廊は通常一連のベイによって分節化されている。それは、西から東に向かう繰り返しのパターンと、床からヴォールトまでの垂直平面の分割によって構成されている。床から天井まで一直線に伸びる柱身がヴォールトを支え、多くの柱身を束ねたような合成ピアがベイの開口部を強調する。アーケード型の2階壁際の通路、トリフォリウムがベイのアーケードの上を通り、アーケード型クリアストーリーの窓からの光が身廊に注ぐ。

Romanesque

ドイツ・ロマネスク

　11～12世紀のドイツ建築は、カール大帝とオットー朝の支配によって確立されたフォルムに基づき、それを真にロマネスク的イディオムを持つ最初のいくつかの建築に適用した。シュパイヤー大聖堂（1030～1106年）において、ドイツはヨーロッパ建築史の転換点を築いた。神聖ローマ帝国皇帝の霊廟を持つ聖堂として建立されたこの大聖堂は、古典建築から霊感を得、また4世紀の巨大なバシリカ式教会からも多くを取り入れながら、他の北方の教会を矮小なものに貶めている。完成時、それは西欧で最大の建造物であり、身廊内部に分節化（壁面分節）を導入した最初の聖堂である。その影響はラインラントとケルンを越え、フランスへと到達した。ドイツはまた教会西側ファサードにツイン・タワーを導入したこと——シュパイヤー、マインツ、ウォルムス、ラーハなど——でも功績がある。

高浮き彫り装飾
高度に意匠化された蔓草渦巻模様はロマネスクに共通した言語であり、ドイツに——または一国一地域に——限定されたものではない。時代が進むにつれて自然の有機的形態が好まれるようになり、石で本物そっくりの生物を再現することが高く賞賛された。

シュパイヤー大聖堂の柱頭
非常に多彩な柱頭がドイツ建築のなかで発展していった。単純なブロックの柱頭に変わり、独創的な装飾的形態が登場した。意匠化された葉のなかで2羽の白鳥が首を絡ませているこの12世紀の柱頭は、当時の彫刻技術の確かさと豊かな装飾的発想をよく表現している。

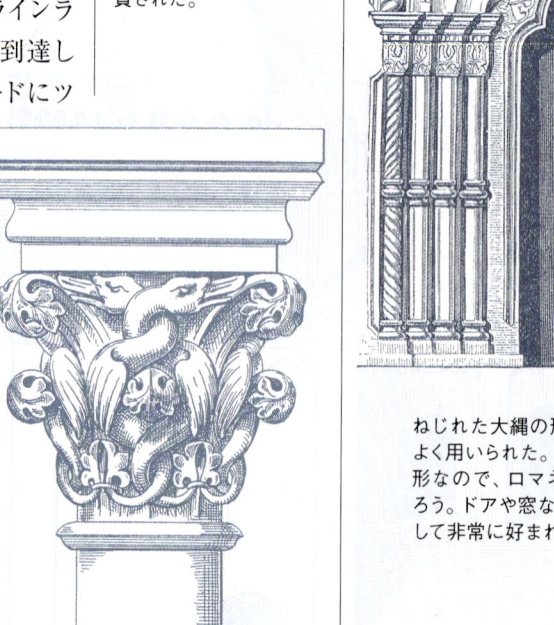

大縄繰型
ねじれた大縄の形を意匠化した繰型がこの時代よく用いられた。それ以前の時代には見られない形なので、ロマネスク時代の彫刻家の発明であろう。ドアや窓などの開口部を目立たせる手段として非常に好まれた。

ロマネスク

物語的装飾／ゲルンハウゼン
集会に来た大衆に聖書の教えを強く印象付けるため、教訓的な場面が教会の多くの表面に高浮き彫りされている。ドア、西側正面、説教壇などが特に好まれた。これはゲルンハウゼン教会内部のアーケードを飾る連続した物語的高浮き彫りの1つであるが、三角小間（スパンドレル）の狭い空間に合わせた巧妙な構図で、聖書の一場面が描かれている。

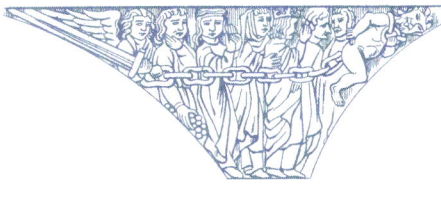

洗礼堂／ボン（11世紀）
独立した洗礼堂というのは、ドイツではあまり多く見られない。このボン洗礼堂の外面ファサードは、壁に埋め込まれたピラスターと軒下の彫刻によって分節化されている。

ヴァルトブルク城（12世紀後半）
ヴァルトブルク城は、ヨーロッパに現存するロマネスク様式最古の宮殿建築の1つである（かなり改修されているが）。当時の宗教的建築物同様に、世俗的建築物においても、半円アーチのアーケード、窓、正門、持送りテーブル（p.195参照）などが繰り返し用いられている。

ヴォルムス大聖堂の塔（1171年着工）
東側と西側端部の階段塔が教会立面の主要な特徴となった。ヴォルムス大聖堂には高さの異なる6本の塔があり、全体が、装飾アーケードなどの装飾処理で統一されている。

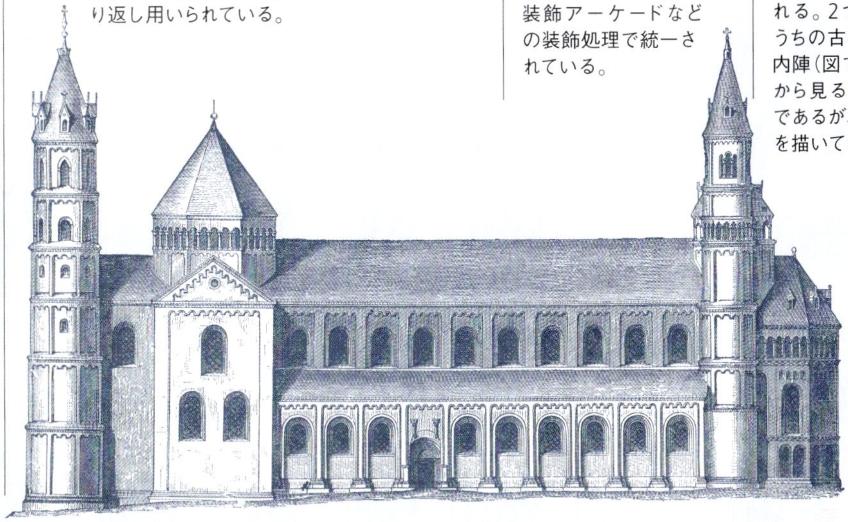

ヴォルムス大聖堂平面図
非常に長い身廊、リブ・ヴォールトと量感のあるピアで覆われた側廊という、当時のドイツの典型的な様式が見られる。2つある後陣のうちの古いほうの東側内陣（図では下）は、外から見ると平らな立面であるが、内部は半円を描いている。

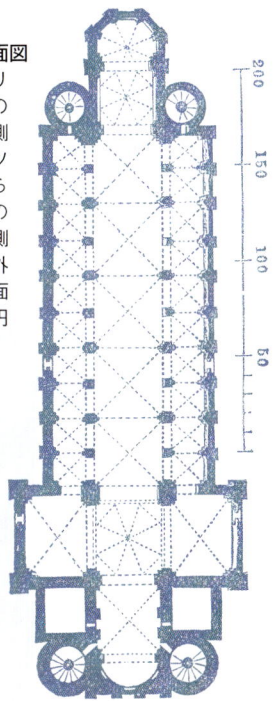

189

Romanesque

スペイン・ロマネスク

　スペインのロマネスク建築は、いくつかの異なった伝統の融合の産物である。長い間のムーア人による支配は、モザラビックやムデハルとして知られている非常に特殊なキリスト教的――イスラム教的建築様式を生み出したが、11～12世紀に、その要素とフランスから伝播したヨーロッパ的建築言語が融合し、スペイン・ロマネスクが生まれた。それは多くの場合、合成的産物で、フランス的形態に基づきながらも、その上に古くからのイスラム的装飾が継続的に使用されている。スペイン・ロマネスクを象徴するのが、サンティアゴ・デ・コンポステーラまで続く巡礼の道に沿って建てられた多くの巡礼教会である。そしてその最終目的地に建つ大聖堂（1075～1120年）は、巡礼の建築的クライマックスでもあった。非常に写実的な彫像を含む精密な彫刻が、スペイン全土のロマネスク教会で見られる。

4分ヴォールト／タラゴナ大聖堂
ベイが2本の対角線状に交差するリブによって4つのセルに分けられている。回廊の外側の壁に嵌めこまれた小円窓には、明らかにムーア人の影響と思われる組紐状の透かし彫りが見られる。

サン・パブロ教会 西側正面／バルセロナ（11世紀）
地方の建築家は、しばしば独特の建築的合成物を生み出す。この初期のロマネスク教会の正面には、壁面上部にイタリアのロンバルディアと関係の深い装飾アーケードが走り、扉のある正門は突き出した組積造の構造物の中に納められ、象徴的な彫刻が施された四角い平面が訪れる人の目を引く。

屋根付きアーケード／サン・ミラン大聖堂／セゴヴィア
セゴヴィアなどの地方都市のロマネスク建築に見られる特徴的構造の1つに、回廊の形を取り、教会本体の側面を背にして造られている屋根付きアーケードがある。聖堂西側立面の高い位置に見られるアーケードは、セゴヴィア地方の伝統的な仕様である。

ロマネスク

彫刻柱／サンティアゴ・デ・コンポステーラ大聖堂

サンティアゴ・デ・コンポステーラ大聖堂の門構えの柱には、1本1本に非常に洗練された、抽象的な、あるいは物語的な彫刻が施されている。1本の柱身には流れるような蔓草模様が大縄繰型のなかに編みこまれている。また他の柱では、精巧な半円アーチの壁がんとそれを支える円柱というミニチュア的建築構造のなかに聖人を置き、大聖堂自身の建築要素と呼応させるという非常に手の込んだ装飾法が用いられている。

人物彫像／サンティアゴ・デ・コンポステーラ大聖堂

大聖堂の元の西側正面「栄光の門」は、生き生きとした人物彫像の質の高さによって驚嘆させられる。彫刻的装飾を建築物の建築要素と統合する彫刻家の並々ならぬ能力を見せつけられる門である。

サンティアゴ教会ファサード／ラ・コルーニャ

簡潔な立面が大胆な量塊と結び付けられ、1個の巨大な彫刻のような教会が造られることがある。壁面はバットレスやところどころに現れる半円柱によって力強く分節化され、無駄な装飾は省かれている。

ランタン／サラマンカ旧大聖堂

サラマンカ旧大聖堂（12世紀後半）の交差部はランタン（シンボリオ）で覆われている。その円形のランタンへは、窓と装飾アーチが交互に並ぶ2段のアーケードから光が差し込み、その上段のアーチの頭部にはトレフォイル（三葉飾り）の通風用の格子がある。

ランタン・タワー／サラマンカ旧大聖堂

サラマンカ旧大聖堂のシンボリオ（ランタン）の外観は、ムーア建築の影響を色濃く示している。8分割リブ構造のドームが鱗形のスレートで覆われ、それを複数のアーチからなる2層構造の帯が支えている。この大聖堂の様式は近隣のザモラ大聖堂（1174年）にも見られ、そこではリブは16本となり、円形ドームは同様に、この地方独特の材料によって覆われている。

Romanesque

イギリス・ノルマン様式：聖堂

ロマネスク様式はイギリスではノルマン様式と呼ばれ、11〜12世紀に興隆を見た。1066年ヘースティングスの戦いに勝利した征服王ウィリアム1世は、イギリスにそれまでにない力強い芸術と建築様式をもたらした。ノルマン人は彼らの軍事力の優位性と、宗教的熱情をイギリス全土に見せつけるために、2種類の建築物を各地に建てた。それが城と教会である。前例のない宗教建築の奔流のなかで、ほとんどすべての大聖堂と修道院が改築されていった。カンタベリー、リンカーン、ロチェスター、ウィンチェスターの各大聖堂や、ベリー・セント・エドマンズ、カンタベリー、セント・アルバンの各修道院は、すべて1070年代の一大建築キャンペーンの産物である。それらの建築物は何よりもその規模の大きさが特徴で、それ以前のイギリス建築の規模をはるかに凌駕し、大陸の建築と比肩しうるものであった。

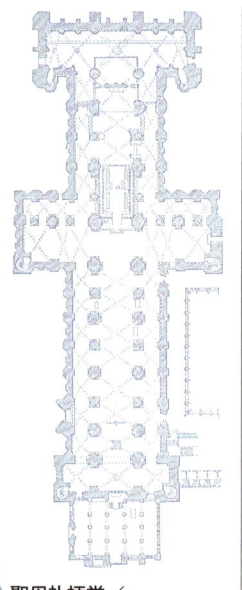

聖母礼拝堂／ダラム大聖堂
この平面図には大きな特徴がある。それは通常であれば、聖堂（1170〜1175年）の東側端部に設けられるべき聖母またはガリラヤ礼拝堂が、西側端部に付け加えられていることである。

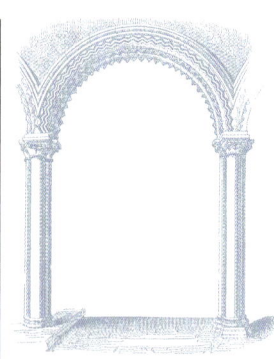

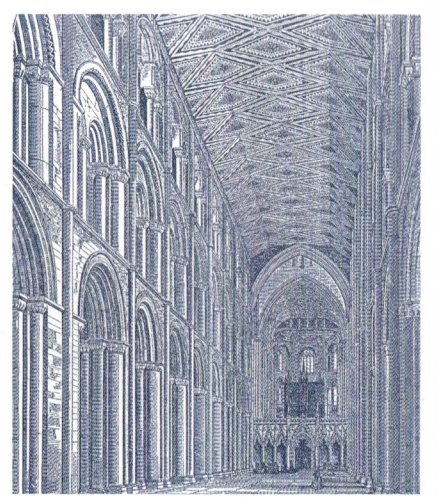

ピーターバラ大聖堂身廊
西側からこの身廊に入ると、規則的に並ぶ半円アーチのベイ、トリフォリウム（壁内通路）からクリアストーリー（室内に明かりを取り入れるための最上部の窓の列）までの繰り返しなど、強烈なリズムと秩序の感覚に襲われる。最初は平らな木造の天井だったようだが、後に1220年頃、このような石のヴォールトに改修された。

ベイの装飾／セント・ピーターズ教会／ノーサンプトン
ジグザグ型などの幾何学模様が、ノルマン様式の内部装飾の大きな特徴である。ここでは、すっきりした柱身を持つ束ね柱と葉飾り模様の柱頭が、精巧に彫刻されたアーチを支えている。

四角形の塔／セント・ピーターズ教会／ノーサンプトン
ノルマン様式の聖堂の多くは、身廊、内陣、側廊、鐘を持つ西側端部の塔からなる中央空間によって構成されている。これらの構成要素のほとんどすべてが四角形の平面を持つが、地域によっては円形の塔を持つところもある。

セント・ピーターズ教会のピア
この教会の内部（1150年頃）は支持体の存在が目立つ。四つ葉型の断面を持つ束ね柱と、中ほどに幅の広い腰帯（柱身リング）を持つ円形のピアが交互に並んでいる。この高度に装飾的な分節化は地方の教会では特異なものである。

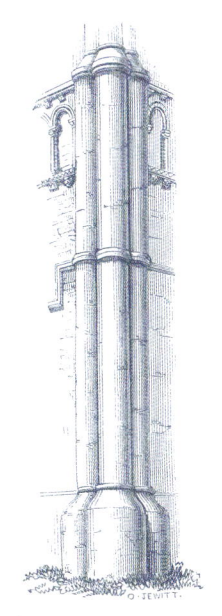

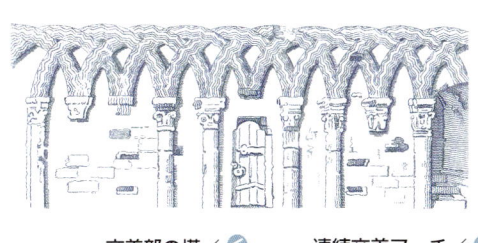

ロマネスク

交差部の塔／セント・ジョーンズ教会
この塔は身廊、内陣、翼廊が交差する箇所から立ち上がっている。地方の教会の塔は多くが城砦風（胸壁などの装飾）で、角には小尖塔（ピナクル）があり、それはクロケットと呼ばれる突起物の彫刻で装飾されている。

連続交差アーチ／セント・ジョーンズ教会
内側の壁面を連続した装飾で処理する方法は、多く見られる。規則正しい間隔で立つ円柱が、組紐状に交差するアーチを支えるというモティーフもその1つである。これは機能的役割はまったくなく、純粋に装飾的なものである。

バットレス／セント・ピーターズ教会
バットレスは組積造において、壁の外側に飛び出すように、あるいは壁に向けて接合するように造られる量塊であるが、構造の外への推力に対する追加的応力をもたらし支持する役目を持つ。この角に設けられたバットレスは3本の半円の柱身からできている。

外面装飾／セント・ジョーンズ教会／デヴァイゼス（12世紀）
ノルマン様式独特の要素が見事に合成された教会である。角にバットレス支持体があり、装飾的なアーチを持つ装飾窓が対称的に並び、上部の小さな窓のアーチには精巧な装飾が施されている。

窓／セント・ジョーンズ教会
柱頭はスカラップ（ホタテガイの端のような波型）で、それが一段奥まったジグザグ型（シェブロンと呼ばれる）の模様を持つアーチを支えている。繰型の一番上の帯は、玉花弁飾りで装飾されている。

柱頭／セント・ジョーンズ教会
座布団型やブロック型などのさまざまな形態の柱頭が用いられている。そこは精巧な彫刻を誇示するには最適な場所で、自然から抽出した装飾的高浮き彫りで飾られている。葉飾り、鳥、野獣、幾何学模様、聖書の一場面などあらゆるものが巧みに構成されている。

193

世界の建築様式の歴史

Romanesque

イギリス・ノルマン様式：装飾と革新

　イギリス建築は常に大陸の建築を注視してきたが、同時にそれ自身の伝統——アングロ・サクソンとバイキング——にも立脚している。それを最もよく表しているのが、たとえばダラム大聖堂（1093年着工）のシェブロンやジグザク型などの細部の装飾紋様である。建築物の内部と外部の両方を多彩な装飾的ディテールで修飾することが、この時代の大きな特徴であった。12世紀の初め、イギリスはまた技術革新の面においても目覚しい進歩を遂げた。それまで教会の外壁は石造であったが、身廊の広大なスパンをヴォールトで覆うことは石工頭の手に負えないことだったため、屋根は木造であった。しかし1130年、ダラム大聖堂の屋根は石造のリブ・ヴォールトによって覆われた。こうしてここに初めて、壁とヴォールトの石による視覚的統一が生まれ、天に昇る感覚が具現化された。ダラム大聖堂は、この技術的革命をヨーロッパで始めて実現した教会として知られている。

チャプター・ハウス（参事会室）／ブリストル大聖堂
チャプター・ハウスは聖職者専用の空間で、教会本体に付属して造られ、多くの場合回廊を通って行く。ブリストル大聖堂のその内部は、ヴォールト屋根で覆われ、数層の装飾アーケードと、ダイアモンド模様（菱形の連続模様）で豪華に装飾されている。模様は、葉飾りや鱗型などに意匠化された正方形の形を取ることもある。

猛鳥類頭部
大縄縁型を嘴または口でくわえる猛鳥、猛獣、時には人間の頭部は、12世紀の建築物によく見られる意匠化された装飾であるが、スカンジナヴィア建築に起源があるようだ。

カンタベリー大聖堂 平面図
大聖堂の平面構成は、その高度に組織化された使用目的に添って決定される。教会本体は通常、西から東に向かって、身廊、側廊、内陣、内陣側廊へと続き、また北と南へは翼廊が伸び、そこには聖母マリアをはじめとする聖人に捧げられた小さな礼拝堂が並ぶ。

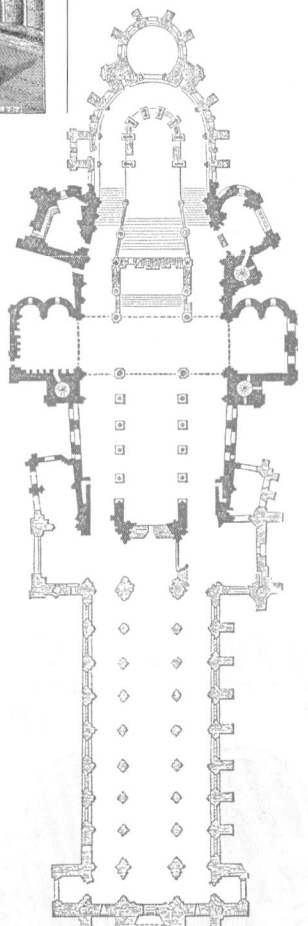

ロマネスク

正門／イフリー教会（1140年頃）
12世紀後半の建築は豊かな高浮き彫り装飾が目立つが、1つの構成部分を最初から最後まで一貫して同じ模様で通すのが特徴である。半円アーチの上のジグザグ、のこぎり歯模様、円柱のダイアモンド模様、バラ形装飾、四葉型など、また柱頭には、戦う騎士、勇者、獅子などとともに宗教的あるいは世俗的な説話的情景が描かれている。

交差ヴォールト／グロスター大聖堂
聖堂床下の部屋はクリプトと呼ばれる。このグロスター大聖堂の地下室は、2基の石造のトンネル・ヴォールトが直交する交差ヴォールトを有している。アーチの内側は、二重シェブロン模様が施されている。クリプトは主に、教会東側端部の床下に設けられている。

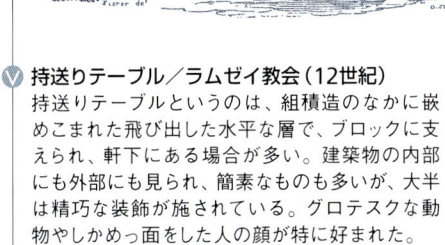

持送りテーブル／ラムゼイ教会（12世紀）
持送りテーブルというのは、組積造のなかに嵌めこまれた飛び出した水平な層で、ブロックに支えられ、軒下にある場合が多い。建築物の内部にも外部にも見られ、簡素なものも多いが、大半は精巧な装飾が施されている。グロテスクな動物やしかめっ面をした人の顔が特に好まれた。

闊葉の柱頭／ブロクスハム教会／オックスフォード
高浮き彫りの葉飾りは、ロマネスクとゴシックの両方の様式に共通して見られる。柱身最上部のリングは、ロール・モールディングと呼ばれている。この意匠化された葉は、古典様式でおなじみのアカンサスの葉である。

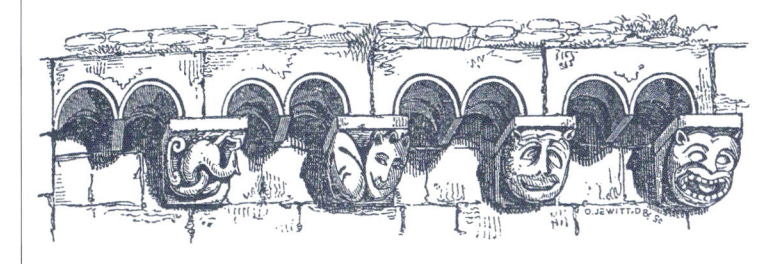

ビレット・モールディング
軽く盛り上がった四角形や円柱が等間隔に並び凹凸を繰り返す模様をビレットという。

195

世界の建築様式の歴史

Romanesque

イタリア・ロマネスク：多様性

　当時イタリアでは、教皇領と神聖ローマ帝国の間で、一進一退の闘争が繰り広げられていた。フランス同様にイタリアも独自の建築様式を持ついくつかの地域で構成されていたが、それぞれが西ヨーロッパに起こりつつあった建築様式を吸収していった。ロンバルディアなどの北の地方では、新しい教会建築の隆盛が見られたが、全体としてみたイタリアは比較的保守的で、フランス、イギリス、スペインなどに見られる旺盛な建築活動は起こらなかった。しかしローマ建築、ビザンチン、イスラム建築の伝統は、ロマネスク時代の建築家によって融合、熟成され、持ち上げられたドーム上のクーポラ、バシリカ式平面、カンパニーレ（鐘楼）、洗礼堂、外部立面の大理石化粧張りなど、非常に多彩な様式が展開された。それらの文体的特徴は、時おり散発的に現れる例を除いて、他のヨーロッパ諸国ではほとんど見られないものであった。

サン・ミニアート・アル・モンテ教会 平面図
ローマ時代のものとは少し違うが、バシリカ式平面は依然として多くの教会に用いられた。サン・ミニアート教会では、広い中央身廊と2本の細い側廊によって非常に広い内陣が造られ、それは基壇の上に持ち上げられて、その下に広いクリプトが設けられている。

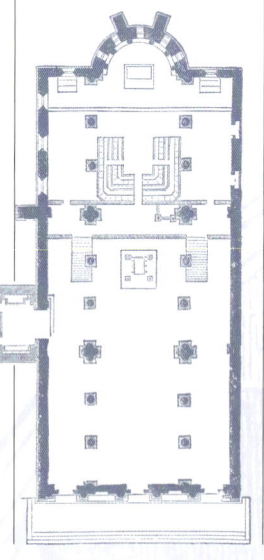

サン・ミニアート・アル・モンテ教会 西側正面
フィレンチェ・ロマネスクの特徴の1つは、視覚的効果を高めるための色大理石の使用である。大理石の滑らかな表面がもたらす光の効果を計算に入れた統一的な幾何学的模様は、豪華で洗練されており、ヨーロッパ北部の彫刻的ファサードとの決定的違いを示している。

サン・ミニアート・アル・モンテ教会／フィレンツェ（1018年頃）
サン・ミニアート・アル・モンテ教会には主内陣の下に地下内陣（クリプト）がある。これは比較的めずらしい形で、通常のミサを行うための内陣とは別に、俗人を収容しておくための内陣として聖職者が命じて造らせたものである。

サン・マルコ大聖堂 西側正面／ヴェネチア（1063年頃～1096年）
壮麗なアーチ型の西側正面は11世紀に建てられたが、完全に装飾が仕上げられたのは19世紀になってからのことであった。この枢要な地に建てられた3番目の教会である十字型平面のロマネスク教会は、この都市のビザンチン時代の伝統を平面構成の継承として重く受け止めている。

ロマネスク

リブ・ヴォールト／サン・ミケーレ教会／パヴィア
リブ・ヴォールトとは、屋根材の重量を支えるために、穹窿空間を横方向に、あるいは対角線状に走るアーチ型のリブの構造をさし、ロンバルディア式教会の大きな特徴である。

ロンバルディア式帯飾り／ピアチェンツァ大聖堂
スクリーン（衝立型）・ファサードの軒の線に沿って造られている、装飾アーケードの形のアーチ型列柱は、ロンバルディアーライン様式の顕著な特徴である。

サン・ミケーレ教会 東側端部／パヴィア
イタリアの教会の大半は、1個の後陣を持つ内陣で行き止る。それは外側立面の湾曲に明確に表現されている。東側立面の装飾は、多くの場合西側立面の豪華な装飾に比べ控えめである。西側立面は、信者を受け入れるための入り口という役割だけでなく、神の偉大さを示す強い建築的表象を持っていなければならないからである。

サン・ミケーレ教会 断面図／パヴィア（1100～1160年頃）
ベイの内部立面の3層構造、トリビューン、クリアストーリー、これらがこの教会の強い垂直志向を表現している。石のヴォールトを使用しているが、まだやや重く感じられ、当時のフランスの教会がすでに達成していた天に昇る感覚はまだ実現されていない。

車輪窓／サンタ・マリア教会／トスカネッラ
車輪の形をした円花窓は、12～13世紀初めにかけてイタリアの教会の西側正面に多く見出される。非常に精巧に、豊かな装飾性を持って造られているその円花窓は、実際に身廊に光を導いている。それはクリアストーリーの窓の補完でもあり、その機能の代用でもある。

鐘塔／サンタ・マリア教会／コスメディン
四角形の優美な鐘塔が教会に付属して立っている姿は、ロンバルディアではよく見られる光景である。この鐘塔（ローマからかなり南の）は、底面の一辺が4.5m、高さが34mと、ロンバルディア式の塔に比べるとやや小ぶりであるが、塔の階を区分する結合されたアーチ型壁がんの列や、細くならずにそのままの大きさで上に伸びる形はロンバルディアの影響をよく表している。

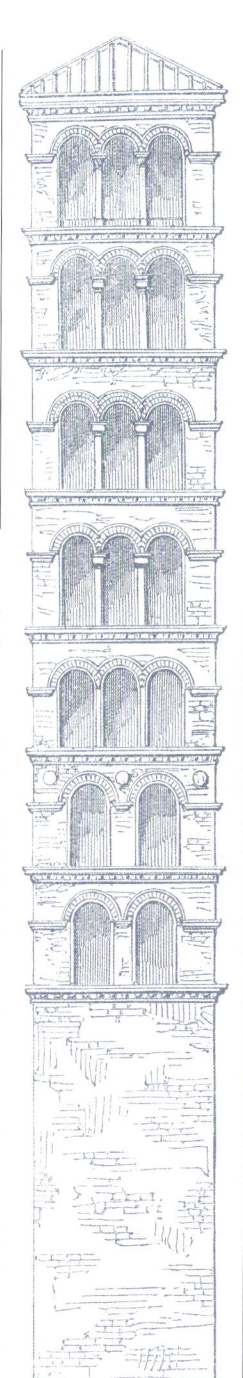

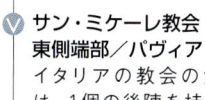

世界の建築様式の歴史

Romanesque

イタリア・ロマネスク：地方的特徴

　ロンバルディア地方では、フランスとドイツの強い影響が見られる。教会は、広い身廊と石造のヴォールトを持ち、教会本体から独立して建つ塔を有している。この時期、ローマの建築活動は、その領域内に多くの古典時代の建築物が残存していたことから停滞していたが、それとは対照的に、フィレンチェ、ルッカ、ピサなどのトスカーナ地方の都市では、それぞれが非常に個性的な地域的様式を発展させ、ローマ建築とは少し異なった平面構成のなかに、ビザンチン風のモザイクや大理石の化粧張りなどを導入した。こうした華やかな地方的ロマネスクの興隆を最もよく象徴しているのが、ピサの大理石化粧張りの建築物のアンサンブルである。そこでは芝生の敷地の中に、ドゥオーモ、カンパニーレ、洗礼堂がそれぞれ独立して建ち、それらが新しい形であるカンポサント（墓地）によって仕切られている。

パラッツォ・デッラ・ラジョーネの門／マントヴァ
半円アーチで装飾されたこの門に見られるように、世俗的な建築物にも、教会建築と同様の建築言語が用いられている。当時は、教会に適した言語と公共の建築物に適した言語との間に明確な区別がなかったことをこの門は示している。

スクリーン（衝立型）・ファサード
教会西側端部にあり、巨大な立面によって構成され、上部に単一の大きな切妻を持つスクリーン・ファサードが、12〜13世紀初めの北イタリアの教会の大きな特徴である。これはこの地方に見られる立面処理の2つの方法のうちの1つである。もう1つの方法が、ロンバルディア式教会の西側正面に建つツイン・タワーである。

サンタ・マリア教会の柱頭／トスカネッラ
ロマネスク様式の復古的特徴は、重要な部分に用いられる意匠化された模様によく表されている。それらは古典時代のものを模写したり、改変したりしている。13世紀に建てられたこの教会の擬似コリント式柱頭に見られるアンテミオン（スイカズラ）の模様は、最も長く生き続けた葉飾り模様の1つである。

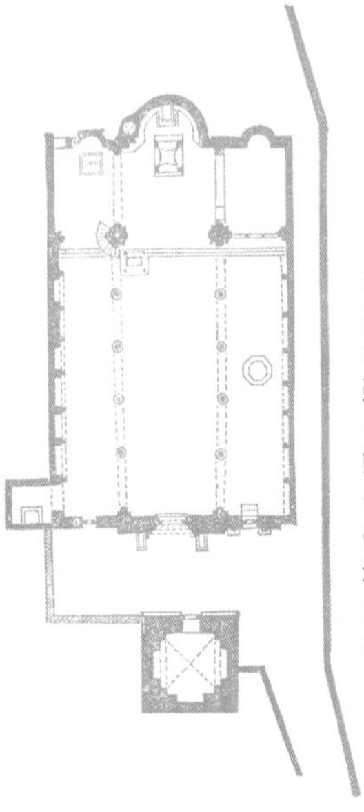

サンタ・マリア教会平面図／トスカネッラ（13世紀初め）
このバシリカ式平面では、鐘塔（カンパニーレ）が教会西側端部の前に建っている。カンパニーレにはさまざまな形態のものがある。記録に残るローマ最古のものは、8世紀の四角形の塔（この図のような）であるが、ピサの斜塔（1173年以降）のように円形のカンパニーレも多くある。

ロマネスク

モザイク装飾／サン・パオロ大聖堂／ローマ

モザイクを象嵌細工した繰型は、ローマ、ヴェネチア、南イタリアの諸州の特徴である。幾何学模様が最も一般的であるが、抽象的、あるいは写実的模様も多く使われた。これは13世紀前半の例であるが、宝石のように華麗で、当時の工芸職人の技術水準の高さがうかがわれる。

円柱／サン・パオロ大聖堂／ローマ

ビザンチンの影響は、13世紀初めのこの頃でも、これらの捻り合わせ形、フルート付き、あるいは幾何学的模様の彫られた各種の円柱にまだ強く残っている。この半円アーチの回廊スクリーンでは、ビザンチン様式とロマネスク様式の要素の融合が見られ、非常に精巧な、視覚的に高揚させられる空間が生み出されている。これらの双柱の円柱の柱身にはモザイクが嵌め込まれ、ローマで今後この装飾様式が開花することを告げている。この様式は13世紀後半に、「コスマティ細工」として知られるようになった。

十字型平面／ピサ大聖堂（1063年以降）

イタリアの教会で、伝統的な十字型平面が新しい独創的な平面を生み出すために使われることがあった。ピサの大聖堂では、大きく突き出した翼廊の奥にはアプス（後陣）があり、身廊と内陣には二重の側廊が付いている。交差部の上のドームは卵形で、イスラム様式の影響が見られる。

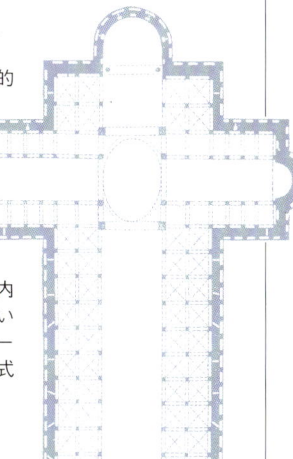

ポーチ／サン・ゼノ教会／ヴェローナ（1123年以降）

横たわった2頭のライオンの彫刻から立ち上がる独立円柱によって支えられた半円アーチのポーチというのは、12世紀北イタリアの教会の特徴の1つである。この大型のポーチはその最高の例で、入り口を守る2頭のライオン、まぐさを飾る12ヵ月を絵にした豊かな高浮き彫りの彫刻など、高い芸術性を謳歌している。ティンパナム（破風の繰型で囲まれた入り口上部の三角形の部分で、多くが装飾性の高い高浮き彫りで飾られている）には聖ゼノが悪魔を踏みつけている教訓的な場面が高浮き彫りで彫られている。

分節化／ピサ大聖堂

変化に富んだ4層の列柱、明色と暗色の大理石が織りなす優美な模様など、ピサ大聖堂の西側正面の装飾的処理は、ピサ・ロマネスク様式の真骨頂を示している。軽さとリズム感を創出しているこのファサードの分節化は、南イタリアとヨーロッパ全土に見習うべきモデルとして伝播していった。

199

世界の建築様式の歴史

ゴシック Gothic
12世紀中葉〜1530年頃

フランス：初期ゴシック

　尖頭アーチ、リブ・ヴォールト、フライング・バットレスなど、ゴシック様式を特徴づける重要な要素のすべては、すでにロマネスク様式で用いられていた。しかし同時にではなかった。その後350年間にわたってヨーロッパの建築界を支配することになる新しい様式の到来を告げたのは、12世紀中葉のフランスにおける、それらの要素の結合であった。垂直方向への高まる志向、壁の重量感の消去、華麗なステンド・グラスが嵌めこまれた大きな窓から入る神秘的な光、これらがその結果である。それらの要素はゴシック様式の発展に伴い、さらに高く、さらに軽くと、極限まで追求された。彫刻的装飾も最初のうちは後期ロマネスクの形態に追従していたが、すぐに独自の方向性を見出し、ついに13世紀、ゴシック様式は、形態においても装飾においても全面的に開花した。

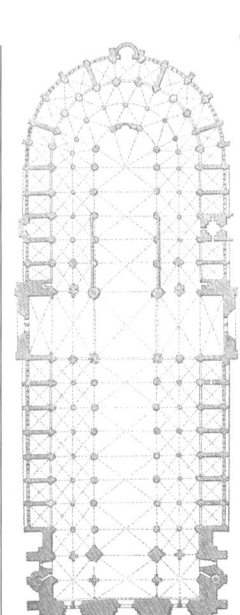

西側正面／シャルトル大聖堂
12世紀中葉から後期にかけて建設されたシャルトル大聖堂には、正面両端に聳えるツイン・タワーと、中央の円窓（円花窓）が見られる。この2つが最初に結合されたのは、1140年代に建てられたサン・デニ聖堂であった。その後この形態は、フランスの大聖堂西側正面や入り口のための公式として大いに使われるようになった。

尖頭アーチ／ポンティニー修道院
ポンティニー修道院の東側端部（シュヴェ）は、尖頭アーチが支配している。それは半円アーチとは比較にならないほどの高さを実現することができ、四角形のベイだけでなく、細長いベイでも使用することが可能で、自由な設計を許容する。

リブ・ヴォールト／オーセール大聖堂
このようなリブ・ヴォールト（13世紀初頭）においては、木の型枠や支持体は、ヴォールト全体のためではなく、ただリブのためだけに必要とされ、そのため工期が短縮されるだけでなく、特別な強度も得られた。

大聖堂平面図／ノートル・ダム大聖堂／パリ
ノートル・ダム大聖堂の平面図を見ると、リブ・ヴォールトの配列がよくわかる。さまざまな形のベイがリブ・ヴォールトによって支持されながら、全体の空間に統一性がもたらされている。

ゴシック

▲ フライング・バットレス／シャルトル大聖堂
フライング・バットレスはヴォールトの推力を地面に伝達し、それによって壁を構造から解放する。その結果壁は軽くなり、開口部も広く開けることが可能になる。

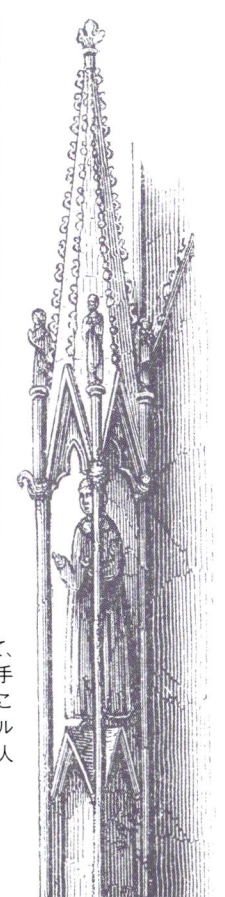

▲ バー・トレーサリー／バイユー大聖堂
この窓は以前のようにがっちりとした組積造によって分割されるのではなく、細い石のマリオン（縁）によって分節化され支えられている。ここには多くのカスプ（p.211参照）が見られる。

▲ 円花窓／シャルトル大聖堂
フランスの大聖堂西側正面と回廊の標準仕様であるこの円花窓は、花のような外見と円い形から、このように名付けられた。

▲ ベイ立面／ノートル・ダム大聖堂
身廊円柱はまだ量塊的であるが、統一された処理が施されている。それから上は、すべてが軽く、垂直志向で、柱身は細い棒（シャフト）に変化している。

▶ バットレスの壁がん／ルーアン大聖堂
ゴシック様式の発展につれて、バットレスの装飾もますます手の込んだものになってきた。このバットレスの頂部はピナクル（小尖塔）になり、そこには人物の彫像が納められている。

▲ プレート・トレーサリー／サン・マルタン聖堂
初期のゴシック様式の窓は、ほとんど装飾がなく、組積造によって開口され、副次的な分割は行われていなかった。これをプレート・トレーサリーという。ここに見られるようないくつかの窓の集合化は、やがてバー・トレーサリーへと進化していく。

▲ 柱頭装飾／ランス大聖堂
ランス大聖堂のこの柱頭は、古典様式からそう遠く離れてはいない。しかし古典様式と違って、柱頭の1つひとつが異なった処理をされ、葉の形が自由になっている。石工がより個性的な表現をすることが可能になっている。

▲ 西側正面／ノートル・ダム大聖堂
13世紀初頭に建てられたノートル・ダム大聖堂の西側正面は、同じ構成要素を用いることによって高い統一感が生み出されている（前頁のシャルトル大聖堂と比較して）。また進化したバー・トレーサリーにより、さらに豊かな表情が創り出されている。

201

世界の建築様式の歴史

Gothic

フランス：レヨナン式とフランボワイヤン式

　フランスでは、初期ゴシック様式の後、2つの特殊な時期が続いた。レヨナン式（13世紀中葉から）とフランボワイヤン式（16世紀に入るまで）である。2つともその独特のトレーサリーの形状（それぞれ放射状と火炎状）から名付けられたものである。そしてこのことは、変化が生じたのは主に装飾的な面であり、構造的な面ではなかったということを示唆している。とはいえレヨナン式は、圧倒的な高さ——ボーヴェ大聖堂では48m——を実現し、壁に対する窓の比率は最大限まで高められた。フランボワイヤン式では、これらの要素に豪華な装飾的要素が付け加えられ、それは14世紀後半から16世紀初頭まで続いた。その影響は主に建物外面に限られていたが、内部においてもいくつかの特徴的な調度が加えられ、比較的簡素なレヨナン式の殻を打ち破った。

フランボワイヤン式装飾／トロワ大聖堂
16世紀に建てられたトロワ大聖堂の西側正面は、なんとなく陰鬱なフランボワイヤン式装飾となっている。それはそれ以前のフランスの大聖堂や、当時のイギリスの垂直様式と比べると重く感じられる。

装飾トレーサリー／ボーヴェ大聖堂
ボーヴェ大聖堂のフランボワイヤン式翼廊入り口は、すべての要素が装飾を施され、多くが装飾トレーサリー——ガラスの代わりに石がはめ込まれている——を用いている。

移行期のトレーサリー／サントゥアン大聖堂／ルーアン
サントゥアン大聖堂の西側の窓では、内側のトレーサリーは放射状であるが、外側は火炎状になっており、レヨナン式からフランボワイヤン式への移行を示している。

ゴシック

> ### ランタン・タワー／サントゥアン大聖堂
> レヨナン式時代の進化の1つに、ランタン・タワー――ここサントゥアン大聖堂では交差部の上に建っている――がある。それは聖堂内部の採光のための塔で、使われているのは窓でも、装飾トレーサリーでもなく（胸壁や破風の頂部も同様）、透かし細工、すなわち埋め物のないマリオンだけのトレーサリーである。

> ### フランボワイヤン式窓／サンジェルマン教会／ポントドゥメアー
> フランボワイヤン式の流れるような線と、先に向かうにつれて細くなる炎のような形が、ここでは明瞭に示されている。自由な雰囲気が感じられるが、レヨナン式やイギリスですでに登場していた曲線式トレーサリーのような凝集力は感じられない。イギリスの曲線式がフランスのフランボワイヤン式に影響を与えたことがうかがえる。

> ### 内陣桟敷（ルード・ロフト）／サント・マドレーヌ大聖堂／トロワ
> フランスではあまり残っていないが、内陣桟敷（これはフランボワイヤン式時代のもの）は身廊と内陣を仕切るもので、聖楽隊のための回廊となっている。

> ### レヨナン式窓／シャルトル大聖堂
> シャルトル大聖堂のこの窓（後に造られた）の流紋トレーサリーには、まだ規則性と幾何学的形態が残されている。石のカスプも以前と同じように使われているが、かなり装飾性が高くなっている。レヨナン式窓とその周りの組積造の処理は、細さと垂直性が強調されている。

> ### 放射状トレーサリー／サントゥアン大聖堂
> レヨナン式大聖堂のなかでも最も荘厳なものであるこのルーアンのサントゥアン大聖堂（1318年着工）は、天に向かって屹立している。東側端部に並ぶピラミッド型屋根の礼拝堂は、一杯一杯まで窓を広げている。その窓の上部は典型的な放射状トレーサリーである。

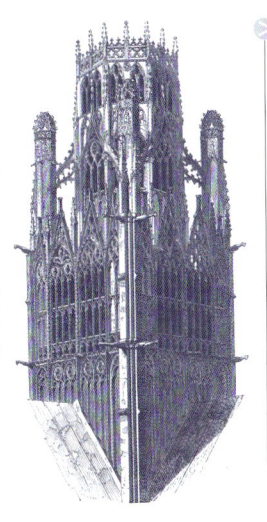

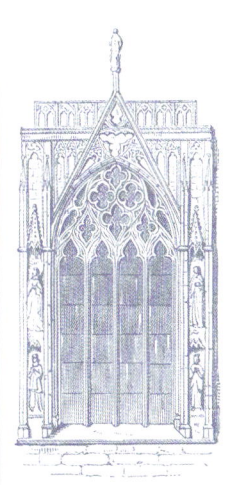

203

世界の建築様式の歴史

Gothic

フランス：住居及び世俗的建築物

　ゴシック時代、フランスではおびただしい数の城塞都市、城郭、住居、公共建築物が建造され、素晴らしい遺産が今日まで多く残っている。形態は機能に従っているため、外部の装飾は（教会と同様）、入り口、窓、バットレスに集中している。しかし教会と違い、この時代のフランス世俗的建築で最も傑出しているものは階段である。それは通常ファサードの前面に突き出すように設置され、建築物への主要な入り口を形成しながら、異なった範疇の部屋への進入を可能にしている。中世のフランスの住居は、イギリスのように大広間の周りに部屋を配置する形にはなっていない。

窓の処理
13世紀、ボーヴェの住居の窓は、教会と同じような処理が施されている。しかしその窓は、後ろの部屋の用途に合わせて集合化され、その結果より水平方向が強調されている。

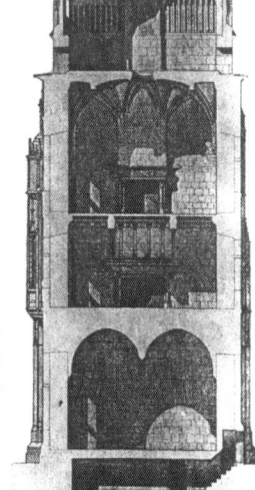

階層的ヴォールト／ホテル・ド・ヴィラ／ドゥリュー（1516年着工）
この建築物はフランス・ゴシック様式後期のもので、特に優美である。屋階のヴォールトは地下のヴォールトよりも優美で、空間の重要性の序列を反映している。

都市住居のファサード
この都市住居の3階建て構造は、2層の窓とその下の開放的なアーケードで表現されている。彫刻の施された一連のコース（水平の帯）が、水平方向を強調している。

入り口の処理／公爵宮殿／ナンシー（1502～1544年）
ロレーヌ地方ナンシーの公爵宮殿の道路側入り口は、後期フランボワイヤン式ゴシックで重々しく飾られている。しかしカスプと、より自然な葉飾りは、ルネサンス様式も示している。特に上部の貝殻模様、ピラスター、横顔のパネルなどはそうである。

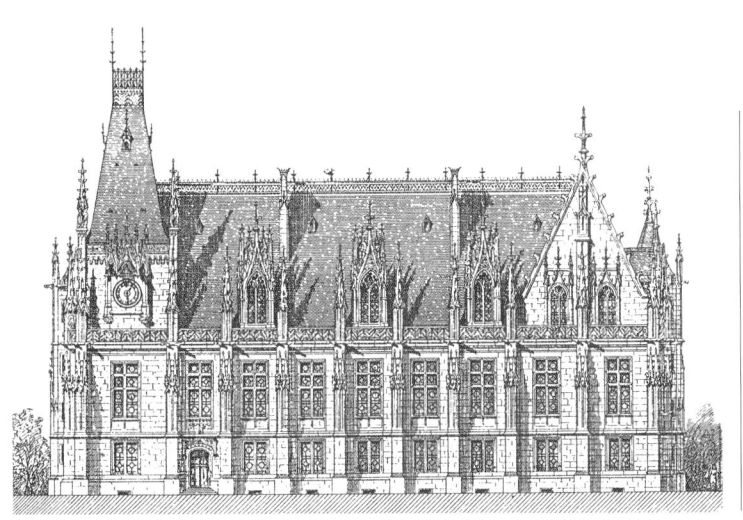

ゴシック

公共建造物／パレ・ドゥ・ジュスティス／ルーアン（1499年着工）
このフランボワイヤン式公共建築物は、この時代の他の建築物同様に、各構成部分が持つ異なった機能を外部にあまり表現していない。標準的装飾単位を繰り返すことにより生まれる乗法的効果が見て取れる。

住居階段／ジャック・クール邸／ブルージュ（15世紀）
このブルージュの都市住宅において、主階段がいかに重要であるかは一目瞭然である。階段は八角形の形で中庭に突き出した塔の中に収められ、すべての面に装飾が施され、門番小屋の真向かいに建てられている。

荘園領主館／シャトー・ド・クレーヌ（15世紀）
ジャック・クール邸同様に、このチノン近郊の荘園領主館においても、階段塔が支配的な役割を演じている。角のトゥーレル（円形小塔）は防御的な建築物を想起させるが、もはや実用的な意味はない。

城郭／シャトー・ド・ムーアン・シュル・イェーブル（14世紀後半）
『ベリー公のいとも豪華なる時祷書』の絵を元に作成したこのブルージュ近郊の城郭復元図は、独立した天守閣のない円形の塔の複合体という後期フランス城郭建築を表している。装飾は防御壁から上に集中し、ここでは展望台の形に趣向が凝らされている。それはピナクルや円錐屋根となり、複数の窓を持っている。

205

Gothic

アーリー・イングリッシュ様式外部

　イギリスのゴシック様式を3つの主要な時期——アーリー・イングリッシュ、華飾様式、垂直様式——に区分したのは、19世紀の建築家トーマス・リックマンであった。ゴシック様式はフランス人の石工頭であるギヨーム・ド・サンスによってイギリスにももたらされた。彼は、フランスでゴシック様式が定式化された30年後の1174年、カンタベリー大聖堂の東側の改修工事を始めた。ゴシック様式はすぐさま大きな運動となって広がっていったが、アーリー・イングリッシュ・ゴシック（1170年頃～1280年頃）は、当時のフランス・ゴシック様式と平面及びディテールの処理で異なっている。概してフランスのものよりも直線的で、構成要素を細分化し、その結果として空間の統一性に欠けている。

> **ランセット窓／アウンドル教会**
> 頂部にカスプを持たない（アーリー・イングリッシュ様式の特徴）5つのランセット窓が、このノーサンプトンシャーのアウンドル教会の窓では合体させられている。窓と窓の間の組積造は極端に細められ、トレーサリーのバーのようになっていて、華飾様式を先取りしている。その上の壁には石の帯（フード・モールド）が付けられ、雨水を防いでいる。

> **外部要素／ビヴァリー・ミンスター大聖堂（13世紀初め）**
> 頂点の尖った細長い窓（ランセット窓）、束ね柱で分割された入り口、その上の四葉型（カスプによって4分割された葉の形）の窓、どっしりとしたバットレス、円花窓などがアーリー・イングリッシュ・ゴシックの共通要素である。ここではそれがすべて揃っている。

> **二重翼廊／ソールズベリー大聖堂（1220年着工）**
> 14世紀に増築された塔は除き、ウィルトシャーのソールズベリー大聖堂は完全なアーリー・イングリッシュ様式である。ヨーロッパの他のゴシック教会とは異なり、イギリスの教会の翼廊は概して幅広く突き出しており、ここに見られるように二重に突き出しているものもある。

ゴシック

入り口／グレート・ミルトン教会
オックスフォードシャーのこの教会に見られるように、ほとんどのアーリー・イングリッシュ様式の入り口は尖頭アーチになっている。多くは奥行きがあり、束ね柱で縁取られている。また上部のアーチには、円形と深い溝が交互に繰り返す繰型が彫られていることが多い。

フライング・バットレス／ウェストミンスター修道院
ロンドンのウェストミンスター修道院に見られるように、アーリー・イングリッシュ様式のバットレスは、ほとんど装飾が施されていない。それは胸壁の上から立ち上がり、ピラミッド型の頂部を持っていて、簡素な小塔のようだ。

アーリー・イングリッシュ様式の装飾／ウォミングトン
アーリー・イングリッシュ様式では外部の装飾は非常に控えめである。ここではバットレスは面取りされ、単純な凹面の繰型が彫られ、その端に葉飾りが高浮き彫りされているくらいである。

フラット・バットレス／エンシャム
オックスフォードシャー、エンシャムのこのバットレスは、直接壁を背にして造られ、幅と奥行きが同じ長さで、頂部が急角度に納まっている。アーリー・イングリッシュ様式のバットレスの典型的な形である。

207

世界の建築様式の歴史

Gothic

アーリー・イングリッシュ様式内部

　同時代のフランスの大聖堂とは対照的に、アーリー・イングリッシュ様式の大聖堂内部は、側廊のベイが広く取られ、水平方向の線に大きな許容性が与えられている。そのため大きな聖堂や教会は、視覚的な流れの感覚が強められ、実際フランスのものよりも奥行きが深く、目は天井に向けられるのと同じくらいの強さで東側端部に引きつけられる。内部空間は非常に広くなり、そのため平面構成の面でも、個々の部分に用いられる装飾の面でも、全体として統一的に処理されるまでには至っていない。装飾は大胆で、主に柱身や線条の数の多さが生み出す豪華さに頼っている。その柱はパーベック大理石などの高価な石でできており、深く彫られた繰型で装飾されている。この時期後半の、ヴォールト・リブの装飾的使用、表面の質感への集中は、次のイギリス華飾様式ゴシックの前触れとなった。

▷ 水平性
リンカーン大聖堂（1192年着工）は、アーリー・イングリッシュ様式の傑作である。この図に見られるように、身廊は水平性を誇示しているが、それは広いベイ、天井まで伸びる柱身が存在しないこと、そしてヴォールトの東西を結ぶ1本の棟リブの存在によって生み出されたものである。

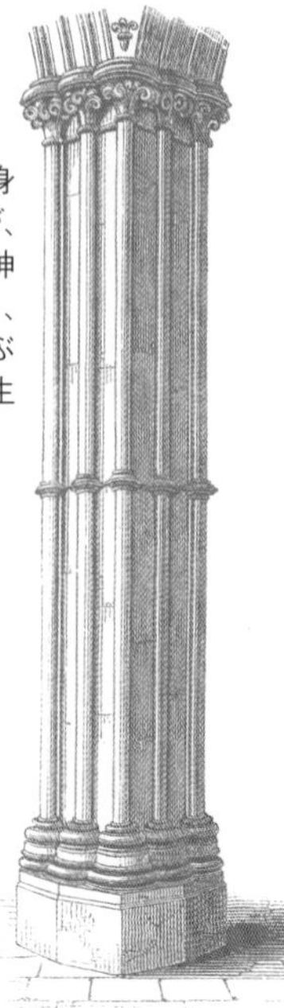

▷ ベイ／リンカーン大聖堂
リンカーン大聖堂身廊のベイは、すべてが広い。下部は側廊アーケードになっており、中間がトリフォリウム（アーケード歩廊）、そして上部がクリアストーリーである。

▷ 柱頭装飾／リンカーン大聖堂
リンカーン大聖堂北の翼廊の柱頭である。おおらかで深い葉飾りの彫刻が施されている。しかし概して柱頭本体の釣鐘上の部分だけが装飾され、そこでさえ何も装飾されない場合もあり、もっぱら繰型にのみ頼っている。

▷ ピア・シャフト／リンカーン大聖堂
リンカーン大聖堂のこのピアに見られるように、アーリー・イングリッシュ様式のピアは、何本もの細い円柱の柱身（シャフト）で装飾されていることが多い。その多くがパーベック大理石のものである。それらはその上の深く彫られた繰型で釣り合いが取られている。

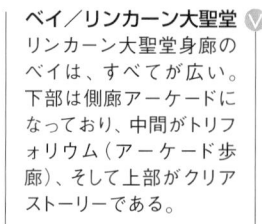

▷ 犬歯飾り
アーリー・イングリッシュ様式のいわゆる「犬歯飾り」は、実際は4枚の花弁を持つ花で、その中心は焦点を作るために盛り上げられている。

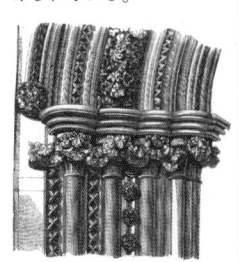

ゴシック

装飾アーケード／ビヴァリー・ミンスター大聖堂

この時代の壁面には、ここビヴァリー・ミンスター大聖堂のように、めくらアーケード（内部が石で埋められた）がよく使われた。三つ葉型アーケードが階段の手前まで続いている。シャフトはパーベック大理石製で、アーチの装飾は犬歯飾りである。

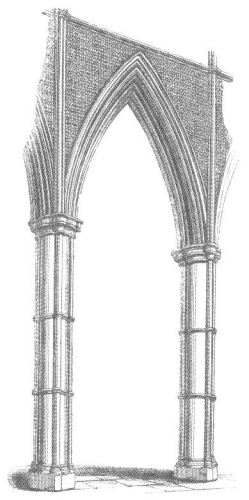

身廊アーチ／ウェストミンスター修道院

フランスの影響でベイが狭くなり、その結果身廊は非常に狭く高くなった。パーベック大理石のシャフトや柱頭から装飾が消えていったが、その代わり壁面がダイアモンド模様で覆われるようになった（下参照）。

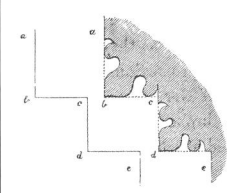

アーリー・イングリッシュ様式の繰型

図のように円形と深溝が繰り返す繰型が多く使われた。サリー州シアのこの例のように、ボートの竜骨（キール）に似ていることから、竜骨繰型と呼ばれている。小さいものはオジーまたはS形である。四角形の輪郭から彫り進められる。

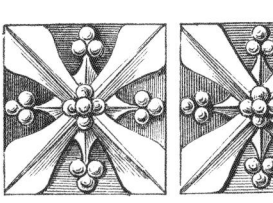

ダイアモンド模様

この時代以降、正方形のなかに対角線状に花弁を配した模様を作り、それを連続させて表面を装飾する技法——ダイアモンド模様——がよく使われるようになった。

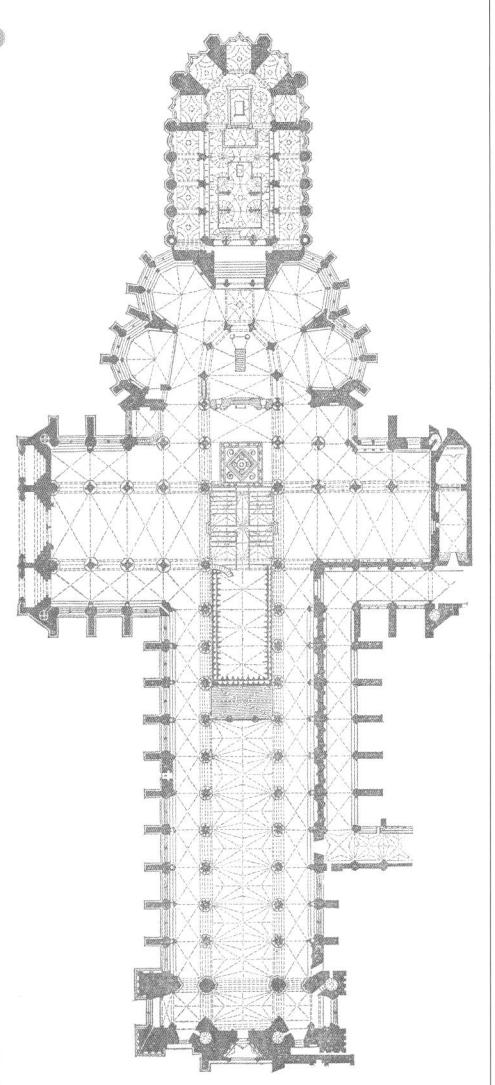

ウェストミンスター修道院平面図

ウェストミンスター修道院はフランス・ゴシック様式の影響を強く受けており、高さと、イギリスではめったに見ることのない東側端部の放射型礼拝堂に現れている。しかし同時に、強く突き出した翼廊や、ヴォールトの棟リブに導かれる西側端部の強調などのイギリス的特徴も併せ持っている。東側最奥部は聖母礼拝堂であるが、現在はヘンリー7世の礼拝堂（1503〜1512年に建造）に占有されている。教会に付属しているのは、修道院回廊と、図の右側の参事会会議場と居住部分である。

世界の建築様式の歴史

Gothic

イギリス：華飾様式外部

　1290年代から1350年代までイギリスで主流であったゴシック様式を華飾様式という。名前が示すとおり、それはおびただしい量の装飾と、装飾的構造フォルムが特徴である。しかしこの時代の建築物は多様な展開を見せており、装飾を多く用いているものもあれば、少なくしか用いてないものもあり、また高さを追求し、窓を広く取るものもあれば、アーリー・イングリッシュ様式に近く、がっしりとしたフォルムで抑制されたものもある。トレーサリーもまた多様性を見せ、優美な幾何学模様や、網目状になったもの、花の模様などが生まれ、窓はこれまでになく多くの部分に分割されることになった。

装飾された塔／ブロクスハム教会
オックスフォードシャーのブロクスハム教会の塔は、華飾様式の特徴を随所に示している。鋭く尖ったスパイア、角の対角線の強調、角に付けられたバットレス、そしておびただしい量の浮き彫り装飾。

クロケット装飾のピナクル／ブロクスハム教会
バットレスはアーリー・イングリッシュ様式のものよりもかなり高くなり、その頂部はスパイアのようなピナクルとなって、クロケット（唐草浮き彫り模様）と呼ばれる装飾が施された。

持送りテーブル／ブロクスハム教会
上部の組積造を支える、突き出した石のスラブや持送りが1列に並んだものを持送りテーブルという。図のようにそのテーブルは精巧な立体的彫刻の上に置かれることが多く、塔からスパイアへの移行を目立たせる役割を担う。

エレアノールの十字架／ノーサンプトン
成熟した華飾様式の初期のものには、十字架を連続して装飾的に用いるものが多い。この1290年に建てられたノーサンプトンの塔は、エドワード1世の王妃、エレアノール・オブ・カスティーリャの健康な体を記念して建てられたものである。

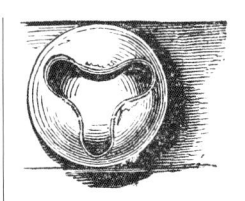

ゴシック

玉花弁飾り／バンプトン教会
玉花弁飾りは華飾様式特有の飾りで、このバンプトン教会西側の扉に見られるように、端から端まで一貫して使われることが多い。ドア入り口はこの様式にしてはわりと簡素で、アーリー・イングリッシュ様式ほど奥行きもない。

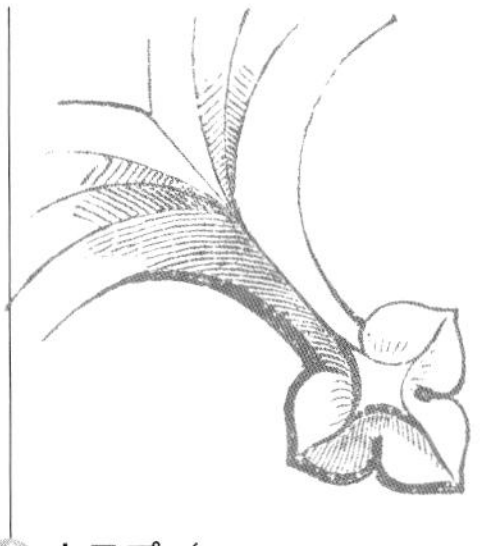

カスプ／リンカーン大聖堂
この円弧と円弧が交差する尖った先端、カスプが、華飾様式の装飾の大きな特徴である。窓のトレーサリーのなかで、さまざまな形で強調されているが、ここリンカーン大聖堂ではスクリーンでも用いられている。

クロケット
精巧に彫り出された一連の唐草の浮き彫り模様、クロケットが、スパイアやピナクル、その他の急角度で接する面の角の繰型に用いられている。垂直の繰型にはあまり用いられない。

曲線式トレーサリー／セント・メアリーズ教会／チェルトナム
流紋トレーサリーは曲線式トレーサリーとも呼ばれる。下の美しいバラ形窓に見られるように、多くのカスプによって生まれる曲線で構成されているからである。

流紋トレーサリー／イルスリングボロ
後期の華飾様式窓は上部のバーの模様が不鮮明になり、ただの網目に堕してしまっているものも多くある。トレーサリーは、ノーサンプトンシャーのこの教会のように、短剣のような形（ムシェット）を含む流紋で構成されることが多い。

幾何学式トレーサリー／ローンズ
13世紀後半には、マリオンは細いバー（そのためバー・トレーサリーと呼ばれる）になり、基礎からまっすぐ立ち上がってやがて上部に網目を作るか、ここノーサンプトンシャーの窓のように、幾何学的模様を作るようになった。

フォイル／ドーヴァー
カスプが円に近い形を作るとき、それはフォイル（葉形飾り）と呼ばれる。ケント州ドーヴァーのこの三角形の窓では、円が3つ合体して三つ葉型を作っている。14世紀になると、カスプは必ずしも石の円の組み合わせの中にある必要はなくなり、独り立ちしていく。

Gothic

イギリス：華飾様式内部

　華飾様式を大きく特徴づけ、そのなかで発展していった要素が、S字型のオジー・アーチである。それは建築物外部にも内部にも見られるが、大半が内部に用いられている。オジー・アーチは壁に平行に造られている場合もあれば、より大胆に（イーリー大聖堂の聖母礼拝堂のように）、立体的に前方に傾き天蓋を形作ることもある。ヴォールトは構造的に必要とされる以上に発達し、副次的な枝リブが装飾的な目的のために数多く導入され、リブの織りなす模様はますます複雑になっていった。また柱頭の葉飾りもより精巧になり、以前ほど模様化されず、豊かな発想のもとに多彩なものが造られるようになった。

初期華飾様式／リッチフィールド大聖堂
リッチフィールド大聖堂（1260〜1280年）の身廊は、幾何学的トレーサリーと、菱形のシャフトを束ね柱にしたピラーが特徴的だ。闊葉の彫刻、犬歯飾りの繰型などは保守的である。

参事会会議室／ウェールズ大聖堂
参事会会議室（大聖堂の主任司祭と参事会員が会議を行う場所）の多角形の平面と、内部の特別華麗な装飾はイギリス特有のものである。このウェールズ大聖堂参事会会議室（14世紀初め）のヴォールトでは、中央のピラーからなんと36本ものリブが起拱している。

四葉花飾り／エリー大聖堂
エリー大聖堂（14世紀前半）のアーチは豊かな装飾で飾られている。ここでは、四葉花飾りがアーチの外側の帯を飾っている。この形は、華飾様式から垂直様式まで幅広く用いられた。

平滑な東側端部／ホーリー・トリニティー教会／フル
イギリスの教会の東側端部は、大陸のものとは違い、多くが平滑である。そのかわり窓に趣向が凝らされている。流紋形のバーと多くのカスプによって豪華な曲線式トレーサリーが造り上げられている。

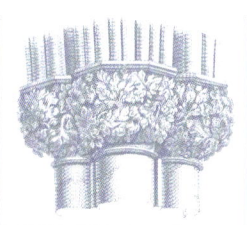

ゴシック

葉飾り彫刻／ヨーク・ミンスター大聖堂
この時代の葉飾り彫刻は、この例に見られるように、実際の植物を写生したようなものが多くなった。しかしアーリー・イングリッシュ様式の闊葉の彫刻も引き続き用いられた。

廟墓装飾／グロスター大聖堂
横たわった人物彫像を載せた墓標、墓石――ここではエドワード2世――は、華飾様式の時代に多く造られた。中世のすべての重要な廟墓と同様に、このエドワード2世の廟墓も、オジー・アーチ、カスプ、壁がん、ピナクル、その他多くの装飾で華麗に飾られている。

イースターの墓／スタントン・セント・ジョーンズ教会
キリストの復活の墓を再現したこのオックスフォードシャーの教会の壁がんは、精緻なカスプとクロケットで飾られた大胆なオジー・アーチで縁取られている。

聖職者用座席／グラフトン・アンダーウッド教会
3つの席、セディーレは、内陣の南側の壁に設けられており、司教、司祭、助祭のためのものである。セディーレは図のように隣り合わせになっていることが多く、すぐ横の壁がんには聖餐やミサの容器を洗うためのピシーナと呼ばれる石の水盤が置かれている。

セント・スティーブンズ教会平面図／ウェストミンスター
パリのサント・シャペルに対抗するように建てられた（1298～1348年）、この側廊のないガラス箱のような教会は、強い直線志向を持ち、次の垂直様式の到来を予感させる。

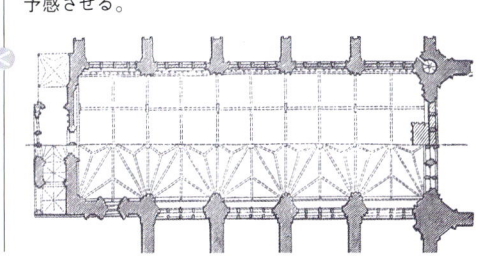

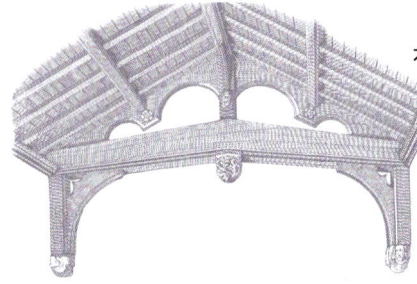

木造屋根／ポールブルック教会
ヴォールト構造ではない教会は、このノーサンプトンシャーの教会のように、重々しい木造の小屋組み屋根を持っていた。これはそのなかでも比較的簡素なもので、透かし彫りのトレーサリーのあるものもあった。

枝リブ・ヴォールト／セント・スティーブンズ教会
セント・スティーブンズ教会のクリプトは現在もまだ残っているが、内部は初期の枝リブ・ヴォールトを示している。それは華飾様式の時代に発展したもので、ヴォールトの最も低い基部（迫り元）から起拱しない交差リブが装飾的に使われるものである。

世界の建築様式の歴史

Gothic

イギリス：垂直様式外部

　垂直様式（1340〜1540年）を特徴づけるものは、垂直方向及び水平方向への直線の強調である。窓や壁の表面はトレーサリーによって分割され、矩形のパネルの列の上にまた列が載り、リブはどちらへも傾かず垂直に立ち上がってアーチの頂点を打つ。垂直様式はヨーロッパの他の地域にはない独特のもので、他の地域のゴシック様式が衰退し、ルネサンス様式に変わっていくなかでも、新鮮さを失わず発展し続けた。

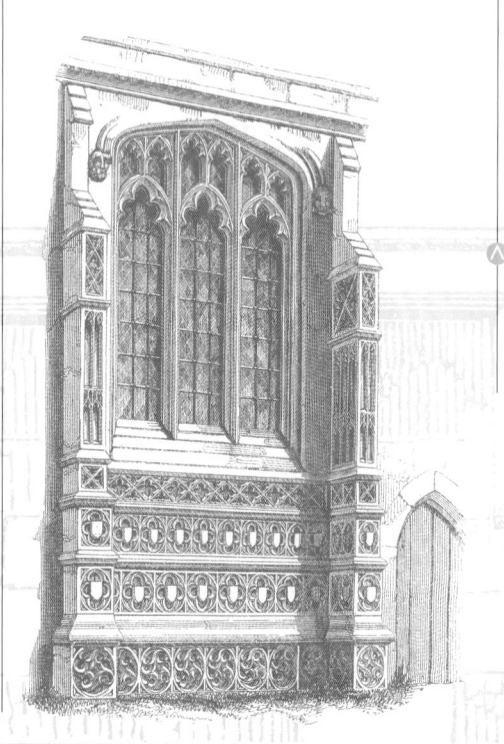

キングズ・カレッジ礼拝堂／ケンブリッジ（1446〜1515年）
垂直様式のなかで最も重要な建築物であるキングズ・カレッジ礼拝堂が着工されたのは1446年であるが、バラ戦争のため、完成は1515年まで延ばされた。ウェストミンスターのセント・スティーブンズ教会同様に、この礼拝堂もパリのサント・シャペルと同じ流れにあり、窓が壁面を奪い、強い垂直志向に貫かれている。

垂直様式フィニアル
フィニアルは建築物の構成部分の中の、先端が尖ったものの突端や、急角度に曲がる部分の頂点に付けられるもので、クロケットと同時期に発達した。

スパンドレル（三角小間）
アーチの上方、左右の三角形の空間をスパンドレルという。多くが高浮き彫りで装飾されるが、垂直様式の時代は特に華やかに飾られた。

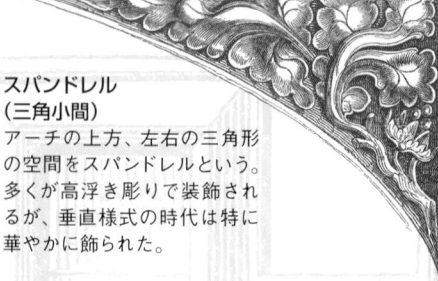

4心アーチ／イエルバートフト教会
壁面の矩形パネルによる処理、垂直に延びるトレーサリー・バーと同様に、このノーサンプトンシャーのイエルバートフト教会内陣北側の窓——4心アーチ——も、垂直様式の特徴である。名前の通り、上から押さえつけたような形のアーチを造るためには、異なった円弧を生み出す4つの中心が必要だからである。

ゴシック

透かし彫り胸壁

垂直様式時代には、このクローマーの建築物のように、屋根の線を下から見えないようにするために、パラペット（胸壁）――透かし彫りを持ったものが多い――を持つゆるい角度の屋根が多く造られるようになった。このような胸壁は市街でも多く見られた。

垂直様式正門／ケントン

扉の繰型は、デヴォン、ケントンのこの住居に見られるように、ほとんどが浅く、上端が四角形になっている。それとは対照的に、スパンドレルは精巧な高浮き彫りで強調されている。シャフトは限度一杯まで細くされ、抱きの部分にも1本の深い溝があるだけで、ここでは四葉花飾りで飾られている。

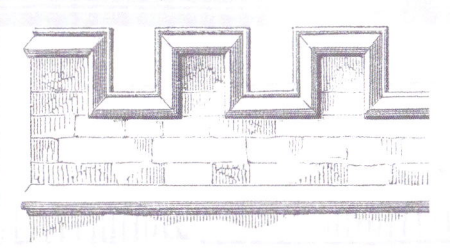

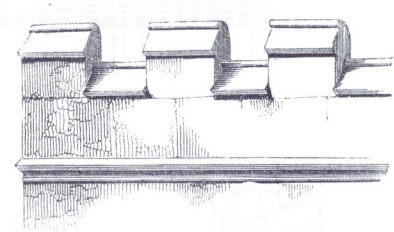

パネル・トレーサリー／ヨーク・ミンスター大聖堂

ヨーク・ミンスター大聖堂（1380～1400年）の内陣クリアストーリーの窓は、パネルの大部分が、まっすぐ上に伸びるマリオンと水平なバー（トランサム）で構成されている。ここでは、5つの縦長の区切りの真ん中の部分だけが矩形のカスプ頂部となっているが、後期の建築物（ウェストミンスター修道院のヘンリー7世礼拝堂やケンブリッジのキングズ・カレッジ礼拝堂など）では、このような特徴はより一貫して用いられ、その結果垂直性と同時に水平性も強調されている。

垂直様式バットレス

垂直様式の時代になってもバットレスの基本的な形に目立った変化はなかったが、15世紀になると、バットレスも他の平滑な壁面処理と同じくパネル化された。

鋸壁（バトルメント）

鋸壁は壁面上部の切れ込みの入ったパラペットで、さまざまな形で装飾される。これは頂部装飾の例である。立ち上がった部分はメルロンといい、くぼんだ部分は銃眼という。トランサムの上や、窓の基部にこの形を装飾として用いるのは、イギリスの垂直様式に特有のものである。

世界の建築様式の歴史

Gothic

イギリス：垂直様式内部

　全体が垂直様式で貫かれた最初の建築物が、グロスター大聖堂内陣である。1337年に着工されたその内陣は、窓と壁の全体がトレーサリー・パネルで覆われ、強い垂直志向を示す主シャフトは、精巧に造られたヴォールト構造まで何ものにも邪魔されず一気に昇っている。垂直様式の主要な特徴を包み込むその複雑なヴォールト構造は、その最高の表現を15～16世紀初めの王立建築物に見ることができるが、多くの地方の教会にも見られる。垂直様式はその精神を細部まで貫徹する特徴があり、特に屋根構造の処理にそれが顕著である。

ファン・ヴォールト／キングズ・カレッジ礼拝堂／ケンブリッジ
ファン・ヴォールトは14世紀の緻密な枝リブ・ヴォールトから進化した。それは円錐形の曲面に装飾的なカスプ・パネルをあしらったもので、交差部にはしばしば装飾的突出物（ボス）を持つ。ファン（扇形）は強調された交差リブで分割される場合もある。

王立建築物／キングズ・カレッジ礼拝堂
壮大な垂直様式の建築物が、バラ戦争（1455～1485年）を闘っている王侯によって建てられたが、それは威信を示すためでもあり、また内紛の後の堅固な団結を示すためのものでもあった。キングズ・カレッジ礼拝堂は最終的な勝者、チューダー王朝によって建設された。それは王朝の勝利を誇示する西側端部の多くの勇壮な彫刻が特徴であるが、対照的にそれ以外の装飾は単純な線と平滑な面で構成されている。シャフトにはチューダー朝のバラの紋章と、落とし格子の彫り物が飾られ、大きな窓の下には王の旗印の彫刻が見える（図下部獅子の形）。

キングズ・カレッジ礼拝堂平面図
平面の明快さと空間の統一性の強調が垂直様式の特徴である。キングズ・カレッジ礼拝堂には翼廊も側廊もなく、身廊、内陣、聖歌隊席の間には何の建築的相違点もない。

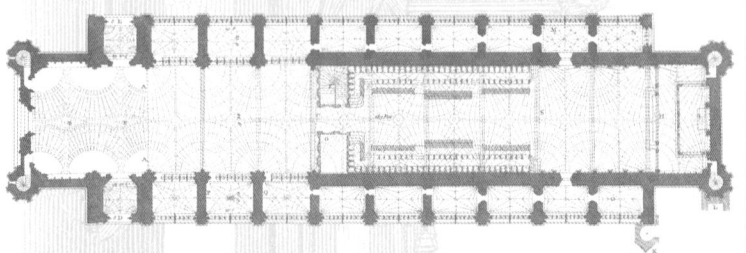

ゴシック

ペンダント・ファン・ヴォールト／ヘンリー7世礼拝堂
ウェストミンスター修道院のヘンリー7世礼拝堂（1503〜1519年）は、イギリスにおけるゴシック様式の最後の隆盛を示す建築物であり、後期の進化の産物であるペンダント・ファン・ヴォールトが見られる。ここではファンは完成された円錐形になり、美しいペンダントの形で天井から釣り下がっている。

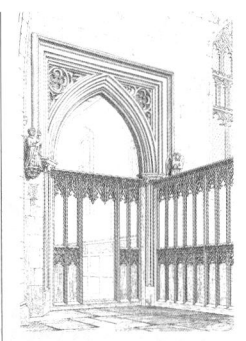

角形繰型／ラッシュデン教会
フード・モールディング（角形繰型）は通常雨水をよけるためのもので、外部に付けられることが多いが、垂直様式では、ここノーサンプトンシャーの教会のように、入り口を四角形で囲み強調するために、内部で使われることもある。

柱頭装飾／クライスト教会／オックスフォード
垂直様式の柱頭は装飾のないものが多いが、装飾される場合は、このオックスフォード、クライスト教会のように、たいていが意匠化されている。

ハンマービーム（水平跳ね出し梁）屋根
水平跳ね出し梁はアーチ型屋根を支えると同時に、それ自身がアーチ型の筋交いで支えられている。空間はトレーサリーで埋められ、梁の末端部に、ここノーフォークのトランチ教会に見られるように、天使の姿が彫刻されているものもある。

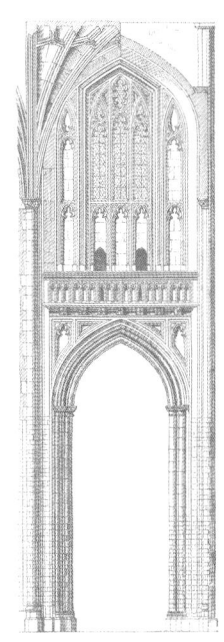

大聖堂の垂直様式／ウィンチェスターとカンタベリー
ウィンチェスター（上左）やカンタベリー（上右）など、ほとんどの大聖堂では、垂直様式の影響は当時の王立の建築物ほど劇的ではない。同じ言語が使われているにもかかわらず、多くが自制的で、平凡であり、既存の構造の上に付け加えられたものや、複雑な礼拝儀式の要請に合わせて改変させられたりしている。

唐草模様（ヴィネット）
垂直様式は華飾様式同様に、えぐり繰型の内部を茎や葉の連続した高浮き彫りで装飾したもの──唐草模様（ヴィネット）──が多い。垂直様式の装飾は、意匠化され、表情に乏しく、華飾様式よりも、アーリー・イングリッシュ様式に近い。

Gothic

世界の建築様式の歴史

イギリス：
アーリー・イングリッシュ様式の
住居・世俗的建築物

　イギリスでは、ゴシック様式は宗教的建築物だけでなく、世俗的大型建造物や住居にも適用された。しかし時代の変遷のなかで生活様式や行政上の要請の変化のため、あるいはその後の改築や破壊のため、それらの建築物はほとんど残っていない。最も早い時期には、機能が形態を支配し、宗教的ゴシック様式は世俗的な文脈に合わせて改変させられた。しかし防備上の観点から、窓や扉などを用いた大規模な装飾は排除され、下の階に大きな窓を造ることは許されなかった。もっぱら防備や生活の必要性から、暖炉、煙突、キッチン、リビングなどの新たな建築言語が生み出された。

荘園領主館／ストークセイ城（1285年着工）
中世イギリスの荘園領主の館はほとんど似通ったつくりであるが、ヨーロッパの他の地域には見られない独特のものである。中央にグレート・ホール（図の中央の背の高い窓のある部屋）があり、その横に領主の部屋、反対側にサービス・ルームがある。ここシュロップシャーのストークセイ城には、さらに防備のための塔が造られているが、それは当初、中庭側に堀と外周壁を備えていた。

城砦型住居／マーケンフィールド・ホール（14世紀初め）
ヨークシャー州マーケンフィールドのこの大広間は、1階に窓を造るのを避けるため、2階に置かれている。幾何学的トレーサリーを持つ2つの大きな窓以外は、すべて開口部は小さめである。

張り出し狭間（マチコレーション）
防御的建築物の胸壁は平らな壁の上部が外側に張り出し、そこに開口部が蜂の巣状に並んでいるものが多い。そこから下に迫る敵に対して火矢や沸騰した油を浴びせるもので、張り出し狭間と呼ばれる。

ゴシック

サンルーム／サットン・コートニー（1330年頃）
2階グレート・ホールの横、領主側居室部分の端はサンルームになっており、領主とその家族がくつろげる部屋となっている。窓や暖炉など豪華に装飾されているものが多い。

煙突とルーヴァー
暖房と調理に薪を使うため煙突が必要とされ、炉床の場合は屋根にルーヴァーが設けられた。越し屋根（ランタン）の側面には煙を逃がすための開口部が設けられている。それらの要素はその時代の様式に応じて装飾されている。下は13～14世紀のものである。

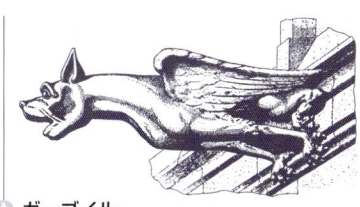

グレート・ホール／サットン・コートニー
グレート・ホールは玄関広間であり、参集空間、食堂でもある。そのホールの下手最奥部には通常スクリーン（衝立）があり、その向こうがキッチンとなっている。

暖炉／エイドン城
初期のゴシック様式住居の多くが、ホールに炉床を設けていたが、その他の部屋には、ここノーサンバーランドのエイドン城のように暖炉が設けられていた。

螺旋階段
内部階段はたいてい螺旋階段で、小塔の中か、壁に埋め込まれる形で造られた。それは防御のため故意に狭く造られ、右利きの防御者に有利になるように、時計回りになっていた。

塔の館／ラングレイ城（14世紀）
ここノーサンバーランドのラングレイ城のように、常に防御を強く意識しておかねばならないにもかかわらず、外周壁を大きく取ることができない場合は、切り立った壁に最小限の窓しかない館が造られた。

ガーゴイル（樋嘴）
ガーゴイルは建物の屋根から突き出した動物の形をした吐水口で、すべてのゴシック様式に共通して見られるものである。奇怪な動物や人間の形をし、口から水を吐き出す。

世界の建築様式の歴史

Gothic

イギリス：
後期ゴシック様式の住居・
世俗的建築物

　14世紀中葉から、住居及び世俗的建築物に1つの萌芽が見られるようになった。オックスフォードとケンブリッジの両大学の大半の建築物をはじめ、多くの歴史的に重要な住居、城郭が造られるのもこの頃である。バラ戦争は散発的な地域的内乱にとどまったため、防衛はもはやそれほど重要な懸案事項ではなくなった。生活は落ち着きを取り戻し、大規模建築物に対する意欲が生まれ、大きな開口部を避ける必要もなくなった。こうして再び装飾と美観に注意が向けられるようになった。しかし外観はまだ機能に縛られており、対称性や、少なくともバランスを達成している建物は、まだ大きな大学に限られていた。

大学校舎／イートン（1451年着工）
大学校舎は通常、方形の中庭と、それを囲む主要な建築物――門楼（現在は主に観覧用）、ホール、礼拝堂、学生寮――で構成されている。バークシャーのイートン・カレッジの入り口は、門楼の下に設けられている。

多角形窓／ウィンザー城
ヘンリー7世によるバークシャー州ウィンザー城の改築には、この小塔から持送り状に突き出した複雑な多角形窓がある。それはイギリス・ゴシック様式の進化が続いている証であった。概念的に同じ窓が、同時代のウェストミンスター修道院のヘンリー7世礼拝堂にも見られる。

貴族邸館／コンプトン・ウィニェーツ（16世紀初め）
中世の荘園領主館の平面構成は、この時代にも受け継がれ、門楼を持つ中庭の周りに主要建築物が建てられているが、以前よりもずっと外向的で、防御の備えはかなり削ぎ落とされた。胸壁、塔、小塔は、装飾的な役割の方が多くなった。当時の建物を最もよく残しているのがこの貴族邸館で、多角形や螺旋状の多くの煙突、装飾的なレンガ仕上げ、色の違うレンガを使った壁面のダイアモンド模様などが見られる。

ベイ・ウインドー／コンプトン・ウィニェーツ

ベイや入隅、グレート・ホールの上手奥、さらには大きな部屋や食堂に大きな窓を設け、自然光を大きく取り入れることが、垂直様式の時代に広まった。コンプトン・ウィニェーツのこのベイ・ウインドーは、多くの宗教的建物と同様の典型的な垂直様式壁面で、トレーサリー・パネル、鋸壁状パラペットなどが見られる。

大学校舎内部／ディヴィニティー・スクール／オックスフォード（1427年着工）

大きな大学の建物内部は、ここオックスフォード大学の内部同様に、教会とほぼ同様の空間構成になっている。ヴォールト（1480年頃）、窓、装飾トレーサリーなどは教会に移しても場違いではないくらいだが、宗教的な文脈で期待される高さはない。

出窓（オリエル・ウインドー）／ヴィッカーズ・クローズ／ウェールズ

この出窓は、14世紀に建てられたウェールズのヴィッカーズ・クローズのもの。オリエルという語は祈りのための小さな場所から派生したもの。

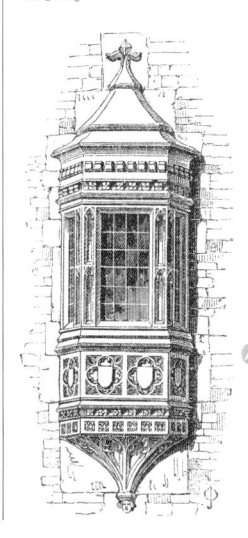

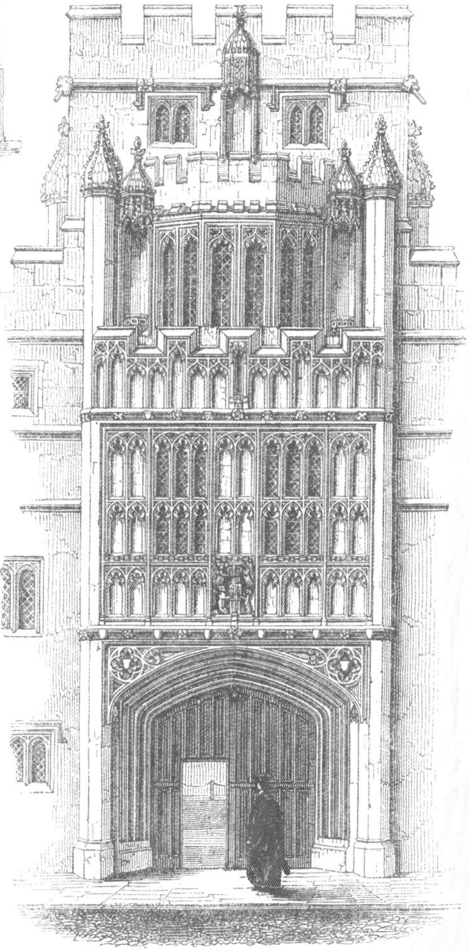

マーケット・クロス／チチェスター（1501年着工）

アーチ型の開口部を持つ多面体のヴォールト構造の建造物が、大きな市場の中心に建てられ、雨除けや商談の場として使われた。ここチチェスターのマーケット・クロスは特に豪華な装飾が目を引く。

門楼／ブレイズノーズ・カレッジ／オックスフォード（1512年）

大きな館や大学構内への正門には門楼が建てられたが、多くの場合それは豪華に装飾された。ここに見られるような市街地のなかの門楼の場合、周りの建物よりも一段高い塔の形で造られ、場所がはっきりと見分けられるようになっている。

世界の建築様式の歴史

Gothic

スペイン・ポルトガル

　スペインにゴシック様式が伝来したのは12世紀後半であった。その頃にはすでにムーア人はイベリア半島から駆逐され、キリスト教王朝は建築に力を注ぐ余裕ができた。初期の大聖堂にはフランス・ゴシック様式の影響が色濃く見受けられるが、すぐにスペイン独自の進化を遂げ、外観は厳しく量塊的であるが、内部には空間が拡がり、軽さのある明確なスペイン様式が確立された。スペイン・ゴシック様式はイスラム的要素を吸収することによってさらに大きなエネルギーを獲得し、装飾的な外皮をますます肥大化させていった。それは、ポルトガルの後期ゴシック・マヌエル様式と共通する特徴でもある。

西側正面／ブルゴス大聖堂（1221年着工）
ブルゴス大聖堂の西側正面は、3つの入り口、円花窓、両側に聳える双塔と、フランス・ゴシック様式の強い影響が見られる。しかし、透かし細工の尖塔を含む塔の上部は15世紀に増築されたもので、きわめてスペイン的である。教会の集塊的増殖はスペイン・ゴシック様式特有のものである。

クロイスター／ラス・フエルガス／ブルゴス
中庭を囲むアーケード型の屋根のある通路はクロイスターと呼ばれ、すべての修道院に不可欠の構成要素である。

マヌエル様式／ベレン修道院（1502年着工）
ポルトガル・ゴシック様式はスペイン・ゴシック様式と同様の発展を遂げたが、スペインのイサベル様式（次ページ参照）を上回る無制限の装飾的量塊へとさらに増殖していった。それは15世紀後半から16世紀初めにかけてのマヌエル1世の庇護の下に進行したが、諸外国からイベリア半島へ流入する膨大な富を象徴するものであった。ベレン修道院にもそれが見受けられる。

スペイン式シュヴェ／バルセロナ大聖堂（1298年着工）
フランスの大聖堂で発展した東側端部（シュヴェ）の放射状平面は、スペインではより厳しい表情のものとなった。ここでは礼拝堂は、ヴォールトを支える入り組んだバットレスの間に造られた。

ゴシック

バタード（転び）・ウォール／メディナ・デル・カンポ（15世紀）
15世紀の間、スペインでは多くの堅固な城が築かれた。メディナ・デル・カンポの傾斜したカーテン・ウォールは、建築物により大きな強度を与えるが、登るのは依然としてむずかしい。

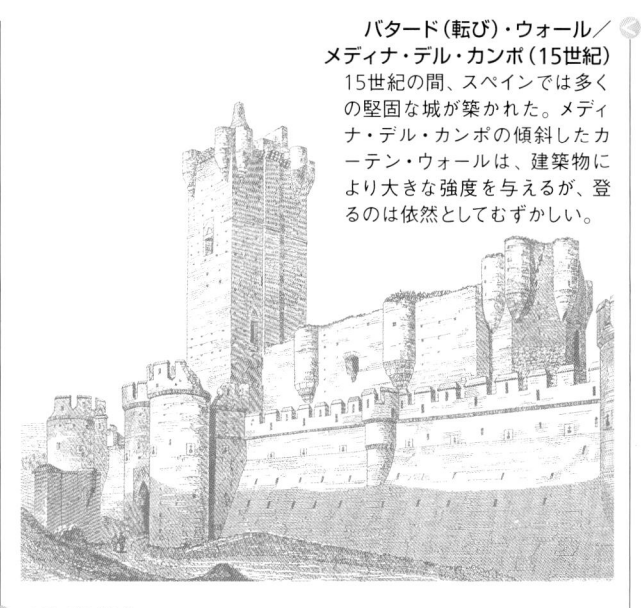

側廊のない身廊／ヘローナ大聖堂
14〜15世紀のスペイン、特にカタルーニア地方では、巨大な妨げるもののない宗教的空間が多く創造された。ヘローナ大聖堂（1416年着工）のヴォールトの幅は、当時のヨーロッパで超えるものがなかった。

イサベル様式
初期ゴシック様式の内部の純粋さは、15世紀のイサベル様式（イサベル女王の名前に由来）にともなう過度な装飾の塊によって、多くがぼかされてしまった。これはトレド大聖堂の東側端部。

ムデハル様式／グアダラハラ宮殿
この15世紀末に建てられた宮殿は、イスラム様式から発展したムデハル様式を示している。それは後の豊潤なイサベル様式へと繋がっていく。多くのカスプを持つアーチ、表面全体を覆う装飾、手摺の精緻な模様、これらがその特徴である。

スペイン式トレーサリー／司教館／アルカラ
ヨーロッパとイスラムの文化の融合は、独特の表情豊かな形態を生み出した。このアルカラの司教館の窓トレーサリーはその良い例である。個々の構成部分はヨーロッパの他の地域の主流と同じだが、そのアレンジは明らかに東洋風である。

フランス・ゴシック様式の影響／レオン大聖堂（13世紀）
初期のスペイン・ゴシック様式の建築物は、当時のフランスのものとほとんど変わるところがない。この大聖堂のベイは、ランスやアミアンの大聖堂のものと細部までそっくりである。レオン大聖堂の壮大な窓は、多くがステンドグラスでできている。

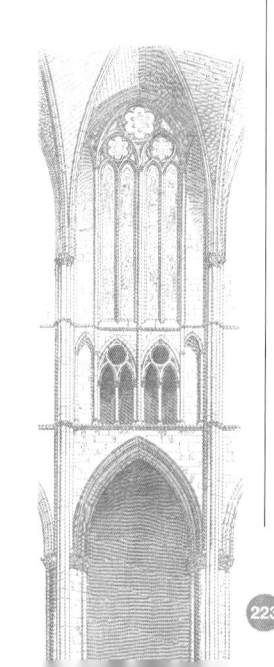

Gothic

北欧および中欧

　中世の北欧および中欧は、大半が神聖ローマ帝国の版図に含まれるか、ケルン大司教の支配下（低地諸国の場合）にあった。これらの地域では当初、ロマネスク様式をゴシック様式に変えることに対する躊躇が見られ、フランス、イギリス、スペインでゴシック様式が全面的に開花した後も、長い間真のゴシック様式の建築物は生まれなかった。しかし13世紀半ばになると、それは急速に広まり発展を遂げ、躍動的で個性豊かな形態が次々に生み出され、後期ゴシック様式を代表する最高の建築物が生み出された。

二重四葉飾り／ケルン大聖堂
ケルン大聖堂がレヨナン式に基づいていることはトレーサリーに明らかであるが、この窓に見られるように、すでにこの時点で個性の萌芽が見られる。上部の大きな円形のカスプは下の2つの円形のものにくらべ、複雑である。それによってフランスのものよりもかなり優美な印象を受ける。

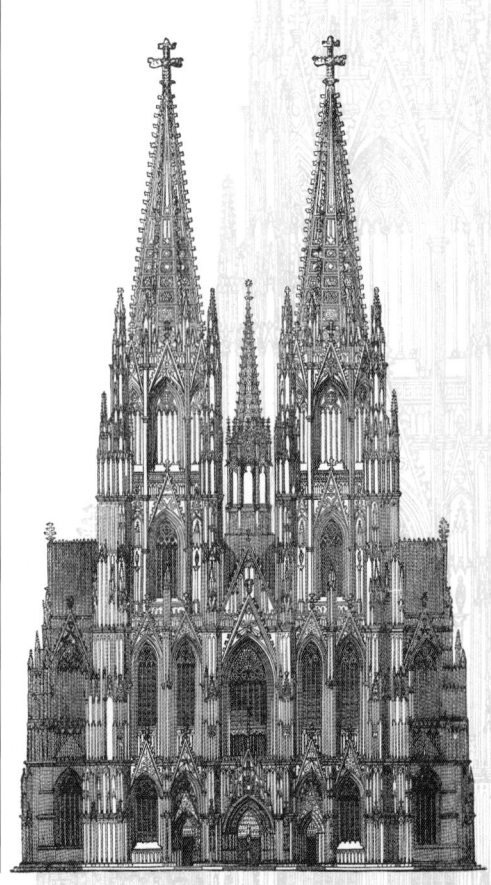

西側正面／ケルン大聖堂
この西側正面が完成したのは19世紀であるが、13世紀後半の設計に基づいている。聖堂の残りの部分や、他の多くの初期ドイツ・ゴシック様式と同じく、フランス・レヨナン式の形態をとっている。

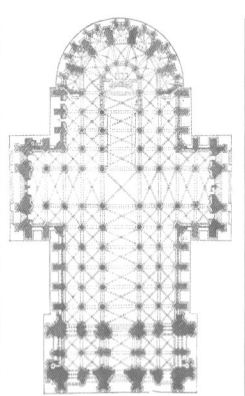

初期ゴシック様式平面図／ケルン大聖堂
放射状に礼拝堂が並ぶ東側端部、控えめに突き出した翼廊、単純なヴォールト模様など、このケルン大聖堂の平面図──ファサードと同様──は、フランスのものとほとんど違わない。

ツタの葉の柱頭／ケルン大聖堂
北欧および中欧の初期ゴシック様式では、このケルン大聖堂の柱頭に見られるように、写実的な彫刻が際立っている。

後期ゴシック様式柱頭／フラウエン教会／エスリンゲン
この柱頭は後期ゴシック様式の流動感を2つの面でよく表している。葉飾りの彫刻の形態と、もう1つはその上から起拱する15世紀後半の星型ヴォールトである。

ゴシック

織物会館／イープル（14世紀）
イープルにある織物会館は、当時の低地諸国の交易による繁栄を象徴する多くの建物の1つである。角に建つ尖塔と中央の鐘塔は当時の世俗的大型建造物の一般的な様式。

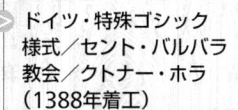

スカンジナヴィア・ゴシック／サンデオ
ドイツ、フランス、イギリスの様式から多くの影響を受けているが、スカンジナヴィア・ゴシックも、このスウェーデン、サンデオの表情豊かなオジー・アーチと円のカスプの入り口に見られるように、独自の発展を遂げた。

ドイツ・特殊ゴシック様式／セント・バルバラ教会／クトナー・ホラ（1388年着工）
南ドイツとボヘミア地方（現在のチェコ共和国）の後期ゴシック様式——特殊ゴシック様式——は、石工頭のパルレ家が主導したものである。彼らは14〜16世紀の多くの建築にかかわり、この教会もその1つであるが、尖塔と化した多くのフライング・バットレスの量塊感が大きな特徴である。

住居／ブルック・アン・デア・ムール
特殊ゴシック様式の独創性と流動感が、この16世紀オーストリア、ブルック・アン・デア・ムールの住居によく表れている。たとえば2階手摺は、まるで木彫のように滑らかである。

世俗的大型建造物／マリエンブルク城
バットレス、上部が角ばった窓、ヒレ状の張り出し狭間（p.218参照）、鋸壁などがマリエンブルク城を、中世ドイツの最も印象深い世俗建築物にしている。

225

世界の建築様式の歴史

Gothic

イタリア

　イタリア・ゴシック様式は、ヨーロッパのゴシック様式のなかで最も短命（13世紀半ばからわずか200年間）であっただけでなく、最も控えめであった。フランスを筆頭とする尖った線による垂直志向はほとんど実現されず、また望まれもしなかったようだ。そしてロマネスク様式が、ゴシック様式の周囲でいつまでも存続していた。概してフライング・バットレスは避けられ、石工頭と同じくらいに画家がファサードや内部の全体的印象を決めるのに大きな役割を演じた。しかし世俗的建築物ではゴシック様式はかなり熱烈に受け入れられた。それは特にバルコニーやアーケードの数の多さが、温和な地中海性気候に適していたからである。

オリヴィエート大聖堂西側正面（14世紀）
ほとんどのゴシック様式大聖堂の西側正面は、彫刻と組積造の混淆であるが、ここイタリアでは、尖塔や尖頭アーチ、繰型さえも、多くが画家のための額縁にされている。オリヴィエート大聖堂では、大半の破風、三角小間は色鮮やかなモザイク画で装飾され、全体の印象は彫刻が施された岩肌というよりは、モザイク画で覆われた巨大な祭壇後壁という感じである。

イタリア式トレーサリー
イタリアの教会では、あまり窓は強調されなかった。その理由の一端は気候のせいであるが、もう1つの理由は、フレスコ画のための空間をあけておく必要があったからである。この13世紀のトレーサリーも、上部のガラスの部分が比較的狭くなっている。

残存するロマネスク様式／クレモナ大聖堂
ゴシック様式のなかでもドーム構造は多く使われ、半円アーチも、ここクレモナ大聖堂の窓のように、尖頭アーチに完全に駆逐されることはなかった。またここには、イタリアが交易を通じてイスラム世界と直接交流していたことを示す東方の影響が見られる。

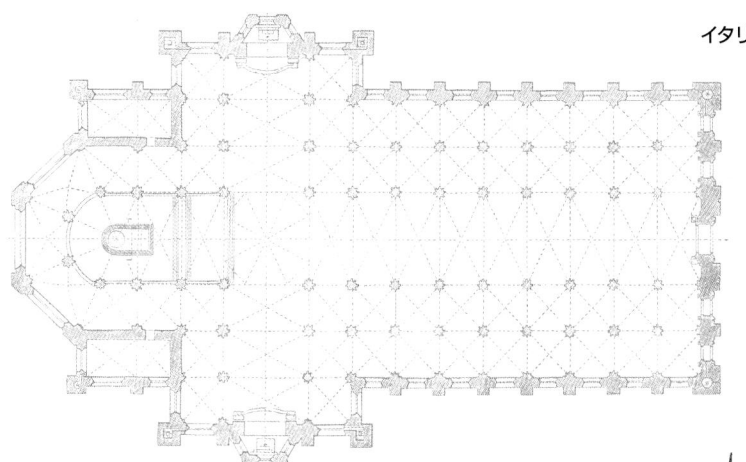

ゴシック

イタリア・ゴシック様式平面図／ミラノ大聖堂（ドゥオーモ）（1386年着工）
この教会のように側廊がある場合でも、イタリアの教会は通常、スパンの広いアーケードや広い中央通路などにより1つの大きな空間として処理される。ミラノ大聖堂はその規模の壮大さとともに、ゴシック様式を全面的に取り入れた聖堂として、他のイタリアの教会から抜きん出ている。

歯飾り繰型
ヴェネチア・ゴシック様式特有の装飾形態が、ジグザグ型に彫った面白い形の歯飾り模様で、通常開口部の周りを飾る。ここでは、擬似古典様式の円柱とゴシック様式のトレーサリーという不釣合いなものが、歯飾り繰型で結合されている。

ストライエーション／サン・アナスタジア教会／ヴェローナ
ストライエーションとは、色の違う大理石などを使って帯状の模様を作ることで、ここヴェローナのサン・アナスタジア教会に見られるように、イタリア・ゴシックではよく見られる。ストライエーションは、イタリア・ゴシックを他のヨーロッパのゴシックよりも水平的に見せる特徴の1つである。

バルコニー／ドゥカーレ邸館／ヴェネチア
トレーサリー模様は世俗的建築物のバルコニーやアーケードに多く使用された。ここヴェネチアのドゥカーレ邸館のものは最も有名である。

カンパニーレ／ヴェローナ
独立した鐘塔——カンパニーレは、イタリア建築特有のものである。同じ四角形の敷地に、以前と同じように斜角を付けずに真っ直ぐ建てられたものが多い。ゴシック時代のものと識別できるのは、このヴェローナの塔のように、ディテールからだけである。

柱頭
イタリア・ゴシックの柱頭はたいてい平面ではなく、葉飾りの彫刻が施され、束ね柱ではない1本のシャフトまたは円柱の上部にある。そのため他のヨーロッパ・ゴシック様式の柱頭ほど多様性に富んでおらず、葉をモティーフにした古典的形態のものが多い。

世界の建築様式の歴史

ルネサンス Renaissance
15世紀初め〜1630年頃

初期ルネサンス様式／フィレンツェ

　イタリア・ルネサンス建築は、調和、明快、強さと表現することができる。建築様式的には、古典様式のモティーフや建築オーダー、円柱の使用が特徴である。しかし15世紀イタリア、特にルネサンス様式が最初に開花したフィレンツェにおける理想的な古典建築の再現は、ゴシック様式や、当然その前のロマネスク様式の突然の放棄を意味したわけではなかった。新しい建築様式は、ローマ時代の有名な建築遺跡の設計要素を取り入れながら、歴史の継承という考え方と市民としての誇りに基づいて、古いものと新しいものを結びつけた。その新しい様式は、古代世界のさまざまな側面、すなわち文学、哲学、数学などへの関心の高まり、復興の動きと完全に軌を一にして興った。為政者と後援者は、調和のある社会を生み出すための手段として、建築と都市計画の両方の重要性を深く認識していた。

ランタン／フィレンツェ大聖堂
フィレンツェ大聖堂の多面体のクーポラ（ランタンの載るドーム）は、ゴシック的であるが、その上のランタン、すなわち窓のある上部構造には、優美な古典的形態が見られ、それがドームの巨大な量塊に対する調和的な力をもたらしている。フルートの彫られたコリント式のピラスター、堂々としたヴォリュート（渦巻）、ドーム壁面の壁がん、石の使用、これらのオール・アンティカ（古代様式）の言語が、このランタンを古典古代を理想とするルネサンス建築の始まりを告げるものにしている。

フィレンツェ大聖堂ドーム（15世紀）
この巨大ドーム（ドゥオーモ）は、ルネサンス・フィレンツェの象徴であるだけでなく、広い意味で、構造的および工学的技術の復興の象徴でもある。当時の思想家は、それを古代ローマの先人たちの業績に比肩しうる偉業として賞賛した。15世紀初めに建てられたとき、それは古代ローマ以降で最も大きいドームであった。

アーケード／ピアッツァ・サンタ・マリア・ノヴェッラ／フィレンツェ（1490年代）
大聖堂ドームの設計者であるフィリッポ・ブルネレスキは、コリント式円柱と半円アーチによるリズミカルなアーケードをいくつかの建物に用いた。その形は、ここピアッツァ・サンタ・マリア・ノヴェッラに見られるように、同時代の多くの建築家によって模倣された。これら初期ルネサンス様式のアーチの明快さと対称性は、フィレンツェの他の中世的な建物のなかでひときわ強い印象を与える。

ルネサンス

▽ 復興と引用
フォルムの復興と古典的モティーフの引用は、イタリア・ルネサンスの重要な考え方である。それはフィレンツェの富豪一族のためにバッティスタ・アルベルティが設計したルチェッライ礼拝堂にも明確に示されている。外壁には象嵌細工を施した化粧大理石が使われているが、これはトスカナ地方の名匠によるものである。

▷ 碑銘フリーズ
フィレンツェのルチェッライ礼拝堂にはローマ時代の先人に対する尊敬の念がこめられている。フリーズに彫り込まれた碑文の文字がそれを象徴している。その文字は初期キリスト教墳墓に見られる文字の形をレタリングしたもので、依頼主も建築家もそうすることによって、彼ら自身をルネサンスの思想と学識に連結させた。

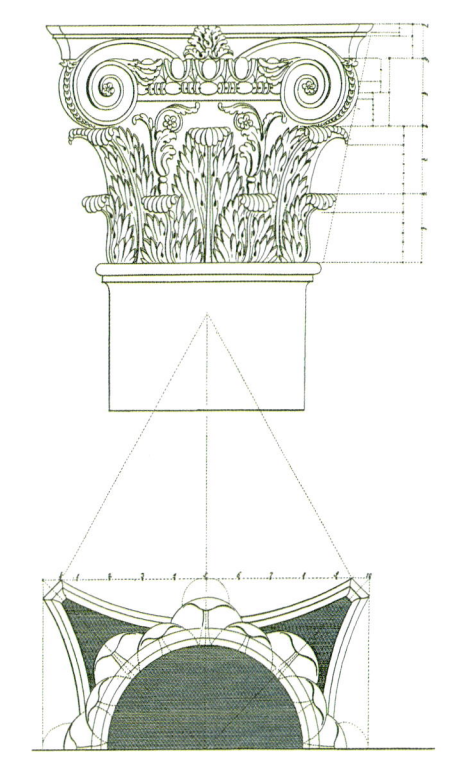

◁ フォルムの多様性
初期ルネサンス様式における建築オーダーの使用は、古代の先例の盲目的な模倣ではなかった。ルネサンスの建築家のギリシャ・コリント様式の知識は、ローマ建築によって発展させられたものから得たものであった。コリント様式を定義する要素であるアカンサスの葉と角の渦巻を革新的に使用することによって、ルネサンスは多様な柱頭を生み出した。

△ コンポジット式柱頭
アルベルティは、彼の著書『建築論』のなかで、独立したイタリア式建築オーダーについて初めて文章で言及し、それをイタリックと命名した。それはその後、コリント式のアカンサスの葉と、イオニア式の渦巻の両方を含んでいることから、コンポジット式と呼ばれるようになった。

229

Renaissance

初期イタリア・ルネサンス様式の宗教建築

　初期ルネサンス様式のなかで、教会建築の2つの大きなタイプが発展していったが、どちらもその進化の源泉を古代の建築フォルムと初期キリスト教建築に有している。そのタイプとは、1つはバシリカ式であり、もう1つは規則的な集中式平面を持つ教会や礼拝堂の多様な展開である。集中式平面は小さな空間に用いられ、古典時代に続き、特に霊廟や埋葬堂に適用された。一方バシリカ式は、コンスタンティヌス朝の長軸を持つ教会に基づいており、ローマの集会場に起源を持つものである。初期ルネサンス様式の建築家たちは、どちらのタイプの建築依頼も引き受け、復活した古典時代の建築言語を使いながら、暗に競争を繰り広げた。

内部
バシリカ式教会は、ふつう身廊の両側に1本ないし2本の側廊を持ち、側廊の高さは身廊よりも低くなっている。ブルネレスキは彼の教会で、身廊と側廊の間を半円形のアーチを支える背の高いコリント式アーケードで仕切り、身廊の照明のためにクリアストーリーを設けた。

モジュール式バシリカ平面図
フィリッポ・ブルネレスキは、基本的なモジュールを用いたバシリカの設計方法を考案したが、それは交差部の四角形をモジュールとして繰り返すことによって、ラテン十字を作るというものである。交差部から出発して、西側の4つのモジュールで身廊が造られ、東側の1つが内陣を形成し、左右両側の1基ずつが翼廊を形成するというものである。そのモジュールを4分割したものが、側廊のベイを形成する。合理的で、厳密な計測に基づく設計を行うことは真に画期的なことであった。

合理的設計
ブルネレスキの建築が革新的なのは、ただ単に彼が古典的モティーフを復活させ、フォルムを単純化したという点だけにとどまるものではない。その1つは彼の建築が持つ高度な合理性によるもので、彼はその中で内部と外部を緊密に連係させた。もう1つは、平面、立面、ヴォリュームにおける厳密な計測と比例に目を向けたことである。

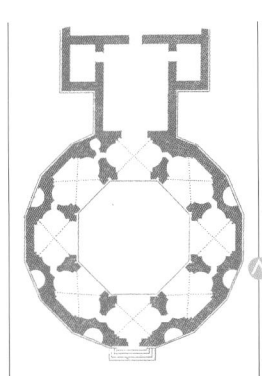

ルネサンス

サン・タンドレア教会／マントヴァ（1470年着工）
このバシリカ式教会を設計したのは、建築家であり理論家でもあったレオン・バッティスタ・アルベルティであったが、教会は彼の死後完成した。このバシリカ式平面では、側廊は、身廊からはずされた大きな礼拝堂と、大きな身廊ピアの内部に造られた小さな礼拝堂の列に取って代わられた。

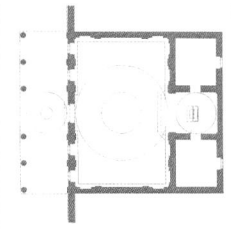

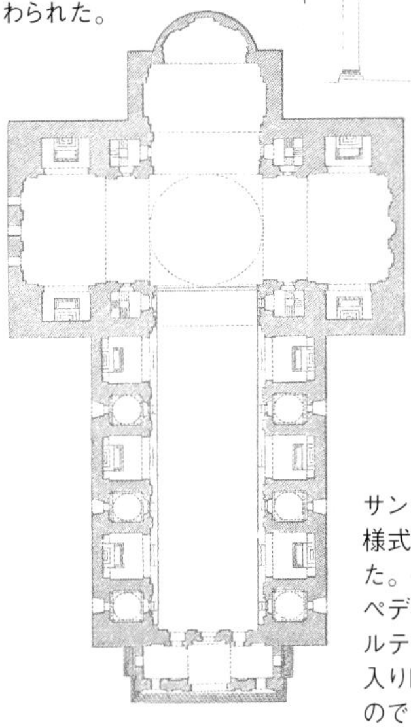

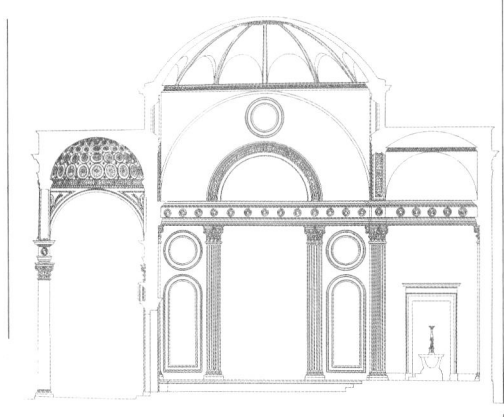

集中式礼拝堂
集中式平面は通常、正多角形、円、正方形に基づき設計される。その幾何学的フォルムは完全性への希求を含意しており、後にアルベルティによって理想的な聖堂のフォルムとして推奨された。

多角形平面
ブルネレスキは集中式平面の設計でも実験的試みを行い、この小礼拝堂においても2つの複雑な多角形を組み合わせている。

ローマ式フォルム
ブルネレスキの優美な古典的モティーフの解釈とは対照的に、アルベルティは彼の卓抜した古代ローマに関する知識をより大規模な建築に翻訳した。巨大なピアによって支えられたサン・タンドレア教会の壮大な格天井ヴォールトは、ローマの巨大浴場建築に対する彼のオマージュである。

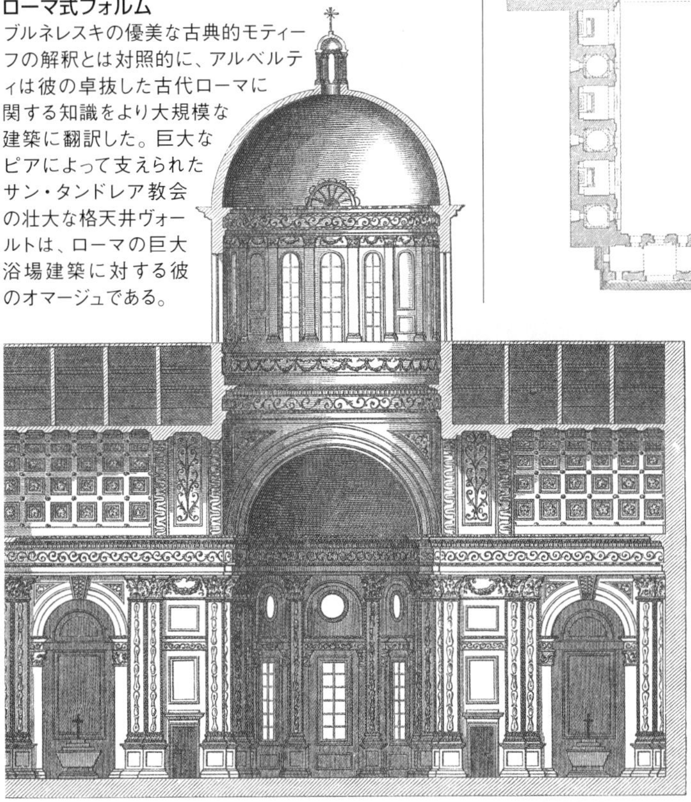

パッツィ家礼拝堂／フィレンツェ
同時代のフィレンツェやトスカナ地方の多くの建築家の手本となったブルネレスキの作品の特徴は、このパッツィ家礼拝堂に見られるような装飾的抑制である。彼はフィレンツェ特産の灰色の石（ピエートラ・セレナ）を削った古典的な建築的ディテール（円柱、ピラスター、円形、腕木）と、白色のスタッコを好んだ。

神殿正面／マントヴァ
サン・タンドレア教会でアルベルティは、ルネサンス様式の教会にふさわしいファサードの形態を追求した。彼の解答は、4本の大きなピラスターで三角形のペディメントを支えることによって古代ローマ神殿のポルティコ的外観を生み出し、深い半円筒ヴォールトの入り口によって凱旋門のエレメントを導入するというものであった。彼は理想的な都市に関する著作の中で、聖堂はその都市の中で最も美しい建物でなければならないと述べ、それをマントヴァのこの印象的なファサードで実証した。

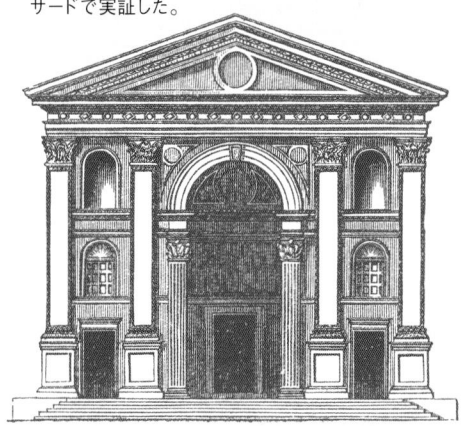

世界の建築様式の歴史

Renaissance

フィレンツェ・ルネサンス：邸館

　中世イタリアの邸館は、防備を重視した武骨な外観をしていたが、15世紀フィレンツェの新しい政治的、文化的空気は、ルネサンスの思想や美意識にふさわしい住宅建築を要求した。最初鮮烈な印象を持ついくつかのルネサンス様式の邸館が建てられ、それらが大きな影響を及ぼしていったが、なかでもミケロッツォ・ディ・バルトロメオによるフィレンツェの大富豪メディチ家のための邸館は重要である。多くが明確に定義された3階建て構造の内部に中庭を持つ新しい邸館は、新興の支配者の権力の基盤となり、名家は、富と権力を明快に表現する建築を通じて一家の野望を実現していった。

中庭／パラッツォ・メディチ
建物中央に位置する中庭は、機能的であると同時に優雅であり、内側に向かって開かれている窓に光を供給する。通常中庭（コルティーレ）は、列柱と腕木によって支持されたヴォールト・ベイのアーケードに囲まれている。彫刻を展示したり、屋根のある歩廊を逍遥したりする場所として利用された。中庭から遠い1階の部屋は、主に商取引と使用人室、倉庫として使用された。初期のフィレンツェ邸館の多くは、ビフォラ（双葉）窓（左）を用いているが、それはこの地の中世の建物から譲り受けたものである。

パラッツォ（邸館）・メディチ・ファサード／フィレンツェ（1444年着工）

フィレンツェの富裕な商人や王侯は、こぞって彼らの邸館や宮殿のための重要で人目につく立地を探し求めた。メディチ家のパラッツォは、中洲の上や、大きな道路の角などに建てられ、どれも明快な3階建て構造で、高価な化粧大理石をふんだんに使って建てられた。イタリア・ルネサンスの邸館は、中世のものとは比較にならないほど多くの窓を有し、特に上部2階の室内は光に満たされていた。外観は調和と規則性が支配しているが、このファサードは、屋根の大きく張り出したコーニスを除いて、古典的モティーフはあまり多く用いられていない。

ルネサンス

内部配置
邸館における主要な生活空間は2階（ピアノ・ノビレ）に置かれ、最上階は下位の家族成員や子供の部屋に当てられた。各階の使用上の序列は外部にも明らかで、1階部分はルスティカ仕上げで、その上の階は、平滑な化粧石仕上げとなっている。

オーダーの使用／パラッツォ・ルチェルラーイ／フィレンツェ
邸館ファサードのピラスター・オーダーによる分節化は、アルベルティによってパラッツォ・ルチェルラーイで最初に行われた。1階部分はドリス式オーダーで、2、3階がコリント式オーダーである。それらの円柱は階を分けるエンタブラチュアを支えている。

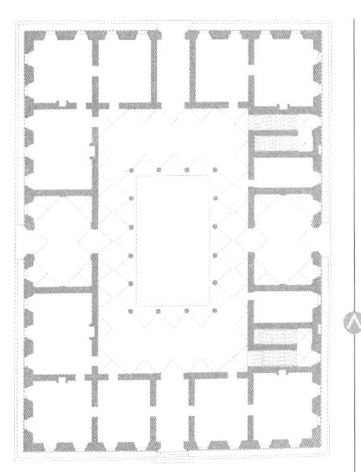

パラッツォ・ストロッツィ平面図（1489／90年設計）
パラッツォ・ストロッツィは大きな島の上に建てられた邸館で、中央に広い矩形の中庭を持つ。この平面図に見られるように、階段は通常広く実用的で、初期ルネサンス邸館ではまだ建物の主要なデザイン的要素にはなっていない。

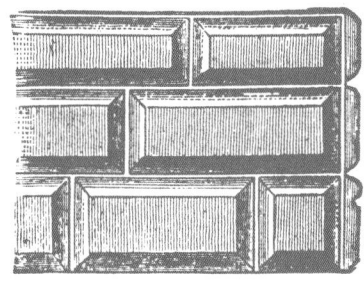

ルスティカ（粗石積み）
邸館1階部分には大きな石のブロックが用いられ、建物は視覚的にしっかりと地面に据え付けられ、力強さと堅固な印象が強められた。面取りされたり、粗仕上げされたりした石のブロックは、目地を深く取って目立つように積まれ、質感が強調された。それは非常に費用のかかる工程で、ルスティカの使用は、パトロンの富と地位を誇示するものであった。

233

世界の建築様式の歴史

Renaissance

古典的言語の多様性

　どのような言語も地域的な多様性があるが、ルネサンス・イタリアの建築言語については特にあてはまる。建築様式は地域の自律性を定義する重要な要素であるが、ヴェネチアのような都市では、古典的言語が導入されると同時に、昔からの強い地域的伝統も生き続けている。北イタリアでは建築材料としてレンガが広く使われ、多くの建築物が引き続きその上をタイル、大理石、彫塑パネルで覆われており、そのため基礎となっている古典的フォルムが判別しにくくなっている。それにもかかわらず、16世紀にはイタリア各地で古典様式を取り入れた盛期ルネサンスの建物が多く建てられた。

▷ 浮き彫り装飾
豪華で高度に装飾的な浮き彫りは、古代から長く受け継がれてきた装飾様式であるが、ロンバルディア地方とトスカーナ地方は特にその伝統が根強く残っている。多くが室内装飾に使われたこうした独特の装飾浮き彫りには、意識的に、神獣、渦巻く葉、壺などローマ時代の浮き彫りを模倣した古典的モティーフが多く使われた。

▽ ピラスター
厚みのない四角形の柱、ピラスターは、装飾的なもので、構造的な役割は持っていない。大理石、スタッコ、あるいは彩色で装飾された。

▷ 象嵌大理石
縦横に走る運河の水面は、ファサードを映す鏡となるため、ヴェネチアでは伝統的にファサードはきらびやかに色彩豊かに飾られている。15世紀後半に建てられたサンタ・マリア・デイ・ミラコリ教会は、伝統と古典様式が美しく融合している。2階建ての立面はコリント式とイオニア式のピラスター・オーダーで正確に分節化され、壁面は高価な色大理石で仕上げられている。

▽ ヴェネチア式邸館
ヴェネチア式邸館は通常L型の平面を持ち、間口は狭く奥行きが深い。16世紀初めに建てられたパラッツォ・ロレダンは、他のヴェネチア式邸館同様に、古典的枠組みを強く意識しながら、ヴェネチア固有の特色を加えている。重々しいコーニスを冠した3階建ての建物は、全体を装飾的なコリント式オーダーで統一され、ビフォラ窓が軽やかなリズムでコーニスの重さを打ち消している。窓にはヴェネチアならではのガラスが惜しみなく使われている。

ルネサンス

レンガとテラコッタ
北イタリアのいくつかの州では古くからレンガ造りが盛んであったが、その材料の可能性に古典的フォルムが適用された。ボローニャのパラッツォ・ファーヴァ（1480年代）などのルネサンス様式邸館では、通りに面したアーケードや狭い2階といった地元の特色と、頭部が円形のピアや帯状のコース（水平な連続した繰型）、大きなコーニスなどの古典様式が融合されている。窓とコーニスの周りの繊細なテラコッタ装飾は、この地方独特のものである。

建築的引喩
ルネサンス様式の建物には、古代の重要な建造物からの引喩が含まれていることが多い。たとえばヴェネチアでは、ドゥカーレ宮殿のゴシック様式トレーサリーがルネサンス様式邸館のなかに使われ、このスクオーラ・グランデ・ディ・サン・マルコ（1480～90年代）の最頂部のアーチ型のティンパナムは、バシリカ式サンクト・マルクス聖堂のドーム屋根をそれとなく模写している。

色の使用
北イタリアの建築の特徴は装飾の多さだけではなく、さまざまな材料を使用することから生まれる色の豊かさにある。パヴィアのチェルトーザ修道院（1429～1473年）をはじめとする多くの建物が、黒、緑、白の大理石、赤の斑岩──古代から馴染み深い材料──を文字通りちりばめて装飾されている。

全体的な装飾
北イタリア建築では、個々の古典的エレメントが単独でそれと認識できるだけでなく、壁がん、柱頭、腕木などのディテールも全体的な古典様式のなかに包含されている。

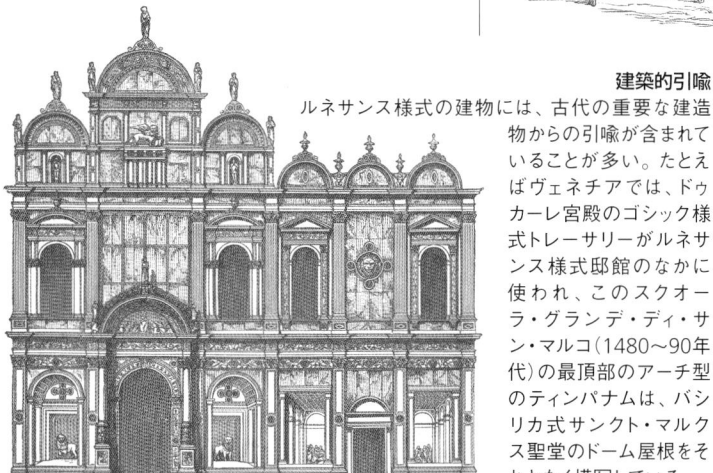

世界の建築様式の歴史

Renaissance

16世紀イタリアの宗教的建築

　16世紀初頭以降、イタリアにおける建築革新の中心はローマに移った。損傷の激しいローマ教皇庁、サン・ピエトロ大聖堂の再建、ローマ略奪で荒廃した都市の復興という緊急の課題に対して、教皇、枢機卿から、あるいは新しい宗教的秩序による要請から、次々と建築依頼が出された。宗教改革の嵐の後、建築はカトリック教会の権威を再確立する強力な武器となり、長軸式と集中式の両方のタイプの重要な教会が16世紀に相次いで建設された。その設計は典礼儀式や機能の変化を反映したものであった。ローマ時代の遺跡を直に研究し、ドナト・ブラマンテなどによる新しい建築に大きな影響を受けた建築家たちが輩出することによって、盛期ルネサンスの建築言語は、より記念碑的で熟考されたものとなっていった。

テンピエット／ローマ（16世紀初め）
宗教的に特別大きな意味を持つ場所に集中式の建物を建てる慣習が、ブラマンテによるローマのテンピエットによって復活された。そこは聖ペテロの殉教の場所と考えられていた。テンピエットはブラマンテが存命中にすでに彼の最高傑作と考えられており、アンドレーア・パッラーディオがローマの神殿に関する著作で取り上げた唯一の同時代の建築物である。

サン・ピエトロ大聖堂／ローマ
サン・ピエトロ大聖堂の再建は16世紀いっぱいかかり、一部は17世紀にまで及んだ。ブラマンテの交差ピアによって、教会の大きさは設定されていたが、長軸式として再建することが最終的に決定されたのは、ようやく1605年のことであった。典礼儀式の行われる東側端部の分節化はミケランジェロの設計によるもので、彼は大オーダーのコリント式ピラスターによって巨大な屋階を支持させた。

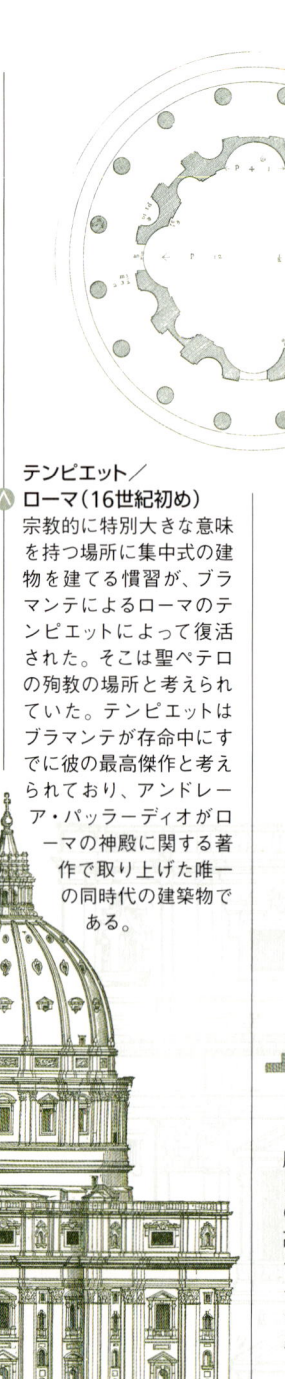

神殿フォルム
ブラマンテはテンピエットのために、ローマの円形神殿のフォルムを再解釈し、中央のセラ（至聖所）を囲むように列柱を配置した。パンテオン神殿同様に半球のドームが内部を覆っているが、ここではそれは背の高いドラムの上に載っている。初代教皇である聖ペテロに捧げる建物にふさわしく、男らしいドリス式オーダーが採用されていることは言うまでもないが、ブラマンテはさらに教皇の紋章を、フリーズの四角いパネル、メトープの上に刻んでいる。

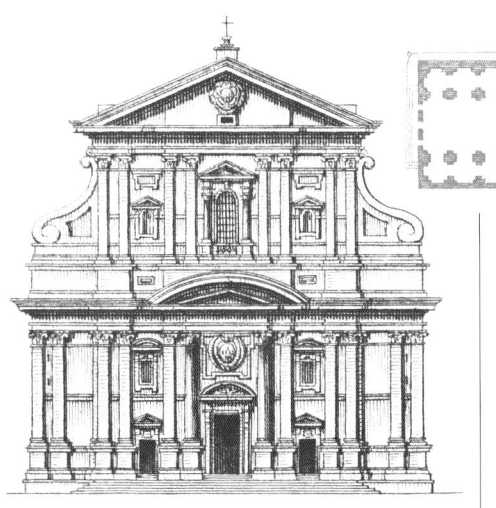

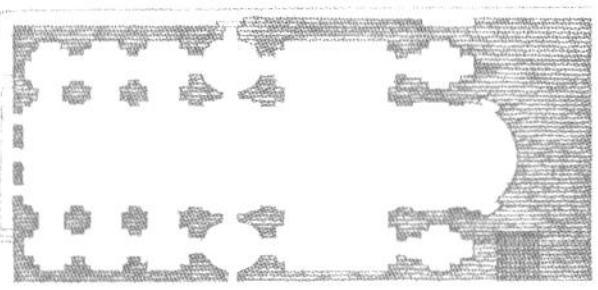

ルネサンス

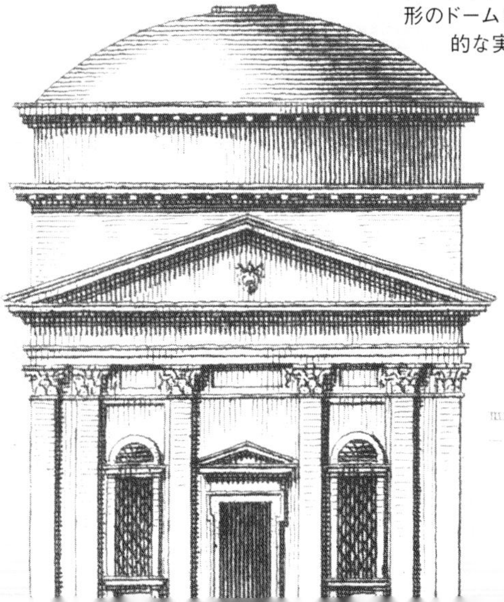

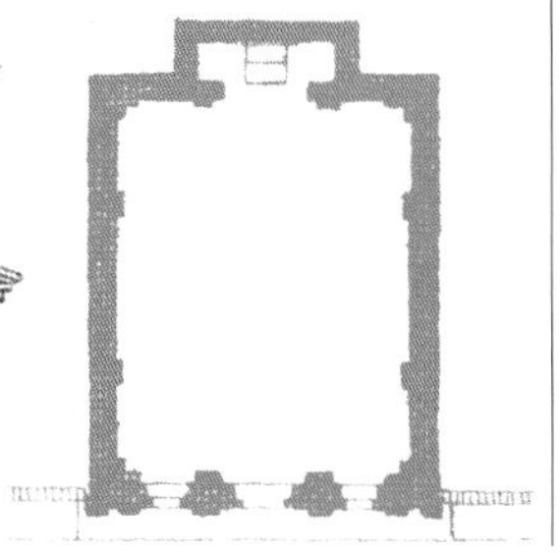

レデントーレ教会／ヴェネチア（1577年着工）
アンドレーア・パッラーディオの手になる教会建築は、非常に鮮烈な印象を与える。教会ファサードを徹底的に研究した彼が提示した設計は、円柱やピラスターに支えられたペディメントの神殿正面を複雑に組み合わせるというものであった。ヴェネチアの教会らしく、大きな「浴場」（ディオクレティアヌス帝）窓が内部を照らし、高い祭壇の後ろには列柱のスクリーンを置き、それが教会本体と修道院施設を区分している。

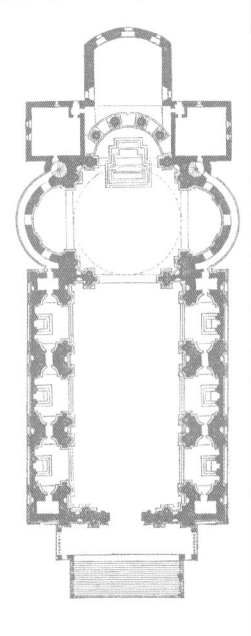

イル・ジェズ大聖堂／ローマ（1568年着工）
新しく形作られた宗教的秩序は、新建築の主要なパトロンとなった。なぜなら新たに定められた典礼儀式は、新しいタイプの教会を必要としたからである。イエズス会の本部であるイル・ジェズ大聖堂は、トレント公会議で決定された建築規則（身廊を広く取ること、側面に礼拝堂を置くことなどを含む）を体現しており、その後の教会建築に大きな影響を与える手本となった。1階と2階のペディメントのあるファサードが相克して非常に緊張感のあるファサードが生まれている。

サンタンドレア教会／フラミニア街道／ローマ（1550〜1553年）
ローマ建築を手本として建てられたルネサンス建築が、時にそれ自身非常に独創的なものの場合があった。たとえば、ローマのフラミニア街道沿いに建てられた小さな記念堂教会、サンタンドレア教会は、あきらかにパンテオン神殿を模倣しているが、建築家のジャコモ・バロッツィ・ダ・ヴィニョーラは、矩形の内部空間の上にペンデンティヴを置き、その上に卵形のドームを載せるという革新的な実験を行っている。

サンタ・マリア・デッラ・コンソラツィオーネ教会／トーディ（1508年着工）
建築家たちはルネサンスの全時代を通して理想的な集中式平面を模索した。トーディの巡礼教会は、アルベルティの理論的理想像のいくつかを体現している。それはさえぎるもののない開けた空間に建ち、円、正方形、半円を規則的な集中式フォルムの中に凝縮している。

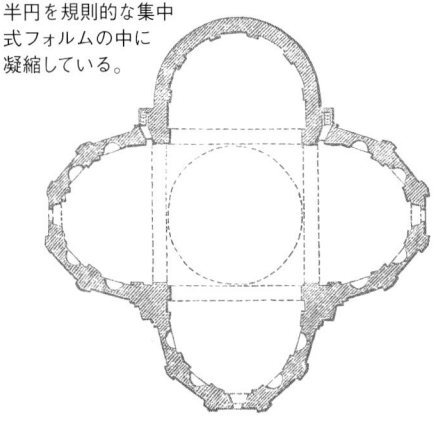

Renaissance

権力と威信の建築的表現

　16世紀の間、建築家たちは古典的言語を大いなる確信と明晰さを持って使用した。著述家はオーダーを体系化し、建築理論を展開した。都市計画にもこれまでにない関心が向けられ、都市は壮大な公共建築物や富豪の邸館で美しく飾られた。都市と大富豪はその力を新しい建築を通して誇示し、建築家は古典的言語を使って、文明、秩序、権威をフォルムの中に表現した。

ヴェネチアの邸館
16世紀を通じて、ヴェネチアの邸館デザインはほとんど変わらなかった。建築家たちは、ファサードのための堂々とした古典的イディオムをしっかりと抱きしめ、それをヴェネチア伝統の豊潤さと質感への愛着と融合させた。装飾的なコリント式オーダー、フルートのある柱身、双柱などにそれがよく表れている。

パラッツォ・ファルネーゼ／ローマ（16世紀）
多くの都市に生まれた美しい邸館は、多くがまだ3階建てで中庭のあるフィレンツェの邸館をモデルにしていた。しかしパラッツォ・ファルネーゼは、邸館建築の16世紀的表現を発展させた。ここでは中世的なビフォラ窓に変わって、列柱に支持されたタバナクル窓が並列的に用いられ、主入り口は巨大な迫石（ヴースワー）のアーチによって強調されている。

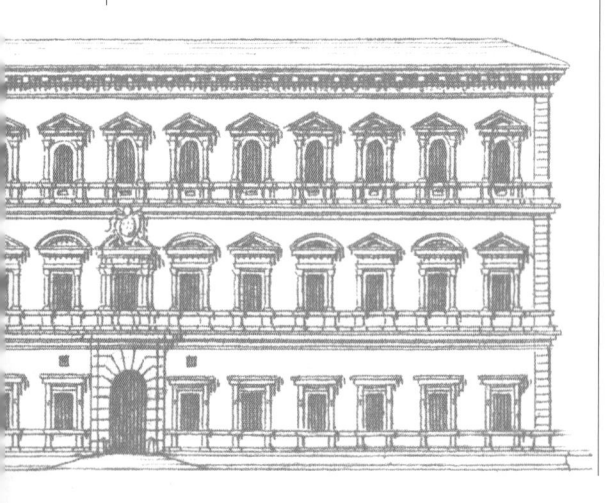

図書館／ヴェネチア（1537年着工）
ヤーコポ・サンソヴィーノによるヴェネチア、サンマルコ広場の改修事業は、ルネサンスにおける最も重要な都市再編計画であった。その一環であるこの図書館は、抑制され洗練された古典的言語の使用の最高の例である。

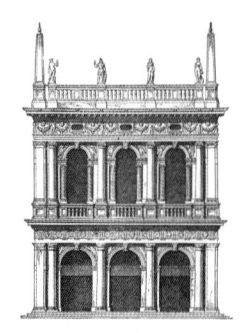

エンタブラチュア／パラッツォ・ファルネーゼ
富豪は都市の景観を美しくするためだけでなく、その富と地位を誇示するために建築を用いた。所有者や献金者を告知するために、多くの家紋や旗印が建物の目立つ場所に印された。この大きなエンタブラチュアでは、ファルネーゼ家の家紋が歯飾り――四角い歯の形のブロックの帯――の下のフリーズを飾っている。

隅石／パラッツォ・ファルネーゼ
建物の角が隅石で縁取られ飾られている。隅石はここパラッツォ・ファルネーゼに見られるように、平滑な壁面と対比させて建物を目立たせるのに大きな働きをすることができ、大きな独立したブロックの境界を大胆に示すことができる。

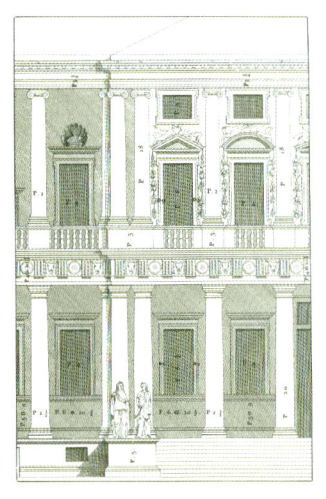

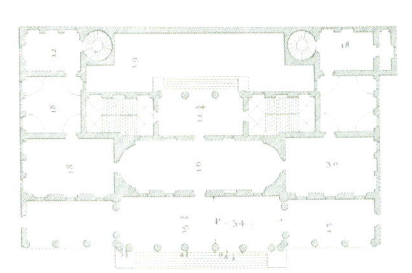

ルネサンス

▲ **パラッツォ・キエリカーティ／ヴィチェンツァ（1554年着工）**
デザイン的偉観が建物を実際以上に大きく見せることがある。ここヴィセンツィアのパラッツォ・キエリカーティ邸は対称的な凝縮された設計によって、空間を最大限大きく見せている。明確に定義された古典的エレメントと、明快なまぐさ式構造が優美なファサードを創造している。

▼ **バシリカ／ヴィチェンツァ（1549年着工）**
ヴィチェンツァはヴェネツィア共和国の支配下にあったが、都市としての尊厳を印象深い公共的建物で誇示した。アンドレーア・パッラーディオは、中世の古い市庁舎を2層のロッジアと、2階屋上のバルコニーで文字通り包み込んだ。彼はこの建物をバシリカと呼んだが、明らかに意識的に、ローマ時代の集会場とこの建物を関連付けている。

▲ **パッラーディオ的モティーフ／バシリカ／ヴィチェンツァ**
パッラーディオ的モティーフとはアーチと列柱を多用することにより、開放感を生み出す様式をさし、そこではエンタブラチュアがまぐさとなって開口部をさらに幅広くすることもある。バシリカのアーチは規則的に並んでいるように見えるが、実際にはパッラーディオは、開口部の幅を少し変えて、背後の中世の建物と調和させている。

▲ **パッラーディオ的住宅建築**
パッラーディオは別荘の設計においては、長い見通しと空間を存分に利用したが、通りが狭く視野が制限される市街地の建築においては、大胆な解を提示した。量塊的なルスティカ、突き出したエンタブラチュアと双柱、彫刻で飾られたスカイライン、これらが見るものの注意をひきつけるように配置されている。

239

世界の建築様式の歴史

Renaissance

別邸および庭園

別邸、庭園、眺望という建築言語は、快適、余暇という意味を含むが、こうした考えはルネサンス時代には重要であった。田園地帯での熟考のひと時は、活動的な都市生活の熱気と喧騒に対する不可欠の平衡材であった。名家、王侯、さらには枢機卿までもが、こぞって牧歌的な別邸を建てた。それらは、周囲に牧草地や耕作地を持つものもある広大な別邸から、市街地からあまり離れていない、多くが葡萄畑や庭園の中に佇む小さな別荘ヴィッラ・スブルバーナまで多様であった。ルネサンスの理論家や富豪は、古代の文献や書物のなかに古代の別邸についての知識を求め、こうして16世紀ローマでは、古代の邸館はどのように設計されたか、そしてそれはどのように機能したかについて、大いに関心が高まった。

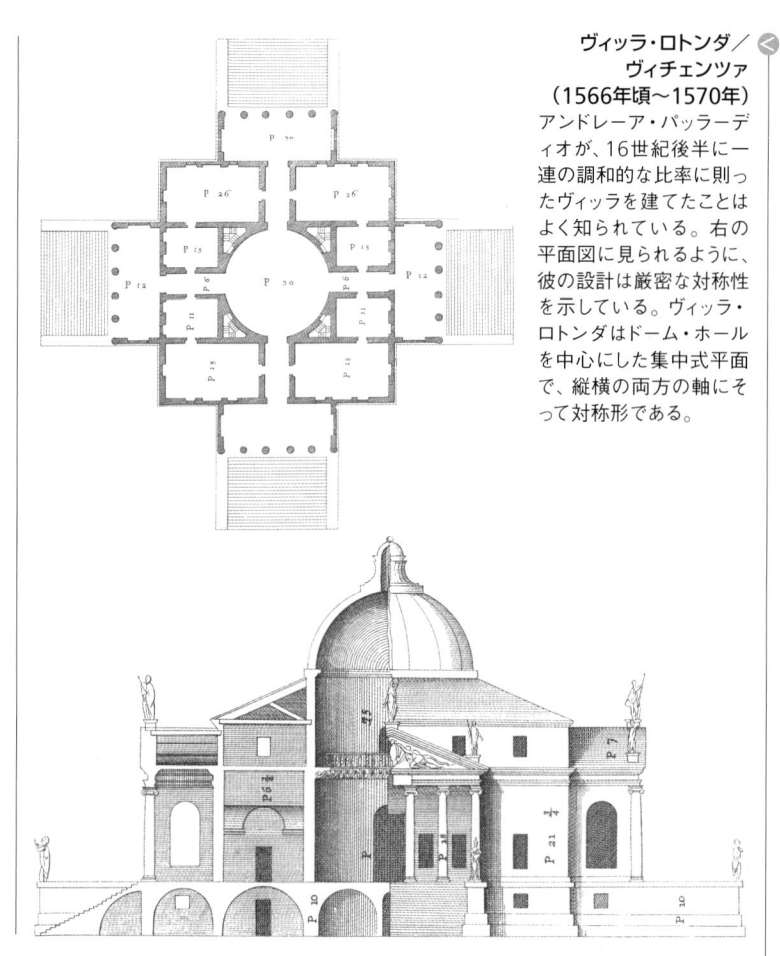

ヴィッラ・ロトンダ／ヴィチェンツァ（1566年頃～1570年）
アンドレーア・パッラーディオが、16世紀後半に一連の調和的な比率に則ったヴィッラを建てたことはよく知られている。右の平面図に見られるように、彼の設計は厳密な対称性を示している。ヴィッラ・ロトンダはドーム・ホールを中心にした集中式平面で、縦横の両方の軸にそって対称形である。

ヴィッラ・スブルバーナ
ヴィッラ・ロトンダのような郊外の別邸は、一般に夏の間滞在するためのものではなく、晩餐会や迎賓会のためのものであった。多くの部屋が多目的であり、季節や気候に応じて機能が変わった。サービス・ルームは通常1階にあり、その上に主要な部屋を持ち上げることによって景観を楽しめるようにした。ヴィッラ・ロトンダの主要階へは、4方向に開いた同一形状の列柱ポルティコのどこからでも入って行くことができた。

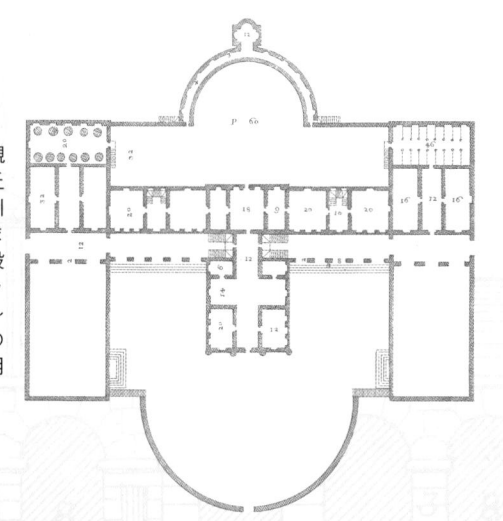

別邸の立地

別邸の立地は、実利と景観の両面で重要であった。丘の中腹や台地の上、特に川や湖を見下ろす場所が好まれた。パッラーディオの設計によるマセールのヴィッラ・バルバーロ（1577～1578年）のように、自然の泉を庭園にも家事にも利用したものもあった。

ルネサンス

ヴィッラ・ジュリア／ローマ（16世紀半ば）
ルネサンス庭園では、水は視覚的にも聴覚的にも重要な要素であった。噴出したり、滴り落ちたり、はね散らしたり、水は人々に悦びと驚きをもたらす。ヴィッラ・ジュリアでは、ニンフや洞穴、水神などが、まるで隠された庭のように、湾曲した階段の上から見え隠れする。

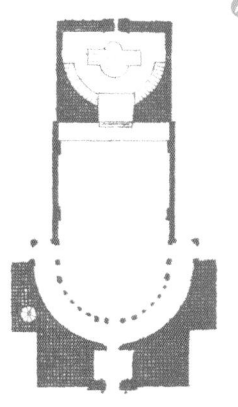

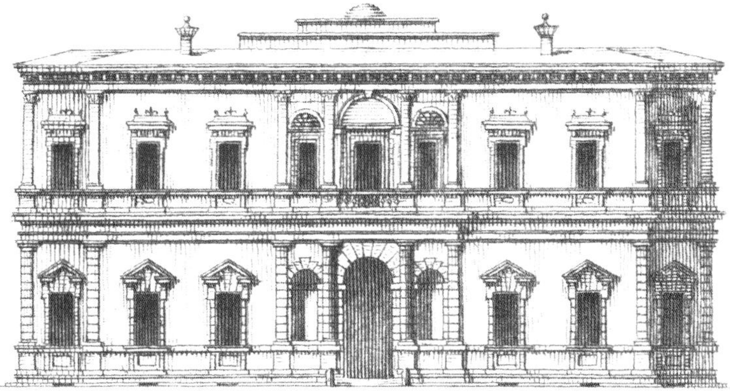

ヴィッラ・ジュリアのファサード
ローマ教皇のなかには、別邸をローマの城壁を越えた涼しい山腹に建てたものもいた。教皇ユリウス3世のヴィッラ・ジュリアは、邸館のようなファサードを有している。トスカーナ式とコンポジット式の2つのオーダーというやや堅苦しい建築言語は、中庭側のフレスコ画で飾ったポルティコや優美なスタッコ仕上げに対して非常に対照的である。

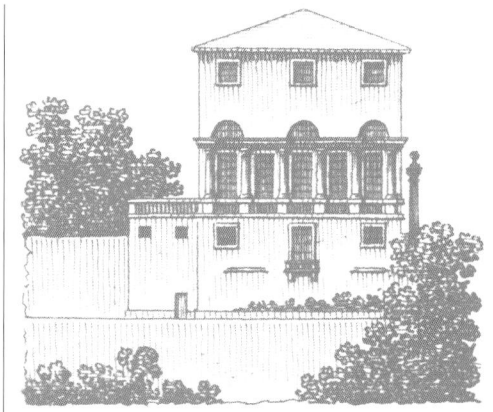

ヴェネト州のヴィッラ／ヴィッラ・バルバロ／マセール
パッラーディオはヴェネト州に、広い農地の中心となる一連のヴィッラを建てたが、それらはかなり似通った設計になっている。中央に列柱式ポルティコを前面にもつメイン・ブロックをおき、その両側を農事用建物としている。大オーダーや神殿風の正面といった大胆な古典的要素が主人の領域を定義するために用いられ、両翼のアーケードは単純なピアからできている。

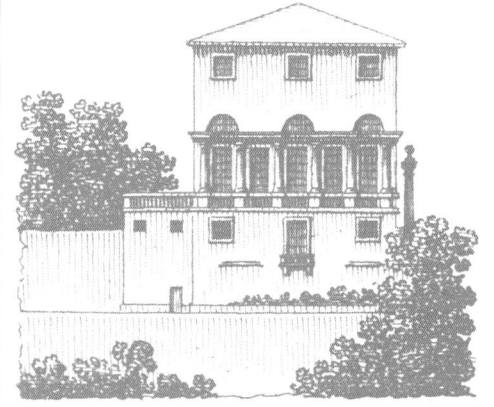

門・扉
大きな庭園や農地には、境界を示す華麗な門が建てられた。大胆でよく定義された切石造、ルスティカ、空想的なフォルム、これらすべてが庭園建築のなかに持ち込まれた。

娯楽
テラス、庭園、館、これらすべてが大掛かりな娯楽のための舞台となった。香りの強い灌木からの芳香、水のせせらぎ、借景や彫刻による視覚的効果がそれをいっそう華やかなものにした。

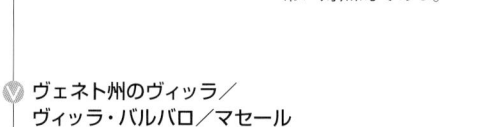

テラス・バルコニー・見晴らし台
眺望を楽しむために、高い位置にバルコニーやテラスが設けられた。全方向が見渡せる塔や見晴台も、多くのヴィッラの特徴となった。

世界の建築様式の歴史

Renaissance

貴族城館（シャトー）／16世紀フランス

　イタリア・ルネサンス建築の言語と様式は、非常にゆっくりとイタリア都市国家の外へと流出していった。フランス、スペイン、北ヨーロッパは、15世紀の間は依然としてゴシック様式に支配されていた。イタリアで古典様式を見習った建築が興隆しているという情報や関心は、イタリアから帰国した旅行者やイタリア人建築家、そこで建築職人として働き戻ってきた者たちによって、少しずつ広められた。フランソワ1世とその息子のアンリ2世は、政治的支配と同様に、文化的支配の持つ本質的な力をよく認識しており、2人の君主は野心的で壮大な建築計画を実行した。

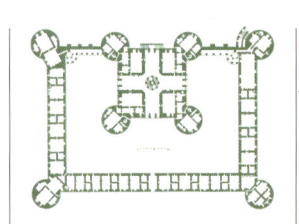

シャンボールの平面図
シャンボールの平面図は厳密なルネサンス的対称性を示しているが、4隅の塔は、中世城郭の防備的建築をまだ残存させている。

アパルトマン／シャンボール
フランス城館建築では、多くの部屋（アパルトマン）をどのように配置するかということがますます重要になってきた。シャンボールが最初の試みだったようだが、中央階段から伸びる回廊が各部屋へ通じている。

▶ **シャトー・ド・シャンボール／ロワール（1519年着工）**
ルネサンス・フランスの建築は、イタリアの古典的言語を多く用いたが、ただ単純にそれを模倣するようなことはせず、独創的なフランス様式を展開した。多くの建物が、フォルムの混在を示している。シャンボールの下部の階は、ピラスターと、積み上げられたアーチ型のロッジアで分節化されているが、広いコーニスと手摺の上は、小塔、傾斜の急な勾配屋根などフランスの建築的伝統に関係の深いエレメントで、生き生きとした躍動的なスカイラインが形成されている。

ルネサンス

螺旋階段／シャトー・ド・ブロワ／ロワール

16世紀フランス建築では、同時代のイタリア邸館建築においてよりも大きな重要性が階段に与えられた。フランスでは15世紀に螺旋階段の伝統が生まれ、このシャトー・ド・ブロワ（1515〜1524年）の巨大な、外に向かって開かれた石造の螺旋階段も、古典的な装飾言語を用いてはいるが、それを継承するものである。

中央階段／シャンボール

名高いシャンボールの二重螺旋階段は、レオナルド・ダ・ヴィンチの素描から発想を得たものと考えられている。パッラーディオはこの階段の高貴さ、美しさ、実用性に感銘し、彼の著作『建築四書』の第1巻の階段の章に、この階段について記している。

古典的装飾

フランス建築の多くが屋根の上に伸びる煙突を有しているが、それらには通常ならば建物や屋根の高い位置に使われそうにない、特別に誂えた精巧な装飾が施されている。この2つの煙突の先端は、渦巻、ピラスター、エッグ・アンド・ダートなど石棺に施すものと同じ模様で飾られている。

Renaissance

フランスにおける建築言語

　フランスは、時には古典的フォルムを依然として単なる装飾的モティーフとして取り入れる場合もあったが、他のヨーロッパ諸国よりも、より直接的に、様式全体としてイタリア古典様式に反応した。新しい建築に関する知識がフランスに伝播した大きな理由は、フランスがイタリアに最も近い位置にあるということだけではなかった。建築物を描いた銅版画、図面、それに関する学術論文、これらが大きな役割を果たした。フランソワ1世は多くのイタリアの芸術家や人文主義者を彼の宮廷に招聘したが、そのなかにローマのブラマンテやラファエロの建築的環境に直接身をおいていたイタリア人建築家、セバスティアーノ・セルリオがいた。近代最初の図版入り建築学術論文であるセルリオの『建築大全』は、イタリアの盛期ルネサンスのフォルムに関する知識を広めるのに、非常に大きな役割を果たした。

内部装飾／フォンテンブロー宮殿
フランソワ1世は多くのイタリア人芸術家をフランスに招いたが、そのなかにはフォンテンブロー宮殿の豪華な装飾を手がけたものもいた。彼らは進化した独特のスタイルで、オーダー、リュネット、フリーズなどの建築的額縁のなかにフレスコ画、スタッコ、浮き彫り装飾などを描いた。

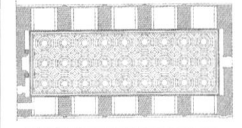

墓廟彫刻
ルネサンス時代の大型墓廟の建築においては、明確に古典様式の言語とわかるものが多く使われているが、時にそれらと同時に中世的な姿形の人物彫像が並べられていることがあり、独特の雰囲気をかもし出している。ルイ12世の霊廟をはじめとして、多くのフランス王家のための霊廟がイタリア人彫刻家によって造られているが、それらは、豪華な装飾を施されたコリント式ピラスターに支えられたアーチ型の天蓋、張り出したコーニスなどの古典様式が際立っている。

装飾要素／フォンテンブロー宮殿
色、質感、そして豊潤さ、これがフォンテンブロー宮殿内部の装飾の大きな要素である。寄木細工の天井、木のパネルの壁面、金箔を張った枠、鏡の多用、これらが装飾の豪華さを生み出す道具であるが、それはフランスだけでなく、ヨーロッパ各地で模倣された。

ルネサンス

オーダー／フォンテンブロー宮殿
セルリオは彼の『建築大全』の第4巻で、建築的オーダーとその装飾について記述している。彼はそこで、単純なトスカーナ式から豪華に装飾されたコンポジット式までの進化の過程について述べている。フォンテンブロー宮殿では、洗練されたルスティカが1階部分に優雅さをもたらしているが、やや堅すぎる嫌いもある。

「フランス式」オーダー
フィリベール・ドロルムをはじめ多くのフランス人建築家が16世紀の建築を学ぶだけでなく、ローマ時代の遺跡を研究するためにイタリアを訪れた。ドロルムは独特の「フランス式」オーダーを提唱したが、それは交互に間隔が長くなったり短くなったりする場所に装飾的リングを嵌めた、フルートのある帯巻き状柱身が特徴的である。

ペロン／フォンテンブロー宮殿
ペロンというのは、主に2階にある踊り場のことで、通常地面から外階段を上ったところにあり、建物玄関へと通じる。現在ではその外階段、あるいは階段そのものをさす用語として使われている。このフォンテンブロー宮殿のペロンは、貴婦人の両腕に抱かれるような2つの曲線からなり、途中に踊り場がある。

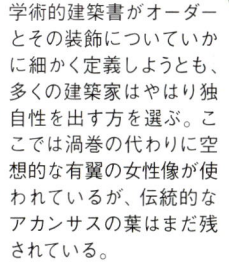

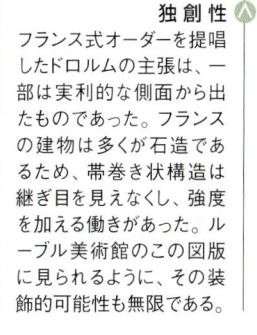

フランス的革新
学術的建築書がオーダーとその装飾についていかに細かく定義しようとも、多くの建築家はやはり独自性を出す方を選ぶ。ここでは渦巻の代わりに空想的な有翼の女性像が使われているが、伝統的なアカンサスの葉はまだ残されている。

ポルティコ／フォンテンブロー宮殿
このフォンテンブロー宮殿のポルティコには、柱梁（まぐさ式）構造が見られる。高い基壇に載ったコリント式オーダーの円柱が、その上の平滑な大梁を支えている。

独創性
フランス式オーダーを提唱したドロルムの主張は、一部は実利的な側面から出たものであった。フランスの建物は多くが石造であるため、帯巻き状構造は継ぎ目を見えなくし、強度を加える働きがあった。ルーブル美術館のこの図版に見られるように、その装飾的可能性も無限である。

Renaissance

北欧の庁舎建築

　ルネサンスの建築言語は、一般に古代ギリシャとローマの建築に基礎を置いた古典的形態として認識されている。しかしそれは16世紀の唯一の建築言語というわけではなく、北欧の多くの地域に関していえば、——とりわけカトリックとの関係においては——適切ではない。イタリアとまったく無関係に北ヨーロッパ全体で発展した1つの力強い建築的特徴がある。それが装飾破風壁である。それは市庁舎や住居の建築に広く用いられた。北欧の諸都市では、建築は市民としての誇りと国家的アイデンティティーを表現する大きな力であることが認識され、多くの大型庁舎が建設された。それらの16世紀のタウン・アンド・ギルド・ホールは、地域的な伝統と古典的モティーフの独特の使用法を組み合わせ、勃興しつつある市民の力を象徴する建築物であった。

ライデン市庁舎ファサード（1595年）
特別な繁栄の時代を迎えたとき、多くの都市は市庁舎を改築、改修し、近代的なものに造り替えた。織物貿易で繁栄したオランダ、ライデンの市庁舎もその1つで、建築家リーフェン・デ・ケイは既存の市庁舎正面に生き生きとした躍動的な切妻壁を加えた。あらゆる古典的モティーフ（フルートのある円柱、ピラスター、三角破風、帯のある柱身、ルスティカ積みなど）が競い合って、豪華な切妻壁のスカイラインに視線をひきつけている。

アントワープ市庁舎（1561〜1565年）
新しいイタリア建築の知識は、北欧へは、建築書——なかにはオランダ語などの他の言語に翻訳されたものもあった——や、イタリアで活躍した建築家によってもたらされた。壮大なアントワープ市庁舎を建設したのは、イタリアで数年にわたり活動してきたコルネリス・フロリスであったが、彼はそのなかにブラマンテやセルリオに関する彼の知識を注入した。建物前面に切妻壁が、機能的というよりも装飾的に付け加えられ、そこに古典様式の彫刻的要素や記念碑的要素が盛り込まれた。その建物はこの地域で最初に建てられたイタリア的建物として、その後の低地諸国全体の庁舎建築に非常に大きな影響を及ぼすことになった。

ルネサンス

織物会館／ブランズウィック

貿易と商業が活発になっていくなかで、多くの鮮烈な印象を持つ建築が、北欧諸都市の主要な広場を支配していった。たとえばニーダーザクセンのブランズウィックには、多数階の強烈な外観を持つ織物会館があるが、下から4層までは、建築オーダーが違和感なく連続的に重ね合わされている。この聳え立つファサードにはストラップワーク（紐状細工）や渦巻で縁取られた破風などの北方的特徴が見られる。

造兵廠／グダニスク

北欧諸国の多くは、精密な組積造の伝統を有しているが、それはルネサンス時代も受け継がれた。このポーランド、グダニスクの造兵廠はその良い例で、美しい組積造の中に、石造りのマリオンやトランサム、量塊的な門を埋め込んだファサードの上に、オベリスクのようなフィニアルを持つ、豪華な彫刻を施された切妻壁が立ち上がっている。

世界の建築様式の歴史

Renaissance

スペインにおける装飾的および非装飾的様式

　ルネサンスのモティーフがスペインの世俗建築に用いられ始めたのは、16世紀初めであったが、豊かな装飾で彩られたスペイン・ゴシック様式は、特に宗教建築ではその後も長く存続した。イタリア的言語を用いた建築家もいたが、基本的にはゴシック的な構造の上に装飾的に適用するにとどまった。イタリア建築と建築理論の知識が広まっていくにつれて、比率と調和の原理を取り入れた建物が多く造られるようになった。16世紀後半、フェリペ2世の建築家、フアン・デ・ヘレラは非常に厳格な、余分なものを削ぎ落とした古典様式の建物を建てたが、それらはデソルナメンタード様式（禁欲主義的様式）と呼ばれるようになった。

アルカサール・ファサード／トレド（1537年）
アルカサールのメイン・ファサードを設計したアロンソ・デ・コヴァルビアスは、宮殿と城砦の要素を合体させたが、それはまた、あまり常識的ではないやり方で、古典的モティーフを使用した特異な例でもある。通常ならばルスティカと突き出したブラケットは1階部分に見られるが、ここではそれらは最上階に持ち上げられ、角にある力強い構造物の間の装飾的要素として用いられているようである。

噴水／王立病院
パティオ（中庭）は、スペイン建築には欠かせない要素である。サンティアゴの王立病院では、四角形のピラスターに支えられた半円形アーチが中庭の周りを囲んでいる。中庭中央にある噴水には、古典的モティーフである空想的な生き物とアカンサスの葉が引用されている。

王立病院／サンティアゴ・デ・コンポステーラ
プレートリスク（銀細工調）というのは、建物の構造とは関係のない装飾を多く用いるスペイン建築をさす用語である。王立病院正門は、豪華な装飾を施された4層のオーダーと広いアーチ型のティンパナムで構成されている。その上の壁がんは高浮き彫りの人物像で埋め尽くされ、それ以外のピラスターなどの表面は浅浮き彫りで覆われている。

ルネサンス

金の階段／ブルゴス大聖堂（1524年）
金の階段は、ペデスタルやエンタブラチュアを含む建築的オーダーを取り入れているが、表面の装飾がそのオーダーを隠している。彫塑の多用がスペイン的装飾の特徴であり、多くがここに見られるような貝殻、葉飾り、円形、壺などのオール・アンティカのモティーフを使用している。

オーダーの使用
建築的オーダーは多くが中庭周りに用いられたが、その華麗に装飾された柱頭は、古典的規範や比率をまったく無視している。16世紀初めに建てられたグアダラハラのメンドーサ宮殿は、上部のオーダーも下部のオーダーも柱身、柱礎、柱頭に石を使っているが、まぐさと腕木は木造である。

デソルナメンタード様式／エル・エスコリアル
初期のスペイン様式とは非常に対照的なエル・エスコリアルのデソルメンタード様式（禁欲主義建築）は、16世紀後半以降のスペイン建築に大きな影響を及ぼした。エル・エスコリアルは花崗岩による石造で、ほとんど装飾を排しており、その記念碑的建築物の厳しい表情は、カトリック反宗教改革の精神の建築的表現とも読める。

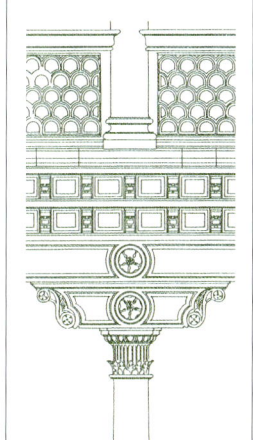

エル・エスコリアル／マドリッド（1563～1584年）
エル・エスコリアルの平面図は複雑な対称性を示している。それはフェリペ2世が父カール5世の霊廟として建てさせたもので、イタリアの集中式を模倣したと思われるドームのある十字型教会は、この広大な王のための複合施設の中で最も目立つ象徴的な存在になっている。エル・エスコリアルにはその他、修道院、回廊、王の居住施設、図書館などが含まれている。

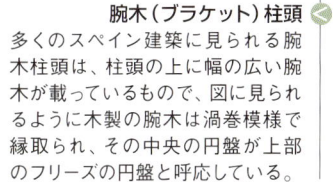

腕木（ブラケット）柱頭
多くのスペイン建築に見られる腕木柱頭は、柱頭の上に幅の広い腕木が載っているもので、図に見られるように木製の腕木は渦巻模様で縁取られ、その中央の円盤が上部のフリーズの円盤と呼応している。

249

世界の建築様式の歴史

Renaissance

エリザベス朝プロディジー・ハウス

　イギリスは北欧の大部分の地域同様に、16世紀に入ってもゴシック様式を好んだ。古典的建築様式に関する知識は、他のヨーロッパ諸国のフィルターを通して（直接イタリアからではなく）イギリスに届けられ、またフランス語やフラマン語の文献からも少しずつ影響を受けた。イギリス宗教改革の時代、教会や王立の建物はほとんど建てられなかったが、対照的に、エリザベス1世の宮廷の高官たちによって、非常に多くの壮大な邸宅が建設された。建築史家であるジョン・サマーソンはそれらの建物を、「プロディジー・ハウス（驚嘆すべき邸宅）」と命名した。そのなかには、毎年恒例の巡幸でエリザベス1世とその随行員を歓待するために特別に建造されたり、改築されたりしたものもあった。その最も重要な特徴の多くが、ロングリートとウォラトンの両ホールに含まれている。

ロングリート／ウィットシャー（1570年代）
ロングリートは、従来の建物を含みながら1570年代に改築された。元の建物は、対称的で調和の取れたファサードに包含されている、贅沢にガラスを使った大きなマリオンの窓を持つ中央部分である。

ロングリートのファサード
ロングリートのファサードは、古典的な抑制とルネサンス建築のオーダーを、英国的なモティーフであるベイ・ウインドーと結合させている。ここでは、わずかに突き出たベイ・システムが、荘重で雄大な建築物の調和を破壊することなく、建物に躍動感を与えている。

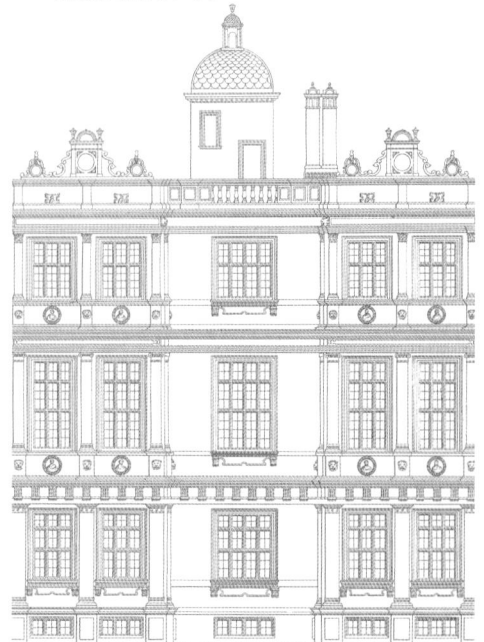

ロングリート・ホール平面図
宮廷を収容するにふさわしい建物として、その建物は豪華な歓迎の宴を催すための長い回廊と大広間が必要であった。また配膳その他のサービス全般がスムーズに運ぶように、よく計画された配置を持っていることが不可欠であった。さらに部屋数も多く必要とされた。それらの必要に応えて、ロングリート・ホールの平面は、両軸にそって対称的なものとなっている。

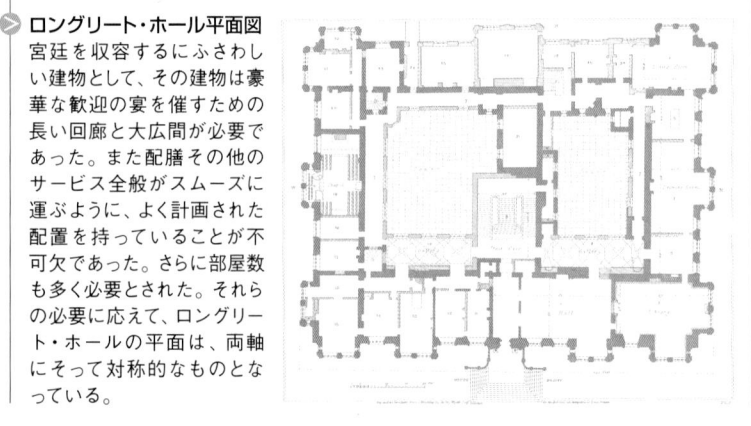

ルネサンス

ウォラトン・ホール／ノッティンガムシャー（1580年代）
イタリアおよび他のヨーロッパ諸国の建築に関する知識は、建築書を含むさまざまな道筋でイギリスにもたらされた。ロバート・スミスソンによって1580年代に建てられたウォラトン・ホールは、その設計と装飾のなかに、セルリオとフレーデマン・デ・フリースの2人の影響が見受けられる。

ウォラトン・ホールの塔
4基の塔はこの建物に劇的なスカイラインを加えている。切妻壁の特徴的な紐状細工（紐を組み合わせた形の浮き彫り装飾）は、デ・フリースから取り入れたものである。ファサード同様に、ピラスターには帯が巻かれ、それがマリオンで区切られた窓を縁取っている。

ウォラトン・ホール平面図
対称的な矩形の平面の4隅に、塔が配置されている。中庭はないが、その代わり中央に、非常に広いホールが広がっている。この平面計画は、セバスティアーノ・セルリオの設計を参考にしていると思われる。

グレート・ホール／ウォラトン・ホール
グレート・ホールはチューダー王朝建築にも引き続き見られる。このホールは下階に窓がなく、ゴシック様式的なクリアストーリーによって採光している。スクリーンの紐状細工のディテールは、16世紀オランダの意匠から受け継いだものである。

Renaissance

ジャコビアン・スタイル

　イギリス最初のスチュアート王朝であるジェームズ1世の統治の間、建築の面では大きな変化は起こらなかったが、17世紀初めにジャコビアン・スタイルが登場した。その理由の1つとして、海外から、特に低地諸国から多くの彫刻家や名工を招き建築に従事させたことが挙げられる。内部装飾にスタッコ仕上げや木彫が多用され、暖炉やドアも華麗に装飾された。多くの建物に、装飾的なオランダ式破風が取り付けられ、特にイギリス東部では一般市民の住宅にも用いられた。チューダー王朝同様に、教会はほとんど建てられなかったが、いくつかの重要なジャコビアン・プロディジー邸宅が建設された。それらはエリザベス朝のプロディジー・ハウスとほとんど変わるところはないが、平面計画が異なるものがあり、H型やU型のものが現れた。建物に大胆で印象的なシルエットを与えることが流行し、それらが鮮烈な眺望をもたらした。

アンドレイ・エンド／エセックス
ジャコビアン・プロディジーの最良の例であるアンドレイ・エンドの建設が始まったのは1603年であった。調和と荘厳さを体現したその建物は、中央のブロックの低さと対照的に両翼の建物を高くし、視覚的な興趣をも喚起させる。

窓割り（フェネストレーション）
エリザベス1世とジャコビアンのプロディジー・ハウスの多くは、ガラスを大量に使用しているが、その中には偽物の窓もある。多くの窓は背が高く、鉛直方向はマリオンで、水平方向は肉太のトランサムで区切られている。

ポーチ／アンドレイ・エンド
入り口ポルティコを前面に突き出し、そこに古典的オーダーを用いることがしばしば行われた。アンドレイ・エンドでは、2層のポーチは、束ね柱で囲まれたアーチ型の開口部を持つが、2つのポーチの上部には透かし彫りのある背の高い欄干が載っているだけである。

ルネサンス

> ブリックリング・ホール／
> ノーフォーク
> （1616〜1627年）
> 建築材料は重要な構造的役割を果たすだけでなく、概観の美しさも決定する。イギリス東海岸へ向かう地域ではレンガが広く使われ、それにジャコビアン・スタイルの曲線的な切妻壁が結合されて、この地域の景観は低地諸国の景観と強い親和性を示している。その良い例であるこのブリックリング・ホールでは、豊かな色調の赤レンガが隅石によって美しく縁取られ、肉太のマリオンとトランサムが窓を浮き立たせている。

> ブラウズホルム・ホール入り口／ランカシャー（1603）
> 3層にわたって双柱のオーダーを積み重ねる独特の入り口である。1階のドリス式オーダーが建物外観に強さを与え、その上2層のイオニア式オーダーが優美さを与えている。

> 切妻壁
> 装飾的切妻壁はジャコビアン・スタイルの大きな特徴である。縁のデザインは硬い階段形よりも曲線や渦巻形が好まれた。切妻壁の曲線と小塔、塔が劇的なスカイラインを形成している。

253

世界の建築様式の歴史

Renaissance

イニゴ・ジョーンズの建築

　16世紀イギリス建築に見られる濾過されたルネサンス様式（主に装飾的な）とは大きく異なる、均整の取れた古典建築がイニゴ・ジョーンズ（1573～1652年）によってイギリスにもたらされた。ジョーンズはイタリアを訪れ、古代ローマ建築とルネサンス建築、特にアンドレーア・パッラーディオの建築を細部にわたって研究した。ジョーンズが複写したパッラーディオの『建築四書』（1570年）と、それに対する彼の傍注が現在まで残されている。彼は古典的モティーフをただ付着させるだけでは満足せず、機能、均整、全体的比率といった建築における基本原理に真正面から取り組んだ。彼は盛期ルネサンスの建築を手本とする道を選んだが、その頃イタリアではすでに、それに変わってバロック様式が登場し始めていた。

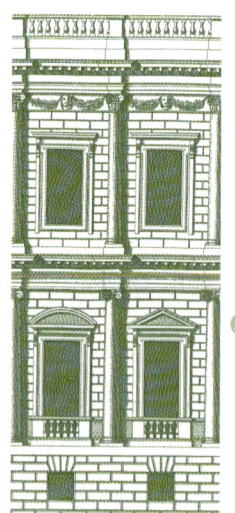

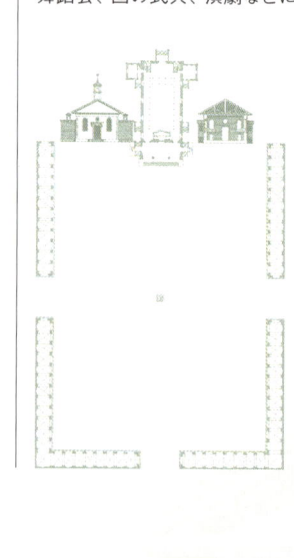

セント・ポール教会／ロンドン（1631年）
コヴェント・ガーデンの再開発によって、イギリスにおける宗教改革後初めて新しい教会が造られることになった。その教会は単純な矩形の平面を持ち、東側にどっしりとしたトスカーナ式のポルティコが構えている。そのポルティコは教会の正門ではないが、全体が都会的な外観の中で、強く視線をひきつける。

バンケッティング・ハウス／ロンドン（1619～1622年）
ジョーンズのイタリア・ルネサンスに対する敬愛は、この均整の取れた充実した建物によく表現されている。2層になった古典的ファサードは、彼が盛期ルネサンスを完全に自分のものにしていたことを物語っている。

バンケッティング・ハウス平面図
完璧なフォルムには、視覚的、心理学的満足感が宿るというルネサンスの考え方が、このバンケッティング・ハウスの正方形を2つ合わせた単一の空間のなかに表現されている。バンケッティング・ハウスは国王主催の舞踏会、国の式典、演劇などに使用された。

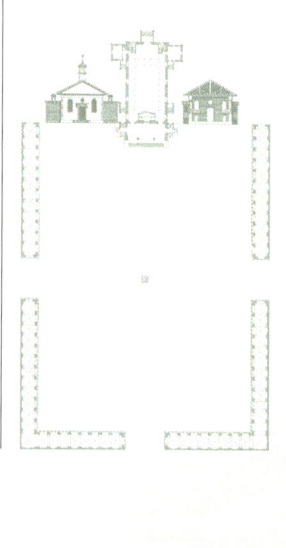

コヴェント・ガーデン／ロンドン
ジョーンズはロンドン初の対称形の規則的な広場を設計したが、その手本となったのはイタリアで見た都市空間であった。威厳のある装飾を排した建物を並べ、1階部分を開放された回廊にすることによって、彼は統一的な都市計画を実現した。

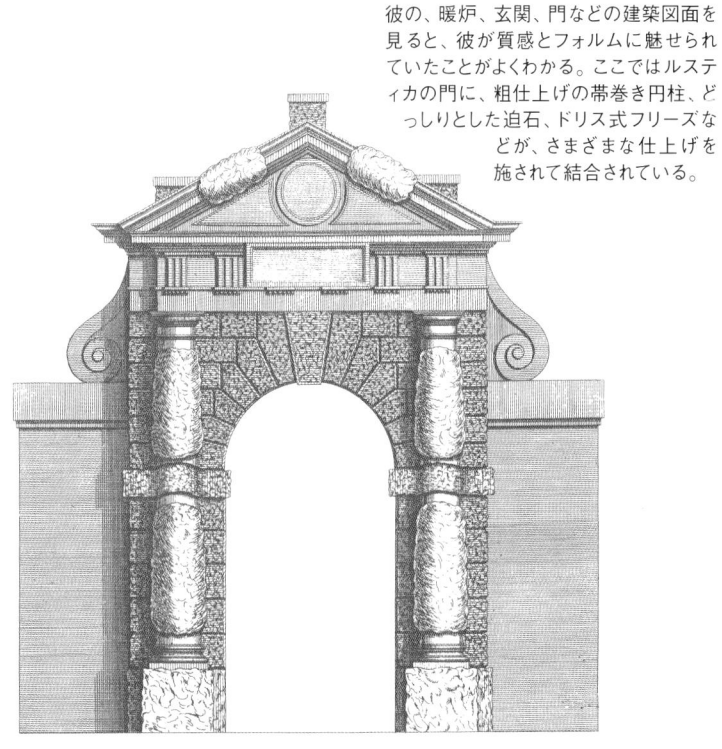

ルネサンス

質感とフォルム
彼の、暖炉、玄関、門などの建築図面を見ると、彼が質感とフォルムに魅せられていたことがよくわかる。ここではルスティカの門に、粗仕上げの帯巻き円柱、どっしりとした迫石、ドリス式フリーズなどが、さまざまな仕上げを施されて結合されている。

バンケッティング・ハウス内部
バンケッティング・ハウスは、ジョーンズが建物全体の統一性をいかに重視していたかがよくわかる例である。ファサードの分節化は内部にも反映され、外部と同様の層オーダーが内部回廊を区切るのに用いられている。

ウィンチェスター大聖堂スクリーン（1638年頃）
ジョーンズのウィンチェスター大聖堂内陣スクリーンは、彼の建築フォルムにおけるオーダーの明快さをよく表現している。彼はルネサンス建築の原理と実践を集大成し、そのなかで彼独自の作風と発想を展開させていった。

バロック／ロココ Baroque and Rococo
17世紀～18世紀後半

ローマ・バロック

　カトリック教会の新たな勝利の表現として、またローマを真のカトリック教会の首都とするため、建築は絵画や彫刻と一体となって重要な役割を果たさなければならないという信念の下、バロック建築は17世紀ローマに生まれた。サン・ピエトロ大聖堂から放射状に伸びる大通り沿いに、勝利の誓いを顕す記念碑的建造物が次々と建てられた。ルネサンス建築の何となく静的で知的なフォルムを突き破り登場したバロック建築は、まず何よりも信仰の芸術であった。教会の奥へと続く一歩一歩が、象徴的で幻想的な絵や彫刻で彩られ、感情だけでなく宗教的知性に対しても訴えかける実体験へと昇華された。ルネサンスの古典的モティーフは、繰り返し、分解、歪みを通じて新しい劇場的な建築言語へと生まれ変わった。破れ破風、大オーダー、凹凸に湾曲した壁面などがバロック建築家によって比較的自由に操られ、多くの個性的な建築物が生み出された。

▷ **教会装飾／イル・ジェズ大聖堂／ローマ（1568～1584年）**
イエズス会の本部であるイル・ジェズ大聖堂は、即時的に宗教的信念を強化するという反宗教改革の原理に基づいて内部装飾が変更された。彩色スタッコ、立体的彫塑、断片化された建築要素などが、聖人の生涯と奇跡を描いた巨大なフレスコ画の周りを縁取っている。

▽ **ブロークン・ペディメント**
バロック建築で多用されるモティーフの1つに、ブロークン・ペディメントがある。それは半円や三角形のペディメントの頂部または中央部が基礎の部分まで「ブロークン」したもので、その隙間は、多くが冠状の装飾で埋められる。ブロークン・ペディメントはファサードにダイナミズムをもたらし、建築要素を垂直方向へと関係付ける

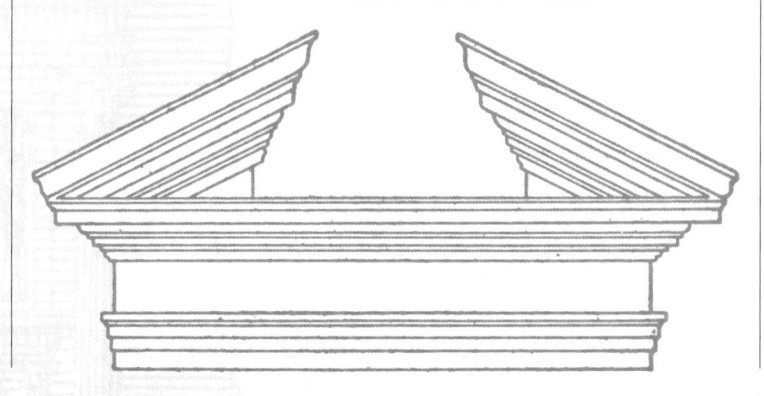

バロック／ロココ

サン・ピエトロ広場平面図／ローマ（1656年着工）

サン・ピエトロ広場の設計に当たって、ジャン・ロレンツォ・ベルニーニは2つの大きな遠近法的トリックを用いた。バロック的躍動感を付与するため、カルロ・マデルノの未完成の間延びした感のあるファサードは前面に台形の空間が連結され、それによって狭められたような錯覚を起こさせ、さらにその前面にも楕円形の第2広場を設け、空間的歪みをさらに強化した。

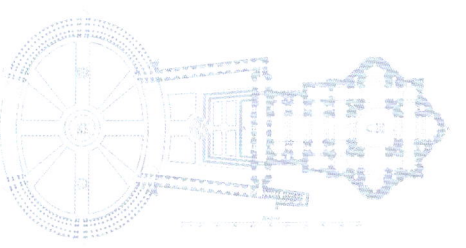

列柱／サン・ピエトロ広場

ベルニーニはサン・ピエトロ大聖堂の楕円形の広場を大柱廊（1656年）で縁取り、行列祈祷式のための屋根付きの回廊とした。それは双柱が2列並ぶ奥行き円柱4本の回廊で、境界を示す量塊的な壁のような錯覚を生じさせると同時に、背後のローマ市街地とも統合されている。ベルニーニはこの回廊を「聖母の両腕」と呼んだが、それは信仰を受け止め再統合するために大きく広げられている。

サン・カルロ・アッレ・クアトロ・フォンターネ教会／ローマ（1665～1667年）

フランチェスコ・ボッロミーニが設計したサン・カルロ・アッレ・クアトロ・フォンターネ教会のファサードは、全体が凹凸に湾曲する曲面によって分節化されている。2層重ねになった4つの凹面ベイが、バルコニーと上階のエディキュラ（壁面祭壇）、その上のエンタブラチュア、基部の階段からなる凸面の中央ベイを縁取っている。

サンタンドレア・アル・クイリナーレ教会

ベルニーニの手になる小さなサンタンドレア教会のファサードは、荘重なエディキュラ（ペディメントと円柱を枠に使った）の入り口となっている。半円形のポーチと階段が外側に張り出し、両端のやや内側に湾曲した短い腕と均衡をとっている。内部は、楕円形の短い径を軸にすることによって劇的な祭壇へと即時的に関係付けられる空間が創造されている。

バルダッキーノ／サンピエトロ大聖堂（1624～1633年）

「バルダッキーノ」として知られているこの荘重な大天蓋は、カトリック教会の象徴的な礎石となっている聖ペテロの墓碑へと続く地下室の上に据えられている。それは巨大なブロンズ製の祭壇で、初期キリスト教建築を引用した4本のツイステッド・コラムが、オジー型の天蓋を支えている。その頂部にはキリスト教伝導の象徴であるオーブ（宝珠）が掲げられている。

257

世界の建築様式の歴史

Baroque and Rococo

ローマ・バロック

　ローマ教皇シクストゥス5世とその後継者は、ローマを体系化された宗教的首都に作り変えることに成功した。ローマの富裕階級はすぐにその動きに追随し、建築家に彼らの住居を魅惑的なバロック様式に作り変えることを依頼した。ベルニーニやボッロミーニなどの建築家はそれに応え、オープン・ロッジア、壮麗な階段、強調された玄関といった統一した言語を用いて、古い邸館を新しい様式に変化させた。画家や彫刻家は、一続きの象徴的なフレスコ画と彫刻で建築を装飾した。17世紀半ばにバロックは、「盛期バロック」と呼ばれる成熟期に入り、その影響はローマの北へ浸透した。盛期バロック教会は、集中式、幻想的で壮麗な祭壇と天井、重厚な装飾、男性的なファサードが特徴である。トリノのグァリーノ・グァリーニはバロック様式の指導者的存在で、18世紀初頭にこの様式がヨーロッパ全体に伝播していくのに大きく貢献した。

ロッジア／パラッツォ・ボルゲーゼ／ローマ（1607年）
オープン・ロッジア（両側に開けた屋根のある回廊）は、17世紀を通して広く使われるようになった。このパラッツォ・ボルゲーゼはその初期の例で、3階建ての両翼の建物が2層のロッジアによって連結されている。ルネサンス様式の中庭の定型は維持されているが、中庭から庭園に向かうバロック様式の長軸が形成されている。

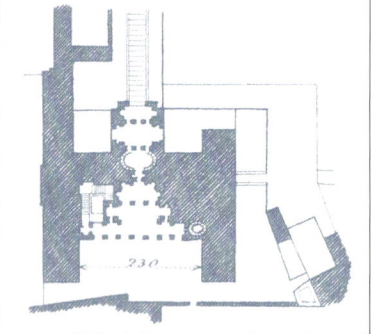

長軸／パラッツォ・バルベリーニ
邸館を抜けて庭園に至る通路が中心軸となり、その周りに邸館の各部が展開する。3層に積み上げられた奥行きのあるアーケード型のポルティコを抜けると、四つ折れの劇的な大階段と楕円形のサローネが現れ、そこから階段を下りて庭園へと向かう。

パラッツォ・バルベリーニ／ローマ（1628～1633年）
新しいパラッツォ・バルベリーニは、カルロ・マデルノ、ボッロミーニ、ベルニーニのバロック建築の3大巨匠によって設計された。それは旧来の中庭を持つパラッツォに訣別し、H型の平面を採用した。入り口ファサードは、前庭の奥に3層に積み上げられたアーケードの長いポルティコを持ち、バロック様式のオープン・ロッジアの先駆けとなった。

バロック／ロココ

カルトゥーシュ（装飾額縁）
バロック様式を特徴づけるものの1つにカルトゥーシュがある。それは頂冠や渦巻模様で装飾された楕円形の額縁で、宮殿や教会のファサードで家紋や旗章を飾る枠として、あるいはそれ自体純粋な装飾的模様として用いられた。通常、ブロークン・ペディメントの中や、入り口の上方、軸に沿った面に飾られる。

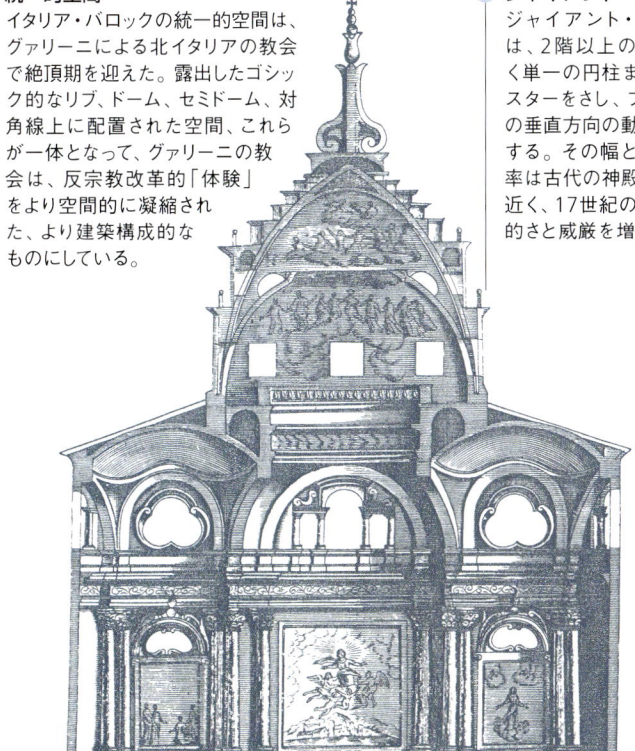

統一的空間
イタリア・バロックの統一的空間は、グァリーニによる北イタリアの教会で絶頂期を迎えた。露出したゴシック的なリブ、ドーム、セミドーム、対角線上に配置された空間、これらが一体となって、グァリーニの教会は、反宗教改革的「体験」をより空間的に凝縮された、より建築構成的なものにしている。

ジャイアント・オーダー
ジャイアント・オーダーは、2階以上の高さを貫く単一の円柱またはピラスターをさし、ファサードの垂直方向の動勢を統一する。その幅と高さの比率は古代の神殿のものに近く、17世紀の立面の劇的さと威厳を増幅する。

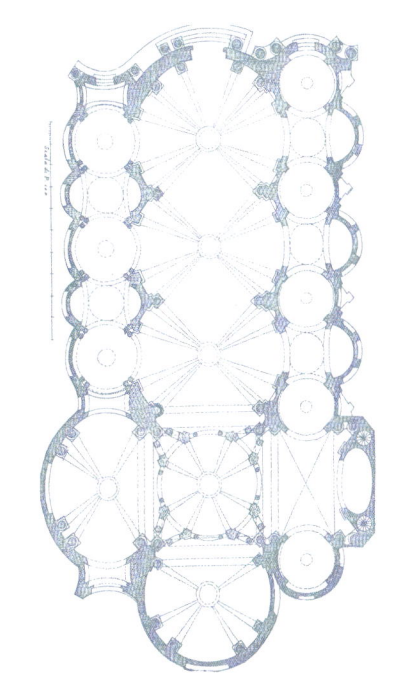

波打つ壁
グァリーニの教会の外面と内面の輪郭は、連続的な破断と起伏が特徴である。凸面、平滑、凹面の壁が並立し、楕円と円が有機的に組み合わされ、躍動感あふれる空間が創り出されている。

Baroque and Rococo

フランス・バロック

　17世紀フランスの建築は、反宗教改革的ローマ建築の影響はまだ及んでいず、引き続きルネサンス様式の自然な帰結として発展していた。とはいえ、宗教戦争の後パリに戻ったアンリ4世は、王権の基盤を確立するため、王の彫刻を中央に置き、その周りに貴族の邸館があるプラース(広場)のネットワークを築いていった。それらの邸館の定型的で瀟洒な佇まいは、すぐに一般市民の住宅や邸館だけでなく、田園地帯のシャトーにまで影響を及ぼしていった。フランソワ・マンサールやジュール・アルドゥアン・マンサール、ルイ・ル・ヴォーなどの建築家は、モティーフの繰り返しによる長いファサードを持つ建物を設計したが、それらは強烈なバロック的響きを持つものであった。

シャトー・ドゥ・メゾン／パリ(1642〜1646年)
これはフランソワ・マンサールの作品であるが、彼は3つの明確に定義されたパヴィリオンを、双柱と横長のペディメントを変化をつけながら繰り返す劇的なフランティスピース(装飾的前面)で統一することに成功している。そのフランティスピースは急傾斜の勾配屋根と重なり合い、屋根の量塊感は中央部分で何層かが奥に下がることで弱められている。

ルクサンブール宮殿／パリ
このマリア・デ・メディチのための宮殿は、1615年、建築家サロモン・ド・ブロスによって伝統的な中庭を持つ平面として着工された。立面はルスティカ(粗石積み)の双柱とピラスターが連続する体系として処理され、フランス伝統のドーマ窓が欄干の後ろに置かれている。

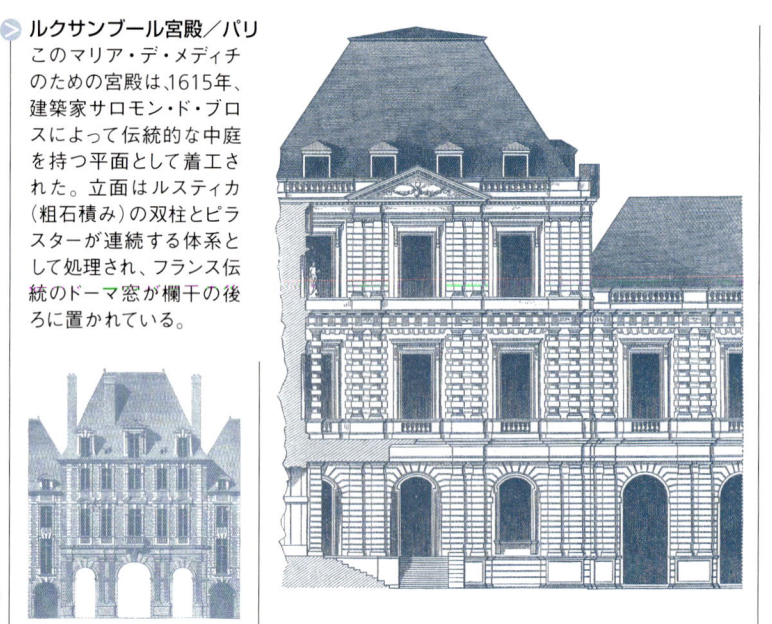

パレ・ロワイヤル／パリ(1605〜1612年)
アンリ4世の主要な都市計画の一環として、パリ市内に貴族の邸館を含む王宮(パレ・ロワイヤル)の建設が行われた。プラース・デ・ヴォージュ(王妃の館)は、連続するアーケードの上の2階建てで、急勾配のマンサード屋根がパヴィリオンを定義している。レンガ組積造の正面は、化粧石の垂直な帯シェネによる表面装飾が施されている。

ルーヴル宮殿東側ファサード／パリ(1667〜1670年)
ベルニーニなどのイタリアの建築家に出した依頼を断られたルイ14世は、フランスの建築家にルーヴル宮殿東側ファサードの建築を命じた。その結果、高い基壇の上に、巨大な双柱による荘重で威厳に満ちた柱廊が築かれた。

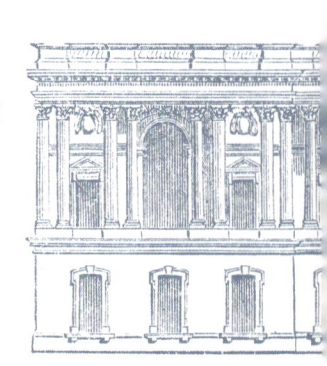

双柱
17世紀フランス建築の特徴の1つが、円柱またはピラスターの双柱で、単調な繰り返しになりがちな長いファサードにリズム感をもたらしている。フルートのあるものや、ルスティカのものも多く、優美で落ち着いた装飾フォルムとなっている。それは広い柱間を可能にし、大きな邸館の窓や入り口をその間に見栄えよく収めることができる。

バロック／ロココ

デザンヴァリッド（廃兵院）の教会／パリ（1680～1707年）

教会のファサードは、ポルティコの円柱に始まりドームのリブへと続く強い垂直方向の動勢によって支配されている。ドームの高さは、ドラムとドームの間に屋階を設けることによってさらに高められている。ドーム外周の対角線状に突き出したコンソール（持送り）と金色の浮き彫りパネルが、この王の教会にバロック的躍動感をもたらしている。

コンソール（持送り）

大きな装飾的腕木「コンソール」は、多くが渦巻型で、17世紀後半のフランス建築に大型化されてよく登場する。実際に支持する役割はなく、装飾的に連続して用いられる。

デザンヴァリッドの教会平面図

ジュール・アルドゥアン・マンサールは、ルイ14世からオテル・デザンヴァリッド（廃兵院）の両翼の間に教会を建てることを命じられた。彼の天才的解答は、集中式にし、それを祭壇を納める楕円形のバロック様式の至聖所を通じて古い教会に連結させ、それによって長軸を形成するというものであった。4隅の礼拝堂は対角線状に配置され、大きな柱によって隠されることによって、中央のドーム空間の統一性が妨げられないように配慮されている。

ブルズアイ（牡牛の目）・アパチャ

円または楕円形のブルズアイ（ルイユ・ディ・ブフ）は、フランス・バロック建築にしばしば用いられる装飾で、特にマンサード屋根やドームの頂部に付けられる。ドーマー窓として機能する場合もあるが、多くが装飾的に壁に開口部を設けるときに使われる。

261

世界の建築様式の歴史

Baroque and Rococo

フランス・バロック（ヴェルサイユ宮殿とその影響）

　1664年、ルイ14世はフランスの建築家ル・ヴォーにヴェルサイユ宮殿の再建を命じた。王は大きさでも荘厳さでも臣下の邸館を圧倒するような宮殿を必要とした。ヴェルサイユ宮殿とその庭園は、17世紀から18世紀の間に数段階を経て完成されたが、その時代を通じて最も大規模な建築工事であり、フランス建築の進路に非常に大きな影響を与えた。宮殿と庭園を戦略的に配置することによって、ルイ14世は彼自身のための中央集権化されたバロック体系、宇宙を創造した。当時の代表的な画家と彫刻家がすべて招集され、「国王の勝利」というテーマで壮大な装飾空間が創出された。パリでは貴族たちはそれに負けまいと、個人的住居オテルを進化させ、室内装飾をベルサイユ宮殿に似せてしつらえた。

オテルの窓上枠
オテルの外部装飾、特に道路側は、平滑な壁を背景とした窓、ドア、バルコニーに限られた。しかしそれらはヴェルサイユ宮殿の影響を受けて、持送り腕木、ブロークン・ペディメント、精巧な繰型、高浮き彫りのパネル、女像柱などによって華やかに装飾された。

パリジャン・オテル
貴族のための新しいタイプの都市型邸館は、前庭（「栄光の中庭」クール・ドヌール）の奥にセットバックしている。入り口の壁が道路に面し、背後に庭園が控える。平面は当然折れ曲がり、2棟のオテルが中庭を共有し、古典的なファサードが仕切りとして用いられる場合もあった。

ヴェルサイユ宮殿平面図
ヴェルサイユ宮殿はルイ14世の絶対的権力への希求の高まりを投影して、数度にわたって規模が拡大された。広大な中庭の奥にある彼のアパルトマンが平面計画の焦点であり、そこからサイド・パヴィリオン、両翼へと偉大な縦列配置アンフィラード（ドアが1列に並び端から外の景色がみえるようにした）が伸びる。国王の寝室は一方にルノートルが設計した庭園を望み、他方にヴェルサイユの町とその向こうのパリの街が見通せる軸上に配置された。

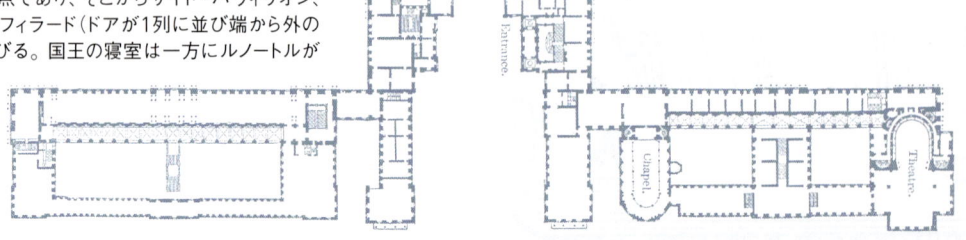

バロック／ロココ

> **ドア・パネル／ヴェルサイユ**
> ヴェルサイユ宮殿の装飾の大半が、唐草模様、渦巻型葉飾り、花綱などを金メッキしたもので、それらを木や色大理石の古典的な直線パネルに留めている。

> **鏡の間／ヴェルサイユ宮殿（1678年）**
> この回廊は1678年にアルドゥアン・マンサールによって増築され、内部の装飾を担当したのはシャルル・ル・ブランである。その長い広間は、一方の側に庭園を見下ろす大きな窓が並び、その反対側はそれに共鳴するように大きなヴェネチア・ガラスで出来た鏡があり、それが灯りや金箔、色大理石、そしてル・ブラン自身の手になる王の生涯を描いたフレスコ画を映し出している。この回廊の様式は、18世紀ヨーロッパの宮殿装飾の手本となった。

> **サロンの装飾／ヴェルサイユ**
> ヴェルサイユ宮殿のサロンのための部屋は、それぞれテーマを持っている。ガラスの間の両側のサロンは、それぞれ戦争と平和のサロンとなっている。王が居住する7つの部屋は、7つの惑星にちなんで名付けられ、関連する寓意を用いて王の美徳を賛美している。各サロンには、幻想的な天井フレスコ画によって示された図像に関連する浮き彫りパネルが飾られている。

> **装飾的柱頭**
> ヴェルサイユ宮殿の内部では、非常に異端的な装飾様式が展開されているが、それは建築のインパクトが、部分ではなく全体から生まれているため、許容されたことであろう。室内の柱頭は、彫刻され金粉を塗られた花綱、アカンサスの葉、野獣、小さな空想上の動物などで飾られている。

263

Baroque and Rococo

初期イギリス・バロック

　17世紀イギリス建築の歩みは、1666年のロンドン大火により突然早められた。大火は街の大半を破壊し、87の教区の教会が消失した。すぐに「ロンドン市再建法」が施行され、教会および大聖堂の再建計画が策定された。新しい教会を設計し建設したのは、当時の王室建設局の長官であったクリストファー・レンと彼の設計オフィスであった。レンはすべての科学に通じた万能の人で、歪みや合成などを含む革新的な「バロック的」解法を用いて、構造的困難を克服した。セント・ポール大聖堂の再建は困難を極め、彼はそのために夥しい量の図面を作成し、遂にイギリス国内の反対を押し切って、大陸のバロック様式を採用した。

セント・ジェームズ教会／ロンドン（1683年）
後に彼の『備忘録』（1711年頃）のなかで述べているように、レンは教区教会を「オーディトリウム（講堂）」または小劇場として建てた。彼は教会の3側面の回廊を信者席とすることによって、会衆全員が、プロテスタントでは重要な意味を持つ説教を聴くことができるようにした。ピカデリーにあるセント・ジェームズ教会では、特にこれが明確に示され、説教檀は信者席の中央に据えられ、祭壇は東側の奥まで下げられた。

トリニティー・カレッジ図書館／ケンブリッジ（1676～1684年）
レンはネヴィル・コートにある2つの既存の棟の間に、トリニティー・カレッジ図書館（図左）を建てることを依頼された。彼はファサードに錯覚を誘発するデザインを用いて、低くする必要のある図書館の床とドリス式円柱との間の高低差を、1階部分のアーチを半円形の浮き彫りのあるルネットで埋めることによって知覚されないようにした。

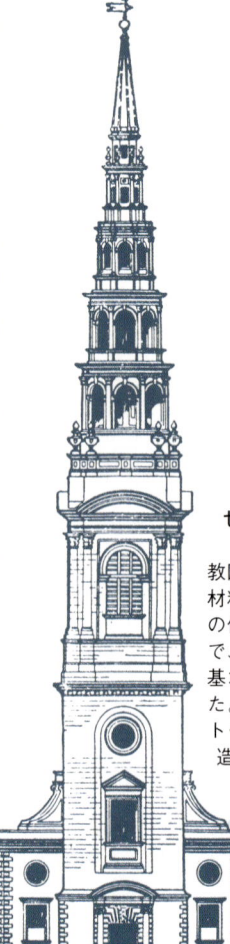

セント・ブライド教会／ロンドン（1701～1703年）
教区教会は、狭い敷地に安価な材料を用いて建てられた。周りの住宅の上に高く聳える、優美で、多くが凝った造りの尖塔が、基本的な外部装飾の形であった。フリート・ストリートのセント・ブライド教会の尖塔は4層構造で、石造の階段がコアになっている。各階は多角形でアーチ型の開口部があり、4隅はピラスターとなっている。

バロック／ロココ

セント・ベネット教会／ロンドン（1683年）
レンの建築では、半円形の頭部を持つ大きな窓が繰り返し用いられる。壁面が単調になることを避けるために、レンはしばしば重厚な花綱装飾（装飾的な花輪）を上部に飾り、さらにレンガと切石を組み合わせることで色彩的な豊かさを出している。

丸頭窓／セント・ポール大聖堂
セント・ポール大聖堂の外部に、レンは特別な装飾的回り枠を用いている。それは開口部の頭頂部に合わせて浅く繰型を彫り、起拱部に止めを設けたもので、破れアーキトレーヴに似た装飾的な「耳」によって窓に額縁を被せた形になっている。

セント・ポール大聖堂のためのグレート・モデル／ロンドン（1673年）
セント・ポール大聖堂のための素案は、グレート・モデル・デザインとして集大成された。それは凹面の壁面を持つ集中式平面で、中央の大きなドーム空間を礼拝堂を配した周歩廊が取り巻き、入り口ポルティコの近くに小さな第2ドームを設けるというものであった。それは大陸の壮大なバロック様式大聖堂に似たものであったが、聖職者の賛成は得られなかった。彼らは、その案は伝統を破壊し、実務的ではないと主張した。

二重殻構造ドーム／セント・ポール大聖堂
ロンドンの街の空高くドームを聳えさせようというのが、レンの最初からの構想であった。最終的な解は非常に複雑な高い技術を要求するもので、内側のドームの頂部にある円窓から外側のドームの頂塔を見上げられるようにし、隠れたレンガの円錐体が外側ドームと採光窓のための中間のバットレスを支持するというものである。

セント・ポール大聖堂西側正面（1675〜1710年）
レンは最初、セント・ポール大聖堂西側正面のポルティコをジャイアント・オーダーとする構想を描いていた。しかしポートランドの石工が、そのエンタブラチュアに合う大きな石を見つけることは不可能だと明言することによって、計画は妥協を余儀なくされた。それにもかかわらずレンのファサードは強いバロック様式を示し、コリント式双柱とピラスター、そして豊かに装飾された双塔が、中央ドームの列柱と美しいハーモニーを奏でている。

265

世界の建築様式の歴史

Baroque and Rococo

後期イギリス・バロック

　イギリス・バロックの第2段階の幕は、18世紀初頭、レンのオフィスで育った若き建築家世代によって開かれた。その様式の指導的存在がニコラス・ホウクスムアとジョン・ヴァンブラの2人の建築家であった。ホウクスムアは多くの王室建築物で長い間レンを支えてきたが、そのなかにはレンの死後かなり経って完成したグリニッチ病院もあった。イニゴ・ジョーンズが建てたクイーンズ・ハウスから河岸まで段階的に広がっていく二重の中庭と両翼を持つその王立病院は、その後ホウクスムアとヴァンブラによって展開されていくイギリス・バロック宮殿建築の先駆けとなった。また2人は共同で凸面と凹面の翼を結合させた形の別邸も多く建設した。重量感と、壁に内在する動勢という2つのテーマに対する彼らの探求は、階律と古典的言語のユーモラスな分解による自由な構成の中で装飾的に表現された。

▽ **ブレンハイム宮殿／オックスフォード近郊（1705～1724年）**
ヴァンブラはマルボロー公爵から、イギリスの戦勝を記念する記念碑的建造物ともなる宮殿を建てるよう依頼を受けた。ヴァンブラとホウクスムアはその機会を捉えて、勝利を表現する建築を具体化した。それは高さの違う重量感のある城砦型の両翼を、列柱と遊び心一杯の古典的モティーフで繋ぐというものであった。

▽ **カースル・ハワード／ヨークシャー（1699～1712年）**
ヴァンブラによるカースル・ハワードの平面計画は、2つの合体された前庭というグリニッチ病院方式に基づいている。それは最初の前庭の両脇を形成するサービス棟が、短い弧を描く柱廊によって中央の焦点となるドームに結合され、その柱廊が第2の中庭を抱く腕となるというものであった。

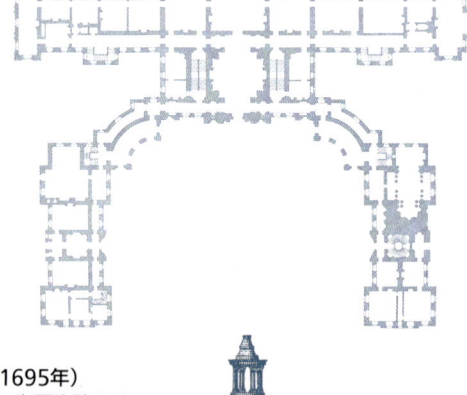

▽ **グリニッチ病院／ロンドン（1695年）**
1695年、グリニッチに王立の海軍病院を建てよという命令が出された。レンは主軸にクイーンズ・ハウスの景観を置く二重中庭の計画を立案した。立面を完成させたのはレンの後継者であったが、そこには塔に変化したアーチや、底辺が破れたペディメント（三角小間）など、遊び心一杯の要素が盛り込まれた。

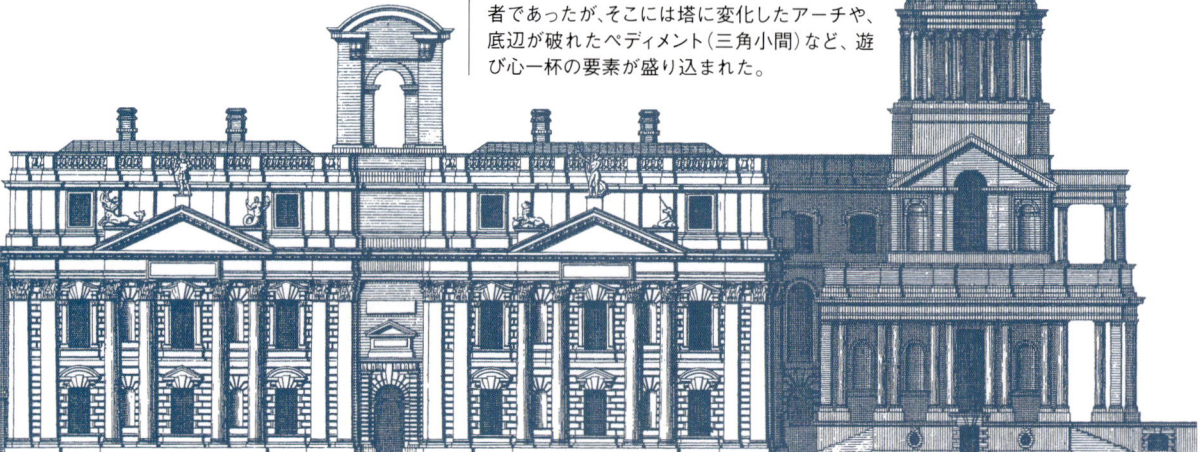

バロック／ロココ

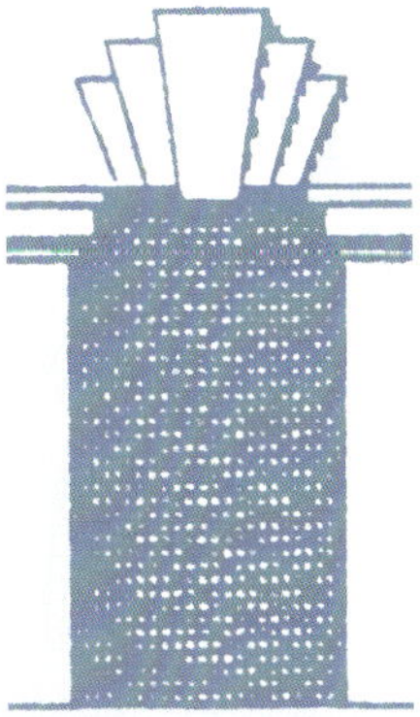

大要石
大要石はイギリス・バロックの建築家によって、ドアや窓を強調する装飾として頻繁に用いられた。幅を強調する5個の石の組み合わせを好む建築家がいる一方で、ホウクスムアはしばしば1個の、開口部の半分ほどの長さの大きな要石を開口部の上に重ね、前面に強い垂直的な動勢をもたらす方法も用いた。

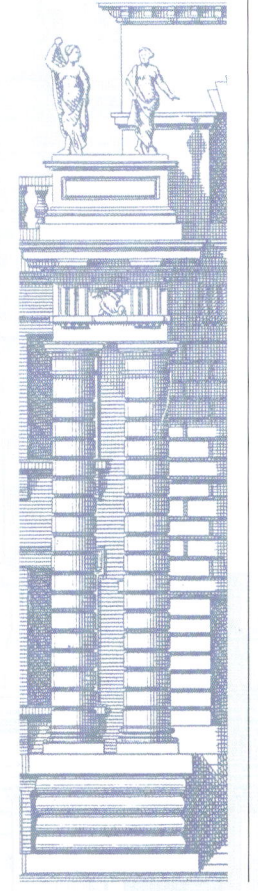

シートン・デラヴァル・ホール／ノーサンバーランド（1720〜1729年）
ヴァンブラの量塊感に対する城砦的アプローチを最も端的に表しているのが、このシートン・デラヴァル・ホールの緊密な構成である。異なった種類の帯状装飾壁と深い溝で装飾されたドリス式の双柱の組み合わせが、異なったユニットの量塊感を強調し一体化している。2基の欄干のある塔と、中央の平滑な壁面を持つブロックが、城砦的な前面の上に立ち上がっている。

溝付き円柱／シートン・デラヴァル・ホール
溝付き円柱はシートン・デラヴァル・ホールで最も強い印象を受けるエレメントであるが、ヴァンブラの他の多くの建築にも用いられている。ジャイアント・オーダーのドリス式円柱の柱身に正確な間隔で溝を彫ったもので、イタリアやフランスのルネサンス建築では一般的に使われていた。ヴァンブラはそれを、壁の量塊に水平方向の動勢を与えるために用いた。

セント・フィリップ教会／バーミンガム（1709〜1715年）
トーマス・アーチャーは、1711年の教会建設のための法律委員会のメンバーの1人であった。彼が建てたバーミンガムのセント・フィリップ教会は、凸面の壁、ドーム型の塔、対角線状に突き出す腕木型のバットレス、円窓など、イタリアとフランスのバロック様式教会との強い類似性を示している。しかしこの教会は、レンの教会から受け継いだ英国的な箱型平面を有している。

267

世界の建築様式の歴史

Baroque and Rococo

北欧・中欧バロック

　バロック様式が北欧および中欧に浸透していったのは17世紀後半であったが、それは一方ではローマ・カトリック教・バロックを通じて、他方ではフランスの世俗的宮殿古典主義を通じてであった。ヨーロッパ各地のカトリック教都市はローマを手本とし、ヨーロッパの絶対王政は自らのヴェルサイユ宮殿を建設しようとした。プラハ、ウィーン、ストックホルムの宮殿は、平面的にはフランスのものと似通っているが、分節化されたファサードはローマ・バロックの豪華な彫刻的可塑性との類似性を示している。18世紀になると、反宗教改革的南ドイツとオーストリアは、イタリアの盛期バロックを見習うべき手本とした。グァリーノ・グァリーニの著作は絶大な影響力を持った。古代ローマの直訳的な引用によるキリスト教首都ローマへの追憶の表現としての華麗な彫刻的ファサード、というのが一般的傾向であった。1800年代を通じてウィーンとプラハは、国際的バロック様式と呼ばれる建築の牽引車的役割を演じた。

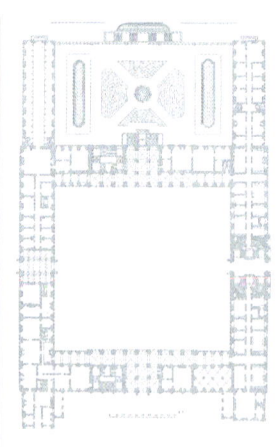

ストックホルム王宮（1697〜1771年）
スウェーデン国王カール2世がニコデムス・テッシンに造らせたこのストックホルム王宮は、18世紀前半にヨーロッパで一般的となった宮殿平面構成を示している。中央に広い中庭を置き、4方向に入り口を設け、突き出した左右の両翼の間はガーデン・テラスになっている。一体感のあるブロック型の外観は、リュクサンブール、ルーブル、ヴェルサイユの各宮殿に通じるものがある。

アトランティス
中欧バロック建築に共通するモティーフがアトランティスである。フィッシャー・フォン・エルラッハと同時代の彫刻家によって造られた筋肉隆々とした巨大な男性像が、体勢をゆがめながら宮殿入り口のアーチを支えている。巨大人物像は多くの場合、1対で置かれる。

クラム・ガラス宮殿／プラハ（1791年）
プラハのヤン・ヴァーツラフ・ガラス伯爵が、ウィーンの宮廷建築家フィッシャー・フォン・エルラッハに最新の大陸様式の宮殿を建てるよう命じて造らせたのが、この宮殿である。ペディメントの形が交互に変わる3階の窓列は、カルトゥーシュ（装飾額縁）を掲げる凹面の中央ペディメントでクライマックスに達している。重々しく装飾された玄関は、ローマ・バロックの可塑性とヴェルサイユ宮殿の装飾様式を足して2で割ったような豪華さを示している。

バロック／ロココ

**歴史的ファサード／
サン・カルロ・ボロメオ大聖堂**
サン・カルロ・ボロメオ大聖堂の荘厳な宗教的外観は、建築家フィッシャーがこのキリスト教的奉納教会に古代的な権威を与えるため、それを「歴史的」建築物として建てたことによって生み出された。正面は、ローマのトラヤヌスの円柱を模した双柱と、記念碑的な神殿ポルティコによって修飾され、教会の腕はサンピエトロ大聖堂を想起させる。さまざまな高さのユニットを、最頂部に巨大な楕円形のドームを置くことで統一するという方法はグァリーニから学んだものである。全体的な構成は、聖書にでてくるソロモンの神殿の再現を意図している。

サン・カルロ・ボロメオ大聖堂／ウィーン（1715〜1737年）
この教会の平面図では、楕円形ドームを中心に据えた強い縦軸が形成されている。その前面には広く左右に突き出した翼があり、それが背後の教会の実際の大きさを隠している。

コレギエン教会／ザルツブルク（1696〜1707年）
ベネディクト修道会は、南ドイツのイエズス会の教会とは違う様式の教会を望んだ。それに応えてフィッシャーは、平面だけでなく立面においてもバロック的な「歪んだ真珠」に基づく独特の曲面デザインを創造した。ファサードは楕円の円柱による凸面の両側にボッロミーニ風の2基の細い塔が置かれている。その垂直性は、ジャイアント・オーダーのピラスターや、高いドーム、楕円形の窓によってさらに高められている。

世界の建築様式の歴史

Baroque and Rococo

ロココ

　ロココ様式は18世紀前半に、パリの貴族の邸館オテルのなかで発展した本質的には装飾的な運動である。ヴェルサイユ宮殿の豪華な装飾に端を発したものであるが、王宮の堅苦しさに対する反発という側面も持つ。ジュストゥ・オーレル・メソニエ、ジル・マリー・オプノール、ニコラ・ピノー、ジェルマン・ボフランなどの装飾家が、手頃な住みよい室内を、軽やかで色彩豊かな末梢的装飾で彩りながら、パネルやドアの回り枠などを溶解させ、内壁を天井に融合させていった。ロカイユ・アラベスクやシノワズリー（中国趣味）といったモティーフの変種が無限に生み出された。フランスではロココ様式の外観を持つ建物はほとんど造られなかったが、南ドイツではロココ様式の教会が多く建てられた。

重ね合わせ繰型
ヴェルサイユ宮殿の堅苦しいパネルや枠に反発して、ロココ装飾はパネル、鏡、ドア、天井を、繰型を重ね合わせることによって1つに溶け合わせた。オテル・ド・スービーズ（1738～1739年）では、角という角はすべて曲線にされ、壁と天井は一体化された。

ロカイユ装飾
ロココ様式を特徴づけるものは「ロカイユ」・モティーフであるが、それはバロック時代の庭園で流行した洞窟（グロッタ）の貝殻、つらら、岩の装飾に由来している。ロカイユ・アラベスクは最も抽象的な形で、建築的な枠の上部や周りを対称的に縁取る。

スカラップ（ホタテガイ）装飾
ホタテガイのモティーフもよく好まれた。その先端部は渦巻型となり、基部の唐草模様のS字形やC字形と呼応している。その波状の頂部は、全般的な室内装飾の曲線のうねりを補完している。

サン・ポール・サン・ルイ教会／パリ
イエズス会のサン・ポール・サン・ルイ教会はバロック様式であるが、そのファサードは、カルトゥーシュ、アラベスク、モノグラム、渦巻、らせん、ケルビム（天使の1種）と、3体の壁がんの人物像によって華麗に彩られている。

バロック／ロココ

オテル・バルコニー
18世紀フランス・オテルのファサードの落ち着いた古典的佇まいは、内部のロココ様式とは対照的である。しかし窓バルコニーはしばしば、内部のロココ様式が外部に露出する場所となっている。古典的な石の欄干に替わり、華麗な持送り腕木に支えられた組紐渦巻模様の鉄細工のバルコニーが用いられることが多くなった。

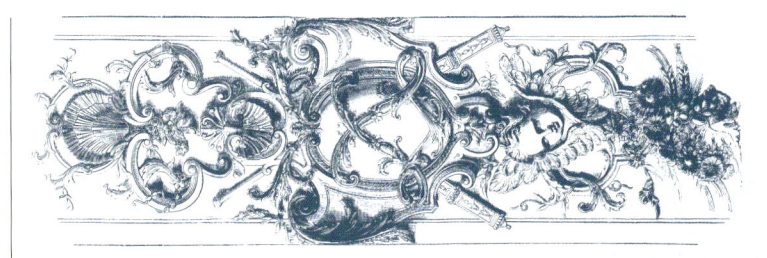

純装飾的
ロココ装飾のモティーフは歴史的でも象徴的でもない。ロカイユ、渦巻、葉飾りがしばしば、異国風の人物像、仮面、馬具、スフィンクス、空想的家紋などの周りに配置される。よく用いられる人形がテテ・アン・エスパニョール（ひだ襟を巻いた女性の顔）である。

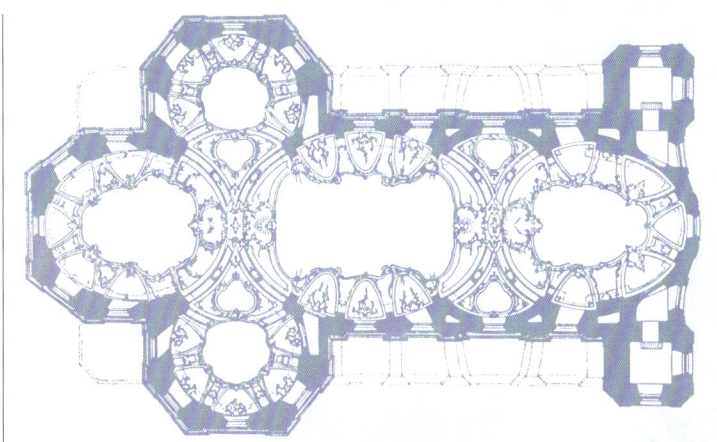

フィアツェーンハイリゲン巡礼教会／南ドイツ（1772年奉献）
J・B・ノイマンはさまざまな大きさの楕円を繋ぎ合わせて、この教会の平面を構成した。中央の楕円は、角を丸めた長方形に似ている。スカラップ形の内部パネルと呼応した基本単位の不定形さは、内部装飾の後期ロココ的装飾の特徴を強めている。

ロココ様式教会装飾／フィアツェーンハイリゲン巡礼教会
内部の構造的エレメントはコーニスの高さで抑えられ、ヴォールトは表面の連続性のために平滑なままに残される。スカラップ形のパネル、フレスコ画、カルトゥーシュ、アラベスクが複合的に絡み合いながら、細いリブの体系と重なり合っていく。身廊の柱身にはロカイユ様式の独立した14聖人廟（1764年）が置かれている。

パッラーディアニズム Palladianism
18世紀初め〜19世紀初め

イニゴ・ジョーンズの遺産

イギリス・パッラーディアニズムは、本質的にはバロック建築のあまりにも人間的で爛熟しすぎた「奇形」に対する反動として18世紀初頭に興った建築運動である。それはパッラーディオとイニゴ・ジョーンズ（1573〜1652年）という2人の建築家に立脚する厳格な古典的建築という、「英国的様式」に合った建築の確立を目指すものであった。1世紀前ジョーンズは、名著『建築四書』（1570年）に横たわっているパッラーディオの建築理論を深く理解することによって、イギリスの建築思想に革命を起こした。彼は古代の遺跡を自分の目で確かめ、またセバスティアーノ・セルリオやヴィンチェンツォ・スカモッツィの著作を研究しながら、パッラーディオの作品に残されている教えを自分のものにしていった。彼はある様式をイギリスに持ち帰ったのではなく、建築に対する知的な姿勢を持ち帰ったのである。パッラーディオの思想は皮相的にではなく、根本からイギリスに植樹された。

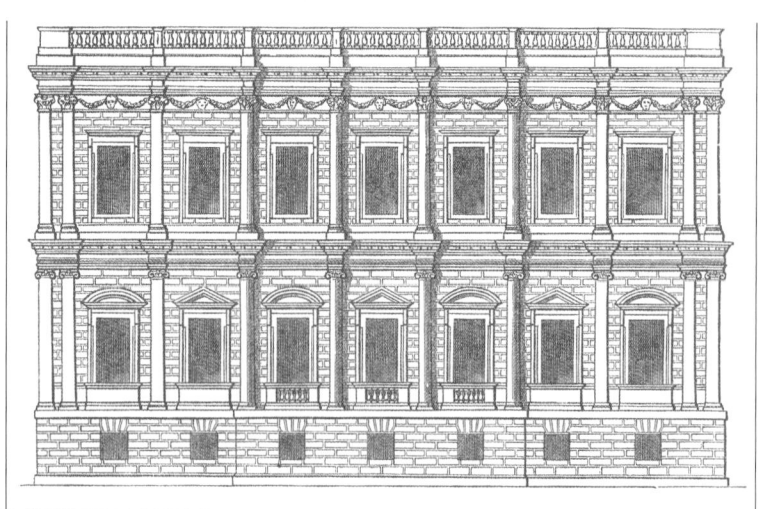

『建築四書』（1570年）
パッラーディオの著作が多くの建築家に読まれ、大きな影響力を持つ理由の1つに、彼が古代遺跡を丹念に研究し、そのオーダーの比率体系を明確にしたことが挙げられる。邸宅、公共建築物、古代遺跡などの精密な木版画と適確な解説は普遍的な価値を有している。

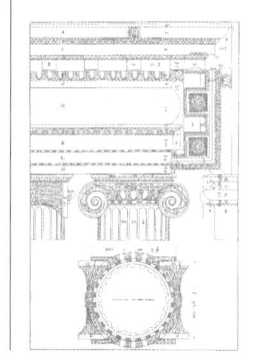

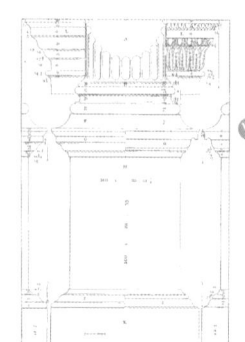

バンケッティング・ハウス／ホワイトホール（1619〜1622年）
ジョーンズは、パッラーディオの2つの作品の比率を統合してこのホールを建てた。ウィトルウィウスの著作に基づくローマ・バシリカの平面と、ヴィツェンツァの2階建ての宮殿の立面が、綿密な計算に基づき統合されている。

ルスティカ
ルスティカは、面取り（通常45度の角度で）をした切石を組積したもので、石の表面は滑らかに仕上げる場合もあれば、粗仕上げのままの場合もあり、建物に密実感と量塊感をもたらす。

クイーンズ・ハウス／グリニッチ（1616〜1635年）
イニゴ・ジョーンズがいかに深くパッラーディオを理解していたかは、彼が設計したグリニッチのクイーンズ・ハウスの各部の比率を見ればすぐわかる。ファサードの余計な装飾は省かれ、窓とロッジア、ロッジアと全体の比率から美しさが生み出されている。ジョーンズは、外観の装飾は「規則性に基づき比例的で、男性的な飾らないもの」であるべきだと考えた。

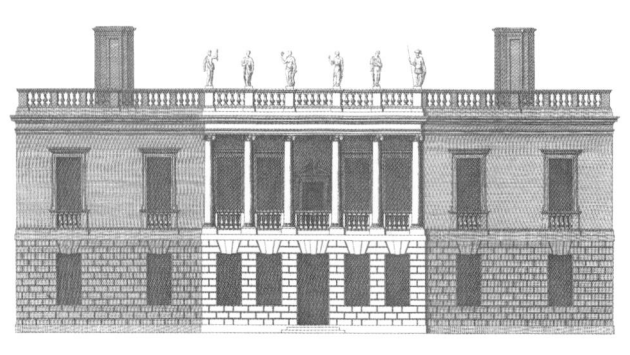

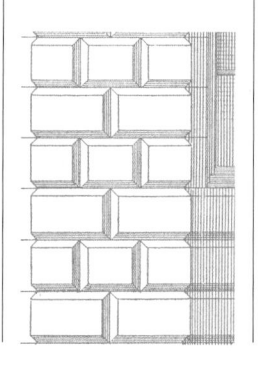

パッラーディアニズム

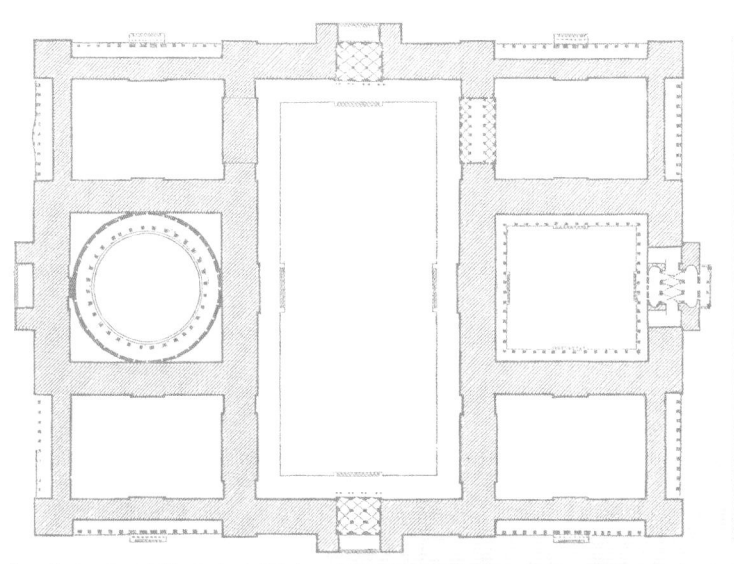

エイムズベリー・ハウス／ウィルトシャー（1661年頃）
ジョーンズの後継者と、彼の助手であったジョン・ウェブによって建てられたエイムズベリー・ハウスは、現在ではコレン・キャンベルが『ウィトゥルウィウス・ブリタニカ』のなかに銅版画で示したものしか残っていない。最近までジョーンズの作品とされてきたウェブの邸宅建築は、ジョーンズがほとんど邸館建築の設計を行っていないことを考えると、パッラーディアニズムを考察する上で非常に重要である。

ホワイトホールの宮殿のための図面／ロンドン（1647年頃）
ジョーンズとウェブが、ホワイトホールの現存するバンケッティング・ハウスを含む広大なパッラーディアン様式宮殿のために作成した多くの図面が残されている。ここでは一方の側に円形の中庭があり、それと対称になる反対側に同寸の正方形の中庭が置かれている。

パッラーディアン窓
ヴェネチア窓、別名「パッラーディアン」窓は、中央にアーチ型の開口部があり、その両側に2つのそれよりも小さい開口部がある窓で、後者の高さは、アーチが起拱する高さにある直線的なアーキトレーブによって決定される。

隅石（クォイン）
クォインというのは、建物の出隅部を構成する交互に大きさを違えたルスティカの切石のことで、個々の建物の輪郭を定義する。ルネサンス様式のモティーフであるが、そのエイスタイラー的（無様式的）性質がパッラーディアンに好まれた。

Palladianism

18世紀イギリス・パッラーディアニズム

　18世紀最初の数十年間、イギリスではホイッグ党の貴族の間に、バロック様式の個人的で空想的な価値観に代わる、一時的なものではない、古代世界にあったような真実で絶対的な価値観を創造する国民運動の一環として、新たな建築基準を導入しようという機運が高まった。シャフツベリー伯爵は有名な1712年の書簡のなかで、英国的様式を確立するための学会の開催を提案している。学会は開催されなかったが、その代わりに、新しい様式は出版活動を通して確立された。コレン・キャンベルの『ウィトゥルウィウス・ブリタニカ』（1715年）とパッラーディオの『建築四書』のジャコモ・レオーニ版は、18世紀の建築家に対して、パッラーディオとジョーンズの作品と考え方のなかに自己の立脚点を見出さなければならないということを強く意識させた。

グレート・ゲート／バーリントン・ハウス
イニゴ・ジョーンズは精密に比例計算されたパッラーディアン様式の門を数多く残している。キャンベルによるロンドンのバーリントン・ハウスのグレート・ゲートも、それに続く最も印象的な例の1つで、完全なドリス式エンタブラチュアが、柱間を広く取った帯付き円柱によって支えられている。

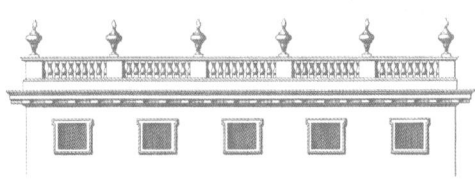

欄干
古典的欄干はルネサンス様式から受け継いだもので、基本的にはバルコニーや階段に使われるものであった。しかしパッラーディアニズムの建築家たちは、長い欄干を、屋根の水平線を定義するものとしてほとんど体系的に使用している。時にその水平線は、彫像や壺の装飾によって途切れることもある。

バーリントン・ハウス／ロンドン（1715年）
バーリントン卿は1715年イタリアから帰国すると、ロンドンの自宅を新興のパッラーディアニズムで建て直すことをキャンベルに依頼した。キャンベルはその少し前、彼の『ウィトゥルウィウス・ブリタニカ』を出版したところだった。パッラーディオによるヴィチェンツァのパラッツォ・ポルトコレオーニを参考にしたその邸館は、両側のパヴィリオンにそれぞれ大きなパッラーディアン窓を有している。

パッラーディアニズム

ハーバート卿邸／ロンドン
時にペディメントを持つこともあるポルティコまたはロッジアが小さなセルリアン・アーケードの上に載る形式が、パッラーディアン様式の邸館や都市住居の建築の標準的な正面処理として定式化されていった。図のキャンベルによるホワイトホールのハーバート卿邸のものは、イニゴ・ジョーンズのサマーセット・ハウスの回廊のデザインに基づいている。

セント・マーティン・イン・ザ・フィールド教会／ロンドン（1726年）
ジェームズ・ギブズはパッラーディアニズムを信奉していたわけではなかったが、ヴェネチア窓（下）や、彼の著作『ブック・オブ・アーキテクチャ』を通じて紹介したブロック型回り枠など、パッラーディアニズムの重要なモティーフの普及に貢献した。

ウェイド将軍邸／ロンドン（1723年）
これは自身が活動的な建築家であったバーリントン卿が建てた初めての市街地邸宅であり、彼が収集していたパッラーディオの図面に基づくほぼ完全な複製品である。ファサードの中央を占めるのは、リリーヴィング・アーチ（窓や扉口の上方の壁のなかに造り込まれているアーチで、上部の壁の荷重を取り除くためのもの）で、これはその後のバーリントン卿のライトモティーフとなった。

セルリアン・アーケード
パッラーディアン様式邸宅建築の特徴の1つが、多くが3連に限定されるルスティカのアーケードである。それは建物中央部の1階部分を強調するために用いられる。ルスティカ・アーケードはセルリオの著作で紹介されたが、その出版前にイニゴ・ジョーンズはすでに、彼のコヴェント・ガーデンのピアッツァに導入していた。それによってこのモティーフは、18世紀パッラーディアニズムの重要なレパートリーとなった。

リリーヴィング・アーチのなかのパッラーディアン窓
バーリントン卿が好んで用いた、リリーヴィング・アーチのなかのパッラーディアン窓というモティーフは、単純なパッラーディアン窓にくらべて、構成に緊張感を与えるという優位性がある。リリーヴィング・アーチは入り口に繰り返し使われ、他方小さな窓のアーチは、立面の他の窓の高さと合わせられている。

Palladianism

『ウィトゥルウィウス・ブリタニカ』

18世紀イギリスで最も大きな影響力を持った建築出版物といえば、おそらくコレン・キャンベルの『ウィトゥルウィウス・ブリタニカ』（1715年）であろう。ほとんどの邸館所有者がこの書籍を購読し、それによって惹起された理知的な運動は建築の領域をはるかに越えて進んだ。キャンベルはすべての巻の最初の数ページを、できる限り多くジョーンズの作品の紹介に当てた。パッラーディオを通じて古代ローマ建築をイギリスに伝えたイニゴ・ジョーンズには、「イギリスのウィトゥルウィウス」という名誉あるあだ名が付けられた。キャンベル自身の作品はこの書物の一番目立つ場所に掲載され、彼をパッラーディアニズム運動の指導者に押し上げた。彼は妄信的に彼の源泉を模倣したが、彼の同時代人は後にそのことで彼を批判した。しかしワンステッド邸やホートン邸などの大型の邸館は非常に大きな反響を呼び、パッラーディアニズムを世に知らしめるのに大きな貢献をした。

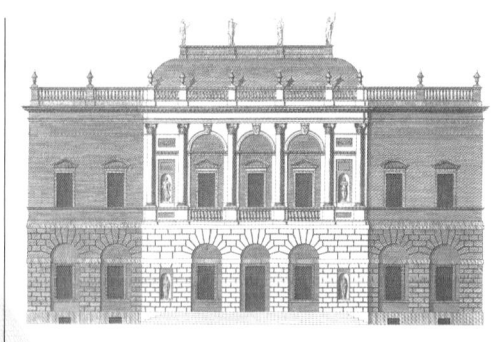

「イニゴ・ジョーンズ様式」の設計
『ウィトゥルウィウス・ブリタニカ』のなかでキャンベルが彼自身の創作と主張しているものの1つに、「イニゴ・ジョーンズ様式」と呼ばれている1つの邸館がある。それは確かにジョーンズのサマセット・ハウスの回廊にそっくりで、ルスティカのアーケードの上にコリント式オーダーが載っている。

迫石（ヴースワー）
パッラーディアン様式の多くの邸館の1階部分のルスティカのリリーヴィング・アーチには、アーチを囲む徐々に丈が低くなっている迫石が見える。その迫石の装飾的効果は、アーチ内部の四角い窓の上に装飾的に置かれている要石で繰り返されることによって、さらに強調されている。

メアワース・キャッスル／ケント（1723年頃）
パッラーディオの建築物の最もあからさまな模写が、キャンベルのメアワース・キャッスルであろう。それは平面も立面も、パッラーディオによるヴィチェンツァのヴィラ・ロトンダに基づいている。両方の建物とも、凝縮された集中式平面と、4つのポルティコの玄関を有している。ホーレス・ウォルポールはキャンベルのヴィラを「完璧なパッラーディアン様式」と評した。

パッラーディアニズム

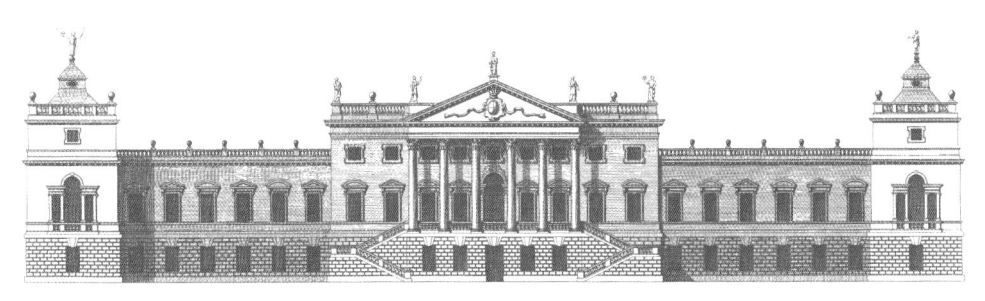

ワンステッド邸／エセックス（1715〜1720年）
ワンステッド邸など、非常に大規模な邸館が建てられたが、この邸館のためにキャンベルが引いた3つの設計図には、邸館の規模にふさわしい大きさの六柱構えのポルティコが正面に置かれていた。

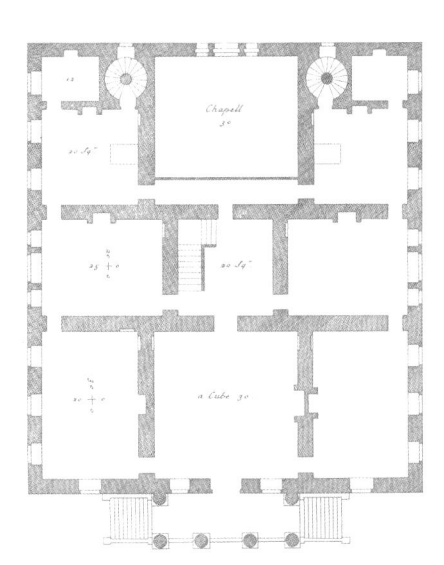

グレート・ホール／ホーントン／ノーフォーク（1722年）
ホーントンにあるキャンベルのグレート・ホールは、まさしく1720年代のパッラーディアン様式の室内を具現化している。それは、マントルピース、エンタブラチュア、ペディメントのあるドアと窓、腕木で支えられた欄干バルコニーなど、考古学的にも数学的にも古代建築の正確な模写である。

ストウヘッド／ウィルトシャー（1721年頃）
キャンベルによるストウヘッドの最初の平面図は、パッラーディオによるファンツォーロのヴィッラ・エモから引き出されたものであった。しかしパッラーディオの平面図特有の単純な比例関係は、キャンベルの依頼者ヘンリー・ホアを満足させることはできなかった。ホアはそれはサービス用階段を持たないため実用的ではなく、寝室へ続く対称的な螺旋階段も無駄だと注文をつけた。実際に施工された平面は、対称性と実用性の折衷案となった。

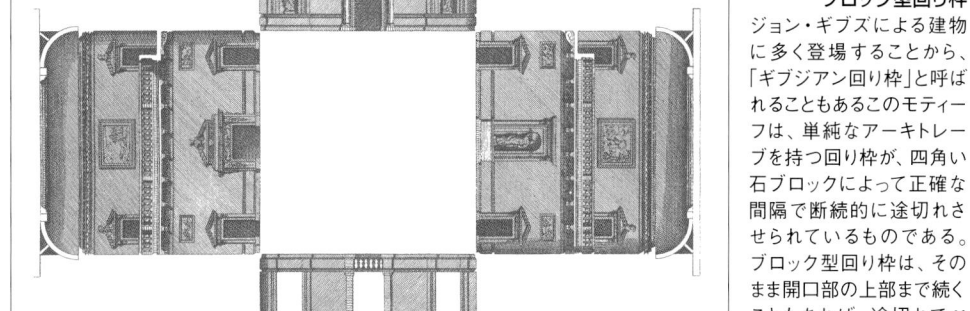

ブロック型回り枠
ジョン・ギブズによる建物に多く登場することから、「ギブジアン回り枠」と呼ばれることもあるこのモティーフは、単純なアーキトレーブを持つ回り枠が、四角い石ブロックによって正確な間隔で断続的に途切れさせられているものである。ブロック型回り枠は、そのまま開口部の上部まで続くこともあれば、途切れてペディメントに要石を持つものもある。キャンベルはしばしばこのモティーフを、ピアノ・ノビレの入り口や窓を強調するために用いた。

世界の建築様式の歴史

Palladianism

チズウィック邸／ロンドン

　チズウィック邸（1725年着工）は、バーリントン卿の建築見本のような作品である。彼はそのなかに、パッラーディオとジョーンズの自筆図面の研究から得た知識を嬉々として注ぎ込んだ。その結果生まれた邸宅は、異常な、過度に分節化された建物であり、引用に溢れていた。外部と内部の比率は、基本的にパッラーディオに基づいており、ディテールは、パッラーディオ、スカモッツィ、ジョーンズ、ウィトルウィウスなどの学術的展示会場になっている。しかしディテールを多く積み重ねているにもかかわらず、一つひとつの質は高く、正確で端正であり、バーリントン卿がいかに深く過去の名匠を理解していたかがうかがわれる。チズウィック邸はパッラーディオによるヴィチェンツァのヴィッラ・ロトンダを基本にしているが、それは完全な模倣ではなく、バーリントン卿独自のパッラーディアニズムの解釈である。

▽ **ヴァーミキュレーション（蠕動）**
ヴァーミキュレーションとは、ルスティカを強調する方法の1つで、切石の表面に曲線の組み合わせを彫り込み、虫が這った跡のような模様を付けるものである。チズウィック邸前面ルスティカのヴァーミキュレーションは、この建物の彫塑的豊かさを強調している。

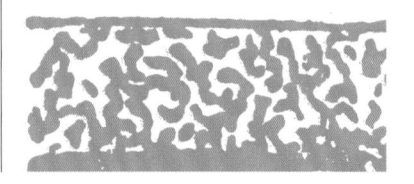

▷ **入り口側正面**
ヴァーミキュレーションされたルスティカの基壇が、豪華なコリント式ポルティコを支え（これらはパッラーディオからのもの）、そこへは手摺の付いた急折れ踊り場付き階段が対称的に配置されている。手摺はポルティコの円柱の間と、窓の下にも続いており、これはジョーンズのクイーンズ・ハウスからのものである。

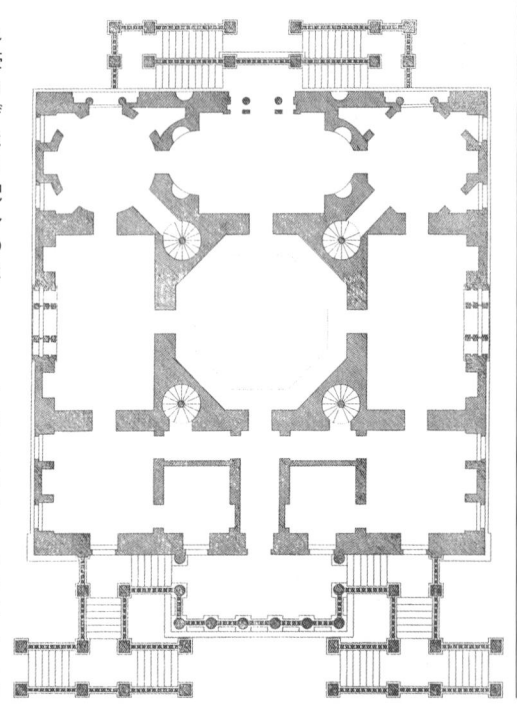

▷ **平面図**
平面はヴィッラ・ロトンダの縮尺版である。この新館（既存邸宅の敷地内に増築された）は、迎賓大広間が中心に置かれている。実務的な諸事情（それは既存邸宅に任された）から解放されて、この新館は設計の純粋さを享受し、一連の均整の取れた部屋——円形、多角形、矩形、後陣的——の対比で構成されている。

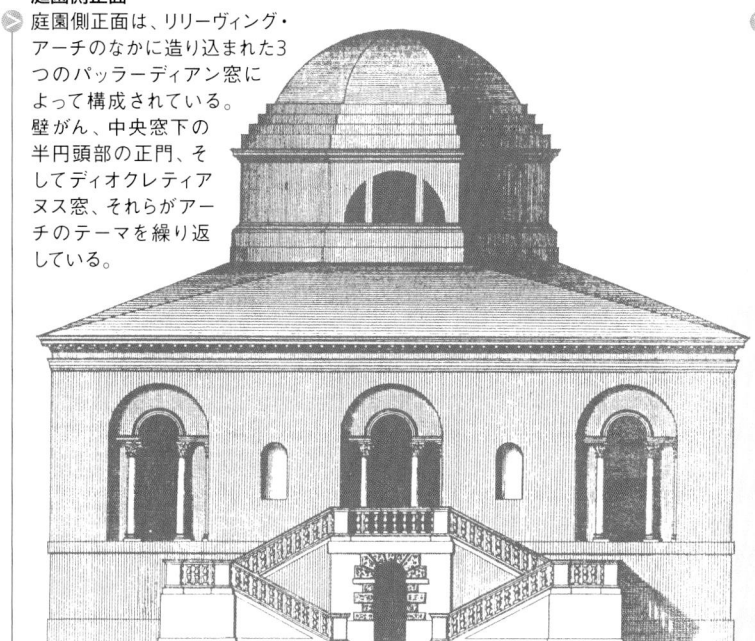

パッラーディアニズム

庭園側正面
庭園側正面は、リリーヴィング・アーチのなかに造り込まれた3つのパッラーディアン窓によって構成されている。壁がん、中央窓下の半円頭部の正門、そしてディオクレティアヌス窓、それらがアーチのテーマを繰り返している。

門柱
チズウィック邸の正門側正面は、1対のパッラーディアン門柱と門扉で守られている。装飾的な門柱には、平滑な石と対比される形でポルティコのヴァーミキュレーションが繰り返され、その上には華やいだ雰囲気の花綱飾り、そして一番上には大きな古典的スフィンクスが置かれている。

大広間断面図
中央の多角形大広間、演壇の間は、採光のために4方向にディオクレティアヌス窓が開かれている。華麗なペディメントを持つ入り口はジョーンズからのもので、室内装飾は、コリント式室内装飾のためのパッラーディオの指針に基づいている。

オレンジ・ツリー・ガーデン祠堂
チズウィック邸建設のなかで、バーリントン卿は多くの庭園構築物も手がけている。邸館同様に、それらについても彼は手本を忠実に再現している。この庭園祠堂は円形のセラで、前面は古代ローマのフォルトゥーナ・ウィリリス神殿のポルティコを縮尺模写したものである。

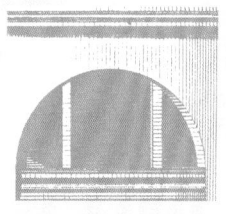

ディオクレティアヌス窓
ディオクレティアヌス窓、別名「サーマル」窓は、パッラーディオの作品や図面にときどき現れるが、それは元々はディオクレティアヌス浴場などの古代ローマの大浴場由来のものである。これはバーリントン卿の設計に非常に多く用いられている。チズウィック邸の庭園側正面では、窓を分割する2本の太いマリオンは、その下のパッラーディアン窓の2本の円柱の延長線上に置かれている。

279

世界の建築様式の歴史

Palladianism

バーリントン卿とウィリアム・ケント

　チズウィック邸でバーリントン卿に協力したウィリアム・ケントは、特に庭園の設計によってパッラーディアン様式邸館の定義に大きく貢献した。この共同作業が大きな成功を収めた後、彼は引き続きオフィス・オブ・ワークスでバーリントン卿と活動を共にするが、実行に移された計画はほとんどなかった。しかし特筆すべきは、彼が出版したホワイトホールの宮殿のためのイニゴ・ジョーンズの図面で、それは18世紀の公共建築に多大な影響を与えた。こうしてパッラーディアニズムは、私邸の範囲を超えて多くの重要な公共建築物にまで浸透していった。たとえば、バーリントン卿によるヨークのアゼンブリー・ルームズは、パッラーディオやジョーンズを突き抜けて、古代ローマの壮大な建築の再現にまで踏み込んでいった。

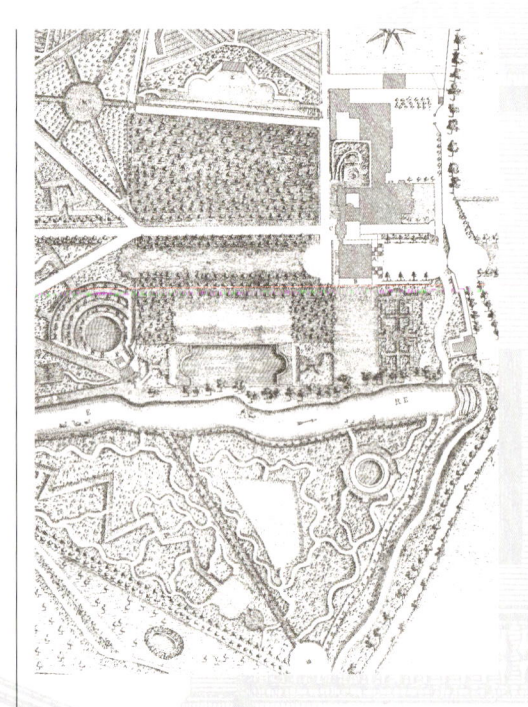

◁ 庭園／チズウィック邸／ロンドン
バーリントン卿によるパッラーディアン様式邸館の周りの古典的庭園の大部分は、ケントの設計によるものである。その特徴は、縮尺版の建築物を主要な構成要素にしていることである。門、滝、池、オベリスクなどの建築的「挿話」が、古代様式に基づく小さな神殿——それらはパッラーディオ主義とジョーンズ主義の建築家による試作品である——と共に、庭園のすべての小道の先に配置されている。庭園は幾何学的原理に基づいて設計されているが、あくまでも自然が感じられるよう配慮されている。

▷ 英国財務省／ロンドン（1734年）
英国財務省は、ホワイトホール宮殿のためにケントが設計したもののなかで唯一建造された建築物である。それはケントが出版したジョーンズとウェブの図面に基づいていた。横に長いルスティカのファサードに、ペディメントのあるポルティコ、その中央ベイにヴェネチア窓を配置することによって、中心を明確にしているところが大きな特徴である。とはいえ、四角い両脇のパヴィリオンにもそれぞれヴェネチア窓が1基ずつあり、これは18世紀パッラーディアン様式の田園邸館の特徴である。

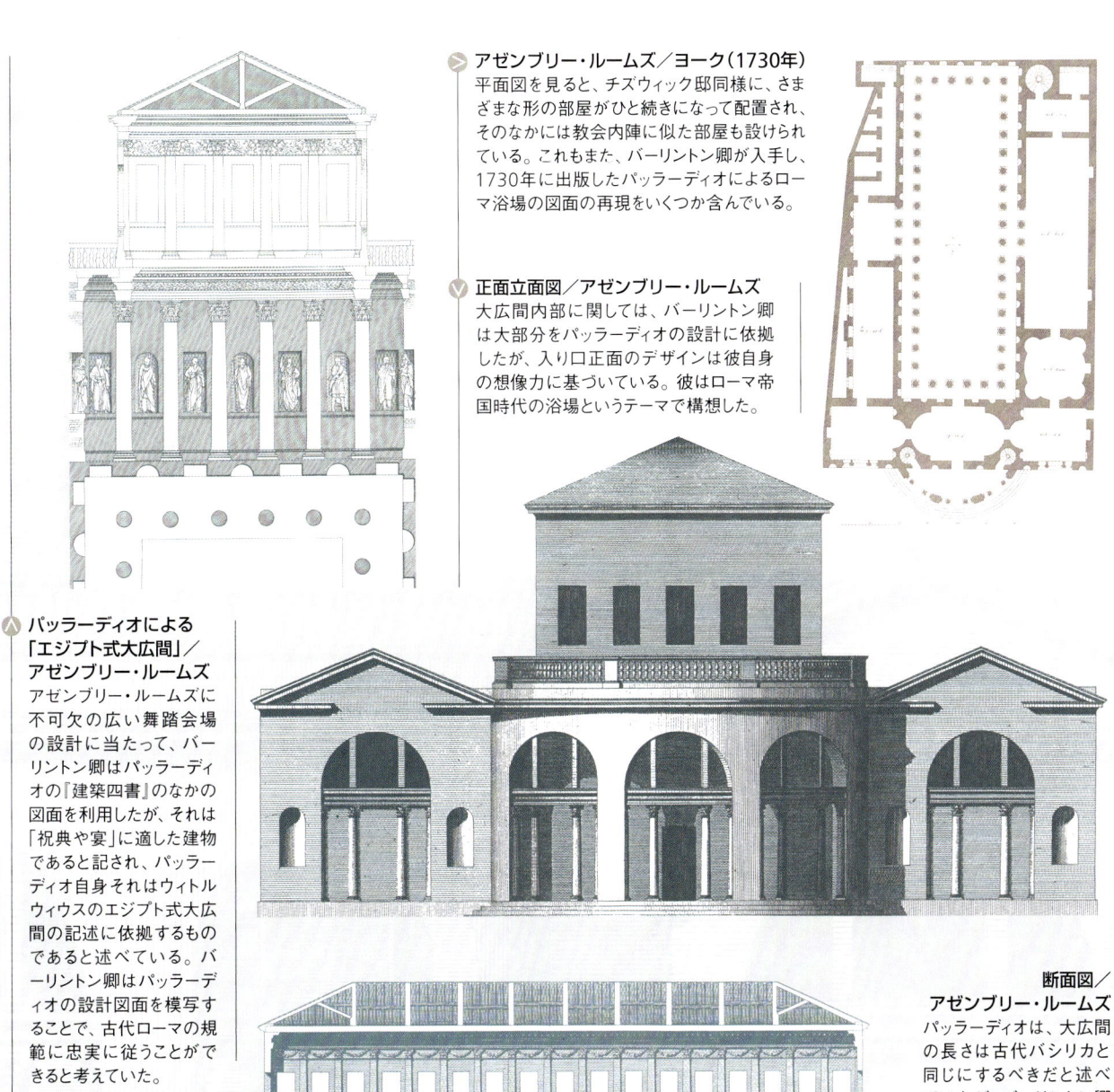

パッラーディアニズム

アゼンブリー・ルームズ／ヨーク（1730年）
平面図を見ると、チズウィック邸同様に、さまざまな形の部屋がひと続きになって配置され、そのなかには教会内陣に似た部屋も設けられている。これもまた、バーリントン卿が入手し、1730年に出版したパッラーディオによるローマ浴場の図面の再現をいくつか含んでいる。

正面立面図／アゼンブリー・ルームズ
大広間内部に関しては、バーリントン卿は大部分をパッラーディオの設計に依拠したが、入り口正面のデザインは彼自身の想像力に基づいている。彼はローマ帝国時代の浴場というテーマで構想した。

パッラーディオによる「エジプト式大広間」／アゼンブリー・ルームズ
アゼンブリー・ルームズに不可欠の広い舞踏会場の設計に当たって、バーリントン卿はパッラーディオの『建築四書』のなかの図面を利用したが、それは「祝典や宴」に適した建物であると記され、パッラーディオ自身それはウィトルウィウスのエジプト式大広間の記述に依拠するものであると述べている。バーリントン卿はパッラーディオの設計図面を模写することで、古代ローマの規範に忠実に従うことができると考えていた。

断面図／アゼンブリー・ルームズ
パッラーディオは、大広間の長さは古代バシリカと同じにするべきだと述べていたが、バーリントン卿はそれに忠実に18本の列柱を設けた。しかしその平面は、機能に適していないと批判されることになった。側廊と柱間が狭く、舞踏には適さなかったからである。

世界の建築様式の歴史

Palladianism

アメリカ・パッラーディアニズム

　アメリカにパッラーディアニズムのモティーフが登場したのは18世紀半ば、ジョージア朝時代であった。当時アメリカでは、建物の設計はおもに素人の有閑者か大工によって行われ、彼らは18世紀イギリスで出版された建築書、特にパッラーディアニズムに関するものを参考にした。しかしそれらの書物は当初、立面ディテールの仕上げのためのパターン・ブックとしてしか扱われていなかった。世紀の終わり近くになると、パッラーディアニズムは新しい位置づけを得て、より本質的な、整合性を持った設計が行われるようになった。合衆国第3代大統領として有名なトーマス・ジェファーソンは、卓越した素人建築家としても有名で、彼自身建築書ばかり集めた図書室を有していたほどであった。彼は公共建築物の設計にパッラーディアン様式を用いたが、それはパッラーディアニズムが彼の共和国的理念、民主主義的考え方を広めるのに有益であると考えたからであった。

張り出し入口パヴィリオン

ペディメントのある張り出し入口パヴィリオンという形式が非常に多く用いられた。特にアメリカでは華麗に装飾された軒下の持送りが好まれ、それは多くがペディメントの中まで続いた。それらは2本の自立した円柱によって支えられている。張り出し入口パヴィリオンはエディキュラ(壁面祭壇)を実用的にしたもので、この地の気候によく適しているだけでなく、古代神殿の正面ポルティコを想起させる。

ジョージア朝風邸宅

18世紀中葉に向けて、アメリカではある形の邸宅が流行した。それは矩形の箱型空間で、寄棟屋根(上に向かって収束する屋根)と、その上にあるペディメントを持つドーマ窓が特徴である。ドア、窓、煙突は対称的に配置され、古典的モティーフと比率に基づいて造られている。それらは、バッティー・ラングレイの『トレジャリー・オブ・デザインズ』(1740年)や、ジェームズ・ギブズの『ブック・オブ・アーキテクチャ』(1728年)に見出されるものである。

パッラーディアン様式ドーマー窓

パッラーディアン様式の寄棟屋根は、初期のコロニアル様式ほど急傾斜ではなく、また妻壁は多くが古典的なペディメントとして解釈された。ドーマー窓は時にパッラーディアン窓の形を取る場合があり、それらの複数の例が、流通し始めたイギリス建築書の中に掲載されていた。

マウント・ヴァーノン／フェアファックス／ヴァージニア(1757～1787年)

マウント・ヴァーノンはアメリカ初代大統領ジョージ・ワシントンの別荘で、パッラーディアン様式に基づいて数年がかりで改築、増築されたものである。最初の改築による窓の非対称的な配置(左右の窓の数の違い)が、それ以外の部分の強い対称性や、前庭を形成する左右の張り出した四分円のアーケード、広い中央ペディメントの上の屋根棟の多角形のクーポラなどのパッラーディアン様式のアクセントと強い不釣合いをきたしている。

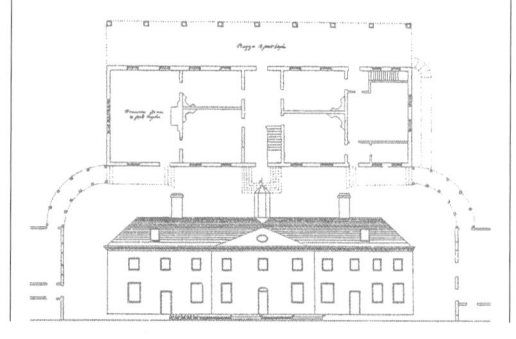

パッラーディアニズム

ブレモ邸／ヴァージニア（1818年）
ブレモ邸は後期ジョージア朝様式の代表的な作品で、いくつかのブロックに分割されているのが特徴である。デザインはイギリス・パッラーディアニズムの邸宅に似ており、パッラーディアン窓は両端のパヴィリオンの中に独立させられ、メイン・ブロックの神殿風前面ポルティコを補完している。

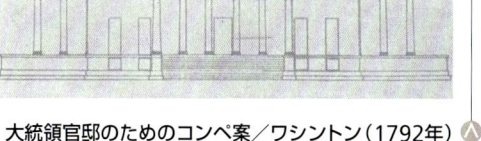

ポプラー邸／ヴァージニア（1820年）
ポプラー邸のためのジェファーソンの平面計画は、ジョーンズによる多角形平面に基づいていた。ジェファーソンは対称性を壊すことのない実用に適した分割案を考案した。

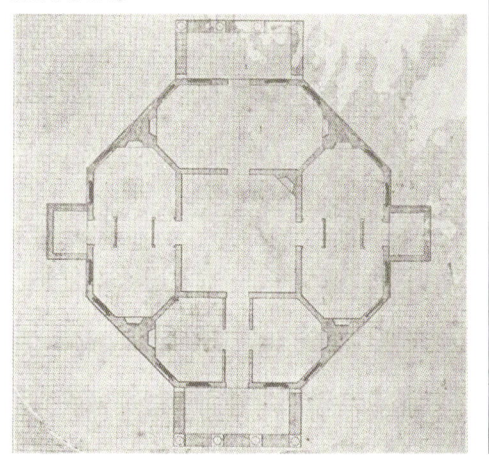

大統領官邸のためのコンペ案／ワシントン（1792年）
施工に移されることはなかったが、ジェファーソンのワシントンの大統領官邸（後のホワイト・ハウス）のための計画は、彼がバーリントン卿やキャンベル的な意味で、真のパッラーディアンであることを示している。4方向に同一形状の神殿風ポルティコを持つ彼の集中式ヴィッラ案は、ヴィチェンツァにあるパッラーディオのヴィッラ・ロトンダに基づいており、それに酷似している。

ヴァージニア大学／シャーロット・ビル（1823〜1827年）
ジェファーソンはこの大学をパッラーディオのヴィッラのための計画を元に設計した。長い前庭の端には、集中式パンテオン風のロトンダが建てられている。特徴的なパッラーディアン様式的「サービス・ウィング」（学生と教授の宿舎）が、パヴィリオンの両側に設けられている。

モンティチェロ／ヴァージニア
ジェファーソンのモンティチェロの自宅のための最初のデザインは、パッラーディオのドリス式およびイオニア式オーダーの図版から取ったディテールを有する2階分の高さの中央ポルティコを持つものであった。フランスから帰国した1796年、彼はパッラーディアン様式ディテールによってではなく、全面的にフランス「共和国」様式によって改築することを決意した。しかし丘の上のそのロマン主義的な邸宅の景観は、ドーム型のクーポラや自立したポルティコなど、パッラーディオのヴィッラ・ロトンダを彷彿とさせる。

世界の建築様式の歴史

新古典主義 Neo-classical
18世紀中葉〜19世紀中葉

新古典主義の起源

新古典主義は複雑で変化に富んだ様式である。バロックとロココ様式の過剰な装飾に対する反動であると同時に、すでに失われたと考えられていた建築の純粋性と気高さへの回帰の試みでもあった。「新古典主義（ネオクラシシズム）」という術語は19世紀後半になるまで使われていなかったが、その様式自体は18世紀後半からすでに広く採用されていた。知的探究心に根ざした新古典主義は、4つの主要な源泉から生まれた。考古学、建築書籍、ロマン主義、そして構造的純粋性である。古代ギリシャとローマの建築が考古学的熱心さで研究され、数々の銅版画がそれらの建築をロマン主義的な遺跡として描き出した。そしてギリシャ建築の簡潔な構造こそが、装飾が除かれ、あるいは削ぎとられた後の純粋さを示すものと考えられた。

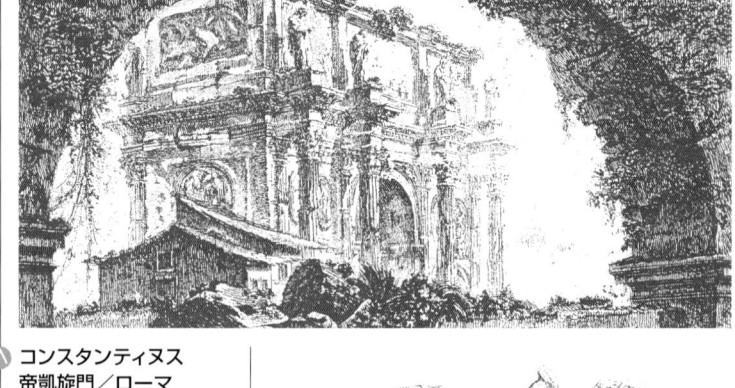

コンスタンティヌス帝凱旋門／ローマ
18世紀の画家で建築家のジョヴァンニ・バッティスタ・ピラネージは、銅版画を通じて、広範な人々の注意を多くのローマ時代の建築物に向けさせた。これは半壊したコンスタンティヌス帝凱旋門を描いたものである。

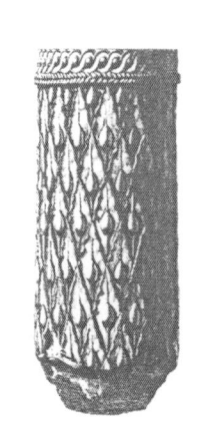

ローマ式柱頭の断片
これらの柱頭断片は、新古典主義建築のなかで模倣されたローマ建築の折衷主義を示す特徴的な例である。それらは一応コリント式に基づいているが、その言語を遊び心を持って用いている。左側の柱頭では、女性と兵士が頂部を支え、右側のものでは、馬がアカンサスの葉の間を疾駆している。

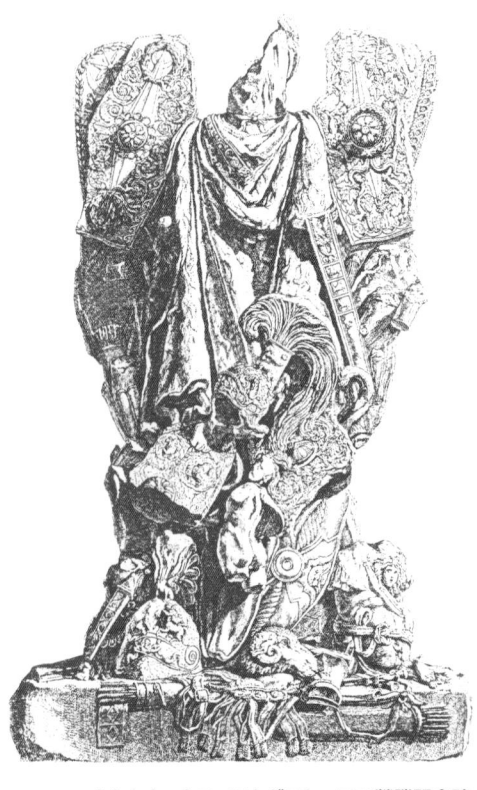

オクタウィウス・アウグストゥスの戦勝記念碑
装飾的に配置された武具と甲冑の組み合わせは、ローマ式装飾のモティーフである。それは18世紀の建築家によって再び掴み取られ、入り口広間を躍動的にするために用いられた。その文脈においては、防備のために広間に武具を置いておく中世の考え方に戻ったようである。

新古典主義

イオニア式オーダー／イリソスの神殿
これはイリソスの神殿で用いられているイオニア式オーダーの柱礎、柱頭、フリーズ、エンタブラチュアを描いた銅版画である。このようなディテールを描いた出版物が建築的形態の用語辞典となり、種々の要素が新しい建築物に引用された。

バールベック神殿／シリア
この断面図には、ロマン主義と考古学的研究に基づく正確さとが同居している。ディテールは正確に写されているが、ロマン主義的な味付けをするために、断面図のなかに植物が描き込まれている。

イリソスの神殿／アテネ
イリソスにあるこのイオニア式神殿は、18〜19世紀の建築に多大な霊感を与えたギリシャ建築の1つである。4本の円柱からなる簡潔な神殿ファサードは、ヨーロッパ全土の教会に数え切れないほど繰り返し現れている。

フリーズ／パルミラ神殿／シリア
飛び跳ねる馬のモティーフは、ここでは柱頭の代わりに、フリーズの花の中心に彫り出されている。考古学者は、各オーダーを示す単純な形態ではなく、建築物の各部に見られるさまざまな変種を発見することで競い合った。

プリミティヴ・ハット（原始的な神殿）の復元
この原始的神殿の復元に当たって、フランスの建築思想家マルク・アントワーヌ・ロジエは構造的純粋性を極限まで推し進め、オーダーがいかにして「最古」の原始的神殿の柱梁構造から導き出されたのかを示そうとした。

Neo-classical

オーダーの新展開

　5つのオーダーは古典建築の構造的ブロックであり、多くの建築理論家が各時代ごとにその解釈について記述してきた。新しい遺跡の発見や、すでに知られている建築物の注意深い再調査を通じて、考古学はそのディテールの多様性に関する新鮮な理解をもたらし、時にそれは当惑をもたらすこともあった。その結果、柱礎のないギリシャ・ドリス式や、柱礎のあるローマ式などを模倣することも可能となった。両者は正確に図面化され、実用化できる原型となった。また5つのオーダーの伝統的な規範を拡張し、独自のオーダーを創造した建築家もいた。あるオーダーと別のオーダーを合体させる場合もあったし、特別な思想を具現化するために、まったく新しいオーダーを創造することもあった。

▽ **ドリス式オーダーの邸門への適用／サイオン・ハウス／ミドルセックス／イギリス**
ドリス式は男らしいオーダーであり、入り口や門に適している。このような場所ではかなり自由にオーダーは展開され、愉快な解釈も登場する（下右図）。

▽ **門ピラスターの柱礎／サイオン・ハウス**
この門ピラスターの柱礎は、4頭のライオンからできており、空想を自由に羽ばたかせる。これは先例のないものであり、冗談と捉えるべきであろう。おそらく歓迎されない訪問者に警告を発しているのだろう。

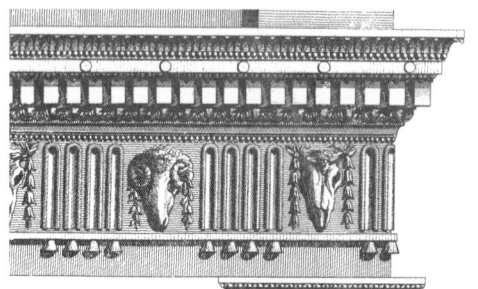

▷ **ドリス式オーダーの変種／サイオン・ハウス**
このドリス式オーダーの柱頭は、葉とスイカズラ（アンテミオン）が織り合わされており、古典的なものよりも装飾性が高い。伝統的なブクラニア（牡牛の頭部）は1つおきに牡羊の頭部と入れ替わっているが、フリーズはより抑制されている。

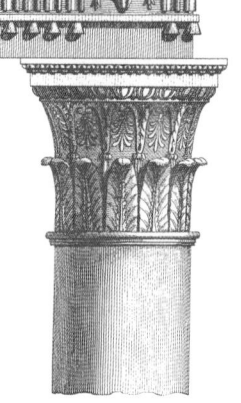

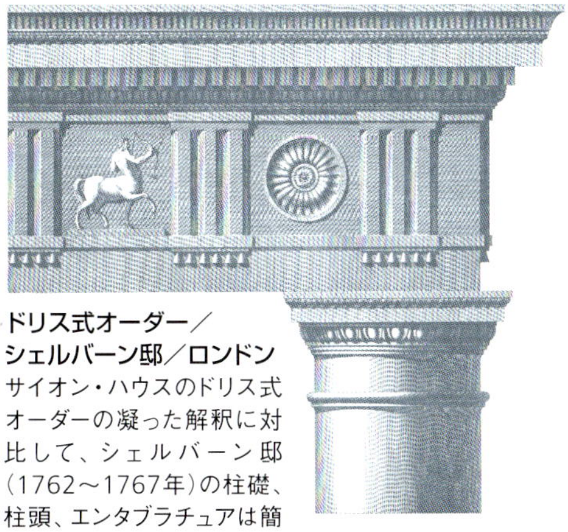

新古典主義

ドリス式オーダー／シェルバーン邸／ロンドン
サイオン・ハウスのドリス式オーダーの凝った解釈に対比して、シェルバーン邸（1762〜1767年）の柱礎、柱頭、エンタブラチュアは簡潔である。フリーズでは、伝統的なブクラニアに替わり、ケンタウロスと、パテラ（浅浮き彫りのメダリオン）のあるメトープが交互に並んでいる。

コリント式オーダー／ウィリアムズ・ウィン邸／ロンドン
一般的なコリント式の変種であるが、渦巻の場所に牡羊の頭が置かれ、フリーズは花冠の中のロゼッタ（バラ形装飾）で装飾されている。しかし伝統的なエンタブラチュアの形は保持されている。

イオニア式オーダー／控えの間／サイオン・ハウス
このイオニア式オーダーは、このオーダーがどれほど装飾的になり得るかを実証している。イオニア式特有の渦巻は、葉の巻く形で装飾され、アバクスは椰子の葉で覆われている。

ブリタニア・オーダーのためのデザイン
この新しいオーダーのためのデッサンは、英国王冠を獅子と一角獣が守る形の柱頭を誇らしげに示しているが、それは王家の家紋をかたどったものである。フリーズもまた愛国主義的テーマになっており、交互に現れる獅子と一角獣はパルミラ遺跡の馬のフリーズと似ている。

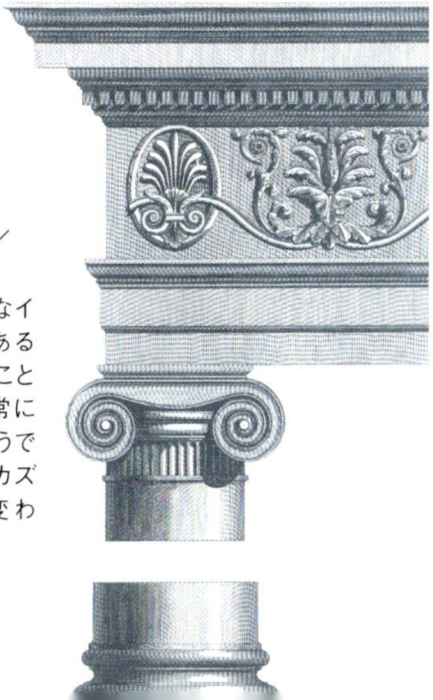

イオニア式オーダー／シェルバーン邸
こちらはずいぶん簡素なイオニア式オーダーであるが、イオニア式ということはわかる。渦巻は非常に簡素で、アバクスもそうである。フリーズはスイカズラの模様が交互に変わり、リズム感がある。

287

世界の建築様式の歴史

Neo-classical

フランスにおける新古典主義

　フランスは、バロック様式とロココ様式に対して最初に反発を示した国の1つであった。18世紀半ばから建築家たちは、古典的な建築用語に深く染まった建物を設計し始めたが、ディテールや装飾は抑えぎみであった。フランスの理論家たちは、クラシシズムに対して合理的探求精神で臨み、オーダーの起源についての理論を打ち立てた。その理論が実践に移されたとき、建築物は過去の古典的建造物とは異なった独自の輝きを持つものとなった。フランス人はまた、古代の建造物に対する新考古学的アプローチの面でも先駆者であった。1758年、ジャン・ドニ・ルロワは古代ギリシャの建築についての記録を出版したが、そのタイトルは『ギリシャ最美の建築遺跡』というロマン主義的なものだった。

プリミティヴ・ハット（原始的神殿）
オーダーの起源とその発展を、原始的神殿の構造原理から最初に説明したのは、フランス人理論家であった。18世紀中葉に出版された著作は、木の丸太が石の円柱となり、フリーズの装飾は木材の軸組みから導き出されたものであろうと示唆した。

ファサード／プティ・トリアノン／ヴェルサイユ（1761〜1764年）
このファサードは、簡潔さと抑制という新しい志向を完全に表現している。抑制されたコリント式オーダーにより分節化され、中央ベイは柱間に正確に置かれ、窓は可能な限り簡素な繰型で飾られている。頂部は彫像のない簡潔な手摺で締めくくられている。

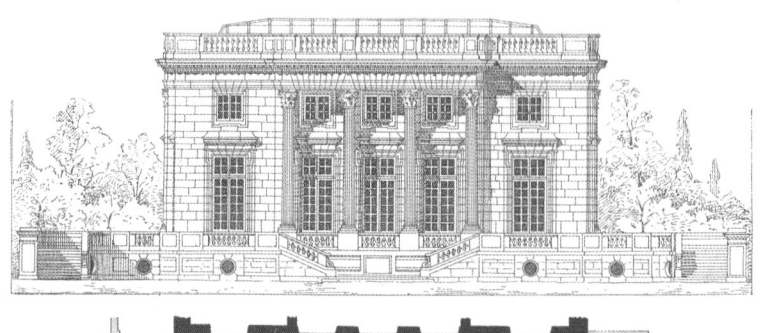

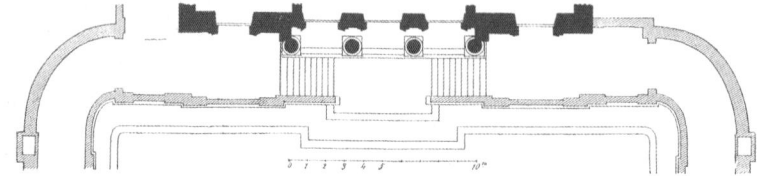

新古典主義

ポルティコの屋根／コメディ・フランセーズ／パリ
このポルティコの屋根は、バルコニーという形でほぼ2倍にされている。これはギリシャにもローマにもない形で、通常ならば冗長になる空間を新たな実用に振り向けるフランス的合理主義を示している。

サーマル・ウインドー・ディテール／コメディ・フランセーズ
イギリス・パッラーディアニズムですでに定番となっていたサーマル・ウインドーがフランス新古典主義にも採用され、正面にも側面にも用いられている。

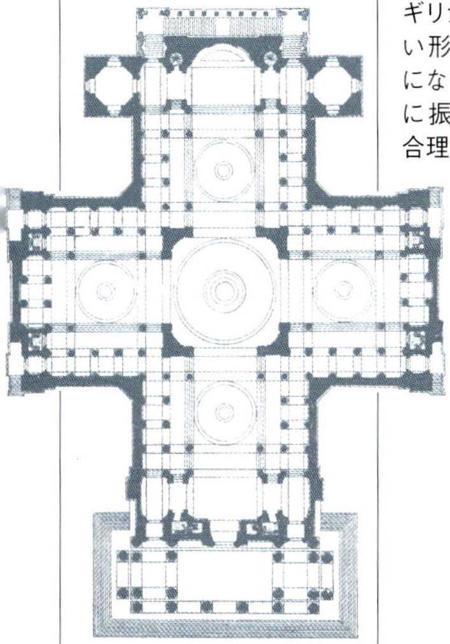

平面図／パンテオン／パリ（1757年着工）
この平面図は4つの腕が同じ長さのギリシャ十字を示している。18世紀の建築家の多くが、ギリシャ十字の対称性は最も完璧な形であり、長い身廊、短い内陣というゴシック様式はこの形に改められるべきだと考えた。

断面図／パンテオン
パンテオン全体の断面図でわかるように、自立した構造的円柱の列が身廊を分節化している。交差部を支えているピアはできる限り小さく抑えられ、エンタブラチュアは壊されていない。その結果軽くて広い、ゴシック様式の感覚に似た空間が生み出された。

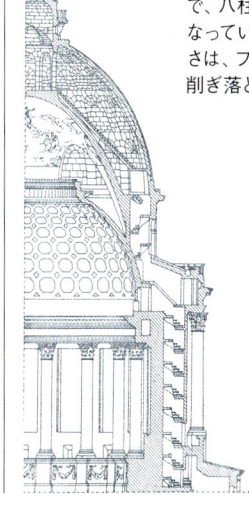

立面図／コメディ・フランセーズ（1787～1790年）
劇場の外部はルスティカの組積造で、八柱構えのドリス式ポルティコになっている。デザインの量塊的簡潔さは、フランス新古典主義の装飾を削ぎ落とした形態をよく示している。

ドーム断面図／パンテオン
ドーム断面図はその独特な構造をあらわにしている。3重殻構造で、外側のシェルがドームのシルエットを作っている。中間のシェルは外部から見えないが構造的には最も重要で、それがクーポラを支えている。

289

Neo-classical

イギリス古典主義：
新古典主義邸宅の言語

　新古典主義は革新的様式ではなく、古い様式の新解釈である。形態の革新は、構成、量塊感、種々の要素間の秩序の革新に置き換えられた。古代ギリシャやローマの遺跡に印されている古典建築の用語は、新しい種類の建造物のために再解釈された。ギリシャやローマ時代の小規模邸宅の遺跡はほとんど残っていなかったため、神殿、凱旋門、浴場、その他の公共建築部から取り出された要素が、イギリスの都市や田園の生活に適した邸館のために強引に引用され、合体させられた。尺度、比例、対称性が重要な要素であったが、当時多くの建築関連書籍が出版されていたため、豊かな発想が可能となり、さまざまなディテールを持つ個性的邸宅が多く生み出された。

ヴィラ主要ファサードのためのデッサン
このデッサンでは、立面に極めて厳格な対称性が導入されている。その上で、イオニア式ポルティコや、神殿の図面から発想を得た彫像、浅浮き彫りなどの多くのモティーフが織り込まれている。

ヴィラ断面図
この断面図は、対称性が外観だけでなく、実利を損なわない程度で内部構成まで深く追求されていることをよく示している。ここでは部屋は、中心ホールと階段の周りに配置されているが、サロンの天井を高くするために、左側に中二階的床を設ける必要が生じている。

アラベスクのディテール
生物の流れるような形態を幾何学的に配置した模様であるアラベスクは、漆喰でかたどられたり、直接壁に顔料で描かれたりした。このモティーフは、イギリス新古典主義運動で広く用いられた。

天井のためのデザイン
天井のデザインは、古代建築の遺跡からヒントを得たものが多く、幾何学的であることが特徴である。これは格間のデザインで、正方形、六角形、八角形の組み合わせでできている。

新古典主義

スフィンクスのための素描
体はライオンで頭部は女性という空想上の生き物、スフィンクスは、新古典主義でたびたび登場するモティーフで、天井、フリーズ、暖炉などに使われた。

ドアのデザイン
ドアは通常、帯桟、別名「浮き出し」パネルで、目に見えるように6分割される。ドアの中央が1直線に並ぶように配置されている場合が多く見られるが、開け放たれることはめったにない。アカンサスの葉や壺、スフィンクスなどを用いた精巧なドア調度が多く用いられた。

ルスティカ
ルスティカは、粗い目の大きな切石を深い目地で組積したもので、主に1階部分を強調し、建物を視覚的に地面に結合させるために用いられる。

壁がんのデザイン
壁の一段奥まった部分、壁がんは、多くの邸宅で見られ、部屋の平面の中で必ず対称的に配置されている。調度や彫像を飾る場所として使われることもある。

装飾アーチ
装飾アーチは壁面を分節化するために用いられる。浅いアーチ型のくぼみで、建物外面、特に窓を囲むように用いられる。また何もない平滑な面が冗漫になるのを避けるために単独で使われることもある。

暖炉のデザイン
この暖炉の抑制された構成は、イギリス新古典主義の典型である。フリーズのギリシャ式雷文、炉棚（マンテル）を支えるカリアティドなど、多用なモティーフが繰り返し使われている。

ピラスターのデザイン
ピラスターは外壁にも内壁にも用いられる。平滑のままのものあれば、縦溝の彫られたもの、図のように、スイカズラを組み合わせた模様などで装飾されて強調されたものもある。

世界の建築様式の歴史

Neo-classical

ロバート・アダムとディテール・デザイン

　ロバート・アダム（1728〜1792年）は、イギリス新古典主義とは切っても切り離せない関係にある建築家であり、また室内装飾の一様式を確立した人物でもある。アダム様式は、比例関係についての深い理解と、ドアの取っ手や花瓶などの最小のディテールに対する鋭い視線を結合させたものである。彼は新規の建築ではなく、増改築に従事することが多かったが、均整の取れた、興趣あふれる形態の部屋の連続を創造することに天才的な才能を発揮した。その部屋は訪れた客の目を喜ばせ、奥へ奥へと誘う魅力に満ちていた。彼はその概念を「ムーブメント」と呼び、「構成の美しさを倍加するために、建物のさまざまな部分で、形態の多様性による上昇と下降、前身と後退を創造する」と述べた。1761〜1771年にかけて改築されたミドルセックスのサイオン・ハウスに見られる彼のディテールは、彼の様式の完成された姿を示している。

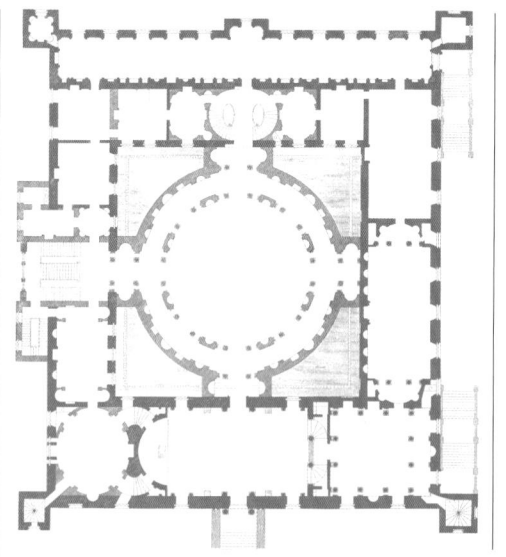

▷ ドリス式スクリーン／玄関ホール
このドリス式スクリーンは、玄関ホールの奥を仕切り、既存ホールの段差をうまく解消する役目を果たしている。円柱の間に横たわっているダイイング・グラディエーターは、視線をさらに段差から遠ざける働きをし、部屋を神殿内部のような雰囲気にしている。

▷ 平面計画／サイオン・ハウス
アダムはサイオン・ハウスの既存のジャコビアン・スタイルを壊し、対照的な形態を持つ趣のある部屋の連続を創造しようとした。その計画には、既存の中庭を巨大なドーム空間にし、球技場とする案が含まれていたが、実現することはなかった。

▷ 彫像基壇（ペデスタル）／玄関ホール
アダムによって設計された部屋の各要素は、どれも考え抜かれたものばかりである。この基壇は、スイカズラのフリーズ、リボンで吊り下げられているパテラ、その下のライオンの口にくわえられている花輪など、さまざまなモティーフが巧妙に配置されている。これらはどれもよく知られている要素であるが、これまでこのような組み合わせで用いられたことはなかった。

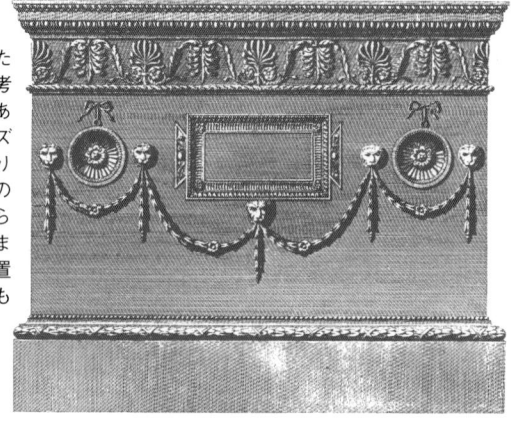

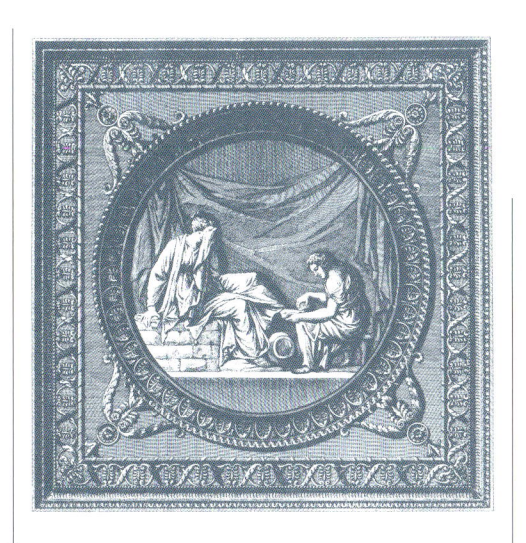

新古典主義

オーバーマンテルのデザイン
オーバーマンテルというのは、暖炉の炉棚の上の煙突が壁から出ている部分の装飾パネルのことである。ここではアダムはローマ建築の浅浮き彫りを模写しているが、婦人が女召使に足を洗ってもらっている姿が描かれている。

オイル・ランプのデザイン
このオイル・ランプはアクロテリオンとして使うもので、実用と装飾の組み合わせの例である。訪問客を門へと導くスクリーンの両端に置かれた。

トロフィー（戦勝記念物）のデザイン
ローマ建築の凱旋門のなかで用いられていたこの装飾形態は、玄関ホールのための装飾的パネルという新しい場所を獲得した。図では、中央の戦士が中心軸となって要素が対称的に配置されているが、単調な繰り返しにならないように、盾の形が少しずつ変えられている。

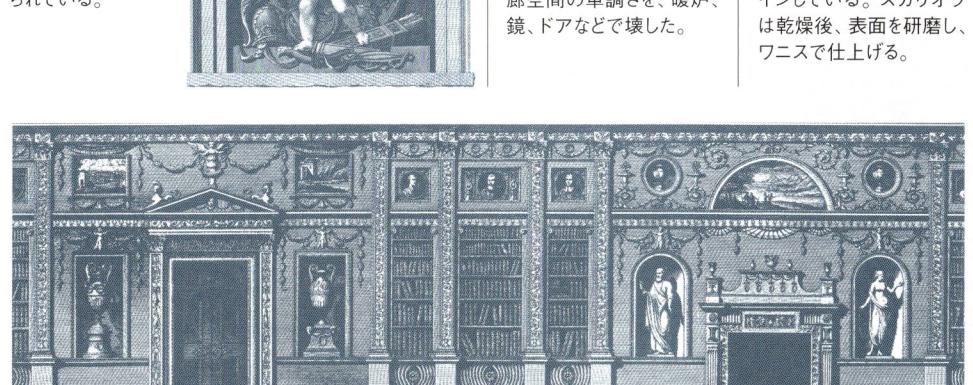

長い回廊のためのデザイン
アダムはジャコビアン的室内を古典的室内に変える課題に取り組んだ。彼の出した解は素晴らしいものだった。彼は書棚をベイの分節化に使い、長い回廊空間の単調さを、暖炉、鏡、ドアなどで壊した。

スカリオラ床のためのデザイン
アダムはカーペットのデザインはいつも行っていたが、ここではめずらしく、スカリオラ（漆喰、顔料、サイズ（糊の一種）を混ぜたもの）の床の模様をデザインしている。スカリオラは乾燥後、表面を研磨し、ワニスで仕上げる。

壺のデザイン
外側のスクリーンは、壁がんの中に納められた装飾的な壺によって動きを与えられている。牡羊やライオンの頭部、そして台座の部分の月桂樹の葉のリースなど古典的モティーフが使われている。

世界の建築様式の歴史

Neo-classical

イギリスにおけるギリシャ・リバイバル

ギリシャ・リバイバル様式は本格的な模倣というよりは、皮相的なものである。建物は全体的に模写されるのではなく、要素が借用され、新しい組み合わせが生み出された。ギリシャ建築については、18世紀後半の考古学的調査に関する出版物を通じて広く知られていた。イギリスにおける最も本格的な書籍は、ジェームズ・スチュワートとニコラス・レヴェットによる『アテネの古代遺跡』である。19世紀に入ると、ギリシャのオーダーの優位性が広く信じられるようになり、建築家たちはそれを盲目的に、特に公共建築物において模倣した。しかしそれは歴史的な雰囲気から切り離され、当時のイギリスと古代ギリシャの政治的風土の違いを無視して引用されたものであった。ロバート・スマークのコヴェント・ガーデン劇場がロンドンに最初に登場したギリシャ・ドリス式の建物であったが、ギリシャ・リバイバルを最もよく代表する建造物としては、おそらく大英博物館の方が良く知られているだろう。

▶ **カリアティドのポルティコ／エレクテイオン神殿／アテネ**
セント・パンクラス教会の北および南側の腕の端部は、アテネ、エレクテイオン神殿のカリアティド（エンタブラチュアを支えている女性立像）のトリビューンを忠実に再現している。この教会の南北の腕には、まったく同形の礼拝堂が設置されている。

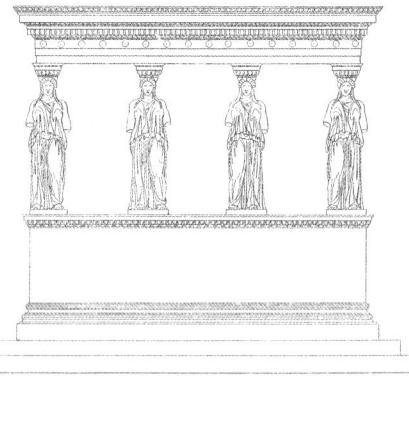

▶ **リュシクラテスのコーラス記念碑／アテネ**
「リュシクラテスのコーラス記念碑」を元にした形が、同じくアテネの「風の塔」の形と共に、セント・パンクラス教会の上に持ち上げられ、シルエットを支配する高いイギリス式尖塔が造られている。

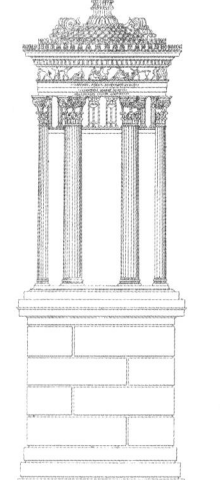

▶ **西側立面／セント・パンクラス教会／ロンドン（1819〜1822年）**
セント・パンクラス教会の西側立面はギリシャ・リバイバルを最もよく示す例である。18世紀前半に建てられた既存の教会を保存しながら、神殿的形態をゴシック様式の尖塔と合体させている。しかしオーダーと建築各部は、ギリシャのものを正確に模写している。

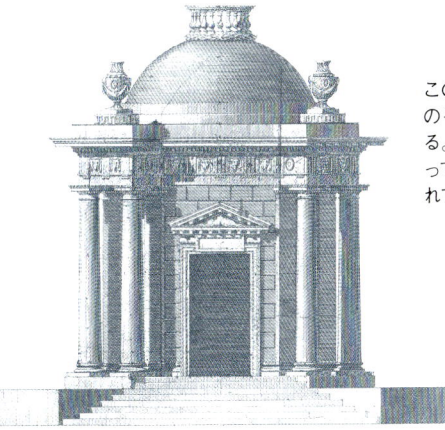

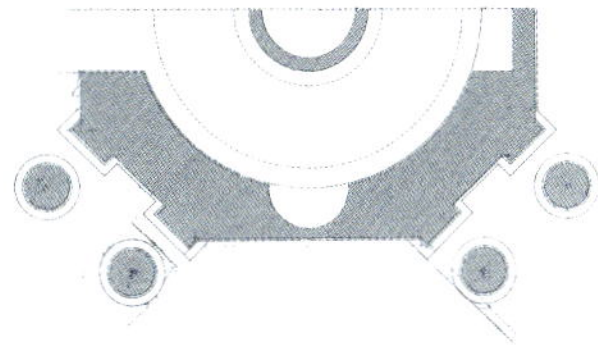

新古典主義

アール・ティルニー邸祠堂／ワンステッド／エセックス（1765年頃）
この小さな庭園祠堂は、「風の塔」の平面図を大いに参考にしている。立面とオーダーの使い方は違っているが、双柱が直角に配置されているところは同じである。

ギリシャ式雷文
この模様は良く知られた古典的モティーフで、多くの変種がある。水平な線と垂直な線が直角に交わりながら連続模様の装飾的な帯を作るもので、アーキトレーヴやフリーズを飾るのに使われた。

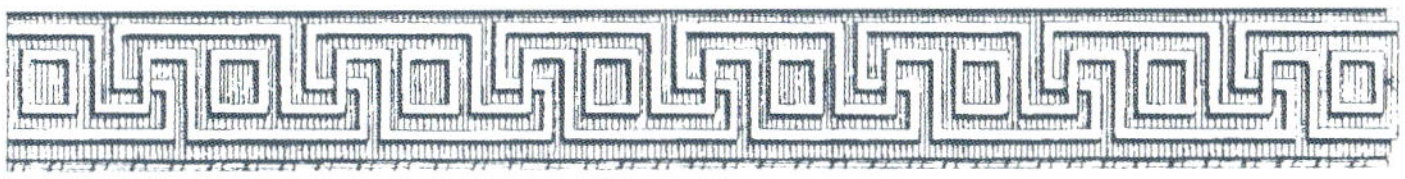

ギリシャ式雷文／ケンウッド・ハウス／ロンドン
この明快なギリシャ式雷文はケンウッド・ハウス外壁のストリング・コースに使われているものである。それは視覚的に建物の階を区分し、石やレンガが風化するのを防ぐ働きもある。

ファサード／ザ・グランジ／ハンプシャー（1804〜1809年）
これはギリシャ・リバイバルを代表する田園邸館である。ドリス式の六柱構えのポルティコが既存の建物に接木され、田園地帯にはどこか不釣合いな記念碑的神殿の雰囲気を作り出している。内部は既存の平面構成のままである。

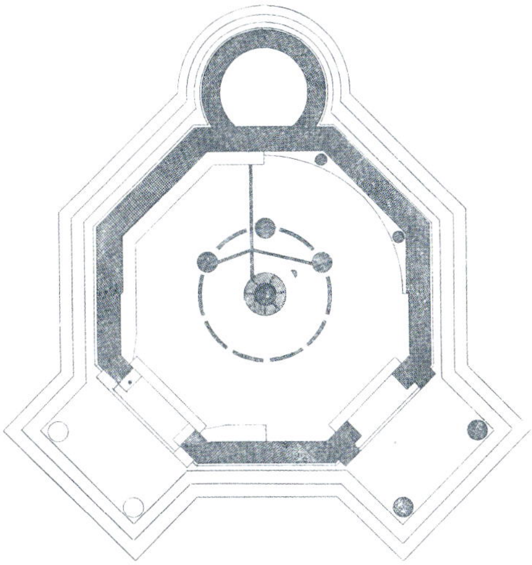

平面図／風の塔／アテネ
同じ建物が2つのまったく異なった建物に引用されている。1つは小さな庭園建造物（上）であり、もう1つはセント・パンクレア教会の尖塔下半分（左）である。

世界の建築様式の歴史

Neo-classical

新しいタイプの公共建築物

　18世紀後半から19世紀にかけてのイギリスの経済力の著しい増進は、国家の誇りと富を象徴する多くの新しい建物の建設へと導いた。威信と尊厳を記念碑的な壮大な規模で具現化するための完璧な手本として、古典建築があった。古代ギリシャとローマの公共建築物の個々のエレメントが、イギリスの公共建築物の創造のために自由に適用された。その結果、タウン・ホールや博物館、大学の外観は、ギリシャやローマの浴場や神殿に似たものとなった。古代の偉大な建築物に似せて新しい建築物を建てることは、過去の栄光ある帝国を、その時のイギリスの帝国主義的力と結びつける意味も含意されていた。ここに選び出した1770～1850年までの新古典主義の公共建築物は、その範囲と多様性を示している。

国立博物館／大英博物館ファサード／ロンドン
国の所有物の保管庫として、またその延長として国民に観覧を許すという国立博物館の概念は、18世紀半ばに発展した。大英博物館のファサードはイオニア式列柱の連続で構成された巨大な空間であるが、それはギリシャ、プリエネのアテーナ・ポリアス神殿を手本にしたものである。

国立博物館／大英博物館扉の手本
大英博物館の主入り口扉のディテールは、アテネ、エレクテイオン神殿の内部至聖所へ入る扉のディテールとそっくりである。その圧倒するような大きさは訪問者を威圧し、自然に畏敬の念を抱かざるを得なくさせる。

大学校舎ファサード／テイラー・インスティテュート／オックスフォード（1841～1845年）
よく目立つ屋階はサーマル・ウインドーで分節化され、最上部が深いコーニスとなっている。その内部は読書机の並ぶ回廊となっている。建物の外に飛び出した円柱の柱頭は、バッサイのアポロ・エピクリウス神殿を原型にしており、エンタブラチュアの上まで彫像を持ち上げている。

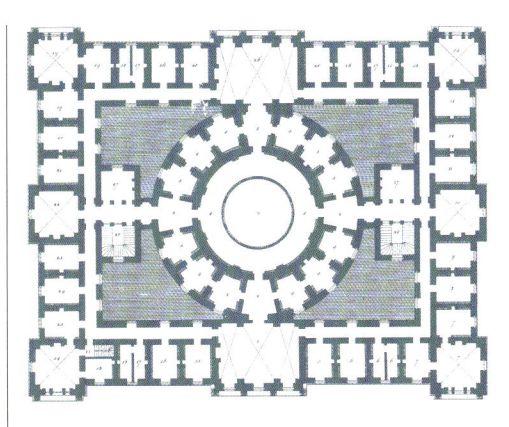

新古典主義

登記所平面図／レジスター・オフィス／エディンバラ
この登記所は、中央に円形の閲覧スペースを設け、周囲にくさび形の部屋を配置するという類例のない構成となっている。中央空間の端に左右対称に階段が置かれ、両軸に対して完全な対称性が実現されている。

タウン・ホール立面／セント・ジョージ・ホール／リバプール（1841～1856年）
1つの屋根の下に、市議会、コンサート・ホール、法廷を収めるセント・ジョージ・ホールは抑制された厳格なファサードを持ち、その上に簡潔な屋階を戴いている。この建物は当時イギリスで最も裕福な都市の1つであったリバプールの重要性を象徴している。

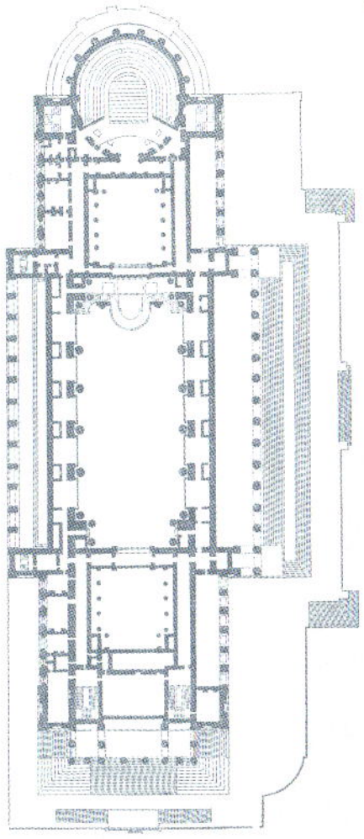

登記所立面／レジスター・オフィス／エディンバラ（1771～1792年）
主立面は明らかにパッラーディアニズムの影響を残しているが、装飾アーチや、ポルティコの鏡板の装飾、ペディメントのラウンデル（円盤）などのディテールは、この建物が新古典主義に属するものであることを示している。

政府建造物／海軍府遮壁／ホワイト・ホール（1759～1761年）
この遮壁は中央の記念碑的入り口を強調するためであると同時に、ホワイトホールの行政府建物内部の中庭を隠すためのものである。双柱と装飾アーチを用いた非常に簡素なドリス式オーダーは、この建物に重厚で威圧的な印象をもたらしている。

タウン・ホール平面図／セント・ジョージ・ホール
内部の中心を占める荘厳な会議室は赤い花崗岩で造られ、ジャイアント・オーダーで分節化されており、ローマのバシリカの内部に似ている。両端の対になった法廷は、それを縮尺した形で同様に分節化されている。

政府建造物／装飾的ディテール／海軍府遮壁
イギリス海軍が絶対的制海権を誇っていた時代に建てられたこの遮壁には、その主題にふさわしい装飾が古典的モティーフから選び出されている。空想上の有翼の海馬が門柱の上に横たわり、両端パヴィリオンのペディメントはギリシャ様式の櫂船の雄姿が描かれている。

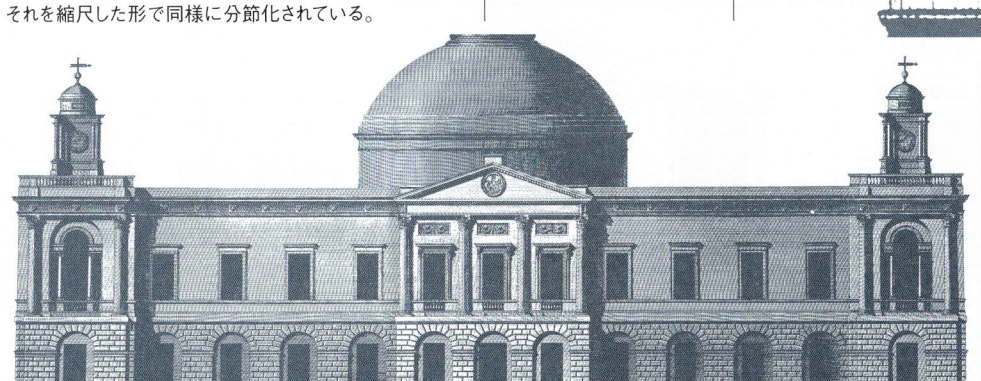

世界の建築様式の歴史

Neo-classical

アメリカにおける新古典主義

　アメリカの新古典主義運動（1780～1860年）は、新しく誕生した共和国というこの国の政治的位置と不可分の関係にあった。そしてその根底には、最も強い影響力を持った大統領であるトーマス・ジェファーソン（1743～1826年）が、連邦様式として強く新古典主義を推奨したという事実がある。玄人はだしの建築家であったジェファーソンの1770年代初期の設計は、彼の学問的探求の成果であり、パッラーディアニズムの顕著な影響を示していた。しかしヨーロッパ各地を広く見聞し、またフランス合理主義者の著作に強い感銘を受け帰国したジェファーソンは、構造的純粋さへの回帰を提唱するようになり、連邦の建築物にはギリシャとローマの建築こそがふさわしいと確信していた。ニームのメゾン・カレを手本に彼が設計したリッチモンドのヴァージニア州議会議事堂は、神殿の形態を模したアメリカ最初の公共建築物であった。

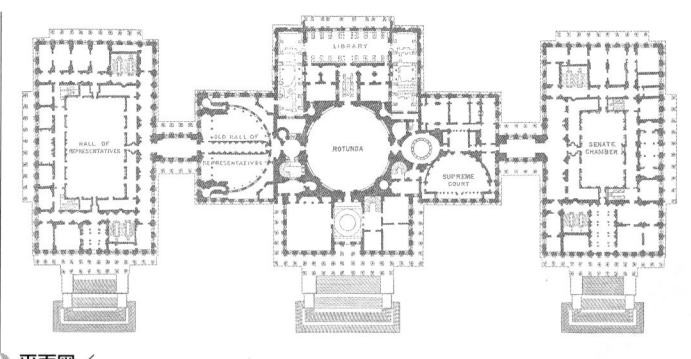

平面図／米国連邦議会議事堂／ワシントン
建築時に変更されたが、上の平面図を見ると、中央のブロックは左右同じ長さの腕を持ち、そこに種々の巧妙に考えられた形の部屋が収められている。図の右側の翼が上院の棟で、左側が下院の棟である。

主立面／米国連邦議会議事堂／ワシントン（1792～1817年）
連邦政府立法機関の本拠地であるワシントンの連邦議会議事堂の建設は、当時最も大きな国家的事業であった。基本的な形は中央のロトンダと、大オーダーで分節化されたペディメントを持つ左右に広がる翼で、巨大ドームの上半分は後年増築されたものである。

中央ロトンダ断面図／米国連邦議会議事堂／ワシントン
1814年の火災の後、米国連邦議会議事堂は再建を余儀なくされた。その機会を捉えて、アメリカの国力の基礎を築いた重要な産品を反映した2つの新しい「オーダー」が創造された。入り口から上院に向かう列柱の柱頭には、タバコの葉がかたどられ、それ以外の場所は、トウモロコシのコーンとその葉をかたどった柱頭である。

新古典主義

立面／州議会／オハイオ（1830〜1861年）
このギリシャ・リバイバルの建物は、柱礎のないドリス式オーダーを採用しているが、それは荘厳さを高めるためであった。平面は単純な矩形で、八柱構えのポルティコがイン・アンティス形式で納められている。オーダーがピラスターの形で建物全体をくるんでいる。

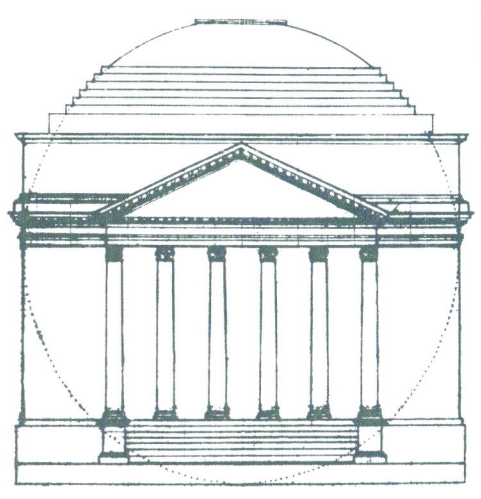

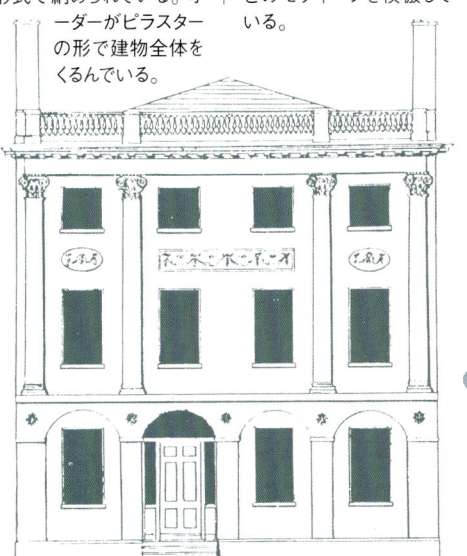

立面図／エゼキエル・ハーシー・ダービー邸／セーレム／マサチューセッツ（1800年頃）
この4つのベイの立面は、30年前にロバート・アダムが設計した都市住宅に似ている。下階の装飾アーチや上階のピラスターなどのモティーフを模倣している。

ロトンダのデザイン／ヴァージニア大学／シャーロッツビル（1821年）
トーマス・ジェファーソンがヴァージニア大学のために設計した一連の建物（p.283も参照）の1つであるこのロトンダは、キャンパスの景観の中心であり、主図書館となっている。この形はローマ建築のパンテオンから取ったもので、平面同様に立面にも同じ大きさの円が内接されている。

立面／ジラール大学／フィラデルフィア（1833〜1847年）
ローマ時代の遺跡であるフランス、ニームのメゾン・カレを基にしたジラール大学のこの印象的な外観は、高さ17mのコリント式のジャイアント・オーダーで分節化され、内部に2階建ての大学校舎を包み込んでいる。形は完全な模写で、フェネストレーション（窓割り）が列柱の奥に隠れているので、内部はかなり暗くなっている。

299

世界の建築様式の歴史

Neo-classical

ドイツ新古典主義

　ドイツが統一国家という形態をとるのは1871年のことで、それまでは独立した州と主権の集合体で、共通の言語で統一されていただけだった。ドイツにおける新古典主義の発展（1785～1850年）は、国家としてのアイデンティティの追求——ドイツ語世界最大の力を誇ったプロシア州による——と深く結びついていた。フランスの理論家に影響を受けたドイツの建築家たちは、ギリシャ・リバイバル様式に深く傾倒していった。なぜならそれが、美学と深い市民的目標を結合させた唯一の様式に思えたからである。他の国家同様、ギリシャ様式は特に公共建築物にふさわしいものと考えられた。初期のギリシャ・リバイバル建築は、ドイツ国家の種を蒔いたフリードリッヒ大王に捧げられた。ドイツ最初のギリシャ・リバイバル様式の建造物は、プロシアの首都であり王宮が置かれていたベルリンへの城門であるブランデンブルク門であった。

ブランデンブルク門／ベルリン（1789～1794年）
ベルリンの西側の出入口であるブランデンブルク門は、アテネ、アクロポリスの至聖所への正門であったプロピライアを模したものである。その門はドリス式双柱の六柱構えのポルティコを中心に、両脇にパヴィリオンを従えている。

オーダー柱礎のディテール／ブランデンブルク門
2つの門の大きな違いは、ブランデンブルク門が、柱礎にドリス式オーダーのものを用いているということである。そのことにより、それはアテネの門よりも軽く、繊細な感じがする。

オーダー柱礎のディテール／プロピライア
ギリシャ・ドリス式オーダーの柱礎を持たないことにより、荘厳さと永久性がさらに強められ、聖なる空間への入り口によりふさわしいものとなっている。

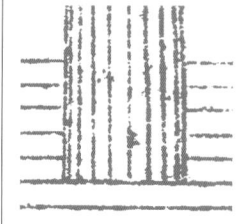

プロピライア／アテネ
ブランデンブルク門の原型となったプロピライアは、円柱のある遮壁というだけのものではなかった。ポルティコを過ぎると、訪問者は広い通路に出、その両側にいくつもの部屋が並び、その先に忽然とアクロポリスが現れる。

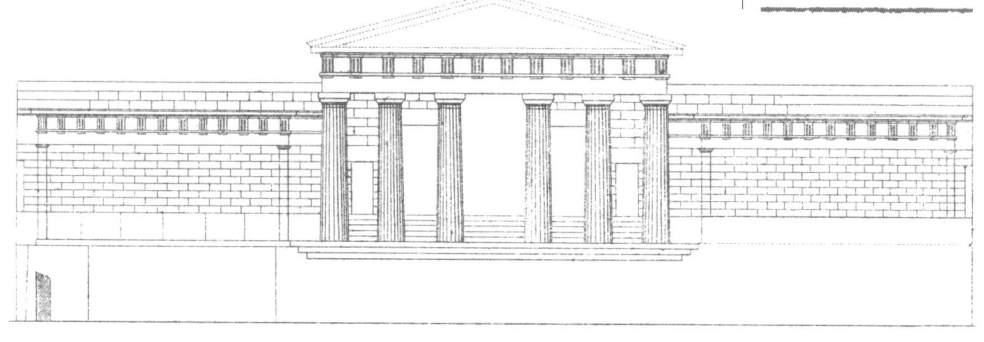

新古典主義

屋階／ブランデンブルク門
2つの建造物の最も明白で、最も印象的な相違点が、プロピライアのペディメントが、騎馬戦車（クアドリーガ）を掲げる屋階に置き換えられている点である。その4頭立ての騎馬戦車は、ファサードや凱旋門の上によく使われてきた。

ファサード／グリュプトテーク／ミュンヘン
グリュプトテークとはギリシャ語で、彫刻のある回廊を意味する。立面の中心に位置しているのはイオニア式柱頭の八柱構えのポルティコで、アテネのエレクテイオン神殿を基にしているが、ただフルートだけはない。その両翼は、イタリア・ルネサンス建築に似ている。

ファサード／ルーメス・ハレ／ミュンヘン
歴史上重要なバヴァリア人を讃えるために建てられたこの名誉の殿堂のファサードは、U字型に並べられた48本の列柱からなり、基壇の上に高く持ち上げられている。訪問者はその建物を下から見上げるようにして近づかざるを得ない。ペディメントにはバヴァリア人の文化的、政治的偉業が描かれている。

301

世界の建築様式の歴史

Neo-classical

ドイツ新古典主義：カール・シンケル

　ドイツが誇る国民的建築家の1人であるカール・フリードリッヒ・シンケル（1781～1841年）は、国家的アイデンティティを確立するという大事業の指導者的存在であった。ロマン主義運動に影響を受けイタリア各地を視察した彼は、古典建築と同じくらいゴシック建築を賛美し、両者はルネサンスとバロックの両時代に失われた構造的純粋さを共有していると確信した。しかし彼は同時に、建築はある大きな役割を果たさなければならないという思想も維持していた——建築は政治的信念を具現化し、国家の理想を表現するものでなければならない。ドイツの政治を支配し始めたベルリンに建てられたシンケルのノイエス・ムゼウムとノイエス・テアターは、政治的首都にふさわしい文化的意識の昂揚を図る目的を有していた。

ペディメント／ノイエス・テアター
これはファサードの下の方のペディメントで、ギリシャ悲劇を題材にした浮き彫りが彫られている。入り口の上にあるこのペディメントとその上のペディメントを対比すると、上のものには構造的必要性がない。

アクロテリオンのディテール／ノイエス・テアター
入り口すぐ上のペディメントのアクロテリオンは、仮面を小脇に抱えるミューズであるが、それはギリシャの劇場に対する引喩である。これは2つの古典的モティーフを結合させて新しい効果を生み出す1つの例である。

ファサード／ノイエス・テアター／ベルリン（1818～1826年）
ノイエス・テアターは格子型のフェネストレーション（窓割）による無類の量塊感を示しているが、この形式はシンケルの特徴的なスタイルになっていった。建物の3つのエリアは外面的に明確に定義され、中央がオーディトリウムで、その両側が、コンサート・ホールと、リハーサルと衣装のための部屋となっている。

新古典主義

1階平面図／ノイエス・テアター
ノイエス・テアターの1階平面図では、3つのエリアが明確に分割され、それがそのままファサードに表現されている。部屋の配置は実務的で、右側には多くの小さな衣裳部屋があり、左側がコンサート・ホールである。

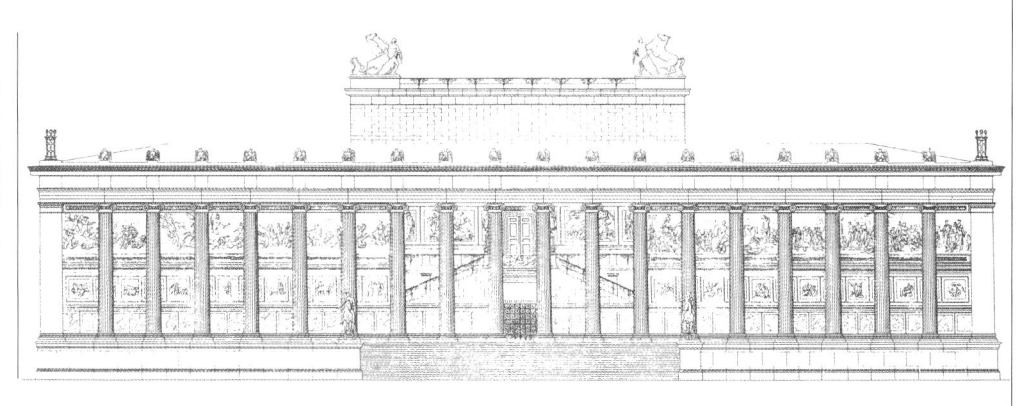

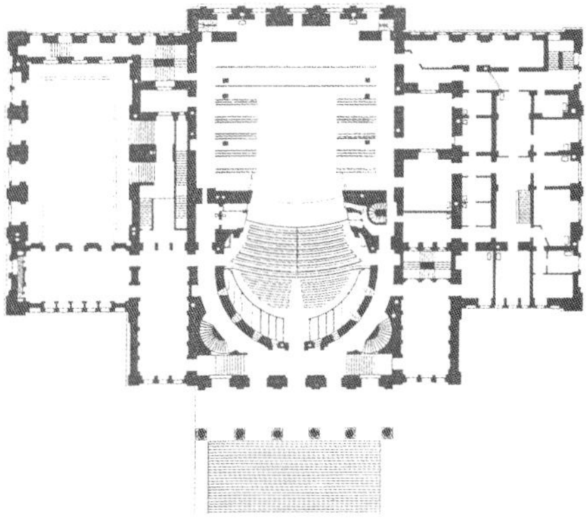

立面図／ノイエス・ムゼウム／ベルリン（1823年着工）
イオニア式円柱が18本並んだファサードは、圧巻である。どの円柱も高さは12mあり、ファサードの全長は81mに達する。ギリシャの柱廊を想起させるファサードには、中心を強調したものはなく、ドームは屋階の後ろに隠されている。

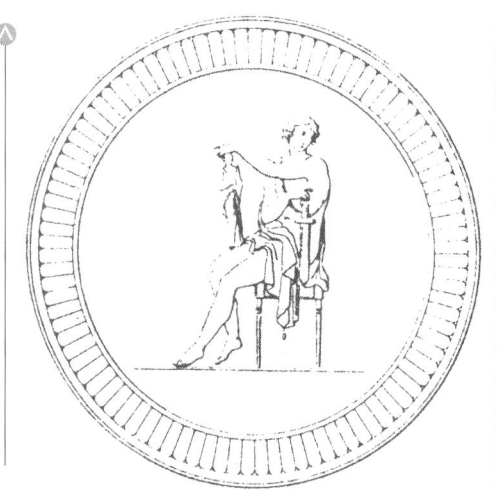

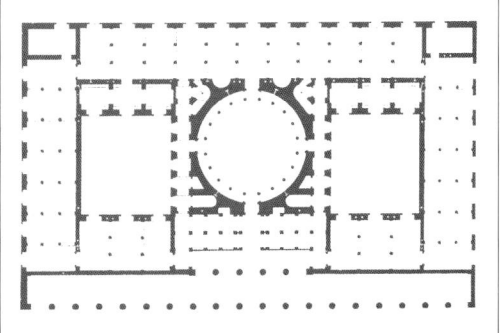

ラウンデル／ノイエス・ムゼウム
ギリシャの人物を描いた装飾的メダリオンは、壁の分節化のための大きな体系の1部を構成する。シンケルはそれを、工芸的な装飾である格子模様のなかに収めた。

ロトンダ／ノイエス・ムゼウム
コリント式円柱の列柱に囲まれたこの部屋は、博物館の中心に位置する。彫像のために設計された円形の空間と格天井はローマのパンテオンを連想させる。

平面図／ノイエス・ムゼウム
この平面図は上の劇場の平面図と非常に対照的である。それはおそらく、回廊を同じ大きさで取ることができたことによるものであろう。各階の平面の対称性は保持されているが、部屋の配置はそれぞれ異なっている。

ピクチャレスク

Picturesque
18世紀後半〜19世紀前半

背 景

　建築におけるピクチャレスク運動は18世紀のロマン主義に根ざしたもので、後期ジョージア朝様式または摂政時代様式と呼ばれることもある。ピクチャレスクという言葉は当初、クロード・ロラン、ニコラス・プーサン、サルヴァトール・ローザなどの17世紀の画家の風景画に似た建物や景観をさす言葉として用いられた。その後1795年頃に、景観庭園理論家のウヴェデール・プライスとリチャード・ペイン・ナイトによって、1つの美的範疇を表す術語として定義された。ヘレフォードシャーのダウントン・キャッスル（ナイトにより1772年着工）は、その不規則性、多様性、対照性、形態の非対称的配置、城郭風外観、最新の新古典主義的インテリアなどによって、建築におけるピクチャレスク運動の開始を告げた。ピクチャレスク的効果を出すために、これらの特徴がすべての建築様式と共に、あるいは2〜3の様式を折衷的に組み合わせたものと共に適用された。ピクチャレスクにはいろいろな側面があるが、それらをすべて集約し、雄大な風景の中に抱かれた大きな田園邸館、あるいは小さな別荘、さらには街並み計画など多岐にわたって適用した建築家が、ジョン・ナッシュである。

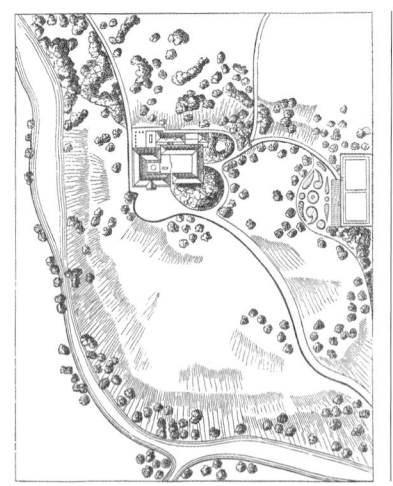

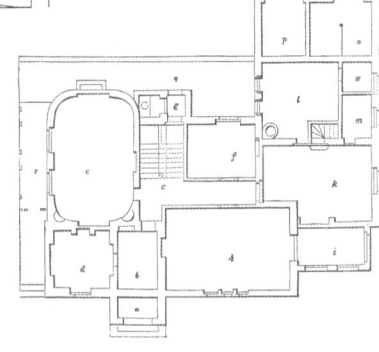

ヴィラ
ヴィラというのは別邸のことで、多くが自然の風景のなかに絵のように置かれた離れ家を持つ。ヴィラとその外周部は、自然の景観のなかに一体化すること、ピクチャレスク的風景を創造することが意識されている。多くが家へと続く舞台装置的な小道を有し、田園的な興趣を高めるために家の周りには木が植えられている。

不規則性と多様性
この平面図に見られるように、不規則性は部屋の配置に端的に現れている（それに限られるわけではないが）。また多様性は部屋の大きさに示されている。それらの特性は建物外部にも反映され、独特のスカイライン・シルエットを描き出す。

ゴシック様式
ゴシック時代の建築は、建物シルエットのピクチャレスク的あるいはロマン主義的効果を高めると考えられた。そのようなゴシック的ディテールとして、尖頭ランセット窓やフード・モールド付き窓などが用いられた。

ピクチャレスク

城郭風様式
胸壁、塔、不規則な量塊的形態によって特徴づけられる城郭風様式は、建築におけるピクチャレスク運動の最も人気の高い様式の1つであった。

イタリア風様式
ピクチャレスク様式の建物の多くが、イタリア風に造られ、しばしば塔（ここでは角型だが、通常は円筒形で円錐形の屋根を持つ）、塔に直角に建てられる両翼、ロッジア、手摺、アーチ型の窓などの特徴を有する。

ピクチャレスク的街並み
都市におけるピクチャレスク的景観は、遠近法的効果を利用して造られた。建物は一体となって通りの方向を変えるように巧妙に配置され、同一テラス内の建物でも、あるものは前に出され、あるものは後退させられる。遠近法的なアーチ道がテラスを結合するように造られ、図のように高木や低木が建築物ばかりの街並みを和らげるために配置される。

シャム・キャッスル
エアシャーのカリン城（下右）と、ロジアンのシートン城（下左）は、どちらもスコットランドにあり、1779年前後にロバート・アダムによって建てられた。幾何学的形態による大胆な量塊感、劇的な立地、動勢、ロマン主義的な雰囲気、これらが両者に共通する特徴で、時に「シャム・キャッスル（偽物の城）」と呼ばれることもある。それらは必ずしもピクチャレスク様式に不可欠というわけではないが、ある幻想——空想——を呼び起こすことは疑いなく、それこそがピクチャレスクの本質を構成するものである。

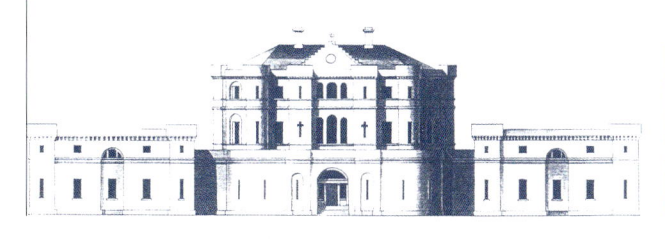

世界の建築様式の歴史

Picturesque

コテージ建築

　18世紀後半の初期ピクチャレスク運動のなかで用いられた、優美な不規則的形態や折衷主義的モティーフが、19世紀初めのピクチャレスク的コテージ建築のなかにも明瞭に現れている。1790〜1810年にかけて、コテージ建築に関する書籍が相次ぎ出版されたが、その熱狂の一因が、当時流行した「インプルーブメント(改良)」という考え方であった。それは、雇農に心地よい住居を与えるならば、大土地所有者はより高い利益を得ることができ、また既存の住居を改築することにより、所有地のピクチャレスク的景観を高めることができるというものであった。ピクチャレスク的コテージの重要な発想の源泉となったものが、新古典主義の「プリミティブ・ハット」であった。理論家マルク・アントワーヌ・ロジエは、1753年出版の著書『建築試論』のなかで、第一原理、自然の根源にまでさかのぼることの大切さを主張した。彼は建築から表面的なディテールを剥ぎ取り、4本の成長しつつある木の幹、鋸でひいた丸太のまぐさ、屋根を葺くための枝、これらによって形成される「プリミティブ・ハット」という簡潔な構造へと回帰することを提唱した。

コテージ・オルネ
コテージ・オルネというのは、一般に田園や公園に建てられた小さな家屋をさす。見るからに田舎風で、萱葺きの屋根、鉛で枠付けした窓、破風板、装飾的煙突、ヴェランダなど、多くのピクチャレスク的要素で装飾されている。これはジョン・ナッシュが1811年頃に、ブリストル近郊のセント・ブレイズに造った、全村がお伽話の国に出てくるようなコテージからなる村のものである。

破風板
破風板というのは切妻の端に突き出した三角形の木の板である。それは小屋組みの長手方向の部材の端部を覆うもので、多くが装飾を施されている。

蔓植物
蔓植物、とくにツタが、田園コテージのピクチャレスク的景観を高めると広く考えられた。それは巧みに剪定されて、ヴェランダなどの要素に巻き付くようにしつけられた。

306

ピクチャレスク

> ▲ **ドーマー**
> ドーマー（小屋根）というのは勾配屋根の上に造られた構造物で、それ自身が屋根（勾配屋根もあれば陸屋根もある）を持ち、前面に窓が設けられている。また図のように、窓の上に小さな破風を持つものも多い。

> ▽ **萱葺き**
> 萱葺きは、葦、イグサ、藁などで屋根を厚く覆うもので、土着の家屋に多く使用されている。萱葺き屋根はピクチャレスク的コテージとは切っても切り離せないもので、田舎風の雰囲気を出すための必須アイテムである。

> ▷ **木骨造りコテージとキュクロプス式石積み**
> 木材はコテージの上階、時にその一部だけに使われることが多く、下階はたいてい石またはレンガで造られた。下階はしばしばキュクロプス式石組みで装飾された。それは不整形の石を不規則に積み上げたもので、家屋に独特の質感をもたらす。その粗い、ほとんど自然のままの石は『プリミティブ・ハット』と自然への回帰という思想を想起させる。

> ▲ **ポーチ**
> ポーチとは屋根で覆われた突き出した玄関部分のことである。ピクチャレスク的コテージでは、多くの場合ポーチは木材でできており、この例のようにかなり装飾が施されている。ポーチはコテージの外観に興趣を添え、冗長になりがちな規則的な立面に変化を生み出す。

> ▲ **ヴェランダ**
> ヴェランダは、細い鉄や捩れた木の支柱などで支えられた屋根を持つ壁のない回廊またはバルコニーで、自然と住宅の一体感を演出する。ヴェランダはピクチャレスク様式に不可欠なものになっていったが、起源はインドにあると考えられている。

307

Picturesque

庭園および農場建築物

　18世紀末から19世紀初頭にかけて、景観造園家ハンフリー・レプトンとジョン・ナッシュは手を組み、さまざまな大規模農場の再構築と改良を行った。それは短期間ではあったが、非常に大きな成功を収めた。レプトンは景観を改良し、ナッシュは農場建築物を改築、新築した。景観造園家というのはまだ新しい職業で、2人は富裕な土地所有者の要望に応えながら、農場をピクチャレスクなものに変えていった。彼らよりも古い世代による、湖や小川の傍に建つ美しい建築物というロマン主義的な景観が残されている——ウィリアム・ケントが1730年頃ローシャムやオックスフォードシャーに造ったもの、またケントが景観造園家ランセロット・"ケイパビリティ(「可能だ」)"・ブラウン(1716〜1783年)と共同で制作したストウ・ハウスなど。レプトンとナッシュは、ブラウンのきれいに整地された人工的な景観に飽き足らず、ピクチャレスクの建築家として自然のままの野生的な荒々しさを尊重し、そのなかで絵のような家が最も重要な位置を占める景観、ピクチャレスク的でロマン主義的な興趣あふれる景観を創造した。

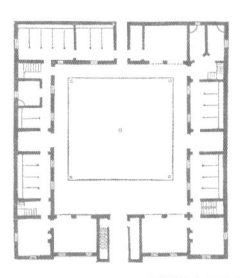

ロッジ
ロッジというのは農場のなかの小さな住宅で、快適な生活が出来るように巧妙に配置された部屋を持つ。建物のピクチャレスク的特性はおもに立面に表現されており、ポーチ、煙突、窓などの外観的要素の非対称的な配置を通して、多様性と興趣が生み出されている。

酪農小屋
酪農小屋は本来、乳牛から牛乳を搾乳し、搾乳のための道具を保管する機能的な建物である。ピクチャレスク的観賞にたえるために豊かに装飾されることもあったが、機能的な目的は4つの構成部分からなるこの平面図(上)のように明確に表現されていた。そこには香りの強い植物が敷き詰められた通路や、搾乳機器を洗浄する使用人の部屋などがあった。

厩舎
厩舎は農作業用の馬を収容する場所で、その外観は建設方法、様式、装飾などの点で、主要建物と統一された。

ピクチャレスク

ゲートハウス(門楼)
ゲートハウスは基本的に門の一部を備えたロッジである。これは城郭風様式のもので、対称性と多様性を結合させた楽しげな建物となっており、ピクチャレスク的景観を創りだしている。

噴　水
このような噴水を含む観賞用の水辺の景観がピクチャレスク的効果を高めるために多く用いられた。

観賞用橋
景観をピクチャレスク的なものにするための道具として、橋がよく用いられた。それは景観に変化を生みだし風景の中心となるだけでなく、異なった様式を導入する機会を提供する。たとえばここでは、橋の中ほどに立っているのは、中国風寺院である。

コンサーバトリー
コンサーバトリーは豪華な装飾を施した温室で、鉄とガラスで造られ、大きな窓を持つ。独立した建物の場合も、主要建物に付属して建てられる場合もある。

ガゼボ(あずまや)とトレヤージュ(格子垣)
ガゼボというのは庭園の中に建てられたあずまや(多くが観賞用)で、多くが見晴らしの良い場所に建てられ、雄大な景色を眺めるための窓などの大きな開口部を持つ。側面がトレヤージュ(格子垣)——装飾的鉄線工作物で、多くがヴェランダに付随し、堅固なパネルとは異なり、視界や風を妨げない——になっているものも多い。

309

建築の
エレメント

建築のエレメント

ドーム Domes

　ドームは本質的にはヴォールトの一形態であり、円、多角形、長円形の平面の上に多様な造形を見せる。その形の起源はおそらく、曲げた数本の若木を中心部でくくり、その上を萱葺きで覆っただけの原始的な半球形の小屋であっただろう。やがてそれは天空の穹窿を表し、権威を象徴するものとなった。ローマ人の発明したコンクリートは巨大な半球形ドームを可能にし、ドームはビザンチン様式を代表する構造となり、その中で古典様式と東洋の影響が混ざり合った。ローマ人はドームを円または多角形の平面の上にしか造らなかったが、ビザンチンの建築家はそれをペンデンティヴ(p.157参照)を用いて、正方形や長方形の上に建てる技術を発展させた。それはまたイスラム建築が達成したものでもあった。

持送りドーム
ミケーネの「アトレウスの宝庫」(BC1220年頃)のトロス(主埋葬室)は、直径約15mの、上部が尖頭形の持送りドームとなっている。その形はいわゆる蜂の巣の形に似ている。持送りドームはギリシャだけでなくインド、南米にも見られ、組積造でレンガや石の列を徐々に前方に出していくことによって造られる。

ローマ式ドーム
ローマの直径44mのコンクリート製ドーム、パンテオンは、ローマ建築の代表である。ドーム内部は半球形になっており、その巨大な重量は格天井と中央の開口部(オキュルス)によって軽減されている。外観は外側の層を押し広げ、階段状にすることによって皿を伏せた形となり、安定性がもたらされている。

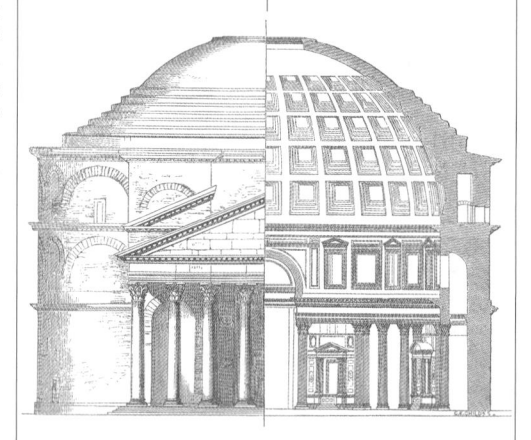

尖頭ドーム
イスラム建築の特徴はドームの多用にある。イスラム建築独特の形が尖頭ドームで、頂上は鋭く尖っている。イラン、スルタニアのオルジェイトゥ霊廟(1310年頃)では、ドームは多角形のドラムの上に載り、彩釉タイルで華麗に装飾されている。

複合ドーム
複合ドームとは、複数のドームおよびヴォールトを組み合わせて造られる構造物の総称で、ビザンチン建築を代表するものとなった。コンスタンティノープルのハギア・ソフィア大聖堂(532〜537年)では、主ドームは4基の巨大アーチで支えられ、セミドーム(半ドーム)がその控え壁の役割を果たしている。ペンデンティヴによって、円形のドームが正方形の平面の上に載ることが可能となっている。

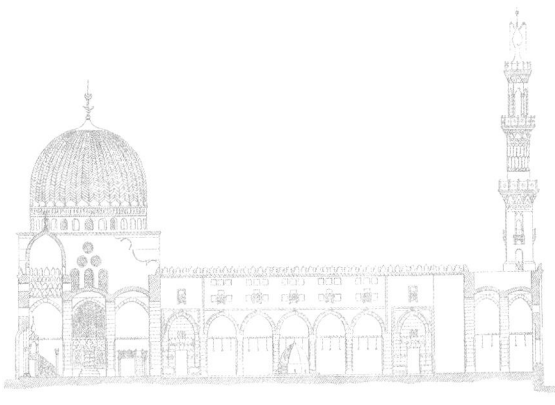

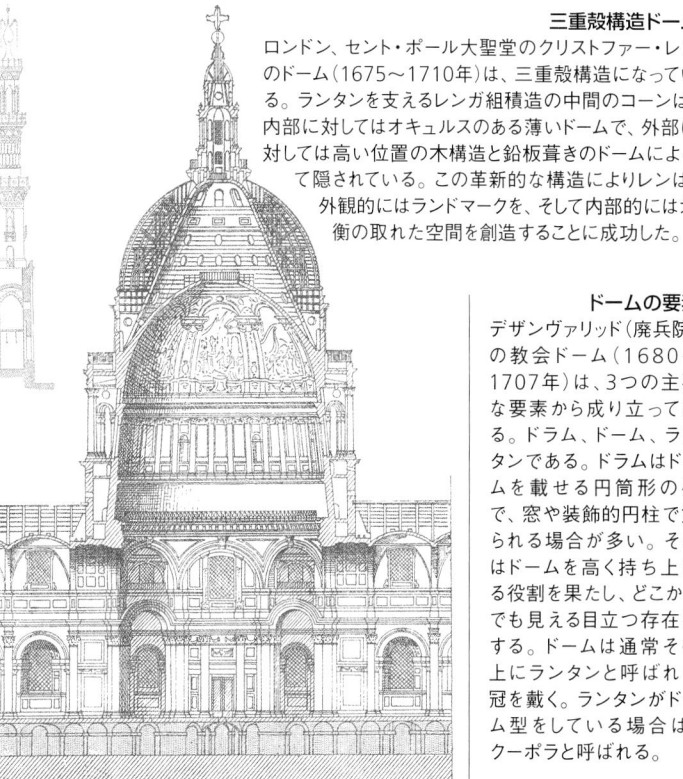

ドーム

三重殻構造ドーム
ロンドン、セント・ポール大聖堂のクリストファー・レンのドーム（1675〜1710年）は、三重殻構造になっている。ランタンを支えるレンガ組積造の中間のコーンは、内部に対してはオキュルスのある薄いドームで、外部に対しては高い位置の木構造と鉛板葺きのドームによって隠されている。この革新的な構造によりレンは、外観的にはランドマークを、そして内部的には均衡の取れた空間を創造することに成功した。

ドームの要素
デザンヴァリッド（廃兵院）の教会ドーム（1680〜1707年）は、3つの主要な要素から成り立っている。ドラム、ドーム、ランタンである。ドラムはドームを載せる円筒形の壁で、窓や装飾的円柱で飾られる場合が多い。それはドームを高く持ち上げる役割を果たし、どこからでも見える目立つ存在にする。ドームは通常その上にランタンと呼ばれる冠を戴く。ランタンがドーム型をしている場合は、クーポラと呼ばれる。

スティルティド（下駄履き）・ドーム
下駄履きという用語は普通アーチに使われるが、ドームにも使うことができる。下駄履きドームというのは、曲線が迫り元（ドームが支えられ、起拱が始まる場所）よりも上から始まるものをさす。側面が引き続き垂直方向に上に延長され、ある程度進んだところから頂点に向かって曲がり始める。

二重殻構造ドーム
ミケランジェロが設計したサン・ピエトロ大聖堂のドーム（1585〜1590年）は、フィレンツェにあるブルネレスキのレンガによる二重殻構造のドゥオーモを参照している。そのドームは水平方向に走る鉄の鎖によって結び付けられたリブを持ち、内側の殻は半球形だが、外側の殻はやや尖頭形になっている。重量のある組積造のクーポラがリブを保持し、それが外側に開くのを防いでいる。

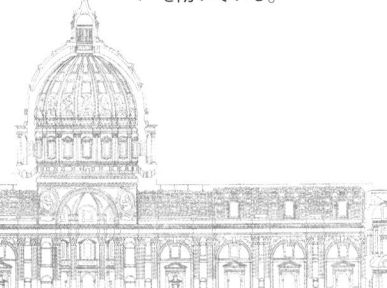

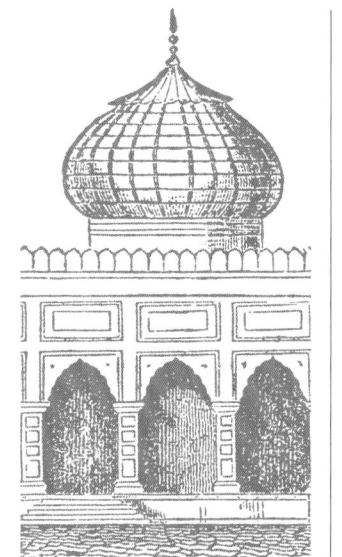

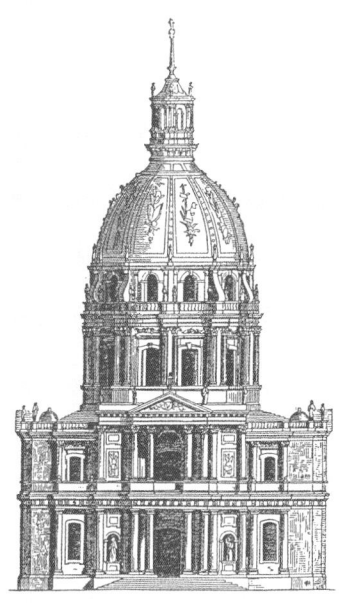

球根型ドーム
もう1つのイスラム建築でよく見られるドーム形が、インド、アグラのタージ・マハール（1632〜1654年）のドームである。それは頂部はやはり尖っているが、球根型をしており、側面が外側に開いて球形に近い形になっている。これと関係の深いものが、ロシアや東欧に多い玉葱型である。しかしこちらは、構造的には真実のドームではない（ヴォールト構造ではない）。

建築のエレメント

円柱 Columns

　円柱は鉛直方向に建物を支持する構造体で、柱礎、柱身、柱頭から構成される。ギリシャ人は古典建築の語彙のなかで、円柱とエンタブラチュアを不可分のものとみなし、それらが結合したときに屋根が支えられると定義した。しかしローマ人は、ギリシャ建築の柱梁（まぐさ式）構造よりもアーチ型構造を好み、円柱を構造的にではなく、装飾的に用いた。その結果、付柱、半円柱、ピラスターなどの多くの変種が生み出された。また円柱は、双柱（ローマ建築に多い）、束ね柱（ノルマン建築のような）、単独のものという観点からも区分される。柱身はすっきりしたトスカーナ式オーダー（右）のようなものから、多くの装飾を施されたものまである。同様に柱頭も、中世の単純なものから、装飾性の高いエジプト様式のものまで多様である。

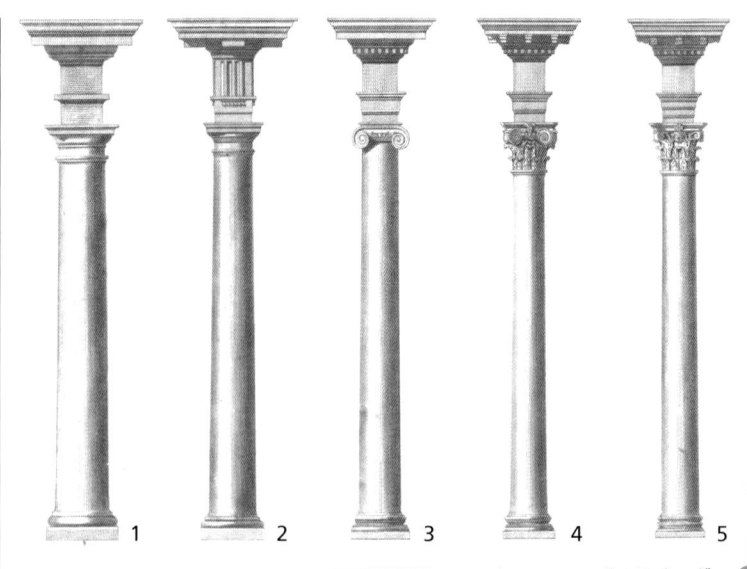

1　2　3　4　5

5つのオーダー
円柱の各構成部分、すなわち柱頭、柱礎（大部分）、その上の水平なエンタブラチュアを組織化し、比率を定め、装飾する方法に関して、5つのオーダーが定義されている。ドリス式（2）、イオニア式（3）、コリント式（5）がギリシャで発展し、トスカーナ式（1）とコンポジット式（4）がローマで発展した。その後1000年もの時を隔て、ルネサンス時代にそれらのオーダーは復活し、セバスティアーノ・セルリオ、アンドレーア・パッラーディオ、ウィリアム・チェンバーズなどの建築家によって規範化された。

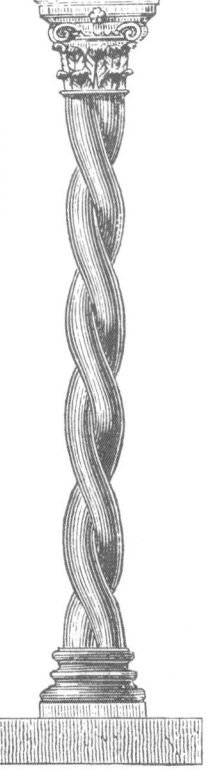

ツイステッド・コラム
ロマネスクの時代、建築家は古代ローマ時代の円柱をできる限り再使用したり、模倣したりしようとした。新規に造る場合は、図のツイステッド・コラムのように優雅さや美しさを強調した。それらはしばしばモザイクで装飾された。

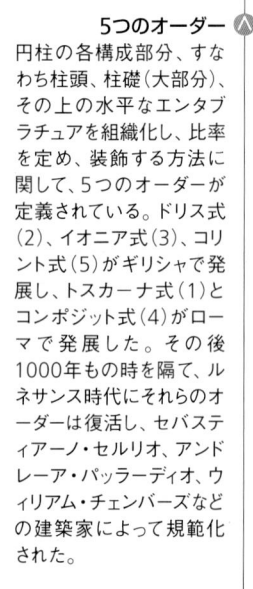

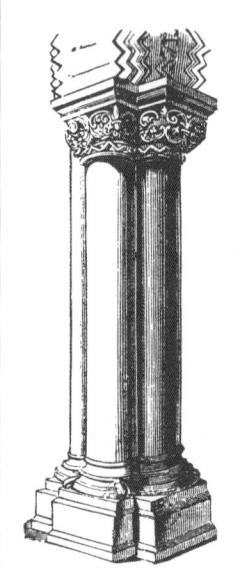

コンパウンド（複合）・ピア
ピアは円柱よりもはるかに大きな荷重負荷に耐える能力があり、通常がっしりとして、量塊感がある。ロマネスクとゴシック建築においては、接合している場合もあれば分離している場合もあるが、ピアの表面は通常いくつかの半円柱または半柱身形が集まった形をなし、一体となって単一の建築要素を構成している。それらはコンパウンド（複合）・ピアまたはクラスタード（束になった）・ピアと呼ばれる。

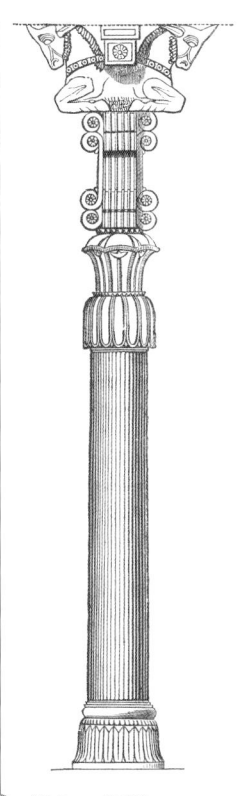

円柱

ペルシャ式円柱
ペルシャ式円柱の文体的起源は、木造建築にある。しかしこのペルセポリス(BC5世紀)の100柱の間の円柱は、石を巧妙に削り出したもので、フルートのある柱身の上に渦巻模様や双頭の牡牛の柱頭が載っている。

エジプト式円柱
エジプト建築における円柱は、多くが地元のフローラ(豊饒の女神)に似ている。パピルスの葉の柱身、蓮の葉の柱頭など(p.23参照)。この上エジプトのハトホル神殿(BC110〜BC68年)の円柱は、ヒエログリフで装飾され、柱頭はハトホル女神が4面を向く形となっている。

中国式円柱
中国建築の円柱は、多くが木でできており、柱頭の代わりに腕木を持ち、それが屋根を支えている。中国建築では通常、柱を立てる前に屋根と上部構造はすでに組み立てられている。円柱は装飾的要素として多くが朱色に塗装されている。

インド式円柱
このドラヴィダ様式寺院の円柱は、初期インド建築の木造建築を模倣している。表面全体に非常に精巧な装飾が施されている。ラスと呼ばれる、儀式で使用される独立して立つ柱(ピラー)が多く造られた。

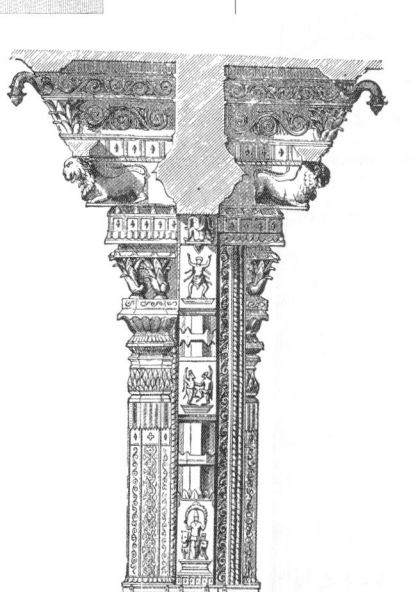

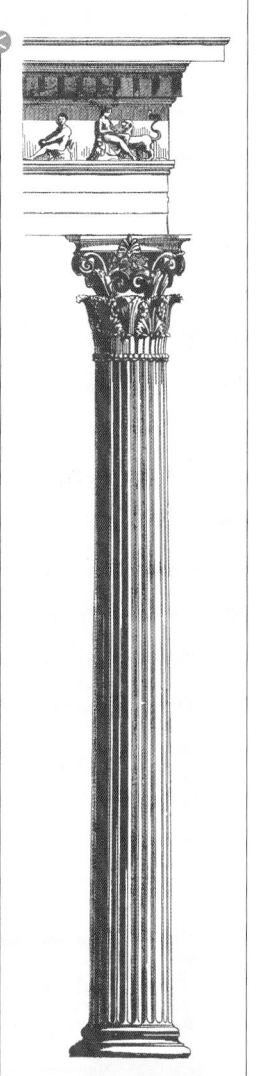

円柱の各部
円柱は年代、場所に関係なく、3つの構成部分からなっている。柱礎、柱身、柱頭である。この例では、柱身はフルート(丸底縦溝)が彫られ、柱頭はコリント式である。

建築のエレメント

塔 Towers

　その高さで他の要素と区別される塔は、国と時代を問わず広く用いられる建築要素である。イタリアのカンパニーレ、イスラムのミナレット、インドのシカラなど、どれも宗教的建物に付随して立っているが、構造的に付着しているものもあれば、自立しているものもある。塔の上層（鐘楼）の鐘は人々に礼拝を呼びかけ、また塔本体は、聖なる場所を万人に知らせる役割を果たす。ゴシック様式の塔はとりわけ華麗で、大聖堂の中心（交差部）から、あるいは西側の端部から立ち上がっている。塔の先端が、鋭く尖ったスパイア（尖頂）になっている場合もあり、その形も多種多様である。騒乱が相次ぐ中世の時代にあっては、塔は防御のための重要な手段であり、城砦に組み込まれていた。スコットランドやアイルランド、北イングランドでは、タワー・ハウスと呼ばれる簡素な防御しやすい住居が多く造られた。

ニードル・スパイア
イギリス、ノーサンプトン近郊のこの教会では、高く聳える細く尖ったニードル・スパイアが胸壁の背後から立ち上がっている。

カンパニーレ
イタリアの鐘塔――多くが自立している――は、カンパニーレ（「鐘」を意味するカンパーナからきている）と呼ばれている。これは14世紀のものだが、一般にこのように簡素な造りで、平面は四角形と円と両方ある。

ベル・タワー（鐘塔）
ベル・タワー（鐘塔）は宗教と市民生活の中心であり、見張り台の役目も果たす。鐘を吊り下げている最上層は、ベルフライ（鐘楼）と呼ばれるが、その言葉は塔全体をさす時にも使われることがある。

防御塔
城砦の中の、最も大きく最も堅固な塔が、キープまたはドンジョン（天守閣）である。その多くが防御壁から最も離れた位置にあり、最終的に避難する場所であった。これは15世紀半ばに建てられたイギリス、リンカーンシャーのタターシャル城のキープであるが、鋸壁、マチコレーション（刎ねだし狭間）、胸壁通路など代表的な防御設備が見られる。

塔

円塔
本体の建物に直接接合している円形の簡素な塔が、特にイギリス、イースト・アングリア地方のノルマン様式教会によく見られる。

斜塔
これは世界的に有名なめずらしい塔で、イタリア、ピサの円筒型のカンパニーレ（1173年着工）である。もちろん塔は真っ直ぐ垂直に建てられるはずだったが、建設途中で傾き始め、現在は南に向かって約5.5度傾いている。

アイルランド円塔
アイルランドには数多くの円塔が残っているが、それらは10〜12世紀に修道院に付随して建てられたものである。自立型で、先端に向かってやや細くなっており、その先端に円錐形の石葺きの屋根を持っている。円塔の出入口は地面からかなり高い位置に造られ、はしごを使ってしか上れないようになっているが、それは危険が迫ったときの避難場所として使われることを想定しているからである。

シカラ
インドでは塔はシカラ（南インド）、あるいはヴィマーナ（北インド）と呼ばれ、寺院境内の中心に自立して建てられている。

ミナレット（光塔）
一般にモスクに付随して立っているイスラム様式の塔は、ミナレットと呼ばれ、非常に細い形をしている。先端近くに外にはみ出したバルコニーを持っており、そこからムスリムに向かって礼拝の呼びかけが行われる。

多層塔
塔の高さは通常階ではなく、段または層で呼ばれる。高くなるにつれて層の底面が狭くなっていく塔があり、このイタリア・ルネサンス期の塔のように、望遠鏡を伸ばしたような形のものも見られる。

スプレイフット・スパイア
このドイツの教会の塔はスプレイフット・スパイア──（ブローチ・スパイアと同様に）基部は四角形であるが、上部が八角形になっている──を戴いている。スパイアの四角形の辺は塔本体よりも外側にはみ出しており、軒を形成している。

建築のエレメント

アーチ／アーケード Arches and Arcades

　アーチとは開口部をまたぐ構造体をさす。頂部または頭部は一般に円弧を描いているが、アーチの形は多様で、頂部が水平に近いものから、半円形、半長円形のもの、さらには先端が尖った形のものまである。基本となる半円アーチは、迫り石と呼ばれるくさび形のブロックを互いに支えあうように積み重ねることによって、荷重負荷に耐えられるようにしたものである。西洋の古典建築においては、キーストーン（要石）と呼ばれる石が、最後にアーチの中央に置かれる。しかしゴシック式の尖頭アーチでは、キーストーンは存在しない。推力（スラスト）は外側に向けて広がり、次に下方へと向かっていくが、その推力に対抗するために、アーチの側面と端部は支持される。アーチはまた広い壁体を支持するために、あるいはその基礎を造るために用いられる。アーケードは円柱やピアによって支持されたアーチの連続体で、開放的な出入口を構成したり、片側に開けた歩廊を造るときに用いられる。いわゆる「装飾アーケード」は、壁の表面に適用された連続アーチで、中世の教会で多く用いられた。

ペルシャ様式アーチ
クテシフォンの巨大なホスローのアーチ（550年頃）は、宮殿のヴォールト型の正門を形成している。そのアーチは、尖頭形でも半円形でもなく、半長円形である。側面の壁体は、頂部が半円形と尖頭形の連続したアーチで構成された装飾アーケードで分節化されている。

多層アーケード
ローマ、コロッセウムのファサード（西暦70年着工）は、多層アーケードによって層に分けられている。円柱は下から、伝統的オーダーであるドリス式、イオニア式、コリント式を積み重ねている。半円状の頭部を持つアーチは、ローマ建築を代表する要素である。

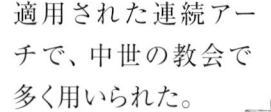

オジー・アーチ
ゴシック様式で広く見られるオジー・アーチは、2つの反曲線によって造られる先端が尖ったアーチで、下部が凸型で上部が凹型の2つの曲線が頂部で出会うことによって造られる。

アーチ／アーケード

古典様式アーチの術語
下の図面は、古典様式アーチのさまざまな構成部分をさす術語を図解したものである。インポスト（迫り元）はアーチの起拱点となる場所で、イントラドス（内輪）はアーチの内側の部分でソフィットとも呼ばれる。

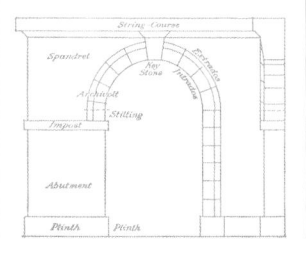

馬蹄形アーチ
ここではアーチの曲線はアーチの迫り元を通り過ぎて、さらに下に回りこむように伸びている。これはイスラム様式に多く見られるアーチで、馬蹄形アーチと呼ばれる。頭部が半円形のものも尖頭形のものもあり、後者は、エジプト、シリア、アラブ諸国に多く見られる。

チューダー・アーチ
この扁平な二重曲線アーチはチューダー朝時代によく用いられたため、このように呼ばれる。尖頭、4心のアーチで、曲線の低い位置の円弧の2つの中心点はアーチの起拱点と同じ高さにあり、曲線の高い位置の円弧の2つの中心点は、アーチの起拱点よりも下の位置（それゆえ半径が長くなり、円弧が緩やかになる）にある。

尖頭アーチ
これは初期イギリス・ゴシック時代のリンカーン大聖堂身廊（1230年頃）の尖頭アーチであるが、その単純な形が多様な繰型や装飾的ピアの使用によってどれほど華麗になるかを示している。これはトレーサリー窓の起源を示している。

ルネサンス様式アーチ
ヴェネチア、サン・マルコ大聖堂（1537年着工）のオールド・ライブラリーのアーチは、ローマ時代のものを模倣している。半円形のアーチ頭部、キーストーン、三角小間、フリーズ、その上のコーニスが、それぞれ古典的オーダーの枠の中に収められている。

半円形アーチ
この12世紀フランス半円形アーチの外側のアーチには、「ビレット」・モールディングが施され、内側には「ロール」・モールディングが施されている。挿入された円柱は下方への推力を支持しているように見えるが、荷重はその横の石のピアで支持されている。

ノルマン様式身廊アーケード
エセックス、ウォルサム大修道院身廊南側の12世紀に造られたトリフォリウムのアーチ（中段の）は、下の身廊のアーチと同じ間隔で起拱しているが、それを支持している円柱は短い。ノルマン様式の標準的なアーチは半円形であるが、馬蹄形、分節化されたもの、尖頭形（右端2つのベイに見られる）など、種々の変種がある。

建築のエレメント

出入口 Doorways

　出入口は建築外部の最も重要な構成要素の1つで、通常立面の中央に位置し、建物の性格と機能を定義する——私的建造物であれ、公的建造物であれ。また出入口は、建物外観を決定する建築的焦点であり、戸枠の装飾はファサード全体の様式を決定する。出入口は、その上のバルコニーを含む玄関や、立面の鉛直方向全体にまで延びていく場合が多い。出入口は建物外部から内部への通り道を意味し、建物内部の主題や目的は、通常戸枠の分節化や構造的装飾によって外部に表示されている。出入口はまた、建物の中で最も脆弱な場所であるため、実用の面では雨を避けるため、繰型（モールディング）やコーニス、屋根、ポルティコなどで守られており、また精神的な面では、重厚な防御的組積造や守護神的な彫像で守られている。

抱　き
出入口開口部を囲む枠は、戸枠、抱き、縦枠などで構成されている。最も基本的な形では、抱きは単純な建築的繰型であり、彫刻的装飾の場を提供する。上図のようなアテネのエレクテイオン神殿に見られる古代ギリシャ初期の台形の出入口でさえ、精巧な装飾が施されている。

出入口守護神
多くの文明で、このアッシリアの例に見られるように、重要な出入口や門は、空想上の野獣、スフィンクス、ライオン、あるいは人物の彫像で守護されている。それらは、戸枠の両側に組み込まれている場合（このアッシリアの例のように）もあれば、両側に独立して立っている彫像の場合もある。

防御的出入口
ノルマン様式の特徴であるが、重厚な石組みのアーチ型の出入口が、城砦のような堅固さで立面を装飾している。この出入口の最も重要な装飾的構成要素が、モノリス的に立てられた石ブロックの上に置かれた、内側に突き出した迫り元である。それはノルマン建築の防御的性格を象徴している。

破風のあるポーチ
切妻型のポーチがジョージア朝様式のドアと新古典主義の建物を雨から守っている。ポーチは、円柱、エンタブラチュア、ペディメント（破風）などの古典的要素の重要な見せ場となっている。

大聖堂正門
ロマネスク様式大聖堂の正門は背が高い。広い正門は西側正面の3分の1以上の幅を占めているが、実際の出入りはヒンジのある小さなドアに限られている。

ムーア様式出入口
ムーア様式やイスラム様式の出入口は、多くが大きな装飾パネルの中に組み込まれており、それは格子細工やモザイク、タイル、スタッコ、化粧石、大理石、そしてアーチを形成する白と黒に色分けされた迫り石の帯などで豪華に装飾されている。

カリアティドとアトランティス
バロック時代、出入口は華麗な装飾で彩られた。特にフランスと中欧で顕著で、筋骨隆々としたアトランティスやカリアティドが、出入口を覆っている装飾的なバルコニーを支えている形のものが多く造られた（p.105参照）。

エリザベス朝様式出入口
エリザベス朝様式の出入口は、しばしば所有者の建築学的知識をひけらかす場となった。フランドルやイタリアのパターン・ブックを模した組紐細工やエルメス（馬具装飾）などの古典様式風の模様が多く見られる。

ブロック型回り枠
ブロック型回り枠と、上部のアーキトレーヴの繰型の間に割り込んだくさび形の迫り石の装飾は、18世紀前半に多く用いられ、古典的で荘重な正門を強調した。

新古典主義ドア
新古典主義の室内には両開きドアがよく用いられ、それにはローマ様式の精巧な装飾が施された。ローマ時代のメダリオン、プラスターによる半身像、優美なカリアティドなどが見られる。

建築のエレメント

窓 Windows

　最初窓はガラスのない壁の開口部にすぎず、室内に光を入れ、換気を行うだけのものだった。機能的であると同時に装飾的でもあるガラス窓が発明されたのは紀元65年頃、ローマ人によってであったが、それが教会で広く使われるようになったのは13世紀になってから、一般の住居では16世紀になってからであった。建築にとって窓が重要な美的要素であるのは、それが発展していくさまざまな様式を最も敏感に反映するからである。ガラス窓のデザインは、ガラス生産の進歩とともに進化していった。小さなガラスを鉛細工でつなぎ合わせていた初期のガラス窓は、17〜18世紀になると、木の枠でガラスを固定するサッシと呼ばれる窓に変わっていった。1840年代に起こった技術革新により、板ガラス(初期のガラスに比べ薄く安価で広い)が登場し、枠に視界をさえぎられることのない窓が建物の内と外で広く使われるようになった。

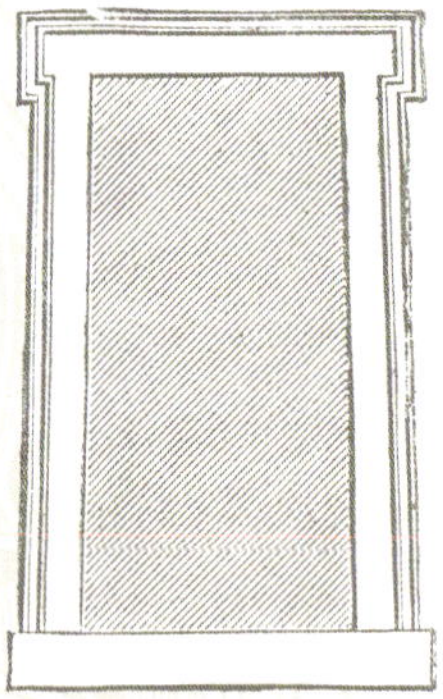

▽ **製図工の窓**
18世紀の建築図面や銅版画の大半は、窓開口部をただ黒く塗りつぶすだけで、分節化やガラスの模様などは書き込まれていなかった。窓の周りの繰型を施した枠は、肩付きのアーキトレーヴである。

△ **ランセット窓**
ゴシックやビザンチンに特有の細く背の高いアーチ型の窓はランセット窓と呼ばれ、大部分が尖頭形であるが、半円形のものもあり、多くが2つまたは3つ組み合わせて用いられた。

△ **鉛細工**
鉛枠窓のガラスの一片(ペーン)の大きさは、ガラスを固定するケイムと呼ばれる鉛線の強さに依存していた。初期の窓は対角線状に鉛線を張り格子模様を造るものが多かったが、17世紀になると長方形のペーンが流行した。

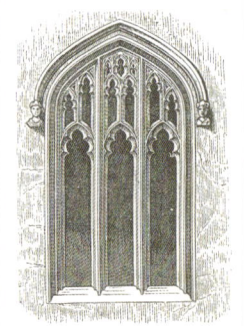

▷ **オジー・ウインドー**
尖頭形のオジー・アーチ(凹凸の曲線を組み合わせた)を発明したのはイスラム建築であった。その形はゴシック建築にも見られ、18世紀には東洋と古代をしのばせる装飾的道具立てとして好まれた。

▽ **円花窓**
バラ形窓あるいは車輪窓とも呼ばれ、花弁や車輪のスポークを連想させるように精巧にデザインされている。

△ **ゴシック窓**
尖頭アーチ、装飾的トレーサリー、ステンドグラスが特徴のゴシック窓は、12〜16世紀に流行した。それはまた18世紀後半に古代的であることを強調した形で復活し、ヴィクトリア朝の建築家によって好んで使われた。

322

窓

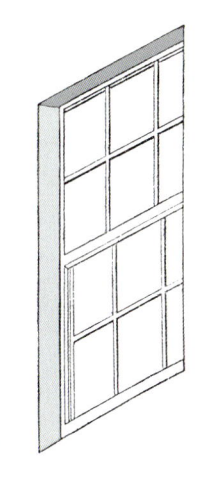

サッシ窓
サッシ窓は木の窓枠にガラスをはめ込んだもので、滑車を使って上げ下げして開閉するものである。18～19世紀にかけてよく使われ、特にジョージア朝様式の建築に多く見られる。横方向にスライドさせるヨークシャー・サッシなどの地域的な変種もあった。

観音開き窓
これは側面に蝶番を付け、内側にも外側にも開くようにした窓である。観音開き窓はサッシが登場するまでは私邸の大半が使っており、多くが鉛細工でガラスを固定していた。

フランス窓
これは観音開き窓の一種で、窓がドアと同じように床の高さから立ち上がっているもので、床まで光を届けることができる。内側に開くものも外側に開くものもあった。

ディオクレティアヌス（サーマル）・ウインドー
これは2本のマリオンと呼ばれる仕切りで縦に3分割された半円形の窓である。特にパッラーディアニスムの建築家に好んで使われたもので、ローマのディオクレティアヌス帝の浴場に起源を有する。

出窓
ベイ・ウインドーとオーリエル・ウインドーは、ともに立面から飛び出した窓である。それらは装飾性が高く、立面と同じ平面にある窓よりも光を多く取り入れることができる。オーリエル窓は常に2階から上に置かれるが、ここに見られるような四角形（左）または角を面取りした形（右下）のベイ・ウインドーはどの階にも用いられる。

ヴェネチアン・ウインドー
3区画で構成される窓で、中央に半円形アーチの開口部があり、その両側にそれよりも狭い上部が平らな開口部を持つ。これを好んで使った2人のイタリア人、アンドレーア・パッラーディオとセバスティアーノ・セルリオにちなんで、パッラーディアン窓、あるいはセルリアン窓とも呼ばれる。

323

建築のエレメント

破風／切妻 Pediments and Gables

古典様式と、その後の古典様式を理想としたさまざまな建築様式の大きな特徴である破風（ペディメント）は、緩い勾配の切妻屋根の端部に当たり、多くがポルティコの上にある。しばしば高浮き彫りで装飾され、建物に特別な意味を添える。破風はまた窓や戸枠の建築的モティーフとしても用いられ、墓碑や記念碑にも使われた。切妻は勾配屋根の端部の壁の上部に形作られる部分で、単純な形では直線的な角を持つ三角形であるが、曲線や、釣鐘型、階段状のものなど多彩である。切妻装飾は16〜17世紀の北欧住宅建築で特に重要な要素となり、非常に凝った独創的なデザインのものが数多く造られた。

出入口ペディメント
古典様式の建築要素は、ルネサンス様式のなかで建物の内外を問わず装飾的要素として頻繁に使用された。出入口や窓は、円柱やピラスター、ペディメントなどで強調された。この華麗な16世紀スペインの表玄関は、急勾配の三角形のペディメントを持ち、その周囲はエッグ・アンド・ダートの繰型（卵と鏃の形を交互に並べ作る模様、p.100参照）で装飾されている。

ペディメントの種類
ペディメントの形は単純な三角形から曲線的で分節化されたものまで様々である。ブロークン・ペディメントというのは、三角形の頂点または底辺の一部が破断しているものをさす。バロック様式の建築家は独特のペディメントの形を考案することに才能を発揮したが、このペディメントの壊れた頂部に壺を載せたものなどはその最たるものである。

神殿のペディメント
古典様式の神殿のペディメントは、オーダーを構成する水平なコーニスがそのまま切妻屋根の端部に沿って上に延長されることによって形作られる。その斜めになった端部は、レイキング・コーニスと呼ばれる。そのコーニスで囲まれたティンパナム（三角小間）は、高浮き彫りの格好の舞台を提供し、多くの古典様式神殿でその装飾的可能性が最大限に活用された。

破風／切妻

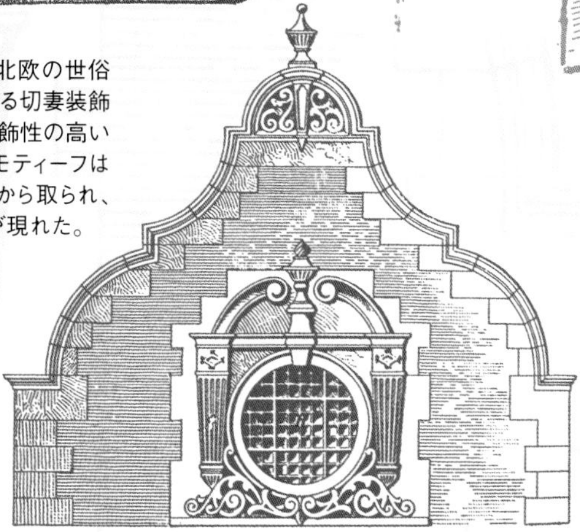

アクロテリア
アクロテリアは、厳密にいえば古典様式のペディメントの端や頂点に置かれた彫像が立つ台座のことであるが、現在ではその彫像自体をさすことが多い。

破風板
木の破風板、または切妻板は切妻の傾斜部分に沿って張られた板で、時に屋根組み木材の端部を隠すために用いられる。簡素なものから、図に見られるように精巧な透かし彫りで装飾を施したものまで各種ある。

クロー・ステップ（いらか段）
切妻の端が階段状になったものをクロー・ステップという。多くの切妻装飾同様に、切妻屋根の単調な輪郭を隠し、建物外観に躍動感をもたらす。

切妻装飾
16〜17世紀のオランダや北欧の世俗的建築物の大きな特徴である切妻装飾は、非常に表現力豊かな装飾性の高いものになっていった。そのモティーフはゴシックやルネサンス様式から取られ、さまざまな輪郭を持つものが現れた。

エリザベス朝様式切妻
切妻装飾は16世紀頃にイギリスに伝えられ、ある種の熱狂を持って迎えられた。曲線的なものが特に好まれたようである。切妻装飾は17世紀のジャコビアン様式の建築家にも多く用いられた。

建築のエレメント

屋根 Roofs

屋根は建物の覆いであり、住人と建物内部の骨組みを気候の変化から守る役目を果たす。木材で形が造られ、タイル——古典的な例では大理石やテラコッタ——で覆われている屋根が多いが、萱、スレート、石、木、鉛板、銅板、芝など他にも多くの材料で屋根は葺かれる。屋根の形状は国、地域、時代、様式によって異なるが、基本的な形態は勾配屋根と陸屋根である。また屋根を支える構造によって屋根は定義されることもある（小屋組みという）。古代においては小屋組みは非常に単純なものであったが、徐々に複雑なものに進化し、中世の終わりにイギリスで最高潮に達した。木材による堅固な三角形の枠で建物を架構し、建物をいくつかのベイに分割するものをトラスと呼び、その最も基本的な形は、1本のタイ・ビーム（繋ぎ梁、主な水平部材）と多くの垂木の組み合わせである。

勾配屋根
最もありふれた屋根が勾配屋根または切妻屋根である。2つの斜面が中央の棟で出会うもので、両端が切妻となる。

円錐形屋根
このスウェーデンの教会のように、きれいな円錐形のコーン型の屋根を持つ建物もある。回転屋根（リヴォルヴド・ルーフ）と呼ばれることもある。

ヘルム屋根
このゴシック様式教会の2つの主要な塔の屋根はヘルム屋根——4つの切妻の上に立ち上がる4つの斜面によって構成されている屋根——と呼ばれるもので、他の2つはピラミッド型の屋根である。

寄棟屋根
イギリス、ケントのナーステッドにあるこの中世の側廊付き住居は、4つの斜面が反り上がっている屋根を持っている。4つのヒップ（隅棟、2つの斜面が交わることによって出来る斜めの線）から構成されているので、ヒップド（ヒップ）・ルーフと呼ばれる。

屋根

陸屋根
イタリア・ルネサンス時代の建物の多くは、陸屋根もしくはごく緩い勾配の屋根であった。その構造は通常、欄干、大きなコーニス、胸壁（屋根の線の上にある低い壁で、装飾されることが多い）の背後に隠されている。

マンサード屋根
マンサード屋根——フランスの建築家フランソワ・マンサールにちなんで名付けられた——は、4つの側面が二重の斜面によって構成されている屋根で、低い方の斜面がその上の斜面よりも勾配が急になっている。低い方の斜面にはドーマー窓が取り付けられることが多い。

ハンマービーム屋根
14世紀からイギリスで用いられるようになった屋根の形態で、ロンドンのウェストミンスター・ホール（1399年）で展示されているものが最も有名である。それは両側面から内側に突き出した短い梁（腕木）によって母屋を支える構造で、その梁には装飾的彫刻が施されている場合が多い。

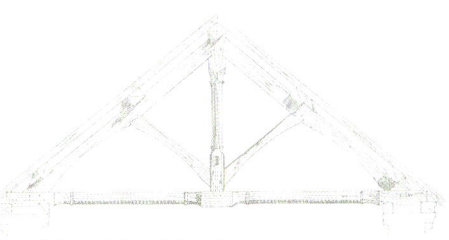

キングポスト（真束）屋根
この普通の形をした屋根の特徴的なところは、繋ぎ梁（タイ・ビーム）の中央から立ち上がり、屋根の棟長手方向に走る棟木の端と接合しているキングポスト（真束）である。通常その根元から斜めに走る部材（方杖）が出ている。

クイーンポスト（対束）屋根
もう1つの基本的な屋根の形態であるクイーンポスト屋根は、繋ぎ梁から対称的に立ち上がる2本の部材（クイーンポスト、対束）が特徴で、通常それは水平の部材、カラーに結合されている。

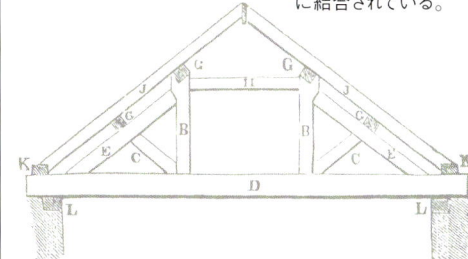

ワゴン・ルーフ
ワゴン、バレル、クレイドル屋根は、密に並べた垂木を湾曲したブレース（筋かい）が支える構造で、天井が設けられるもの、板張りされるもの、むき出しのものがある。内部から見るとその屋根は、輪の上にキャンバス布を張ったワゴンに似ている。

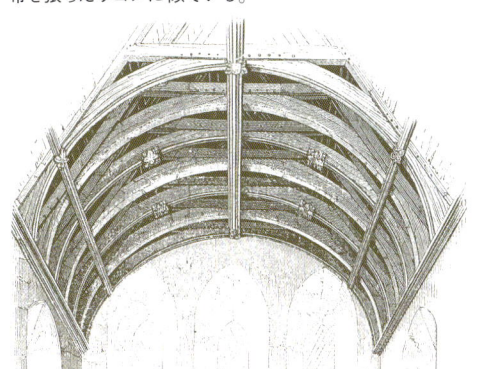

クラウン・ポスト屋根
イギリス・オックスフォードシャーのチャーニー・バセットにあるこの特徴的な小屋組みは、クラウン・ポストと呼ばれる。1本の太い繋ぎ梁の中央から垂直に1本の柱が立ち上がるが、それはキング・ポストと違い棟木に接合せず、途中の長手方向に走るカラー部材、パーリンを支える。

建築のエレメント

ヴォールト Vaulting

　石によるアーチ構造で造られる屋根であるヴォールトは、先ローマ時代から建築の重要な要素であった。最も単純な形は、2基の平行な壁の上端からくさび形に成形した石が積み上げられ、それが高くなるにつれて両方の石が互いに近づき、最後に出会うところで中央の要石によって固定される。地面よりも高い位置でヴォールトが造られる場合、その荷重（下向きと外向きの推力）は壁構造を通じて地面に伝えられなければならず、必要ならばバットレス（控壁）で支持されなければならない。ヴォールトは古代建築のバシリカ的空間を創造するためには不可欠であり、中世の重力に逆らったように見える大聖堂建築において頂点に達し、最も多様な展開を見せた。

バレル（半円筒）・ヴォールト
これはコンケイヴ・ヴォールト、トンネル・ヴォールトとも呼ばれ、同一のアーチ型形状が続くものである。最も初期の最も単純な形のヴォールトで、BC9世紀に造られたものが残されている。

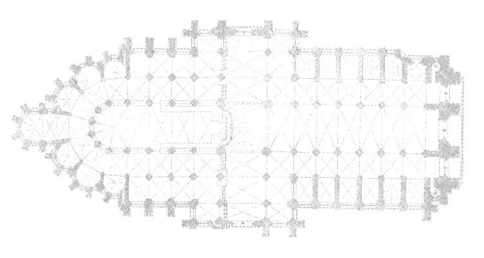

大聖堂ヴォールト
ゴシック大聖堂の広大な空間は、バシリカの単純な半円筒ヴォールトとは対称的に、くもの巣のような複雑なヴォールトによって覆われている。

バレル・ヴォールトの建設過程
バレル・ヴォールトは木製の型枠の上に造られる。石が積み上げられ、それ自体で荷重を支持することが出来るようになると、型枠は取り除かれる。

バットレス（控壁）
バットレスは、ヴォールトの荷重負荷を巨大な壁構造なしに地面に伝達するために発展した。ゴシック建築のなかで最も洗練された形となり、軽量化されたガラス壁の効果を妨げないように建物から離されるまでになった。それは「フライング・バットレス」と呼ばれ、その代表的なものがこのドイツ、ケルン大聖堂のものである。

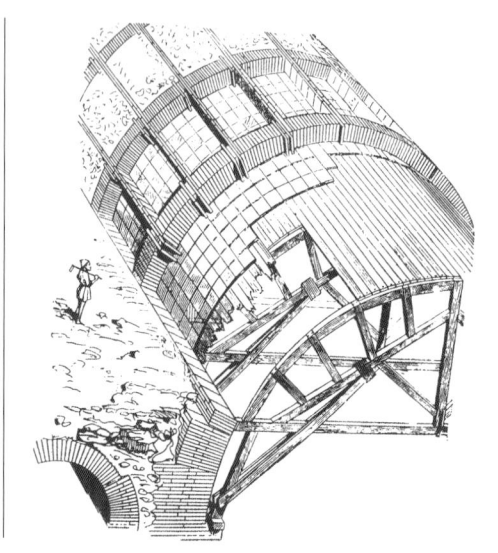

ヴォールト

穹稜(グロイン)
2基のトンネル・ヴォールトが直角に交差するときに造られる稜線を穹稜(グロイン)という。これは11世紀に建てられたスウェーデンの教会のもの。これらの穹稜がそれを支持する石のアーチの上に造られる(取り外される木の型枠の上ではなく)とき、その石のアーチがリブ・ヴォールトになる。

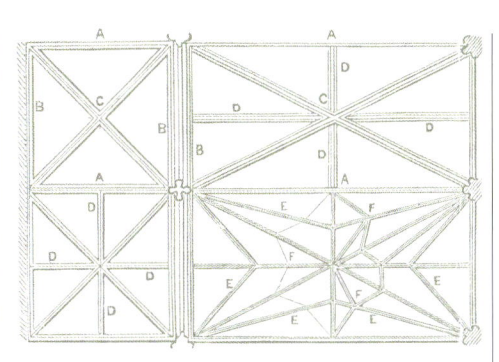

リブ・ヴォールトのパターン
単純な交差(グロイン)・ヴォールト(左上)から、複雑な棟(主)リブ(D)の組み合わせ、ティエルスロン(副)・リブ(E)、さらには第三(枝)リブ(F、右下)まで各種ある。

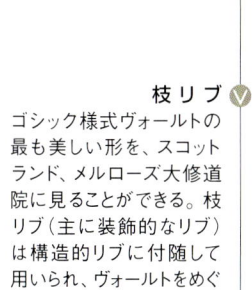

枝リブ
ゴシック様式ヴォールトの最も美しい形を、スコットランド、メルローズ大修道院に見ることができる。枝リブ(主に装飾的なリブ)は構造的リブに付随して用いられ、ヴォールトをめぐる蜘蛛の巣のような模様を創りだす。

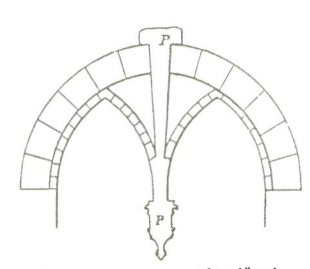

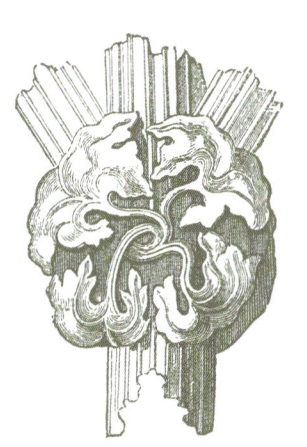

ボス(浮出し飾り)
ヴォールト・リブが交差する場所、特に数本の対角線リブが集まる場所に置かれる要石のようなもので、多くが装飾的彫刻を施されている。

ペンダント・ヴォールト
ゴシック・ヴォールトの進化の最後の1つがこのペンダント・ヴォールト(P)で、それは何ものにも支持されていないように見えるが、実は要石の延長したものである。

リブ装飾
石のリブはその間の組積造を支えるためのものであるが、その表面は豊かな彫刻装飾の場を提供する。

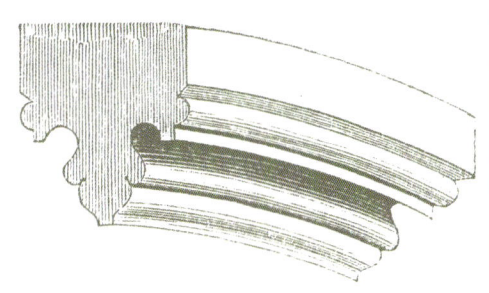

329

建築のエレメント

階　段 Stairways

　2つの階または床を結ぶ不可欠の装置という階段特有の使命を実現するために、複数の組み合わせが存在する。螺旋形、L字型、U字型、あるいは直進型などの形態が、さまざまな数のフライトや踊り場を伴いながら、上昇を可能にする円形や四角形の空間に適用される。階段を構成する段板（水平な平面）と蹴上げ（段板と段板の間の垂直な面）が彩色されたり、彫刻されたりすることもあるが、階段の装飾は主に、手摺、手摺子に施される。機能や装飾的役割だけでなく、階段はまた、上昇すること、行列をなして進むことの精神的な意味を、呼吸、傾斜、高さを通じて象徴する。庭園やテラスの配置は、その多くが階段の折り返しの連続のなかでもたらされる広い空間と眺望によって決められている。

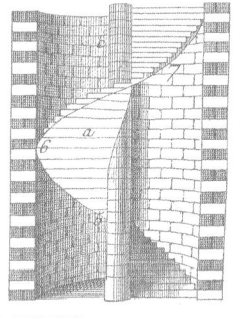

螺旋階段
螺旋階段（回り階段、カラコール）は、円形の平面の上に立つ親柱（ニューウェル）で支えられた階段である。塔やスパイアの内部に多く使われる。

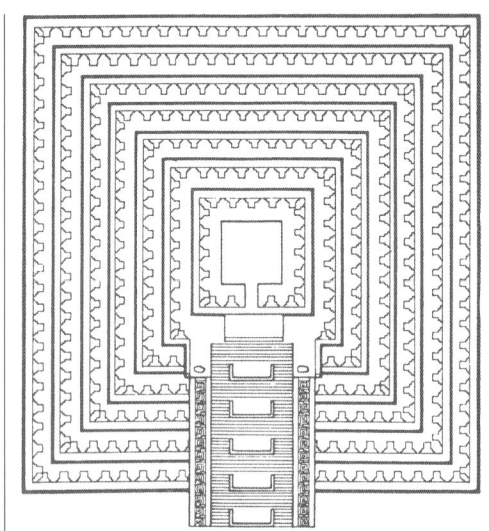

マヤの階段
階段（ヒエログリフが彫られているものもある）はマヤのピラミッドの最も重要な構成要素である。それを昇って行くことによって儀式は完結される。

ランパント（片上がり）・ヴォールト
階段の上にバレル・ヴォールトを造る場合、アーチの両方の側壁の高さが異なっているため、ヴォールトの荷重を巧妙に配分することが極めて重要となる。

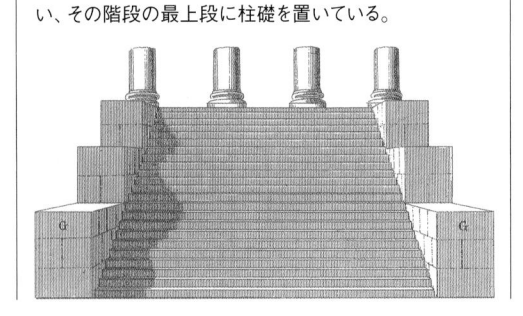

スタイロベート
古代の神殿はほとんどが、基壇（スタイロベート）の上に建てられており、それは部分的に、または全面的に階段で構成されている。神殿の円柱はたいてい、その階段の最上段に柱礎を置いている。

トリビューン（演壇）の階段
教会東側内陣の演壇へ昇る階段は、ローマのバシリカに由来するもので、そこでは執政官が背の高い椅子に座っていた。後期バシリカや教会においては、演説者の椅子や祭壇は、階段によって象徴的に群集の上高く持ち上げられ、その階段が内陣全体を占める場合もあった。

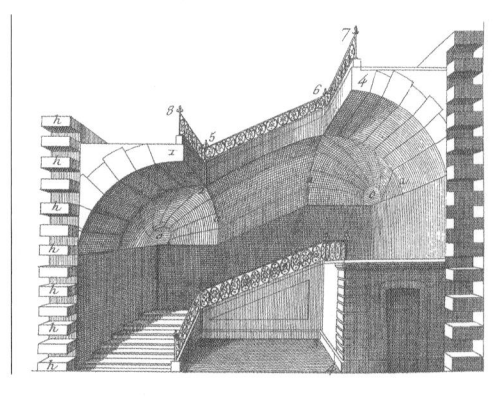

階段

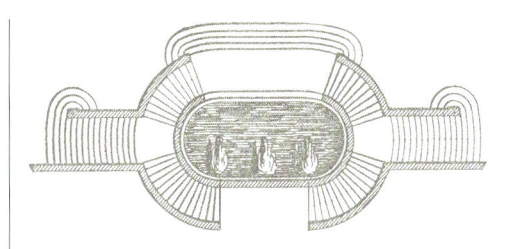

庭園階段
階段のフライト(一連の段)は、古典的な庭園設計の大きな枠組みを形成する。フライトは対称的に配置され(円を描くことが多かった)、途中の踊り場が一息つき景観を楽しむ機会を提供する。

開放螺旋階段
吹き抜けに造られた開放螺旋階段は、建物の核を見下ろすことができ、数本の円柱で支えられているものもある。このような階段は興趣あふれる眺めをもたらすと同時に、その手摺が精巧な装飾を施す場所を提供する。

オープン・ストリンガー
階段の蹴上げと段板の端部を支持する斜めの板は、ストリンガー(ささら桁)といわれる。ここに見られるようなオープン・ストリンガーは、階段の輪郭が外部から明らかであるが、故意にそれを見せないようにする閉じられたストリンガーもある。

手摺
古典的な石の手摺は、ルネサンス以降広く使われるようになった。その構成部分である短い支柱は手摺子といい、アバクス(四角いスラブ)、基部、輪の付いた1個か2個のバルブ、その間のオヴォロ(凸縁型)とカヴェット(凹縁型)でできている。

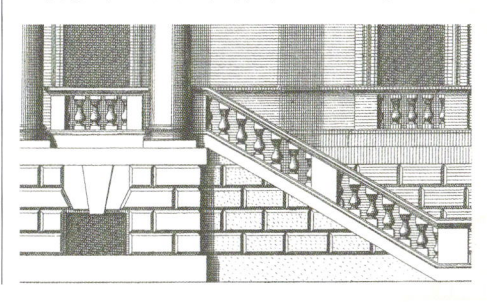

階段吹き抜け
階段吹き抜けは、階段が方向を変える垂直の空間である。新古典主義様式においては、最初のフライトは壁の方を向き、次に曲線のフライトが左右に広がる形が多い。しばしば天井のオキュルス(円形の開口部)から差し込む光で劇的に照らされ、入り口ホールの焦点を形成する。

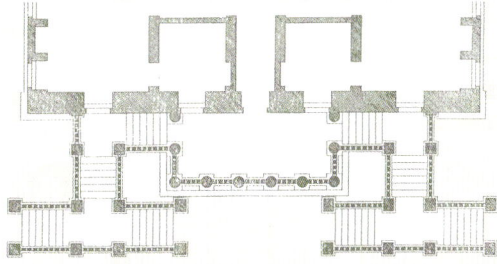

ダブル・フライト階段
ポルティコに上がるまでに昇る方向を変えるダブル・フライト階段は、邸館や庭園の異なった角度からの眺望を与える。パッラーディアン邸館では、短く対称的なフライトが、他の前面部分に対して比率よく配置されている。

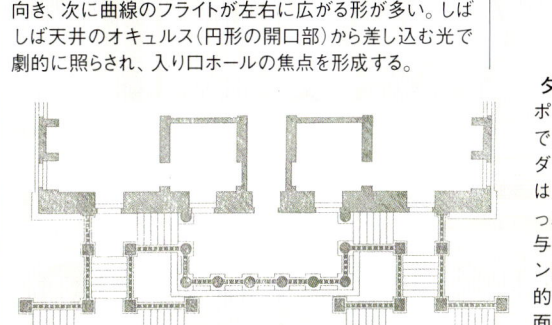

術語解説

アーキトレーヴ（ARCHITRAVE） 2本の柱やピアの間に架け渡されたまぐさ。または、ドアや窓などの開口部を縁取る繰型の施された額縁。

アーキヴォールト（ARCHIVOLT） 曲線の開口部を縁取るアーキトレーヴ。またはアーチの内輪の表面に施された装飾繰型。

アーケード（ARCADE） 柱やピアで支持された一連のアーチでできた建物。独立構造の場合も教会などの壁の装飾に使われる場合もある。

アーチ（ARCH） 石、レンガなどで造られている、開口部に架け渡されたまぐさのない構造体。多くの種類がある。

アーチ式構造（ARCUATED） アーチを多用した建物の総称。梁式構造やまぐさ式構造に対照的な構造。

アイオリス式柱頭（AEOLIC CAPITAL） 古典様式建築の柱頭で、上部が矩形をし、その下に2つのヴォリュート（渦巻型装飾）を持つもの。

アヴァン・コープス（AVANT-CORPS） 建物の主要部分から突き出した部分。

ヒピースラル（HYPAETHRAL） 青天井式。中央部が全面的にまたは部分的に空に向かって開いている構造。

アカンサス（ACANTHUS） コリント式及びコンポジット式オーダーの柱頭の基部についている葉飾り。

アクロテリオン（ACROTERION, pl. ACROTERIA） 屋根またはペディメントの頂部もしくは両端に置かれるペデスタルまたは台座。またその装飾や彫刻そのもの。

アクロポリス（ACROPOLIS） 要塞または砦から発展した古代ギリシャの都市で、アテネもその1つ。

アゴラ（AGORA） ギリシャの都市の市場や集会場として使われた広場。ローマではフォルムと呼ばれ、周囲をコロネードや公共の建物で囲まれていた。

アステカ（AZTEC） 15世紀に始まり1520年代までメヒコ盆地に栄えた文化。最盛期は太平洋岸からメキシコ湾岸まで拡大した。ピラミッドや神殿など多くの遺跡が残されている。

アディスターナ（ADHISTHANA） インド建築で寺院の高い基壇またはプリンス。

アデュタム（ADYTUM） ギリシャ神殿内部の神の像が置かれている空間。ネイスコスまたはセコスとも呼ばれる。

アトランティス（ATLANTES） 柱の場所にある男性の立像の支持体。ドイツ・バロック様式に多く見られる。

アトリウム（ATRIUM） ローマ建築における中庭。全体が屋根で覆われている場合もあるが、多くは中央部が開口している。初期キリスト教会建築では、聖堂前の中庭をさし、柱廊式ポルティコで囲まれている。

アバクス（ABACUS） 古典建築において柱頭の最上部を形成する平板。ローマのドリス式オーダーでは、繰型が施されている。

アパダーナ（APADANA） 古代ペルシャ建築で謁見の間として使われた、柱で囲まれた大広間。BC6世紀に造られたペルセポリスのアパダーナは100本の柱を持つ。

アプス（APSE） 後陣。教会の側廊や聖歌隊席などの建物の奥の半円形または多角形の出っ張り部分。

アプライド（APPLIED） 壁又はピアに接した、またはそこから突き出た柱。添え柱と呼ばれることもある。

アポフィジ（APOPHYGE） 柱身が柱礎と結合している部分または柱頭と結合している部分に彫られた凹型の曲面。

アラベスク（ARABESQUE） 唐草模様。幾何学紋様や植物の茎、巻きひげ、花弁、葉などを基調にした精巧な装飾紋様。宗教的理由で動物の模様を使うことが禁じられているイスラム建築で建物の表面を飾る。アラブ、サラセン、スペインのムーア人の建築が有名。

アンタ（ANTA, pl. ANTAE） 壁端柱礎底部と柱頭が建物の他のオーダーと異なるピアまたは矩形の柱形で、神殿のポルティコに多く見られる。壁の端から突き出た形になっている。

アンタララ（ANTARALA） インド寺院建築でマンダパ（前室）とガルバグリハ（主室）を結ぶ短いヴェスティブル。

アンダ（ANDA） 仏教遺跡ストゥーパの中心となる半球状の部分。

アンダークロフト（UNDERCROFT） 多くが教会の地下または半地下にあるヴォールト構造の部屋。

アンテパグメンタ（ANTEPAGMENTA） ギリシャ古典様式でアーキトレーヴの形のドア開口部周りの繰型。

アンテフィクス（ANTEFIX） 屋根の瓦の列の末端を隠すために用いられる軒先の化粧。

アンテミオン（ANTHEMION） すいかずらの葉をモチーフにした装飾。ギリシャ、ローマ建築でよく用いられた。

アンビュラトリー（AMBULATORY） 教会の回廊またはアプスを囲む屋根付きの通路。

アンフィシアター（AMPHITHEATER） 円形もしくは楕円形の闘技場の周りを段状座席が囲んだ建物で、ローマ帝国各地に造られた。剣闘士競技などの見せ物に用いられた。

アンフィプロステュロス（AMPHIPROSTYLE） 前後のポルティコに柱廊を持つが側面には持たない神殿。

イーワーン（IWAN） イスラム建築で、ヴォールト構造で造られている一方が中庭に向けて開けた広間。

イオニア式オーダー（IONIC ORDER） 古典様式のオーダーの1つで、BC6世紀半ばのミノア文明を起源とする。柱頭の渦巻模様のヴォリュート、コーニスの歯飾り、連続する浮き彫りのあるフリーズなどが特徴。

イスパニア錠（ESPAGNOLETTE） 二重フランス窓やドアに用いられた長い蝶番式の錠で、17世紀に使用された。

いらか段（CROWSTEPS） コービー・ステップスともいい、切妻の装飾に用いられる。

慰霊碑（CENOTAPH） 1人以上の人を祀る記念碑。遺骨等は別の場所にある。

イン・アンティス（IN-ANTIS） アンタの間の柱の総称。

インカ（INCA） ペルー、クスコを中心に14世紀から1530年代まで栄えた南アメリカの文明。最盛期にインカ国王は4200km西の太平洋岸まで統治した。

インフィル（INFILL） 建物の下部などの空洞、隙間を埋めるために使われる物質の総称。

ヴァーミキュレーション（VERMICULATION） 芋虫が這った跡のような曲がりくねった線で構成される石細工の模様。

ウィトルウィウス式渦巻（VITRUVIAN SCROLL） 波のような帯と渦巻が結合した古典様式の装飾模様で、フリーズに多く用いられた。ランニング・ドッグとも呼ばれる。

ヴィハーラ（VIHARA） インド建築で、仏教徒やジャイナ教の修道院をさす。

ヴィマーナ（VIMANA） ドラヴィダ人の寺院の数階建ての、あるいはピラミッド型をした塔。

ヴィッラ（VILLA） ローマ及びルネサンス建築で、田園地帯の所有地に建てた家のこと。

ヴェスティブル（VESTIBULE） 控えの間、または入り口部分。

ヴェストリー（VESTRY） 聖具室。神聖な器、聖職者の法衣や聖歌隊の衣服を保管している部屋。

ヴェディカ（VEDIKA） ストゥーパのまわりの舗装された通路を囲む柵。

ヴェネチア窓（VENETIAN WINDOW） 柱やピアーで3分割されている大きな窓。中央部分は両側よりも大きく、多くはアーチ型をしている。パラディアン・ウインドー、セルリアン・ウインドーともいう。

ヴェランダ（VERANDA） 1つ以上の壁に沿って延びた、屋根に覆われたポーチまたはバルコニーで、外部に開かれているもの。

術語解説

ヴォールト（VAULT） 石またはレンガでできたアーチ型の屋根や天井。

ヴォリュート（VOLUTE） 螺旋状の巻物のような装飾でイオニア式柱の大きな特徴。

浮彫（RELIEF CARVING） 平たい地の部分から突き出た彫刻。

牛の眼窓（BULL'S-EYE APERTURE） ウイユ・デ・ブフ参照。

ウシュヌ（USHNU） インカ建築で使われる神聖なテーブル。

渦巻模様（SCROLL） 紙を巻いたような形の装飾や繰型。古典建築の柱の柱頭の上のヴォリュートなどがある。

ウパサナサラ（UPASTHANASALA） インド建築で、仏教やジャイナ教の僧侶が会合する広間。

ウーユ・デ・ブフ（OEIL-DE-BOEUF） 小さな円形または楕円形の窓。

ウルスリンガ（URUSRINGA） インド建築でシカーラや寺院の塔の象徴として、シカーラそのものを装飾するために用いられる。

エイスタイラー（ASTYLAR） 柱や柱形のないファサードの総称。

エキヌス（ECHINUS） ドリス式柱の柱身とアバクスの間にある凸型の繰型で、イオニア式では柱頭のヴォリュートの下にある。

エクセドラ（EXEDRA） 大規模なアプス。または半円形や矩形の凹部や壁がん。

エスティピテ（ESTIPITE） 柱礎に向かって細くなっているピラスター。

エッグ・アンド・ダート（EGG-AND-DART） 卵型と矢頭が交互に現れる装飾的繰型。

エディキュラ（AEDICULE） 神殿内部の廟で、2本の柱とペディメントに囲まれた空間の中に彫刻を安置する。柱で囲まれたドアや窓などの開口部をさすこともある。

エトルリア（ETRUSCAN） BC780～BC100年にかけてイタリア半島で栄えた文明。

エフィジ（EFFIGY） 人物の胸像。通常は彫刻。

エプロン（APRON） 窓台の下の厚みのあるパネル。装飾が施されている場合もある。

円花窓（ROSE WINDOW） 車輪のスポークのようにトレーサリーが配置された大きな円窓。ゴシック様式の建造物に多く見られる。

エンタシス（ENTASIS） 古典様式で用いられるやや膨らんだ形の柱。垂直に立った柱が凹型に見える幻視効果に対抗するためのもの。

エンタブラチュア（ENTABLATURE） 古典様式のオーダーの柱に支えられた部分で、アーキトレーヴ、フリーズ、コーニスから構成される。

円柱（COLUMN） 円筒形の支柱で、柱頭、柱身、柱礎によって構成されている。一般に支持するために立てられるが、それ自体で碑として建てられているものもある。

円窓（OCULUS） 円形の窓、またはドームの最頂部にある開口部。

オーダー（ORDER） 古典建築の柱及びエンタブラチュアの様式で、5つのオーダーがある。ギリシャで発展したドリス式、イオニア式、コリント式、ローマで発展したトスカーナ式、コンポジット式である。また一般に、ジャイアント・オーダーのように、柱とエンタブラチュアの組み合わせをさす。

オーパス・セクタイル（OPUS SECTILE） 幾何学的模様ができるようにカットされた大理石のタイルまたはスラブを用いた壁や床の仕上げの総称。

オーパス・レティキュラタム（OPUS RETICULATUM） ローマ建築で対角線上にピラミッド型の石を置き、そのなかにコンクリートを流し入れたもの。

オーリエル（ORIEL） 壁から突き出した形の出窓。

オール・アンティカ（ALL'ANTICA） ギリシャ、ローマの古典様式を模倣した建築の総称。

扇形窓（FANLIGHT） ドア上部の窓で、多くが半円形。また蝶番で独立して開閉できる窓の上部。

オジー（OGEE） 反曲線。S型の二重曲線で、繰型や上部の尖った初期イギリス式アーチに用いられた。

オテル（HÔTEL） 16世紀に確立された設計に基づくフランスの私的ヴィラで、中庭を囲むように主居宅と2つの翼が建てられ、通りとは壁や小屋、台所で仕切られている。

オデオン（ODEON pl.ODEA） 古代ギリシャやローマ建築の音楽のための広間で、シアターに似ているが、それよりも規模が小さく、一部もしくは全体が屋根で覆われている。

オピストドモス（OPISTHODOMOS） ギリシャ神殿内部の部屋で、ナオスの後ろの一番奥にある。

オベリスク（OBELISK） 背の高い石の柱身で、花崗岩のモノリスでできており、上部に向かって細くなっている。元来は古代エジプト建築の一部。

親柱（NEWEL） 螺旋階段の中心に位置する柱。または階段の上部もしくは底部にある柱で、手摺が接合されているもの。

オラトリー（ORATORY） 祈祷室。教会または自宅の小さな個人用の祈祷室で、独自の祭壇がある。

オルメカ文明（OLMEC） BC1200～BC300年にメソアメリカで栄えた文明。

回廊（CLOISTER） 通常四角形の閉じられた空間で、周囲に屋根付きの歩廊があり、内部にコロネードやアーケードがある。教会を有する修道院の主区画と繋がっている。

カウンター・リフォーマトリー装飾（COUNTER-REFORMATORY DECORATION） ドラマ性を強調する装飾様式で、大きなフレスコのパネルを囲むようにスタッコや立体的彫刻、分節化した建築的特徴などが組み合わされている。

飾り天蓋（CIBORIUM） 教会の高い祭壇を覆う天蓋で、通常柱に支えられたドームからなる。

飾り破風（BARGEBOARD） 屋根の長手方向の部材の端部を隠す板。装飾されることもある。切妻壁と呼ばれることもある。

華飾式（DECORATED） イギリスゴシック建築の3段階のうちの第2段階で、1250年代から1340年代に位置する。華美な繰型、複数のリブ、アーチ内部のオジー、窓のトレーサリーが特徴。

カスプ（CUSP） ゴシック窓のトレーサリーの一部で、フォイルとトレーサリー・アーチが出会う場所。

片持ち（CANTILEVER） 壁から突き出したバルコニー、階段、梁などで、一方の端だけで荷重を支えている構造。

要石（KEYSTONE） 半円形アーチの中央に位置する石。

カネフォラ（CANEPHORA） 頭に籠をのせた女性の立像。

壁付き手摺（BLIND BALUSTRADE） 壁に接合している手摺。

カベトー（CAVETTO） ほぼ4分の1円に近い形の繰型の総称。

カリアティド（CARYATID） 女人像柱。柱として用いられる女人の像。

カルダリウム（CALDARIUM） 古代ローマ時代の浴場。

カルトゥーシュ（CARTOUCHE） 楕円形のパネルのまわりを頂飾りや渦巻き模様で装飾したもので、バロック様式によく見られる。ファサードの額縁飾りとしても、単なる装飾モチーフとしても使われている。

カンクァ（KHANQAH） イスラム教の修道院。

カンパニーレ（CAMPANILE） イタリアの鐘塔。多くは独立した建物。

外郭（ENCEINTE） 壁または掘割で囲まれた要塞の主要な部分。

凱旋門（TRIUMPHAL ARCH） ローマ時代から始まる戦勝を祝うための記念碑的門。

ガルバグリハ（GARBHAGRIHA） インド寺院内部の最も聖なる部分。小さな暗い部屋で、神が位置する場所。

キオスク（KIOSK） 通常はピラーによって支持された壁のないあずま屋。トルコやイランで多く見られ、ヨーロッパでは楽団用ステージとして造られることが多い。

キブラ（QIBLA） イスラム教でメッカのある方向を意味する語。信者は祈りを捧げるときこの方向を向く。モスクのキブラ側の壁には、ミヒラーブと呼ばれる壁がんがある。

術語解説

キュービフォルム・キャピタル (CUBIFORM CAPITAL) 立方体と半球が相互貫通した形の柱頭。

救貧院 (ALMSHOUSE) 個人の献金によって立てられた高齢者や貧しい人々のための施設。

キュクロプス (CYCLOPEAN) 古典ギリシャ以前の建築で、巨大な不整形の石を積み上げたものの総称。また一般に巨大な粗削りの石を積み上げた工作物をさす。

胸壁 (PARAPET) バルコニー、テラス、橋などの周囲に巡らせた低い壁で、その直下は急な斜面となっている。また鋸壁を持つ防御壁をさす。

鋸壁 (BATTLEMENT：きょへき) 城砦周囲の胸壁で、切れ込みや銃眼があり、そこから敵を攻撃する。凸部はメルロンという。

切石積み柱 (BLOCKED COLUMN) 柱身が切石でできている柱で、ルスティカ柱ともいう。

切妻 (GABLE) 勾配屋根の端部の壁上部の三角形の部分。ゴシック建築のポータル (入り口) 上部の装飾としても用いられる。通常両端は直線であるが、曲線を含むもの、途中で切れているもの、その他さまざまな形態を持つものがある。

切妻壁 (GABLEBOARD) 切妻の勾配端部に沿って張られている木の板で、屋根木材の端を隠す。飾り破風ともいい、装飾されているものもある。飾り破風の項参照。

キングポスト屋根 (KING-POST ROOF) 真束 (キングポスト) と呼ばれる垂直な木材が繋ぎ梁の中央から立ち上がり、屋根頂部の長手方向に走る部材と出会う形で構成される小屋トラス。

擬似二重周柱式 (PSEUDODIPTERAL) 全面に1列の列柱を持つ神殿の造り。

ギャラリー (GALLERY) 回廊。教会やその他一般的の建物の内部壁の上に位置する上階の遊歩道で、側廊の上に張り出している。また時に大邸宅や宮殿内部の長い部屋で、催事が行われたり、絵画を飾ったりしているもの。

ギャリリー (GALILEE) 教会西端に位置するチャペルまたはヴェスティブル。

ギリシャ十字 (GREEK CROSS) 4つの腕が同じ長さの十字。

クーポラ (CUPOLA) ランタンが周囲にあるドラムの上にあり、小塔を頂部に戴く小型のドーム。

クール・ドヌール (COUR D'HONNEUR) フランスのオテルまたは個人の田園ヴィラの前庭。

クアドラングル (QUADRANGLE) 四角形の中庭で、多くの場合四方に建物がある。

クアドリガ (QUADRIGA) 古典建築に見られる4頭立ての騎兵馬車の彫刻。

クインカンクス (QUINCUNX) クロス・イン・スクエアの配置でできているビザンチン教会の総称。

クォーターフォイル (QUATERFOIL) フォイルの項参照。

クォイン (QUOIN) 建物の四隅に置かれている大きな飾り石のことで、ただの飾りの場合も補強の役割を持つ場合もある。大きさの異なる面を表に出すように石を交互に積み重ねているものもある。

クソアノン (XOANON) 古代ギリシャ建築で、簡素な小屋組みの中に置かれていた木製の粗雑な作りの神の像。

クッバ (QUBBA) モスク内のまたはイスラム教の墓の上のドーム。

組み紐飾り (GUILLOCHE) 繰型に使われる帯を編んだ形の模様。

クラウン・ポスト・ルーフ (CROWN-POST ROOF) 繋ぎ梁の中心から垂直な柱が立ち上がる形の屋根。クラウン・ポストは屋根の頂点ではなく、長手方向の母屋を支える。

クリアストーリー (CLERESTORY) 高窓。教会側廊の上の部分で、窓の列で構成されている。

繰型 (MOLDING) 柱礎、柱頭、ドア、窓の抱き、パネルの端部などさまざまな目立つ表面の装飾に用いられる独特の意匠が彫刻されている帯状のものの総称。

クレステリア (CRESTERIA) ルーフ・コムの項参照。

クレスト (CREST) 壁や建物の頂部の装飾的棟飾り。

クレピドーマ (CREPIDOMA) ギリシャ神殿の石の基壇をさし、通常3段になっている。

クロケット (CROCKET) ゴシック建築において、切妻や尖塔、スパイアの縁を飾る石造のかぎ状の装飾。柱頭の装飾としても見られる。

クロス・イン・スクエア (CROSS-N-SQUARE) ビザンチン教会の最も典型的な配置。中央ベイとその周囲の4つの大きな矩形のベイ、4つの小さなベイが直交する形で構成されている。各ベイはドームまたはヴォールトで覆われている。

クロスドーム式 (CROSS-DOMED) 十字型の教会の中央部にドームのある教会をさす。初期キリスト教建築やビザンチン建築に多く見られる。

クンバ (KUMBHA) インド建築で、丸い座布団状の柱身。

グリーク・リヴァイヴァル (GREEK RIVIVAL) 1780年代から1830年代にかけてヨーロッパと米国で流行した様式で、古代ギリシャ建築の要素を模倣した。

グロテスク (GROTESQUE) 古代ローマの装飾をもとにした絵画や浮き彫りの装飾で、アラベスク状の模様の中に人や動物の形がはめ込まれている。グロッテとして知られるローマ遺跡の地下で発見されたものを元に作られ、16世紀イタリアで最初に使われた。

外宮 (GEKU) 日本神道建築において外側にある神社で、地方の神を祀る。

コーニス (CORNICE) 古典建築で、エンタブラチュアの最上部にあたる。建物の最上部や壁、アーチ、ペデスタルなど、その一部に沿って造られている装飾の繰型をさす場合もある。

交差ヴォールト (GROIN VAULT) 十字ヴォールトの項参照。

勾配屋根 (PITCHED ROOF) 最も普通の屋根の形状で、2つの斜面が屋根の棟で出会い、両端が切妻になっている。

高欄 (BALUSTRADE) 手摺子と呼ばれる短い支柱やピラーの連続で手摺を支えたもの。

コテージ・オルネ (COTTAGE ORNÉ) 田園風の建物で、茅葺の屋根、木の梁などの絵画的美しさを強調したもの。18世紀後半から19世紀初期にかけて流行した。

コファリング (COFFERING) 格天井。屋根やドーム、ヴォールトを装飾するための一段低くなったパネル。

コリント式オーダー (CORINTHIAN ORDER) BC5世紀にアテネで造られた古典建築のオーダーで、後にローマで発展した。イオニア式オーダーとは主に柱頭の形が異なり、アカンサスの葉飾りが特徴。

コロッサル・オーダー (COLOSSAL ORDER) ジャイアント・オーダーの項参照。

コロナ (CORONA) コーニスの上の垂直に立ち上がった部分。

コロネード (COLONNADE) 柱廊。アーチやエンタブラチュアを支える柱の列。

コンク (CONCH) 半円形の壁がんで、上部に半円形のドームを持つ。

コンソール (CONSOLE) 渦巻き型の装飾を持つブラケット。

コンポジット式オーダー (COMPOSITE ORDER) 古典建築最後のオーダーで、最も華美なもの。ローマ時代に造られ、イオニア式とコリント式の2つのオーダーの要素を組み合わせている。

ゴプラ (GOPURAM) インド・ヒンズー教寺院内部への入り口にある記念碑的な門。

ゴシック (GOTHIC) 中世の建築様式で、尖った石のアーチ、リブ・ヴォールト、フライング・バットレス、繊細なトレーサリー、ステンドグラスを特徴とする。12世紀中葉にフランスで始まり、その後350年間ヨーロッパ建築を支配した。

サーカス (CIRCUS) ローマ建築の1つで、屋根のない長円形の建物。長方形方向に階段席が並び、半円で閉じられている。競馬や騎馬車の競技が行われた。

サーマル・ウインドー (THERMAL WINDOW) 半円形の窓で、外側の曲線から水平な基礎へ渡すマリ

術語解説

オンによって3分割されている。ディオクレティアヌス窓としても知られている。

彩画(CAIHUA) 中国建築で建物の内部と外部のすべてを多色彩で塗ること。

祭壇(ALTAR) 生贄が捧げられたり、宗教的儀式が行われたりする一段高くなった場所または石のスラブ。キリスト教の教会では、多くが彫刻などで装飾されている。

祭壇背後部(RETROCHOR) 教会の高い祭壇の後の空間。

サイマ・リヴァーサ(CYMA REVERSA) 2つの曲線からなる繰型。上部が凸型で、下部が凹型。

皿状ドーム(SAUCER DOME) 垂直壁で支えられていないドームで、分節化されたもの。

サロモニカ(SALOMONICA) スペイン語で、螺旋状に彫られた、または「ソロモン風の」柱。

シアター(THEATER) 演劇などを鑑賞する建物で、古代ギリシャ・ローマでは完全に野外であった。

シェネ(CHAÎNES) 17世紀に特にフランス国内建築で流行した装飾形態。切石積みの垂直の帯が特徴で、ファサード、ベイ、パネルに分割されている。

シェブロン(CHEVRON) ロマネスク様式の繰型で、ジグザグ形のもの。

シカーラ(SIKHARA) 北インドの寺院に見られる蜂の巣状の塔。

至聖所(SANCTUM) 神殿の最も聖なる場所。最も私的な場所をさすこともある。

四柱構え(TETRASTYLE) 正面が4本の柱でできているポルティコの総称。

シノワズリー(CHINOISERIE) 中国の美術や建築の様式をヨーロッパ流に模倣したもので、18世紀に流行した。数多くのパゴダが建てられた。

シメイシアム(CYMATIUM) 古典様式のエンタブラチュアの最上部の繰型。

シャトー(CHATEAU) 田園や荘園内の邸宅または城で、主にフランスの建物をさす。

車輪状窓(WHEEL WINDOW) 円花窓の項参照。

周柱式(PERIPTERAL) 周囲に1列の柱列を持つ建物をさす。

修道院(MONASTERY) 通常は修道僧が外部世界から遮断されて集団で生活する宗教的施設。

障子(SHOJI) 日本家屋において、ヴェスティブルと内部の部屋を仕切る移動式の衝立。

小塔(TURRET) 建物の角や壁から出ている小さな塔。

鐘塔(BELL-TOWER) 役場や教会の建物の一部として、またはその傍に独立した建物として造られている鐘を吊るしている塔。

鍾乳飾り(MUQARNAS) イスラム建築で多用された天井装飾で、鍾乳石に似ている。

小礼拝堂(CHANTRY CHAPEL) 教会の中に造られた礼拝堂で、寄進者及びその家族のための祭壇と墓を納める。小礼拝堂は個人、時にギルドからの金銭や土地の寄進によって作られたある種の宗教的基金で、それを基にして寄進者の霊を慰めるための祈りや毎日のミサが行われる。

鐘楼(BELFRY) 塔の頂部にある区画で、鐘が吊り下げられている。鐘塔全体や、鐘が吊り下げられている教会の尖塔をさすこともある。

初期イギリス式(EARLY ENGLISH) イギリスゴシック建築の3段階のうちの第1段階で、12世紀後半から1250年ごろまでに位置する。この時代に英国の教会は尖ったアーチやリブ・ヴォールトを持ち始めた。

隅延(SHENGQI) 中国建築で、中央から端に向かって柱の長さが長くなっていく建物。

新古典主義(NEOCLASSICISM) ヨーロッパ古典主義の最後の段階で、18世紀後半に始まる。幾何学的形態に重点を置き、装飾は多用しない。

シントロノン(SYNTHRONON) ビザンチン教会や初期キリスト教会で聖職者が座る席のこと。たいていはアプスのなかにある。

身廊(NAVE) 主入り口から翼廊、アプスへと至る教会の中央部分。

ジッグラト(ZIGGURAT) BC3000〜BC600に興ったシュメール、バビロニアなどの中東地域の文明で建てられた宗教的な建造物。矩形または正方形の基壇の上に同じく矩形または正方形の檀が積み上げられていくもので、それを貫くように延びる傾斜路を昇っていくと頂上に神殿がある。

ジャイアント・オーダー(GIANT ORDER) 柱が数階上まで高く伸びているオーダーで、コロッサル・オーダーともいう。

ジャリ(JALI) イスラム建築で外側の窓をふさぐための多孔質の遮蔽物。

ジャン(JIAN) 中国建築で、ベイや柱間の総称。

ジュアンシャ(JUANSHA) 中国建築で、エンタシスに相当。

十字架塔(ROOD TOWER) 教会内の十字交差部の上に建てられた塔。

十字交差部(CROSSING) 教会内部の身廊と内陣、翼廊が交差する場所。

十字ヴォールト(CROSS VAULT) 交差ヴォールトともいい、同じ大きさの2つの半円筒ヴォールトが交差する形でできている。

縦列(ENFILADE) フランスで発展した様式で、出入口を縦一直線に並べ、ドアを開けたときに見通せるようにしたもの。

ジョージア朝様式(GEORGIAN) 18世紀初頭から19世紀初頭にかけてのイギリス建築様式。古典様式を多く取り入れている。

スートラダーラ(SUTRADHARA) 古代インド寺院建築で、作業を指示し監督する任務を持つ建築師の名称。

垂直様式(PERPENDICULAR) イギリスゴシック建築の第3段階で、1340年〜1530年頃までのもの。垂直、水平の線を強調し、多くの場合窓や壁はトレーサリーで、垂直リブを持つ無数の矩形のパネルに分割されている。

水道(AQUEDUCT) 橋上または地下の人工的な水路で、かすかな傾斜を利用して水を運ぶ。アーチなどを含むレンガ組積造でローマ人によって発明。

透かし細工(OPEN WORK) 穴を多く含む装飾細工。

スカラップ装飾(SCALLOP ORNAMENT) 貝殻の形をした装飾モチーフ。

スカリオーラ(SCAGLIOLA) 大理石に似た材料で、柱、ピラスター、その他の室内部分の仕上げに用いられる。

数奇屋造り(SUKIYA STYLE) 日本独特の建築様式で、16世紀後半からの茶室の建築で伝えられてきた。

スクゥインチ(SQUINCH) 正方形や八角形の構造の角をまたぐように位置する小さなアーチまたはまぐさで、その上部を球面に近い形にするもの。

スクゥイント(SQUINT) 教会の壁の斜角にカットした小さな開口部で、そこから高い祭壇が見えるようにしたもの。

スクリーン(SCREEN) 建物や部屋の内部を区切る衝立。通常石や木でできている。

スクリーン・パッセージ(SCREEN PASSGE) 中世の大広間でスクリーンと台所や貯蔵室、食器室へと続くドアの間の空間。

スコーシア(SCOTIA) 古典様式の柱の基壇にあるような凹形の繰型。

スタイロベート(STYLOBATE) 3段からなるクレピドーマの最上段のこと。より一般的には、コロネードを支える組積造の基壇。

スタッコ(STUCCO) 石膏、石灰岩、砂からできている耐久性のある漆喰で、建物外壁用。また内装用のきめの細かい漆喰をさす。

スタディウム(STADIUM) 古代ギリシャの陸上競技場。通常は楕円形に近い形。

スタンバ(STAMBHA) インド建築で、ストゥーパに隣接して、または寺院の前に建てられている、単独で立っている記念碑的な柱。ラスともいう。

術語解説

スティープル(STEEPLE) 頂上にスパイアを戴く教会などの塔。

スティッフ・リーフ(STIFF-LEAF) 中世の建築物の柱頭やボスの上に施された植物の葉をかたどった装飾。

ステレオベート(STEREOBATE) 古代神殿の床や下部構造を形成する組積造の基礎で、多くがその上に列柱が立てられている。

ストア(STOA) 1面または2面の長い壁に沿って開放的なコロネードがある縦長の建物。

ストゥーパ(STUPA) 半球状ドーム(アンダ)の形をした仏教寺院で、仏陀や彼の教えを祈念して、また神聖な場所や出来事を称えて建てられている。

ストゥーピカ(STUPIKA) 小型のストゥーパで、インドヒンズー教伽藍への入り口の門(ゴープラ)の上に多く見られる。

ストミオン(STOMION) ミュケナイ式のトロスまたは墓のドアの前の深く掘り下げた入り口。

ストリング・コース(STRING COURSE) 組積造で建物外壁の表面に施された特別な水平の列で、壁と同じ高さの場合も、浮き出ている場合もある。他のコースや繰型よりもやや幅の狭いものをさす。

スパイア(SPIRE) 屋根や塔の上に立つ高く細い工作物で、先端に向かって尖っているもの。

スパンドレル(SPANDREL) アーチの左右の曲面に隣接する三角形に近い部分、あるいは2本のアーチの間やヴォールトの隣り合うリブの間。多くは装飾が施されている。

スフィンクス(SPHINX) 古代エジプトの建築で、体がライオンで、頭部が人の像。

スプレイ・フット・スパイア(SPLAY-FOOT SPIRE) 基台は正方形だが、その先が多角形になっているスパイア。

スワッグ(SWAG) ひだのある布地の形をした花綱。

聖域(TEMENOS) ギリシャ神殿の中の神聖な場所。

聖歌隊席(CHOIR) チャンセルの内部にある区画で、聖職者や聖歌隊が使用する。

聖具室(SACRISTY) 教会内部の部屋で、祭壇の器や聖職者の法衣を保管する場所。

聖所(SANCTUARY) 教会内部の主祭壇の周りの空間。

聖障(ICONSTATIS) ビザンチン教会内部の、3つの扉のついた衝立で、祭壇の前に身廊をふさぐ形で置かれている。14世紀以降は、その上にイコンのある石または木でできた壁に発展した。

聖堂信者席(PEW) 教会の長いベンチ状の椅子。

聖堂地下室(CRYPT) 教会の地下にあるヴォールト構造の空間。墓や遺品を収納する。

聖堂内聖職者席(PRESBYTERY) 聖歌隊席の東にある部分で、高い祭壇のある場所。

聖物保管室(DIACONICON) ビザンチン教会内部、または付随する部屋。

聖母礼拝堂(LADY CHAPEL) 聖母マリアに捧げられた礼拝堂。

石碑(STELA) 多くは墓の上に垂直に立つ石のスラブで、碑文や図像が彫られている。あるいは建物の壁の垂直な面で、碑文が刻まれているもの。

セグメンタル(SEGMENTAL) アーチなどの曲線のエレメントで、半円に満たないものの総称。

セコス(SEKOS) アデユタムの項参照。

石棺(SARCOPHAGUS) 石の棺で、彫刻や碑文で細かく装飾されたもの。

説教壇(AMBO) 初期キリスト教会に多く見られる、福音書や使徒書簡が読みあげられる台。プルピットとも呼ばれる。

説教壇(PULPIT) 教会内部の一段高くなった台で、説教師や読み手が立つ場所。

セディリア(SEDILIA) 聖職者のための椅子(通常は3脚)で、祭壇の南側のチャンセルの壁に造り付けられている。

迫り石(VOUSSOIR) アーチやヴォールトの組積単位となっている楔形の石またはレンガ。

セラ(CELLA) 古代神殿の主要部分で、祀っている神の像が安置されている場所。ナオスともいう。

セルリアン・アーケード(SERLIAN ARCADE) ルスティカによるアーケードで、アーチが3本までのもの。パッラーディアニズムの住宅の特徴で、1階と中央部分の重要性を強調するために用いられる。

尖頂(FLÉCHE) 細いスパイアで通常は木でできている。

洗礼室(BAPTISTERY) 洗礼を行うための建物、または教会などの建物の一部。

ソーラー(SOLAR) 中世の住宅の2階部分の部屋。

僧院(SANGHARAMA) 原始仏教のヴィハーラや修道院の居住部。

装飾アーケード(BLIND ARCADE) 壁と一体になったアーケード。

装飾窓(BLIND WINDOW) 窓に似せて造られた壁の装飾で、開口部はない。中世に始まる。

走獣(XIAOSHOU) 中国建築でアクロテリオンに相当するもので、架空の動物の形をしており、屋根の角の傾斜している棟の上に置かれている。

添え柱(ATTACHED COLUMN) ピアまたは壁に接している、または壁から突き出た形の柱。付柱(ENGAGED COLUMN) とも呼ばれる。

側廊(AISLE) 教会、ホール等の建築で通廊として使われる空間で、一方が列柱になっているアーケードに覆われている。

側脚(CEJIAO) 中国建築で、少し中央よりに傾いた柱。

ソフィット(SOFFIT) アーチ、バルコニー、ヴォールトなどの工作物の下部の総称。

ソレア(SOLEA) 初期イギリス式あるいはビザンチン様式で、説教壇とビーマの間の1段高くなった通路。

タイス・バーン(TITHE BURN) 小教区の聖職者のための10分の1税(タイス)―多くの場合農産物―を保管していた納屋。

台輪(TAILIANG) 中国建築で、柱と梁、束からなる構造のもので、束によって隔てられた数本の梁で支えられた屋根に柱が伸びているもの。

畳(TATAMI) 日本家屋で藁でできた床敷きで、標準的大きさが決まっており、部屋の大きさを決めたり測ったりするときの単位となる。

多柱構え(HYPOSTYLE) 屋根が多くの列柱で支えられている建築物、通常は大きな広間。

タバナクル(TABERNACLE) 天蓋を持つ窪みや壁がんで、彫像を飾る場所。また教会祭壇の小さな装飾された箱でカトリックの聖体を納めているものをさす。

タブリニウム(TABLINIUM) 古代ローマの住宅内部の部屋で、公共の部分と私的部分を仕切るためのもの。アトリウムとペリスタイルの間にある。

玉垣(TAMAGAKI) 日本神道建築で、垂直に立った支柱に水平に板が張られたもの。

玉花弁飾り(BALLFLOWER) 14世紀によく使われた模様で、小さな玉の周囲に3つの花弁を持つ花があしらわれている。

玉縁(ASTRAGAL) 柱の周囲など多くの場所で使われている小さな半球状の繰型。連球紋とも呼ばれる。

タラ(TALA) ラタの塔の中にある階段状の層の1つをさす。

ターラール(TALAR) インド寺院伽藍の中の水槽で、水浴や神聖な儀式を行うためのもの。またペルシャ建築で王が宗教的儀式を行う宮殿屋上の檀。

タルー・タブレロ(TALUD-TBLERO) メソアメリカ建築において、階段状のピラミッド寺院の構造の一部で、外側の傾斜した部分(タルー)が、矩形の垂直に立ち、フリーズとして処理されたパネル(タブレロ)を支えているもの。

垂木(RAFTER) 屋根組みを形作る多くの斜めに固定された部材。

ダイアパー・ワーク(DIAPER WORK) 四角形などの小さな連続模様で完全に表面を覆う細工。

術語解説

ダイアフラム・アーチ (DIAPHRAGM ARCH) 教会の身廊を覆うアーチで、屋根を区画するもの。

台形 (TRAPEZOIDAL) 四辺形で平行な2本の線の長さが異なるもの。

ダウゴン (DOUGONG) 斗拱。中国建築で、一連のブラケットでできた構造体。ダウは支持材のことで、ゴンは腕木のこと。

ダガバ (DAGABA) ストゥーパの項参照。

抱き (JAMB) ドアや窓の両側の垂直部の部材。またアーチなどの壁の開口部の内側の垂直部。

玉葱型ドーム (ONION DOME) 教会の頂部や教会塔の先端に置かれた尖った球状体のドーム。ロシアと東欧に多く見られる。

ダルガ (DARGAH) イスラム建築特有の印象的な造りの建物入り口、門。

チウェン (CHIWEN) 中国建築で用いられるフィニアル(先端装飾)で、屋根両端の棟木の上に立てられ、屋根斜面の接合部を覆う。

チェン (CHENG) 城。中国建築で市街を囲む壁。市自体をさす場合もある。

千木 (CHIGI) 日本神道神社の棟の両端にある交差型の頂華。

チャイティヤ堂 (CHAITYA HALL) 古代インド仏教の祠堂で、岩の塊を掘り出して造られている。主空間は2列の柱で身廊と側廊に分割されている。

チャウルトリ (CHAULTRI) インド大寺院伽藍の一部として建てられた柱で支えられた聖堂。

チャクモール (CHACMOOL) 物に寄りかかる人をかたどった彫像。

チャトゥリ (CHATRI) 小亭。柱で支えられたパビリオンで、頂点にドームを有する。16～17世紀インドのムガール建築の特徴。

チャプター・ハウス (CHAPTER HOUSE) 修道院内部の部屋で、毎日修道会の会則の中の「聖書抜粋」(チャプター)を開き、事業について討議するために集合する。

チャペル (CHAPEL) 礼拝堂。教会内部の—外部にある場合もある—小聖堂で、独立した祭壇を有し、多くの場合特別な聖者の栄光を称えるためにある。監獄や病院などの大きな建物、施設の中の礼拝のための場所をさすこともある。

チューダー・アーチ (TUDOR ARCH) 円弧から始まるが頂点に近くなるにつれ水平に近くなっているアーチ。1485～1547年に発展したパーペンディキュラー・ゴシックの1形態であるイギリス・チューダー様式の建築の1つの特徴で、ヘンリー7世からヘンリー8世の時代に当たる。

穿斗 (CHUANDOU) 中国建築に見られる柱と梁の構造で、棟木に接合し母屋を受け止める柱によって屋根の重量が直接支えられているもの。水平の横断し合っている繋ぎ梁が柱本体に貫入し、編むように軸組みを形成している。

柱間 (INTERCOLUMNIATION) 隣り合う柱との間の空間で、その広さは通常、柱の直径の整数倍になっている。

柱身 (SHAFT) 柱の主要部分で、柱頭と柱礎の間。

柱頭 (CAPITAL) 柱の最上部。その形状はドリス式、イオニア式などの建築オーダーを特徴的に示す。

チュルパ (CHULLPA) 先コロンブス期の建築で、死者を所有物のすべてと共に埋葬するために建てられた墓塔。

調和比率 (HARMONIC PROPORTION) 古代ローマにおいて使われ、後にイタリア・ルネサンスの建築家、その後アンドレーア・パッラーディオによって発展された構成で、建物内部の比率が音楽と関係付けられた。

チョルテン (CHORTEN) チベットのストゥーパ(仏塔)。

チンクエフォイル (CINQUEFOIL) フォイルの項参照。

対束屋根 (QUEEN-POST ROOF) 繋ぎ梁の上から対称に立ち上がる対束と呼ばれる2本の垂直の部材を持つ屋根で、上部は二重梁で結ばれている。

衝立 (TSUI-TATE) 日本の自立型の低い間仕切り。

ツォンパントリ (TZOMPANTRI) メソアメリカ文明で、生贄になった人々の頭蓋骨を並べた棚。

束 (STRUT) 屋根組みの主要部材を支える補助的な木材。

繋ぎ梁 (TIE BEAM) 屋根組みの主要な横梁。

ティー (TEE) ストゥーパやパゴダの先端にあり、多くが傘の形をしたフィニアル。

ティンパナム (TYMPANUM) ペディメントの繰型で囲まれた三角形の部分。またドアのまぐさとその上のアーチの間の半円の輪郭部分。

テッセラ (TESSERA) モザイクを構成するガラスや大理石の小片。

テトラコンク (TETRACONCH) 4つの耳たぶ上の曲線からなる形で、曲線の先端で互いに接合しているもの。

テピダリウム (TEPIDARIUM) 古代ローマ浴場で温かくした部屋。

テュムラス (TUMULUS) 墓室や墓の上に造られた小丘。

テラス (TERRACE) 建物正面の張り出した台、または平らな平面を持つ土手。また両側が接合した建物の列。

テルメ (THERMAE) 古代ローマの公衆浴場。

天蓋 (CANOPY) 祭壇、ドア、窓、墓、説教檀、壁がん、彫刻などの上を覆う屋根状のもの。

テンピエット (TEMPIETTO) 16世紀以降に発達した小規模の装飾の多い寺院。

ディオクレティアヌス窓 (DIOCLETIAN WINDOW) サーマル・ウインドーの項参照。

ディプテロス (DIPTERAL) 全側面に二重の列柱をもつ構造。

デイドー (DAIDO) 古典様式のオーダーで、コーニスと柱礎の間にあるペデスタルやプリンスのある部分。

出窓 (BAY WINDOW) 建物の壁から奥まったり、角に突き出したりしている窓。

トープ (TOPE) ストゥーパの項参照。

トーラス (TORUS) 凸形の繰型で、一般に柱礎に用いられた。

トゥーレ (TOURELLE) 小塔の項参照。

吐水口 (GARGOYLE) 屋根や壁から突き出したグロテスクな形をした水の噴き出し口。

トスカーナ式オーダー (TUSCAN ORDER) ローマのオーダーの中で最も簡素なもの。ギリシャのドリス式にもっともよく似ており、フリーズに装飾がないのが大きな特徴。

十柱構え (DECASTYLE) 正面が10本の柱構えで構成された構造。

トラーナ (TORANA) インド建築の門で、特に仏教ストゥーパへの入り口。

トランジショナル (TRANSITIONAL) ロマネスクやノルマンからゴシック様式に移行する時期の総称。

トラヴァーチン (TRAVERTINE) 石灰岩の一種。

鳥居 (TORII) 日本建築で、神社へ続く入り口。

トリグリフ (TRIGLYPH) ドリス式フリーズの装飾模様に、V字型の溝で3分割されているブロック。

トリビューン (TRIBUNE) 演壇。古典建築では、一段高くなった基壇。またバシリカのアプス。

トリフォリュウム (TRIFORIUM) 中世の教会で身廊と平行に走るアーケード形の通路。3階建ての建物では、1階のアーケードとクリアストーリーの間の部分。4階建てではギャラリーとクリアストーリーの間。

トルテカ文明 (TOLTEC) 紀元900～1200年頃にメキシコ中央部を支配したアメリカ原住民の文明。複数の列柱と細い浮き彫りのあるパネルが主な特徴。

トレーサリー (TRACERY) ゴシック様式の窓・パネル・衝立の内側やゴシック・ヴォールトの表面を分割する装飾的な石細工。

トレフォイル (TREFOIL) フォイルの項参照。

トロス (THOLOS) ミュケナイ時

術語解説

代からある蜂の巣状の墳墓。また蜂の巣状の建物全般をさす。

トロフィー(TROPHY) 武器や甲冑からなる戦勝を祝う彫刻。

ドーマー・ウィンドウ(DORMER WINDOW) 勾配屋根の上に垂直に立ち上がる窓で、屋根と切妻を持つ。

ドーム(DOME) 円または方形の基礎の上のヴォールト状の構造体。断面が半円形、球根形、尖頂形などがある。基礎が方形の場合は、それを円形平面に近いものに移行させるためにペンデンティブやスクウィンチが角に挿入される。

ドラム(DRUM) ドームやクーポラが載る鉛直な壁面。また柱身を構成する円筒形のブロックの1つをさす。

ドリス式オーダー(DORIC ORDER) 古典様式のオーダーの1つで、ギリシャ・ドリス式とローマ・ドリス式がある。ギリシャ・ドリス式の柱には縦溝が彫られ、柱礎がなく、柱頭の繰型は簡素で、アバクスを持つ。ローマ・ドリス式の柱はやや細く、縦溝がない。柱礎は低く、柱頭は小型。

ドリップ・ストーン(DRIP STONE) ドア、窓、アーチの上部にあって、水切りとして使われる繰型のついた突き出した石。雨押さえ繰型ともいう。

ドロップ・トレーサリー(DROP TRACERY) ゴシック式アーチの下部側面にあるペンダント・トレーサリーの境目。

内宮(NAIKU) 日本神道建築において、皇族の先祖の神を祀る奥にある社。

内陣(CHANCEL) チャンセル。教会の東端の身廊と翼廊が交差した奥にあり、主祭壇と聖歌隊席からなる。祭壇のまわりの空間をさす場合もある。

ナオス(NAOS) ギリシャ神殿内部の中心的な閉じられた空間で、神の像が安置されている。

七柱構え(HEPTASTYLE) 正面が7本の柱からなるポルティコ。

波形繰型(WAVE MOLDING) 華飾式に典型的な繰型で、凹凸の曲線を組み合わせて波が崩れていく

様子を表している。

ナルテックス(NARTHEX) 拝廊。初期キリスト教教会の一部にある入り口前の閉じた玄関。

ニードル・スパイア(NEEDLE SPIRE) 基礎が塔の屋根の上にある細いスパイアで、狭い通路と胸壁に囲まれている。

日輪(SUN DISK) 太陽を象徴する円盤で、翼のついているもの。古代エジプト建築で多く見られる。

ニンファエウム(NYMPHAEUM) ローマ時代の建物で、ニンフに捧げられたもの。柱、彫像、泉からなり、市民の憩いの場であった。

ネスコス(NAISKOS) アデュタム(ADYTUM)の項参照。

軒(EAVES) 勾配屋根の下端。

ノルマン建築(NORMAN) 1066年のノルマン・コンクエストから1180年頃までのイギリスにおけるロマネスク建築様式で、初期イギリス様式の最初の建物が造られた。

ハイポトラキリューム(HYPOTRACHELIUM) ドリス式柱で、柱身の頂部にあり、柱頭の下にあるくびれ。

デンティル(DENTIL) 歯飾り。古典様式コーニスのコロナ内部の小さな立方体の連続模様の装飾。

歯形飾り(TOOTH ORNAMENT) ゴシック繰型の形態の1つ。盛り上がった中心部から4枚の花弁が放射状に広がる形。

葉形飾り帯(FOLIATE BAND) 葉形模様で装飾された帯状のもの。

八柱構え(OCTASTYLE) 正面が8本の柱からなるポルティコ。

鼻隠し(FANCIA) 通常アーキトレーブ(まぐさ)の中の水平な面をさす。2～3枚を少しずつ重ねて前方にせり出す形のものもある。

花綱(FESTOON) フリーズやパネルに多く用いられる装飾模様で、花輪や多くがリボン結びにした長い布からなる。

はね出し(JETTY) 木造軸組構造で、下階よりも出っ張っている上階部分。梁や外壁を越えて突き出した下階の根太から造られる。

張出しやぐら(BARTIZAN) 塔や

胸壁の頂部の角に設けられた小塔。

半円筒ヴォールト(BARREL VAULT) 半円形の横断面を持つヴォールトで、長方形方向に一定の形をしている。ヴォールトのもっとも初期の単純な形で、すでにBC9世紀に現れている。

半円ドーム(SEMIDOME) アプスなど半円のものを覆うドーム。

ハンマービーム屋根(HAMMER-BEAM ROOF) ハンマー・ビームと呼ばれる短い水平のブラケット(腕木)が両側の壁から内部に突き出し、それがハンマー・ポストと呼ばれる垂直の部材を支える構造の屋根。

バー・トレーサリー(BAR TRACERY) フランスのランス発祥のトレーサリーの1種で、1240年頃イギリスで多く使われた。窓の石製の縦仕切り(マリオン)がそのまま上に伸びて枝分かれし、窓頂部に模様を造るもの。

バシリカ(BASILICA) 古代ローマにおいて法廷の講堂や市場として使われた広い長方形の建物。中央に身廊、両端に側廊があり、多くが回廊を持つ。身廊と2本以上の側廊をもった初期キリスト教教会の原型となった。

バス・レリーフ(BAS-RELIEF) 背景からわずかに浮き出た凹凸の少ないレリーフ。

バットレス(BUTRESS) 外壁を補強するために壁に付属して、または壁に向けて造られた石やレンガの構造物。多くの種類があり、フライング・バットレスもその一種。

馬蹄形アーチ(HORSESHOE ARCH) 円形または尖った馬蹄形のアーチで、イスラム建築に多く見られる。

バラ形装飾(ROSETTE) 花の模様をあしらった小さな円形または楕円形の装飾単位で、石や木で作られ、壁に接着されていることが多い。

バルコニー(BALCONY) 建物の壁から突き出した台。高欄や手摺で囲われていて、ドアや窓から入る。

バルダッキーノ(BALDACCHINO)

ドア、祭壇、玉座などの上に設けられた固定式の飾り天蓋。柱で支持されるものもあれば、壁に取り付けられたもの、天井から吊るされたものもある。

バロック(BAROQUE) ローマに始まり、17世紀から18世紀初頭にかけて広まった建築様式。全般に豪華絢爛で部分間の調和に重点を置きながら完璧な全体を創造する。

バンデッドコラム(BANDED COLUMN) 太さの違う石の円筒(ドラム)を交互に積み重ねて柱身を作った柱。装飾しているものもある。

バンド(BAND) 外壁の一部にレンガや瓦、シングル材等で水平な、またはやや突き出た繰型の連続した列を作るもの。ストリング・コースとも呼ばれる。

塔門(PYLON) パイロン。古代エジプト建築で、宮殿入り口の両側に立てられた台形の塔に似た構造物。

パゴダ(PAGODA) 仏教と関係の深い多層の塔で、中国、日本、ネパールに多く見られる。上に行くほど階は狭まり、各層ごとに屋根とバルコニーがある。

パストフォリー(PASTPHORY) 初期イギリス式あるいはビザンチン建築の教会で、アプスの脇に側室があるのが特徴。

パッラーディアニズム(PALLADIANISM) イタリア16世紀の建築家、アンドレーア・パッラーディオの作品に基づく建築様式。特に18世紀イギリスで人気があった。古典的ローマ様式を多く取り入れている。

パテラ(PATERA) 古典建築で小さな平たい円、楕円などを用いた装飾模様で、アカンサスの葉を図案化したもの。

パネル(PANEL) 表面が平らな部材で、周りから引っ込んでいる場合も、飛び出している場合もさす。端に繰型の装飾を持つものもある。

パラクレション(PARAKKLESION) ビザンチン建築のチャペルで、他の建築物に付随している場合も、独立している場合もある。

術語解説

パルメット (PALMETTE) 柱の柱頭にある扇形の装飾で、棕櫚の葉の形に似ている。

パレストラ (PALESTRA) 古代ギリシャで個人が所有していたレスリング学校。ギムナジウムに似ている。

パレ・ロワイヤル (PLACE ROYAL) フランスの貴族の館のある広場で、17世紀以降に多く見られるようになった。

パラッツォ (PALAZZO) イタリア語で宮殿や目立つ公共の建物・私邸をさす。

パンプキン・ドーム (PUMPKIN DOME) イスラム建築によく見られる棟のある凹形の部分から構成されているドームで、メロン、アンブレラ・ドームともいう。

パヴィリオン (PAVILION) 公園や庭園のあずまやなどの装飾的な建物。また大きな建物に付随し、ドーム屋根など特徴的なエレメントを持つ建物をさす。英国では屋外競技場で選手が着替えをする建物をさすことがある。

ヒッポドローム (HIPPODROME) 古代ギリシャやローマの工作物で、競技や騎馬車の競技に使われ、石工事を含まないもの。

日干し煉瓦 (ADOBE) 建築に用いられる日干し煉瓦。スペイン、アフリカ、ニュー・メキシコ、ラテン・アメリカで多く見られる。

紐状細工 (STRAPWORK) 多くの紐を編むように施された装飾細工。

開き障子 (CASEMENT) 垂直な窓枠に蝶番で固定され開閉する窓の部分。

ビーハイブ墳墓 (BEEHIVE TOMB) ミュケナイ文明の、ドームを持つ石造の円形の墓。トロスともいう。

ビーマ (BEMA) 聖堂内陣。初期キリスト教教会で聖職者が立つ場所。ユダヤ教礼拝堂のプルピット (説教壇) をこう呼ぶこともある。

ビザンチン (BYZANTINE) AD330年から1453年まで続いたビザンチン帝国の建築様式をさす。現存する建築は主に教会建築で、多くのバシリカがある。

ビフォラ (BIFORA) 二連窓。真ん中に支柱があり、2つのアーチ型の開口部を持つ窓。

ビレット (BILLET) ロマネスク様式の繰型で、円筒形や立方体が等間隔で並ぶもの。

ピア (PIER) 細い垂直の支えで、多くが矩形をしており、柱頭や柱礎を持つものもある。

ピアノ・ノビレ (PIANO NOBILE) イタリア宮殿のメイン・フロアー。迎賓室がある場所。

ピクチャレスク (PICTURESQUE) 18世紀〜19世紀イギリスの景観設計や建築をさす用語で、絵画的な要素を借りて想像力を刺激する。コテージ・オルネや、ジョン・ナッシュが設計した城郭風のゴシック住宅が典型。

ピシュターク (PISHTAQ) イスラム建築の大きな門。

ピスチーナ (PISCINA) 通常は壁がんの中に置かれている浅い石の水盤。ローマ浴場のバスやプールをさすこともある。

ピナクル (PINNACLE) 小尖塔。小塔に似た装飾的構造物で、スパイアやバットレスなどの大きな建物の一部の上に載っている。

ピラー (PILLAR) ピアの項参照。

ピラスター (PILASTER) 片蓋柱。壁から少しだけ突き出したピアで、古典的建物では、オーダーの1つを持つものもある。

ピラミッド (PYRAMID) 古代エジプトの石の建造物で、正方形の基礎の上の4面が傾斜のある三角形となり頂点で交わるもの。

ファサード (FAÇADE) 建物の外面で、通常は正面をさす。

フィニアル (FINIAL) ピナクル、切妻、スパイア、天蓋の頂部にある葉形のノブのような模様。

フィレット (FILLET) 柱のフルート (縦溝) の間の狭いかすかに盛り上がった帯状の部分。またはコーニスの最頂部。

フォーリー (FOLLY) 古典様式またはゴシック様式の廃墟や塔を模した装飾的建物の総称で、風景に興味を添えるために建てられる。

フォイル (FOILS) ゴシック窓で、カスプの間の弧状や丸い部分、尖った先端をさす。サンクフォイルのように、接頭辞がフォイルの数を表す。

フォルム (FORUM) ローマの都市内部にあって、市場や公開討論会のために使われた広い場所。ギリシャのアゴラに相当し、通常はコロネードや公共の建物が周囲を囲む。

複合ピア (COMPOUND PIER) 数個の柱身を持つピア。クラスタード・ピアともいう。

副柱頭 (DOSSERET) ビザンチン及びロマネスク建築で、アバクスの頂部に置かれたブロックまたはスラブ。

副柱頭 (IMPOST BLOCK) 柱頭とアバクスの間に置かれる厚板。側面に斜角が付けられている。

フライング・バットレス (FLYING BUTTRESS) 飛梁。壁上部を支えるために特別に設けられたアーチもしくは半アーチで、ヴォールトや屋根からの推力を縦方向の力に変換する。

フランティスピース (FRONTISPIECE) 建物の主たるファサード。ドアまたは窓の上のペディメントをさすこともある。

フランボワイヤン式 (FLAMBOYANT) 15〜16世紀の後期フランスゴシック様式で、額縁状のトレーサリーと入り組んだ曲線が特徴。

フリーズ (FRIEZE) エンタブラチュアのコーニスとアーキトレーブの中間の、あるいは一般に壁の上部の水平な部分で、多くが絵が描かれていたり、彫像や繰型で装飾されたりしている。

フリギダリウム (FRIGIDARIUM) 古代ローマ浴場の冷水浴を行う部屋。

フルーティング (FLUTING) 柱の柱身やピラスターの縦方向に走る浅い溝。溝と溝の間はフィレットになる。

墳墓 (SEPULCHER) ヴォールト構造の墓。

ブクラニウム (BUCRANIUM pl. BUCRANIA) 牛の頭蓋骨の彫刻で、多くが花冠で飾られている。古代建築に見られる。

ブラケット (BRACKET) 腕木。壁から突き出した石、木、金属などの小さな支持体。

ブラケット・モールディング (BRACKET MOLDING) ゴシック後期に始まった繰型の一種で2つのオジー (反曲線、S字形または逆S字形) からなり、互いの凸面で出会うもの。

ブロークン・ペディメント (BROKEN PEDIMENT) 頂部または基部で線が途切れるペディメント。

ブローチ・スパイア (BROACH SPIRE) 正方形の基礎の上にブローチや石の細工を加えて八角形の頂部にしたスパイア (尖頂)。

プティ (PUTTI) 幼児の裸像を素材にした装飾のための彫刻や絵画。

プテローマ (PTEROMA) ギリシャ神殿で、壁と列柱の間の通路をさす。

プテロン (PTERON) 外部のコロネード。

フード・モールド (HOOD MOLD) ドリップ・ストーンの項参照。

廟堂 (SHRINE) 神聖な遺物が納められている入れ物や建物。また神聖な人物と関係の深い場所で、その人物を祀る場所。墓があることもある。

プライオリー (PRIORY) 小修道院長が治める宗教的家屋。

プラカラ (PRAKARA) インド・ヒンズー教の寺院を囲む庭で、寺院などの多くの建物が点在する。

プラザ (PLAZA) 開けた空間や広場。

プラスタラ (PRASTARA) インド建築でエンタブラチュアに相当。

プリンス (PLINTH) 台座。柱の基礎の最も底の部分で、通常は正方形。壁の突出した底の部分 (幅木) をさすこともある。

プルピトゥム (PULPITUM) 教会内部の身廊を聖歌隊席から仕切る遮蔽物。

プレートレスク (PLATERESQUE) 「銀細工のような」という意味で、16

術語解説

世紀スペインに見られた非常に装飾的な建築様式。

プレシンクト（PRECINCT） 壁などの固定した境界で仕切られた空間。

プロスタイル（PROSTYLE） 前柱式。正面のみに柱列があるポルティコを持つ建物の総称。

プロナオス（PRONAOS） 古典洋式神殿のセラやナオスの前のポルティコで、セラの横壁が突き出す形で作られる。正面は列柱になっている。

プロパイロン（PROPYLON） 古代建築の記念碑的な門。

プロピライア（PROPYLAEUM） 古典様式神殿の神域に入る記念碑的な門。

壁がん（NICHE） 壁にある窪み部分で、通常は上部がアーチ型になっており、彫刻や壺などの装飾品を収める。

ヘルム（HERM） ヘルメスなどの神の胸像もしくは人間の頭部を頂点に持つ柱。

ヘルム・ルーフ（HELM ROOF） 切妻から立ち上がる4つの勾配が頂点で収斂する屋根。

ベイ（BAY） 建物の垂直方向の区画群の総称で、壁ではなく、窓、柱、バットレスなどで仕切られた区画。

ベルゲーブル（BELL GABLE） 屋根の破風の部分に鐘が吊り下げられているもの。ベルコートとも呼ばれる。

ペディメント（PEDIMENT） 破風。古典建築やそれに似た建築の大きな特徴で、傾斜の緩い切妻で、通常はポルティコの上にある。たいてい強い輪郭の浮き彫りが施されている。

ペデスタル（PEDESTAL） 柱、彫像、大きな壺などの下部にある基壇。古典建築ではプリンス、柱礎からなる。プリンスの上部は狭くなり、その上に長いデイドーがあり、コーニスが上に載る。そこから柱身が伸びる。

ペリスタイル（PERISTYLE） 中庭のまわりや建物外面のコロネード（柱廊）。

ペロン（PERRON） 家や教会のドア、その他の建物の入口がその上にある踊り場またはテラス。テラスやドアに向かう階段をさす場合もある。

ペンダント（PENDANT） ヴォールト屋根や天井から釣り下がる長円形のボス。

ペンデンティヴ（PENDENTIVE） 組積造で、方形や多角形の基礎の上に円形ドームを建てるときに補助的に支える凹型の逆三角形。

奉献物整備所（PROTHESIS） ビザンチン教会でミサのためのパンとワインを保管しておく部屋。

放射状チャペル（RADIATING CHAPELS） アンビュラトリーから放射状に突き出したチャペル。

ほぞ（TENON） ほぞ継ぎの項参照。

ほぞ継ぎ（MORTICE AND TENON JOINT） ほぞ（tenon）をほぞ穴（mortice）に挿入する接合方式。

本堂（HONDO） 日本建築において、元々は仏教寺院の御影堂をさす。12世紀からは参内しお経を唱える寺院自体をさす。

ボール・コート（BALL-COURT） メソアメリカ文明に特有の、周りを高い壁と観客席で囲まれ、神聖なボール競技が行われた場所。コートの端に固定された2つの大きな石彫りの輪のなかに硬いボールを通すゲーム。

ボス（BOSS） 浮出し飾り。天井またはヴォールトのリブや梁の交差部分に施される装飾。

ポータル（PORTAL） 印象的な入り口、門、ドアなどの総称。多くは装飾されている。

ポーチ（PORCH） 建物入り口の通常は屋根付きの低い構造物。

ポディウム（PODIUM） 大きな台。特殊には古代の建物がその上に建てられた基壇、またはアンフィシアターやサーカス内部の競技場を囲む台。

ポルティコ（PORTICO） 住居、寺院、教会などの入り口にある、柱で支えられた屋根を持つ開放空間。

マウソレウム（MAUSOLEUM） 霊廟。大きく荘重な墓。

まぐさ（LINTEL） 窓やドアなどの開口部の上部に架かる木または石の横梁。

まぐさ式構造（TRABEATED） アーチ式構造に対して、支持の上の水平な梁を中心にした構造をさす。

マスタバ（MASTABA） 古代エジプトの墓で、住宅のつくりに似せているもの。方形の基礎の上に傾斜した斜面、平らな上部をもつ墳墓で、その地下には広い埋葬室がある。

マチコレーション（MACHICOLATION） 城壁や塔から突き出し持送りで支えられている防御用工作物で、持送りの間の開いている床の開口部から、攻撃してくる敵に向かって沸騰した油や飛び道具を落とす。

マドラサ（MADRASA） イスラム教の神学校。

マナスタンバ（MANASTAMBHA） インド建築で、ジャイナ教のスタンパや柱の形の総称。柱頭に小さなパヴィリオンを載せている。

マニエリスム（MANNERISM） ルネサンス盛期とバロックの間のイタリア、フランス、スペインの芸術をさす用語で、当初意図されていない方法でモチーフを使用することが特徴。

マヤ文明（MAYA） BC1500年頃から始まり、紀元300〜800年に最も栄えた都市国家からなるアメリカ原住民の文明。9世紀頃から衰退が始まり、16世紀にスペインによって征服される。

マリオン・アンド・トランサム（MULLION AND TRANSOM） マリオンは窓などの開口部を縦に2つ以上の部分に分割する部材のこと。トランサムは窓を水平に横切る部材のこと。

マルティリウム（MARTYRIUM） キリスト教に捧げられた場所や殉教を象徴する場所に建てられた建築物で、初期キリスト教建築では教会を除き多くが円形であった。

マンサード屋根（MANSARD ROOF） フランスの建築家フランソワ・マンサードの名前を取った屋根。4面に2段の傾斜があり、下部のほうが上部よりも勾配が急で長い。

マンダパ（MANDAPA） インド建築で、ヒンズー教やジャイナ教の信徒が礼拝を捧げる大広間。

マンダラ（MANDARA） インド建築で、ヒンズー教やジャイナ教の寺院の設計に使われる幾何学的設計図。

ミケーネ文明（MYCENAEAN） BC1600〜BC1200年頃にギリシャで栄えた文化。

ミナレット（MINARET） 光塔。モスクと繋がっている、高い、通常は細い塔で、バルコニーがある。ムアッジンが人々に礼拝の時間を告げるのに使用される。

ミノア文明（MINOAN） BC2000〜1450年にクレタ島を中心に栄えた青銅期時代文明。

見晴し台（BELVEDERE） 住宅の屋根に設けられた小さな展望台。公園や庭園のあずまやをさすこともある。

ミヒラーブ（MIHRAB） モスクのメッカの方角にある壁にある壁がん。

ミンバール（MIMBAR） モスクの説教檀。

ムシェット（MOUCHETTE） 装飾式のトレーサリーに用いられた、丸や尖った上部を持つ曲線からなるランセット形のモチーフ。

ムシャラビーヤ（MASHARABIYYA） イスラム諸国の住宅で多く見られる木の遮蔽物または格子。

ムデハル（MOUDÉJAR） キリスト教建物の設計にイスラム教の要素を取り入れたスペインの建築様式で、13〜14世紀に多く建てられた。

ムトゥルス（MUTULE） ドリス式オーダーで、エンタブラチュアのコロナの下から突き出している矩形のスラブ。

無目（TRANSOM） マリオン・アンド・トランサムの項参照。

メガロン（MEGARON） ミケーネ時代の神殿の中心に位置する複合建築で、柱のある玄関、控えの間、主室が一体となった細長い建物。

メソアメリカ（MESOAMERICA）

術語解説

中央アメリカとメキシコの一部を含む地域をさし、BC1000年頃からスペインによって征服される16世紀までの間、多くの文明が花開いた。

メトープ（METOPE） ドリス式オーダーのフリーズの一部で、2つのトリグリフの間の矩形の部分。装飾されているものもある。

メルロン（MERLON） 鋸壁の盛り上がった部分。

面（CHAMFER） 石または木の角材の端部や角を切り取った時にできる表面で、通常隣接する主要な面と45°の角度で接する。表面が凹面の場合もある。

モザイク（MOSAIC） 石、ガラス、大理石の小片をセメントやモルタル（セメントと石灰石、砂、水を混合したもの）、しっくいの上に固定させ、床や壁の表面を装飾したものの総称。

モジュール（MODULE） 建物の設計に際して比率の決定に用いられる測定単位で、古典建築では通常柱礎のすぐ上の柱の直径の半分。

モスク（MOSQUE） イスラム教の礼拝の場所。通常1つ以上のミナレットを有する。

持送り（CORBEL） 通常石でできている壁の内側から突き出したブラケットで、梁を支える。装飾を施されたものが多い。

持送りテーブル（CORBEL TABLE） 壁から突き出し持送りの列で支えられた石やレンガのテーブル状のもので、胸壁を造る。

モディリオン・コーニス（MODILLION CORNICE） 小さな一対のブラケットとコンソールの連続の上にコーニスの上部が載っているもの。

モノリス（MONOLITHIC） 1個の石から作られているもの。

母屋（PURLIN） 屋根組みで長手方向に走る水平な梁。垂木を支え、その上に葺き材が敷かれる。

やぐら門（BARBICAN） 城門や吊り上げ橋を守る塔。

ヤスティ（YASTI） インド仏教寺院ストゥーパのピナクルの上のティーに載っている棒。

屋根裏（ATTIC） 住宅の屋根内部の部屋。またローマ建築の凱旋門のような古典的ファサードのエンタブラチュアの上の低い壁または部屋。

矢来（PALISADE） 強く太い棒の連続でできた防御柵。

翼廊（TRANSEPT） 十字型の平面を持つ教会で、身廊に直角に交わる腕の部分。

寄棟（HIPPED ROOF） 4つの斜面で構成される屋根。4つの隅棟（hip）は、2つの勾配斜面が出会うことによって形成される。

雷文（KEY PATTERN） 雷文細工の1例で、水平な線と垂直な線で構成される幾何学的意匠が繰り返されて帯状のものを装飾する。

雷文細工（FRETWORK） 幾何学的図案を用いた装飾的意匠や金属細工。穴の開いたものもある。

ラウンデル（ROUNDEL） 小さな円形の装飾的な窓またはパネル。

ラス（LATH） スタンパの項参照。

ラタ（RATH/RATHA） 花崗岩の岩を切り出して造ったインドの寺院。7世紀からのものが有名。

ラベルストップ（LABER STOP） ドリップストーンの両端の装飾的ボス。

ランセット窓（LANCET WINDOW） 尖ったアーチを持つ背の高い細い窓。初期ゴシック建築の特徴。

ランタン（LANTERN） ドームの最頂部にある小さな円または多角形の構造物で、下の空間に光を取り入れるための窓と開口基礎からなる。

リーディング（REEDING） リードと呼ばれる凸形の繰型が平行に隣り合わせに並んだもの。

リッチゲート（LYCH GATE） 教会敷地へ入る屋根付きの門。棺を一時的に置くことができる場所と考えられてきた。リッチとは、サクソン人の言葉で遺体を意味する。

立面（ELEVATION） 建物の外部に面した平面。または建物の露出面を見せるために垂直平面に映し出された図面。

リブ（RIB） ヴォールトや天井の上の細い迫り上がるアーチ型の部材

で、構造的なものと装飾的なものがある。

リュネット窓（LUNETTE WINDOW） 半円形の窓。

稜堡（BASTION） 見張り台に使われた城砦の突き出した部分。

リリーヴィング・アーチ（RELIEVING ARCH） アーチやドア、窓などの上部の壁の内部に造られたアーチで、上の壁の荷重を軽減させるためのもの。

リワーク（RIWAQ） モスク内部の大広間で、コロネードやアーケードのあるもの。

ルーバー（LOUVER） 主として暖炉の煙を排出するための屋根の開口部。またドアや窓で平行に重なり合う一連の羽根板が外側に向けて斜めに取り付けられ、空気は流入させるが雨の侵入は防ぐもの。

ルーフ・コム（ROOF COMB） 一般に屋根の棟に沿った壁。古典マヤ建築では、ピラミッドの頂上にあり、2つの空隙のある構造壁が傾斜して向かい合う形で造られ、スタッコによる浮き彫りで飾られている。クレステリアとも呼ばれる。

ルカルヌ（LUCARNE） ドーマー・ウィンドーのこと。または屋根裏部屋やスパイアの小さな開口部。

ルスティカ（RUSTICATED/RUSTICATION） 化粧仕上げ、粗削りを問わず、大きな石を組んだ工作物の総称。

ルネサンス（RENAISSANCE） 14〜16世紀ヨーロッパの歴史と文化の大きな潮流中で、古典ギリシャとローマの知を「再生」することによって、芸術と学問の分野で目覚しい発展を遂げた。建築では古代ローマの古典様式の復興が行われた。

レイキング・コーニス（RAKING CORNICE） 屋根勾配、切妻、ペディメントに続くコーニス。

レゼーヌ（LESENE） 柱礎や柱頭を持たない方形の柱で、壁の内部に埋め込まれているか、少しだけ突き出しているもの。構造的なものと装飾的なものがある。

レヨナン式（RAYONNANT） 13〜14世紀の中期フランスゴシック様式で、トレーサリーの放射状の線が特徴。

レレドス（REREDOS） 祭壇の背後の装飾のある衝立。

連球紋（BEAD-AND-REEL） 玉縁を参照。

レヴェットメント（REVETMENT） 壁を魅力的で耐久性のあるものにする壁の上を覆う石の仕上げ。

ロカイユ（ROCAILLE） 18世紀ロココ様式に特徴的な装飾で、玉石や貝殻の形が基礎となる。

六柱構え（HEXASTYLE） 正面が6本の柱からなるポルティコ。

ロココ（ROCOCO） バロック様式の最終段階で、18世紀中葉のフランスに始まる。さまざまな種類の無限のモチーフ、光と色彩あふれる室内といった豪華な装飾が特徴。

ロッジア（ROGGIA） 少なくとも1側面が開口している回廊または部屋で、建物の一部または独立している場合がある。多くがピアと柱を持つ。

ロトンダ（ROTUNDA） 円形の建物または部屋でたいていはドーム屋根になっている。

ロマネスク（ROMANESQUE） 6世紀に始まるローマ帝国文化への関心から生まれた建築様式。円形のアーチとバシリカの使用が特徴。

ワゴン・ルーフ（WAGON ROOF） 円弧状の筋かいで支えられた垂木を接するように固定してできた屋根。開放されている場合もあり、キャンバスで覆われた半円筒のワゴンの中にいるような効果を与える。

環縁（ANNULET） 柱身に施される環状の繰型。輪状平縁とも呼ばれる。

参考文献

古代エジプト

ALDRED, C., *Egyptian Art*, London, 1988

BADAWY, A., *A History of Egyptian Architecture*, Giza, 1954–68, 3 vols

EDWARDS, I. E. S., *The Pyramids of Egypt*, Harmondsworth, 1985

GORRINGE, H. H., *Egyptian Obelisks*, New York, 1882

MEHLING, M. (ed.), *Egypt*, Oxford, 1990

PETRIE, W. M. FLINDERS, *Egyptian Architecture*, London, 1938

SETON-WILLIAMS, V., *Egypt*, London, 1993 (3rd edn)

SMITH, W. STEVENSON, *The Art and Architecture of Ancient Egypt*, Harmondsworth, 1958 (revised edn 1981)

UPHILL, E. P., *The Temples of Per Ramesses*, Warminster, 1984

WILKINSON, SIR JOHN GARDNER, *The Architecture of Ancient Egypt*, London, 1850

バビロン／アッシリア／ペルシャ

FERGUSSON, J., *The Palaces of Nineveh and Persepolis Restored*, London, 1851

FRANKFORT, H., *The Art and Architecture of the Ancient Orient*, Harmondsworth, 1954 (revised edn 1970)

LAYARD, A. H., *Monuments of Nineveh*, London, 1849, 2 vols

LAYARD, A. H., *Nineveh and Its Palaces*, London, 1849, 2 vols

LEICK, G., *A Dictionary of Ancient Near Eastern Architecture*, London, 1988

MALLOWAN, M. E. L., *Nimrud and Its Remains*, London, 1966, 2 vols

O'KANE, B., *Studies in Persian Art and Architecture*, Cairo, 1995

POPE, A. U., *Persian Architecture*, London, 1965

POPE, A. U. and ACKERMAN, P., *A Survey of Persian Art*, Oxford, 1939

古代・古典インド

ALLEN, MARGARET PROSSER, *Ornament in Indian Architecture*, London, Newark and Toronto, 1991

BROWN, PERCY, *Indian Architecture: Buddhist and Hindu Periods*, Bombay, 1971 (6th edn)

BURGESS, JAMES, *The Ancient Monuments, Temples and Sculptures of India*, London, 1911

FERGUSSON, J., *History of Indian and Eastern Architecture*, London, 1910 (revised edn), 2 vols

HARLE, J. C., *The Art and Architecture of the Indian Subcontinent*, London and New Haven, 1994

HAVELL, E. B., *The Ancient and Medieval Architecture of India: A Study of Indo-Aryan Civilisation*, London, 1915

MEISTER, MICHAEL W. (ed.), *Encylopaedia of Indian Temple Architecture: Foundations of North Indian Style c. 250 BC–AD 1100*, Delhi, 1988

MEISTER, MICHAEL W. (ed.), *Encyclopaedia of Indian Temple Architecture: North India, Period of Early Maturity c. AD 700–900*, Delhi, 1991, 2 vols

MEISTER, MICHAEL W. (ed.), *Encylopaedia of Indian Temple Architecture: South India, Lower Dravidadosa 200 BC–AD 1324*, Delhi, 1983

MICHELL, GEORGE, *The Penguin Guide to the Monuments of India, Volume One: Buddhist, Jain, Hindu*, London, 1990

MURTY, K. SATYA, *Handbook of Indian Architecture*, New Delhi, 1991

中国古代・歴代王朝
(Early and Dynastic China)

BOYD, ANDREW, *Chinese Architecture and Town Planning, 1500 BC–AD 1911*, London, 1962

KESWICK, MAGGIE, *The Chinese Garden: History, Art and Architecture*, New York, 1986 (2nd edn)

LIANG SSU-CH'ENG, *A Pictorial History of Chinese Architecture: A Study of the Development of its Structural System and the Evolution of its Types*, ed. Wilma Fairbank, Cambridge, MA, 1984

LIU DUNZHEN (ed.), *Zhongguo Gudai Jianzhu Shi (A History of Ancient Chinese Architecture)*, Beijing, 1980

LIU DUNZHEN, *Suzhou Gudian Yuanlin (Classical Gardens of Suzhou)*, Beijing, 1979

MORRIS, EDWIN T., *The Gardens of China: History, Art and Meanings*, New York, 1983

SICKMAN, LAURENCE and SOPER, ALEXANDER, *The Art and Architecture of China*, Harmondsworth, 1971 (3rd edn)

STEINHARDT, NANCY SHATZMAN, *Chinese Imperial City Planning*, Honolulu, 1990

STEINHARDT, NANCY SHATZMAN (ed.), *Chinese Traditional Architecture*, New York, 1984

TITLEY, NORAH and WOOD, FRANCES, *Oriental Gardens*, London, 1991

XU YINONG, *The Chinese City in Space and Time: The Development of Urban Form in Suzhou*, Honolulu, 2000

ZHANG YUHUAN (ed.), *Zhongguo Gudai Jianzhu Jishu Shi (A History of Ancient Chinese Architectural Technology)*, Beijing, 1985

日本古典
(Classical Japan)

BALTZER, FRANZ, *Die Architektur der Kultbauten Japans*, Berlin, 1907

DRESSER, CHRISTOPHER, *Japan: Its Architecture, Art and Art Manufactures*, London, 1882

FUJIOKA, M., *Shiro to Shoin*, Tokyo, 1973

INAGAKI, E., *Jinja to Reibyo*, Tokyo, 1968

KAWAKAMI, M. and NAKAMURA, M., *Katsura Rikyu to Shashitsu*, Tokyo, 1967

MASUDA, T., *Living Architecture: Japanese*, London, 1971

MORSE, EDWARD S., *Japanese Homes and Their Surroundings*, London, 1888

NAKANO, G., *Byodoin Hoodo (The Pavilion of the Phoenix at Byodoin)*, Tokyo, 1978

OTA, H., *Japanese Architecture and Gardens*, Tokyo, 1966

PAINE, R. and SOPER, A., *The Art and Architecture of Japan*, Harmondsworth, 1974

SANSOM, G. B., *A Short History of Japanese Architecture*, Rutland, VT, 1957

STANLEY-BAKER, JOAN, *Japanese Art*, London, 1984 and 2000

先コロンブス期

COE, MICHAEL D., *The Maya*, London, 1995 (5th edn)

COE, MICHAEL D., *Mexico from the Olmecs to the Aztecs*, London, 1995

HEYDEN, DORIS and GENDROP, PAUL, *Pre-Columbian Architecture of Mesoamerica*, London, 1988

HYSLOP, JOHN, *Inka Settlement Planning*, Austin, 1990

KOWALSKI, JEFF KARL (ed.), *Mesoamerican Architecture as a Cultural Symbol*, Oxford and New York, 1999

KUBLER, GEORGE, *The Art and Architecture of Ancient America*, London and New Haven, 1993

MILLER, MARY ELLEN, *The Art of Mesoamerica from Olmec to Aztec*, London, 1986

PASZATORY, ESTHER, *Pre-Columbian Art*, London, 1998

RUTH, KAREN, *Kingdom of the Sun, the Inca: Empire Builders of the Americas*, New York, 1975

STIERLIN, HENRI, *The Maya, Palaces and Pyramids of the Rainforest*, Cologne, 2001

古典期以前

BOËTHIUS, AXEL., *Etruscan and Early Roman Architecture*, Harmondsworth, 1978

HAYNES, SYBILLE, *Etruscan Civilisation*, London, 2000

LAWRENCE, A. W., *Greek Architecture*, London and New Haven, 1996 (5th edn)

MARTIN, ROLAND, *Greek Architecture: Architecture of Crete, Greece, and the Greek World*, London, 1980

MATZ, FRIEDRICH, *Crete and Early Greece: The Prelude to Greek Art*, London, 1962

MYLONAS, GEORGE E., *Mycenae and the Mycenaean Age*, Princeton, 1966

STIERLIN, HENRI, *Greece: From Mycenae to the Parthenon*, London and Cologne, 2001

TAYLOUR, LORD WILLIAM, *The Mycenaeans*, London, 1964

古代ギリシャ

LAWRENCE, A. W., *Greek Architecture*, London and New Haven, 1996 (5th edn)

MARTIN, ROLAND, *Greek Architecture: Architecture of Crete, Greece, and the Greek World*, London, 1980

SCRANTON, ROBERT L., *Greek Architecture*, London, 1962

STIERLIN, HENRI, *Greece: From Mycenae to the Parthenon*, London and Cologne, 2001

TAYLOR, WILLIAM, *Greek Architecture*, London, 1971

TOMLINSON, R. A., *Greek Architecture*, Bristol, 1989

古代ローマ

BOËTHIUS, AXEL, *Etruscan and Early Roman Architecture*, New Haven and London, 1994

BROWN, F. E., *Roman Architecture*, New York, 1961

MACDONALD, W. L., *The Architecture of the Roman Empire*, New Haven, 1965–86 (revised edn 1982), 2 vols

MACKAY, A. G., *Houses, Villas and Palaces in the Roman World*, London, 1975

NASH, E., *Pictorial Dictionary of Ancient Rome*, London, 1961–2 (2nd edn 1968), 2 vols

PLATNER, A. B. and ASHBY, T., *A Topographical Dictionary of Ancient Rome*, London, 1929

SEAR, F. B., *Roman Architecture*, London, 1982

SUMMERSON, J., *The Classical Language of Architecture*, London, 1980

VITRUVIUS, *On Architecture*, London and New York, 1931 (Bks I–V), 1934 (Bks VI–X)

WARD-PERKINS, J. B., *Roman Imperial Architecture*, London and New Haven, 1994

WHEELER, M., *Roman Art & Architecture*, London, 1964

初期キリスト教／ビザンチン

KRAUTHEIMER, RICHARD, *Early Christian and Byzantine Architecture*, Harmondsworth, 1981

LASSUS, JEAN, *The Early Christian and Byzantine World*, London, 1967

MAINSTONE, ROWLAND J., *Hagia Sophia: Architecture, Structure and Liturgy of Justinian's Great Church*, London, 1988

MANGO, CYRIL, *Byzantine Architecture*, New York, 1976

MATHEWS, THOMAS F., *The Byzantine Churches of Istanbul: A Photographic Survey*, Pennsylvania, 1976

MILBURN, ROBERT, *Early Christian Art and Architecture*, Aldershot, 1988

RODLEY, LYN, *Byzantine Art and Architecture: An Introduction*, Cambridge, 1994

WHARTON, ANNABEL JANE, *Art of Empire: Painting and Architecture of the Byzantine Periphery, A Comparative Study of Four Provinces*, Pennsylvania, 1988

イスラム

BLAIR, S. S. and BLOOM, J. M., *The Architecture of Islam 1250–1800*, London and New Haven, 1994

BLOOM, J. M., *Minaret: Symbol of Islam*, Oxford, 1994

COSTA, P. M., *Studies in Arabian Architecture*, Aldershot, 1994

CRESWELL, K. A. C., *A Bibliography of the Architecture, Arts and Crafts of Islam*, Cairo, 1962 and 1973

DAVIES, PHILIP, *The Penguin Guide to the Monuments of India, Volume Two: Islamic, Rajput and European*, London, 1989

ETTINGHAUSEN, R. and GRABAR, O., *The Art and Architecture of Islam 650–1250*, London and New Haven, 1987

FRISHMAN, M. and KAHN, H. U. (eds.), *The Mosque: History, Architectural Development and Regional Diversity*, London, 1994

GRABAR, O., *The Great Mosque of Isfahan*, London, 1987

HARLE, J. C., *The Art and Architecture of the Indian Subcontinent*, London and New Haven, 1994

HILL, D. and GRABAR, O., *Islamic Architecture and its Decoration*, London, 1964

HILLENBRAND, R., *Islamic Architecture*, Edinburgh, 1994

HOAG, JOHN D, *Islamic Architecture*, New York, 1997

KUHNEL, E., *Islamic Art and Architecture*, London, 1966

MAYER, L. A., *Islamic Architects and Their Works*, Geneva, 1956

MICHELL, GEORGE (ed.), *Architecture of the Islamic World: Its History and Social Meaning*, London, 1978 (2000 edn)

ロマネスク

ARCHER, L., *Architecture in Britain & Ireland: 600–1500*, London, 1999

BROOKE, C. N. L., *The Twelfth Century Renaissance*, London, 1969

BUSCH, H. and LOHSE, B. (eds.), *Romanesque Europe*, London, 1960

CONANT, KENNETH J., *Carolingian and Romanesque Architecture 800 to 1200*, Harmondsworth, 1973

DUBY, G., *The Europe of the Cathedrals, 1140–1280*, Geneva, 1966

EVANS, J. (ed.), *The Flowering of the Middle Ages*, London, 1966

FERNIE, ERIC, *The Architecture of Norman England*, Oxford, 2000

HOOKER, D. (ed.), *Art of the Western World*, London, 1989

KUBACH, HANS ERICH, *Romanesque Architecture*, London, 1988

OURSEL, R., *Living Architecture: Romanesque*, London, 1967

SWARZENSKI, H., *Monuments of Romanesque Art*, London, 1974

WATKIN, D., *A History of Western Architecture*, London, 1986

ゴシック

ARCHER, L., *Architecture in Britain & Ireland: 600–1500*, London, 1999

ARSLAN, E., *Gothic Architecture in Venice*, New York, 1971

BONY, J., *French Gothic Architecture Twelfth to Thirteenth Century*, London and Berkeley, 1983

BRANNER, R., *St Louis and the Court Style in Gothic Architecture*, London, 1964

FRANKL, P., *Gothic Architecture*, Harmondsworth, 1962

GRODECKI, LOUIS, *Gothic Architecture*, London, 1986

HARVEY, J. H., *The Gothic World 1100–1600*, London, 1950

HENDERSON, G., *Gothic*, Harmondsworth, 1967

PUGIN, A. and A. W., *Examples of Gothic Architecture*, London, 1838–40, 3 vols

WHITE, JOHN, *Art and Architecture in Italy 1250 to 1400*, Harmondsworth, 1966

WOOD, MARGARET, *The English Mediaeval House*, London, 1965

ルネサンス
(Renaissance)

ACKERMAN, J. S., *The Villa: Form and Ideology of Country Houses*, London, 1995

ALBERTI, LEON BATTISTA, *On the Art of Building in Ten Books*, translated by J. R. Rykwert *et al.*, Cambridge, MA, 1988

BLUNT, ANTHONY, *Art and Architecture in France 1500–1700*, London and New Haven, 1999 (5th edn)

BLUNT, ANTHONY, *Artistic Theory in Italy 1450–1600*, Oxford and New York, 1978

参考文献

HEYDENREICH, L. H. (revised by P. Davies), *Architecture in Italy 1400–1500*, London and New Haven, 1996

LOTZ, W. (revised by D. Howard), *Architecture in Italy 1500–1600*, London and New Haven, 1995

MILLON, H. and LAMPUGNANI, V. M. (eds.), *The Renaissance from Brunelleschi to Michelangelo: The Representation of Architecture*, Milan, 1994

MURRAY, PETER, *Architecture of the Renaissance*, New York, 1971

PALLADIO, ANDREA, *Four Books of Architecture*, English translation, New York, 1965

SUMMERSON, JOHN, *Architecture in Britain, 1530–1830*, London and New Haven, 1993

THOMSON, D., *Renaissance Architecture: Critics, Patrons, Luxury*, Manchester, 1993

WATKIN, D., *English Architecture*, London, 1979 (reprinted 1990)

WITTKOWER, R., *Architectural Principles in the Age of Humanism*, London and New York, 1988

バロック／ロココ
(Baroque and Rococo)

BLUNT, ANTHONY, *Art and Architecture in France 1500–1700*, London and New Haven, 1999 (5th edn)

BLUNT, ANTHONY, *Baroque and Rococo, Architecture and Decoration*, London, 1978

BOTTINEAU, YVES, *Iberian–American Baroque*, ed. Henri Stierlin, Cologne, 1995

DOWNES, KERRY, *English Baroque Architecture*, London, 1966

HEMPEL, EBERHARD, *Baroque Art and Architecture in Central Europe*, Harmondsworth, 1965

MARTIN, JOHN RUPERT, *Baroque*, London, 1989

MILLON, HENRY A. (ed.), *The Triumph of the Baroque, Architecture in Europe 1600–1750*, London, 1999

MINOR, VERNON HYDE, *Baroque and Rococo, Art and Culture*, London, 1999

NORBERG-SCHULZ, CHRISTIAN, *Baroque Architecture*, London, 1986

NORBERG-SCHULZ, CHRISTIAN, *Late Baroque and Rococo Architecture*, London, 1986

SUMMERSON, JOHN, *Architecture in Britain, 1530–1830*, London and New Haven, 1993

VARRIANO, JOHN, *Italian Baroque and Rococo Architecture*, Oxford and New York, 1986

WITTKOWER, RUDOLF, *Art and Architecture in Italy 1600–1750*, London and New Haven, 1999 (6th edn)

パッラーディアニズム
(Palladianism)

BARNARD, TOBY and CLARK, JANE (eds), *Lord Burlington, Architecture, Art and Life*, London, 1995

BOLD, JOHN, with REEVES, JOHN, *Wilton House and English Palladianism*, London, 1988

CAMPBELL, COLEN, *Vitruvius Britannicus*, London, vol. I 1715, vol. II 1717, vol. III 1725

HARRIS, JOHN, *The Palladian Revival, Lord Burlington, His Villa and Garden at Chiswick*, London and New Haven, 1994

HARRIS, JOHN, *The Palladians*, London, 1981

PARISSIEN, STEVEN, *Palladian Style*, London, 1994

SUMMERSON, JOHN, *Architecture in Britain, 1530–1830*, London and New Haven, 1993

SUMMERSON, JOHN, *Inigo Jones*, London and New Haven, 2000

TAVERNOR, ROBERT, *Palladio and Palladianism*, London, 1991

WITTKOWER, RUDOLF, *Palladio and English Palladianism*, London, 1983

WORSLEY, GILES, *Classical Architecture in England, The Heroic Age*, London and New Haven, 1995

新古典主義
(Neo-classical)

ADAM, ROBERT and JAMES, *Works in Architecture*, London, 1778

The Age of Neo-classicism, Arts Council exhibition catalogue, London, 1972

CROOK, J. M., *The Greek Revival*, London, 1972

HAMILTON, G. H., *The Art and Architecture of Russia*, Harmondsworth, 1983

HONOUR, HUGH, *Greek Revival Architecture in America*, Oxford, 1944

KALNEIN, W. G. and LEVEY, M., *Art and Architecture of the Eighteenth Century in France*, Harmondsworth, 1972

MIDDLETON, R. D. and WATKIN, D., *Neo-classical and Nineteenth-century Architecture*, London, 1977

PIERSON, W. H., *American Buildings and Their Architects: The Colonial and Neo-classical Styles*, New York, 1970

STILLMAN, D., *English Neo-classical Architecture*, London, 1988

SUMMERSON, JOHN, *Architecture in Britain, 1530–1830*, London and New Haven, 1993

WATKIN, D. and MELLINGHOFF, T., *German Architecture and the Classical Ideal, 1740–1840*, London, 1986

WIEBENSON, DORA, *Sources of Greek Revival Architecture*, London, 1969

WORSLEY, GILES, *Classical Architecture in Britain, The Heroic Age*, London and New Haven, 1995

ピクチャレスク
(Picturesque)

ARNOLD, D. (ed.), *The Georgian Villa*, Stroud, 1996

BALLANTYNE, A., *Architecture, Landscape and Liberty: Richard Payne Knight and the Picturesque*, Cambridge, 1977

DANIELS, S., *Humphry Repton: Landscape Gardening and the Geography of Georgian England*, London and New Haven, 1999

HARRIS, J., *The Architect and the British Country House*, Washington, 1985

HUSSEY, CHRISTOPHER, *The Picturesque: Studies in a Point of View*, London, 1983

LINDSTRUM, D. (ed.), *The Wyatt Family*, RIBA catalogue, Farnborough, 1974

LOUDON, J. C., *The Encyclopedia of Cottage, Farm and Villa Architecture*, London, 1833

LOUDON, J. C., *The Landscape Gardening and Landscape Architecture of the Late Humphry Repton*, London, 1840

MACDOUGALL, E. (ed.), *John Claudius Loudon and the Early Nineteenth Century in Great Britain*, Dumbarton, 1980

MANSBRIDGE, M., *John Nash: A Complete Catalogue*, London and New York, 1991

ROWAN, A., *Robert and James Adam: Designs for Castles and Country Villas*, Oxford, 1985

STAMP, G., *The Great Perspectivists*, London, 1982

SUMMERSON, JOHN, *Architecture in Britain, 1530–1830*, London and New Haven, 1993

TEMPLE, N., *John Nash and the Village Picturesque*, Gloucester, 1979

WATKIN, D., *The Buildings of Britain: Regency*, London, 1982

WATKIN, D., *The English Vision: The Picturesque in Architecture, Landscape and Garden Design*, London, 1982

索 引

あ

アーキトレーブ 131
アーケード 150, 318-19
　クロイスター 222
　コート・オブ・ライオン 176
　セルリアン 275
　ハギア・ソフィア 159
　ブラインド 187, 194, 197, 209, 318
　屋根で覆われた 190
　ルネサンス 228
アーチ 318-19
　イスラム 166, 167
　インターレース 193
　エトルリア 93
　円形 318
　オジー 212, 213, 318, 322
　ゴシック 200, 318, 319
　身廊 209
　尖塔 93, 166, 187, 200
　トラヤヌス帝アーチ 136
　馬蹄型 174, 175, 319
　ブラインド 291
　4心 214
　ローマン 127, 145
アール・ティルニー邸祠堂 295
アイドン城 219
アイルランド円塔 317
アウグストゥス時代の建造物 128-31
アウグストゥスの橋 129
アウンドル教会 206
アエミリア大聖堂 122
アカンサス 102, 103, 150, 195, 229, 245
アクサ・モスク 166
アクラガス寺院 105
アクロテリア 37, 57, 99, 107, 325
アクロポリス 108-11
アゴラ 120
浅浮き彫り 29
アジア風柱基 103
アジャンタ 44, 45
アステカ 82, 83
アタルスⅡのストア 120
圧縮ドーム・バシリカ 157
アッシリア 28, 30-3
アッティカ式柱基 101, 103
アテナ・ニケ神殿 110, 111
アディスターナ 51
アトランティス 82, 105, 268, 321
アトリウム 124, 148
アトレウスの宝庫 88, 89, 312
アドミラルティー・スクリーン 297
アバクス 83, 98, 101, 103
アパダナ 34, 35, 36
アパルトメント 242
アブ・シールのピラミッド群 15
アブディオレス 154, 160
アブ・シンベル 24
アブラク 172
アプス 150, 154, 161

アポロ・エピクリウス神殿 102, 107
アポロ・ディディマ神殿 115
アポロドーロス 138
アマラカ 50
網師園 64, 65
アメリカ
　ネオクラシカル 298-9
　パッラーディアニズム 282-3
アラベスク 290
アランカーラ 50
アルカサール・ファサード 248
アルテミス神殿 113
アルドゥアン・マンサール 263, 313
アルハンブラ 176-7
アロンソ・デ・コヴァルビアス 248
アンタララ 48
アンテフィクス 93, 99, 115
アンテミオン 101, 103, 111, 198
アントラー・タワー 173
アントワープ市庁舎 246-7
アンドレア・パッラーディオ 236, 237, 239, 240-1, 254, 272, 275, 276, 278, 280-1, 283
アンビュラトリー 152, 162, 186
アンフィシアター 134
アンフィプロステュロス 111
イートン校 220
イーワン形式 170, 172, 173
家
　中国 62-3
　日本 72-3
　ローマ平面図 125
イエルバートフト教会 214
イオニア式オーダー 98, 99, 100-1, 112-13, 116, 123, 285, 314
　円柱 100, 109, 116, 303
　コロッセウム 135, 318
　新古典時代 287
　大オーダー 128
　プロピライア 109
　ヘレニスティック期 114, 115
　ペリクレス時代 107, 110-11
イギリス
　ギリシャ・リバイバル 294-5
　ゴシック 206-21
　新古典主義 290-7
　ノルマン様式 192-5
　バロック 264-7
　パッラーディアニズム 272-81
　ルネサンス様式 250-5
イギリス式オーダー 287
移行期トレーサリー 202
イコノスタシス 151
イサベル様式 222, 223
石落し格子 15
石燈籠 70
イスファファン・モスク 172
イスラム 166-83, 317
伊勢神宮 67
イソワール聖堂 186
イタリア
　ゴシック 226-7

　ルネサンス 232-3, 236-7, 242
　ロマネスク 196-9
イタリア式オーダー 229
イタリア様式 305
イタリア・トレーサリ 226
一顆印式住宅 63
イニゴ・ジョーンズ 254-5, 272-3, 274-5, 276, 278, 280
イフリー教会 195
イブン・トゥールーン・モスク 167
イベリア半島 222-3
イマレット 182
いらか段 325
入り口
　ウシュマル 80
　ゴシック様式 204
　ジャコビアン様式 252
　日本家屋 73
　パッラーディアニズム 278, 279
　ルネサンス 241
イリソス神殿 107, 285
イル・ジェズ大聖堂 237, 256
イルスリングボロ 211
色 235
イン・アンティス 97
インカ 84-5
インカ切石積み 84
インド 40-53, 178-81
インド式円柱 48, 315
インドラ・サバー石窟 47
インプルウィウム 124
ウィトゥルウィウス 92, 100, 102, 110, 127
『ウィトゥルウィウス・ブリタニカ』 276
ウィリアム・ケント 280-1, 308
ウィリアムズ・ウィン邸 287
ウィンチェスター大聖堂 217, 255
ウインドーブロウン形 155
ウェールズ大聖堂 212
ウェイド将軍邸 277
ウェストミンスター修道院 207, 209, 217
ウェストミンスター・ホール 327
浮き彫り 147
浮き彫り装飾 234
ウシュヌ 84, 85
ウシュマル 80-1
腕木柱頭 173
ウナス王のピラミッド 15
占い師のピラミッド 80
ウルスリンガ 51
ウルビア帝会堂 137
エームズベリー邸 273
英国財務省, ロンドン 280
エキヌス 98, 101
エクセドラ 141, 143, 153, 155, 158, 159
エクソナルテックス 164, 165
エシュロン型平面
エジプト新王朝宮殿・霊廟 18, 19, 20, 21

エジプト様式円柱 315
エジプト様式大広間 281
エスコリアル 249
エゼキエル・ハーシー・ダービー邸 299
枝ヴォールト 213, 329
エッグ・アンド・ダート 100, 101, 111
エトルリア 90-3
エドフ神殿 26, 27
江戸平面図 75
エピセニウム 118
エリー大聖堂 212
エリザベス朝切妻 325
エリザベス朝出入口 321
エリザベス朝プロディジー・ハウス 250-1
エレアノールの十字架 210
エレクテイオン神殿 110, 111, 294, 296
円形炉床 87
エンシャム 207
円錐形屋根 326
エンタシス 104
エンタブラチュア 51, 98, 100, 150, 168, 238, 314
演壇の階段 330
円柱 150, 314-15
　イオニア式 100, 109, 116, 303
　イスラム 166
　インド 48, 315
　腕木 145
　エトルリア式 92
　ギリシャ 94, 96, 104-5
　コリント式 102, 303
　新古典主義 303
　ジャイアント・オーダー 259
　ジャイナ教 178-9
　スタンバ 40-1
　双柱 260
　中国 55
　柱間 95
　トゥーラ 82
　トラヤヌス帝 136
　ドリス式 98-9, 116
　内部柱廊 95
　ハトホル神 27
　ヴェスタ神殿 144
　仏教寺院 68, 70
　ペルシャ 36, 38, 315
　ミケーネ 89
　溝付き 267
　ローマ式 131
　ロマネスク 199
円塔 317
煙突 219, 243
円窓 322
オーストリア 268
オーダーの序列 135
オードリー・エンド 252
オーバーマンテル 293
オープン・ストリング 331

索引

オープン・ロッジア 258
オーリエル・ウインドー 221, 323
オールドデリー・モスク 179
オールド・ライブラリー，ヴェネチア 319
王家の谷 18, 19
牡牛の内陣 115
大綱繰型 188
大広間 219, 251, 277
オキュルス 140, 141, 265, 313
オクタウィウス・アウグストゥスの戦勝記念碑 284
オシリス神 25
オジー・アーチ 212, 213, 322
オスマン・トルコ 182
オセール大聖堂 198
オックスフォード・クライスト教会 217
オテル 262, 270-1
オテル・ド・ヴィラ 204
オテル・ド・スービーズ 270
オデオン 118-19
オピストドモス 96, 97, 109
オプス・インケルトゥム 122
オプス・セクティレ 151
オプス・テスタセウム 146
オプス・レティクラトゥム 132
オベリスク 23, 33
オリッサ様式 48, 50
オリヴィエート大聖堂 226
織物会館 225, 247
織物工場 75
オリンピアード 120
オルケストラ 118, 133
オルジェイトゥ霊廟 168
オルネ 306
オレンジ・ツリー・ガーデン祠堂 279
温室 309

か

カーバ 166
カール・フリードリッヒ・シンケル 302-3
カールリー 43
階層的ヴォールト 204
階段 330-1
　ゴシック 204, 205
　神道 66
　ダレイオス大王 35
　パレンケ 78
　ペルシャ 36, 37
　螺旋 219, 330
　ルネサンス 243, 249
　ローマ建築 131
階段室 331
階段雷文模様 81
カイトベイ・モスク 172
カイラサ寺院 47
回廊 150, 184
鏡の間 263

格天井 117, 139, 141, 142, 142
籠細工 155
重ね合わせ繰型 270
荷重軽減石 17
カストル・ポルックス神殿 131
カスプ 211
カスル・イブン・ワルダン教会堂 157
風の塔 114, 294-5
闊葉の彫刻 213
要石 267, 318, 328, 329
鐘 70
カネフォラ 111
カヴェア 118, 119, 128
南瓜型ドーム 156
萱葺き屋根 72, 307
カラート・サマーン 153
カラカラ浴場 142, 143
カラシャ 50
カリアティド 105, 110, 294, 321
カリエ・ジャミイ 164
カリクラテス 110
カリン城 305
カルダリウム 143
カルトゥーシュ 259
カルト神殿 21
カルナック神殿 22-3
カルロ・マデルノ 257, 258
カンタベリー大聖堂 194, 206, 217
観音開き窓 323
カンパニーレ 155, 196, 198, 227, 316, 317
涵碧山房 65
カンポ・デル・ヴァッチーノ 147
カンポサント 198
ガーゴイル 219
ガス塔 293
ガゼボ 309
ガッラ・プラチディア廟堂 153
ガルバグリファ 48
岩窟寺院 46-7
岩窟墓 18-19, 39
キール・モールディング 209
幾何学的トレーサリー 212
幾何学的バー・トレーサリー 216
北アフリカ 182-3
基部 51
キューブ・トゥーム 91
球根型ドーム 313
旧サン・ピエトロ教会，ローマ 148-9, 152, 313
厩舎 308
宮殿
　日本 74
　ファサード 12
　ミケーネ 86
宮殿大広間 181
キュプロス式石積み 87, 307
共同墓地 13
胸壁 215
曲線式トレーサリー 211, 212
巨像 21

鋸壁 25
切り石 161
キリセ・ジャーミイ 164, 165
切妻 253, 324-5
キングズ・カレッジ礼拝堂 214, 216
キングポスト・ルーフ 327
ギザの大ピラミッド 14, 16-17
偽床 19
擬似周柱式 105
擬似二重周柱式 96
偽扉 13
ギブジアン回り枠 277
ギムナシウム 120, 121
ギヨーム・ド・サンス 206
ギリシャ式雷文 295
ギリシャ十字八角形平面 162
ギリシャ十字平面 185
ギリシャ・リヴァイヴァル 294-5, 300
クーポラ 196, 228, 313
クアドリーガ 117, 133
クイーンズ・ハウス，グリニッチ 272
クイーン・ポスト・ルーフ 327
クインカンクス 163, 164, 165
空中庭園 29
クエンジク中央宮殿 32
クセルクセス王宮殿 36-7
クソノン 94
屈折ピラミッド 15
クッワット・アル・イスラム 179
クネイ 118
クラウン・ポスト屋根 327
クラム・ガラス宮殿 268
クリアストーリー 150, 192, 208, 215
クリオ・スフィンクス 22
繰型(モールディング)
　大縄 188
　重ね合わせ 270
　初期イギリス 209
　歯飾り 227
　四つ葉花形 212
　ロール 195
クリストファー・レン 264, 265, 266, 313
クリゼレファンタン 108
クリテムネストラの宝庫 88, 89
クリプト 195, 196, 213
クレステリア 78
クレピドーマ 95
クレモナ大聖堂 226
クロー・ステップス 325
クローマー 215
クロイスター 222
クロケット 211
クロケット装飾のピナクル 210
クロス・イン・スクエア型 163
グラフトン・アンダーウッド教会 213
グリニッチ病院 266

グリプトテーク 301
グレート・ミルトン教会 207
グレコ・ローマン神殿 26-7
グロイン・ヴォールト 146, 161, 195, 329
グロスター大聖堂 195, 213, 216
景観庭園 308
ケスティウスのピラミッド 129
ケルン大聖堂 224, 328
ケンウッド邸 295
犬歯飾り 208
『建築四書』 254, 272, 274, 281
ケントン 215
ゲート・ピア 279
劇場 128
　ギリシャ 118-19
　コヴェント・ガーデン 294
　コメディ・フランセーズ 289
　ノイエス・テアター 302-3
外宮 67
ゲルンハウゼン 189
元老院議場 120
コーニス 27, 113, 145, 168
コーラのキリスト修道院 164
交差ドーム型教会 160
交差部の塔 193
交差リブ 218
公爵宮殿 204
皇帝の城 58
勾配屋根 326
コスタンツァ教会 152
コスマティ細工 199
古代エジプト 12-27
古代ギリシャ 94-121, 229, 314
コテージ建築 306-7
コパン 79
コヴェント・ガーデン 254, 294
コメディー・フランセーズ 289
コリントのアトリウム 124
コリント式円柱 102, 303
コリント式オーダー 98, 102-3, 107, 114-15, 126, 229, 314
　アウグスティヌス帝神殿 130, 131
　コロッセウム 135, 318
　コンポジット 133
　新古典主義 287
　ローマ 143
コリント式柱頭 102, 103, 114, 122, 126
コルサバード宮殿 30-1
コルドバのモスク 174-5
コルネリス・フロリス 246
コレギエン教会 269
コレン・キャンベル 274, 275, 276-7
コロッセウム 134-5, 318
コンクリート 126, 132, 134, 141, 143, 146, 312
コンコルド神殿 130
コンス神殿 23
コンスタンティヌス凱旋門 147,

索引

284
コンソール　111, 261
コンプトン・ウィニェーツ　220-1
コンプルウィウム　124
コンポジット・オーダー　133, 229, 314
ゴシック　200-27
　アーチ　200, 318, 319
　塔　316, 317
　トレーサリー　210, 214, 235
　バットレス　201, 207, 210, 215, 328
　ピクチャレスク　304
　窓　203, 204, 322
御所　75
ゴプラム　52

さ

サーカス・マキシマス　122
サーマル・ウインドー　145, 237, 279, 289, 323
サイールの宮殿　80
サイオン・ハウス　286-7, 292-3
祭壇　79
サイド・ベイ　146
サッカラの階段ピラミッド　14
サッシ窓　323
サットン・コートニー　219
サハン　167
サポテコ遺跡　76, 81
サラ　45
皿型ドーム　312
サラマンカ旧大聖堂　191
サルコファガス　19
サルゴン王宮殿　30, 31
サロモン・ド・ブロス　260
サロン　263
サンイレーヌ大聖堂, コンスタンティノープル　157
サン・カルロ・アッレ・クアットロ・ファンターネ教会　257
サン・クリスト・デ・ラ・ルス　175
サンジェルマン教会, ポントドゥメアー　203
参事会会議室　194, 212
三重殻ドーム　313
サン・セルナン聖堂　184
サン・ゼノ教会, ヴェローナ　199
サンタ・アタスターシア　227
サンタポリナーレ・イン・クラッセ教会　154-5
サンタポリナーレ・ヌオーヴォ教会　154
サンタマリア教会,トスカネッラ　197, 198
サンタ・マリア・デイ・ミラコーリ教会　234
サンタ・マリア・デッラ・コンソラツィオーネ教会　237
サンタンドレア・アル・クイリナーレ　257

サンティアゴ教会　191
サンティアゴ・デ・コンポステーラ大聖堂　190, 191
サンティアゴ・デ・コンポステーラ　248
サンデオ　225
サントゥアン大聖堂, ルーアン　202, 203
サント・マデレーヌ大聖堂,トロイ　203
サン・トロフィーム教会ポーチ　184
サン・パオロ大聖堂, ローマ　199
サン・パブロ教会　190
サン・ピエトロ教会, ノーサンプトン　192-3
サン・ピエトロ・バシリカ, ローマ　236
サン・ピエトロ広場, ローマ　257
サン・フロン大聖堂　185
サン・ヴィターレ大聖堂　155
サン・ポール・サン・ルイ教会　270
サンマルコ広場　238
サンマルコ大聖堂,ヴェネチア　163, 196
サン・マルタン聖堂, パリ　201
サン・ミケーレ教会, パヴィア　197
サン・ミニアート・アル・モンテ教会　196
サン・ミラン大聖堂　190
サン・ムヌー聖堂　185
サンルーム　219
サン・ロレンツォ大聖堂　153
ザ・グランジ, ハンプシャー　295
ザモラ大聖堂　191
シートン・キャッスル　305
シートン・デラヴァル・ホール　267
シーマ　99
シェブロン　193, 194
シェルバーン邸　287
シカラ　50, 51, 53, 316, 317
式年遷宮　67
司教館　223
紫禁城　55
至聖所　150, 151
シタデル　86-7
シナン　182
4分ヴォールト　190
シメイシアム　99
釈迦塔　60, 61
シャトー・ド・クレーヌ　205
シャトー・ド・シャンボール　242-3
シャトー・ド・ブロワ　243
ムーアン・シュル・イェーブル　205
シャトー・ド・メゾン　260
シャム・キャッスル　305
車輪　197, 322
車輪窓　197, 322
シャルトル大聖堂　200, 201, 203
シャルル・ル・ブラン　263
集会場　121
州議会議事堂, オハイオ　299

周柱式　96, 106, 125, 236
集中式　152-3, 231
シュパイヤー大聖堂　188
シュヴェ　185, 223
シュレイマニエ・モスク　182, 183
紹興　59
鐘楼　155, 316
初期イギリス・ゴシック　206-9
初期キリスト教　148-65
シルエット　165
城　192, 205, 218-19, 223, 225, 305
神学校, オックスフォード　221
新古典主義　284-303, 321, 331
神殿, 寺院　231
　アウグストゥス　130-1
　インド　46-53
　エジプト　20-7
　エトルリア　92-3
　ギリシャ　94-7, 106-7
　日本　68-71
　破風　324
神道神社　66-7
シントノロン　150
シンボリオ　191
シンメトリア　96
身廊　186, 192, 194, 201, 209, 223, 230
ジャック・クール邸　205
ジェームズ・ギブズ　275
ジェームズ・スチュアート　294
J・B ノイマン　275
ジェルマン・ボフラン　270
ジグザグ型平面　186
ジッグラト　28, 29, 32
ジャーマ・モスク　183
ジャーリー　167
ジャイアント・オーダー　259
ジャイナ教寺院　53
ジャイナ式円柱　178-9
ジャコビアン様式　252-3
ジャコモ・バロッツィ・ダ・ヴィニョーラ　237
ジャコモ・レオーニ　274
ジャン・ドニ・ルロワ　288
ジャン・ロレンツォ・ベルニーニ　257, 258, 260
住居型墳墓　90
ジュスト・オーレル・メソニエ　270
授洗所　189, 196, 198
殉教者記念堂　153
巡礼　186
ジョージア朝様式　282, 304
城郭　58, 86
城郭風様式　305
城砦　25
ジョヴァンニ・バッティスタ・ピラネージ　284
ジョン・ウェブ　275, 280
ジョン・サマーソン　250
ジョン・ナッシュ　304, 306, 308
ジョン・ヴァンブラ　266, 267

ジラール大学　299
ジル・マリー・オプノール　270
仁寿塔　61
垂直式ゴシック　206, 214-17
水平的トレーサリー　215
スカエナエ・フロンス　128, 133
透かし細工　203
透かし彫り胸壁　215
スカラップ・シェル　270
スカリオラ床　293
スカンディナヴィア・ゴシック　225
スキンチ　162, 175, 179
スクオーラ・グランデ・ディ・サン・マルコ　235
スクリーン　42, 73
　イスラム　174
　海軍府遮壁　297
　ジャーリー　167
　ドリス式　292
　ルネサンス　255
スクリーン・ファサード　198
スケーネ・ビルディング　119
スコーシア　101, 103
スタイロベート　95, 330
スタジウム　121
スタビアーネ浴場　125
スタントン・セント・ジョーンズ教会　213
スタンバ　40-1
ステラ　77, 78, 79
ステレ　116
ストークセイ城　218
ストア　120
ストゥーパ　40-1, 42-3, 60
ストウヘッド　277
ストックホルム王宮　268
ストライエーション　227
スパイア　316
スパイラル・ステアケース　219, 330
スパンドレル　214, 215
スピナ　122
スフィンクス　16, 291
スフィンクス神殿　20
スプレイフット・スパイア　317
スペイン
　スペイン　222-3
　ルネサンス　248-9
　ロマネスク　190-1
スペイン式トレーサリー　223
隅石　238, 273
スルタン・アフメット(ブルー)・モスク　182
スルタン・ハッサンのモスクとマドラサ　170-1
スルタン・バルクークのモスク　173
スルタン・フセインのマドラサ　172
棲霞寺　60
聖使徒教会　163
聖使徒教会　165
製図工窓　322
聖セルジウス・聖バッカス教会　156
製茶工場　75

347

索引

聖テオドール聖堂 164
聖デメトリウス教会, テッセロニカ 148, 150
聖堂内陣 151
聖母礼拝堂 192
聖マリア・コンスタンティン・リップス聖堂 164
セウェルス朝 142-5
説教檀 171, 170
摂政時代 304
セディーレ 213
セバスティアーノ・セルリオ 244, 245, 251
セプティミウス・セヴェルスの凱旋門 142
セプティゾディウム 142
セムナ 25
セメント 126
セラ 96
　エトルリア 92
　ヴェスタ神殿 144
　ルネサンス様式 236
　ローマ建築 123, 127, 139, 141
迫石 238, 276, 318
迫石アーチ 93
セルリアン・アーケード 275
先古典時代 86-93
先コロンブス期 76-85
尖塔 264, 294
尖頭アーチ 93, 166, 187, 200
尖頭ドーム 312, 313
セントカルロ・ボロメオ 269
セントジェームズ教会, ロンドン 264
セントジョージホール, リバプール 297
セントジョン教会, ディヴァイザズ 193
セント・スティーブンズ教会, ウェストミンスター 213
セント・ソフィア大聖堂, テッサロニキ 160-1
セント・ソフィア大聖堂, トレビゾンド 164
セント・ソフィア大聖堂, ノブゴロド 165
聖ニコラス教会, ミラ 160
セントバルボラ教会, クトナー・ホラ 225
セント・パクラス教会 294
セント・フィリップ教会, バーミンガム 267
セントブライド教会, ロンドン 264
セント・ブレイズ 307
セント・ベネット教会 265
セント・ポール教会, ロンドン 254
セント・ポール大聖堂, ロンドン 264, 265, 313
セント・メアリーズ教会, チェルトナム 211
ゼウス神殿 107, 115

ソールズベリー大聖堂 206
僧院 44-5
葬祭神殿 20
装飾アーケード 187, 194, 197, 209, 318
装飾アーチ 291
装飾ゴシック 206, 210-13
装飾トレーサリー 202
送水路 127
双柱 260
側廊 160, 186, 208, 230
側廊のない身廊 223
蘇州 58, 64, 65
素描 255
ソレア 151

た

タージ・マハール 181, 313
ターラール 37, 52
太陽神殿 20
台輪 54, 62
多角形平面 236
多角形窓 220
タク・ケサラのアーチ 318
多色化 165
タフテ・バフィー 45
タブリヌム 124, 125
玉花弁飾り 211
玉垣 67
タルー・タブレロ 77
タンボ 84
単廊式 186
ダイアナ神殿 139
ダイアモンド模様 194, 209
大英博物館 294, 296
大オーダー 105, 128
大学校舎 220, 221
大シスマ 162
大聖堂 192
　入り口 321
　ヴォールト 328
大都 59
大同 59
大理石 130
　イスラム 169
　ゴシック 209
　初期キリスト教 150
　ハギア・ソフィア 159
　パンテオン 141
　ルネサンス 234
　ロマネスク 196
大列柱室 23
ダウントン・キャッスル 304
ダラム大聖堂 192, 194
ダルガー 168
ダレイオス大王宮殿 34, 35, 36, 39
ダレイオス大王霊廟 39
暖房 133
暖炉, ゴシック様式の 219
チェザーラ 42

チェルトーザ修道院 235
チズウィック邸 278-9, 280
チチェン・イッツァ 82, 83
チャーク面の宮殿 81
チャーニー・バセット 327
チャイティヤ堂 40, 42-3, 44
彩画 57
チャウルティ 53
チャクモール 82, 83
茶室 75
穿斗 62
中国 54-65
柱身 191
柱頭 22, 33, 314, 315
　イオニア 100, 101, 133
　インド 41
　闊葉 195
　クリスチャン 150
　コリント式 102, 103, 114, 122, 126
　ゴシック 201, 208, 212, 224, 227
　新古典主義 286, 298
　ツタの葉 224
　ドリス式 98
　ノルマン 193
　バロック 263
　ビザンチン 155
　ブラケット 249
　ペルシアン 37, 38
　丸ひだ 156
　立方形 159
　ルネサンス 229
　ローマ 284
　ロマネスク 188, 198
柱廊 95, 121, 124, 257
中国式円柱 315
チュルパ 84
長安 58
彫像 188, 213
彫刻 47, 191
衝立 73
衝立壁 27
月のピラミッド 77
付柱 105
ツタの葉の柱頭 224
土の斜面 22
壺 293
蔓植物 306
テアトルム・マルケルス 128, 318
テアトロ・エピダウルス 118
テアトロ・ディオニュソス 118
ティソクの石 83
ティティカカ湖 84, 85
ティトゥスの門 133
ティベリウスのアーチ 129
ティンパナム 235
庭園
　階段 331
　中国 64-5
　バッラーディアニズム 279, 280
　ピクチュアレスク 308-9

ルネサンス 240-1
テイラー・インスティテュート 296
テオティワカン 76, 77
手摺子 57, 331
テッセラ 154
テトラコンチ 153
テノチティトラン 82, 83
テピダリウム 125
テメノス 110, 120
テラコッタ 235
テラス 241
テフモネス, アトランティスの項参照
テルマエ, 浴場の項参照
テレステリオン 121
天井 71, 290
天檀 55
テンピエット 236
展望台 241
ディアコニコン 161
ディオクレティアヌスの大浴場跡 143
ディオクレティアヌス帝宮殿 145
ディオクレティアヌス窓 145, 237, 279, 289, 323
ディオニュソス神殿 115
出入口守護神 320
入り口パヴィリオン 282
デザンヴァリッドの教会 261, 313
出窓 323
デレアグジ／リキア 161
トーマス・アーチャー 267
トーマス・ジェファーソン 282, 283, 298, 299
トーマス・リックマン 206
トーラス 101, 103
トゥーム 90
トゥーラ 82, 83
トゥーレル 205
トゥク 53
トゥルマニン 149
塔 316-17, カンパニーレ, ミナレット, シカラの項も参照
　アマラカ 50
　インド 48, 51
　鐘 155, 316
　鹿の塔 173
　鐘塔 197
　ドラヴィダ 46
　ノルマン 192, 193
　ヴォルムス大聖堂 189
　ランタン 191
　ルネサンス 251
　ロマネスク 186
登記所, エジンバラ 297
塔の館 219
都市
　イスラム 168-9
　中国 58-9
　図書館 136, 238, 264, 319
トスカーナ式オーダー 132, 135, 314
トスカーナ式アトリウム 124

348

索　引

トラナ 40
トラファルガー広場 275
トラヤヌス帝 136-7
トラヤヌス帝アーチ 136
トラヤヌス帝市場 136
トラヤヌス帝円柱 136
トラヤヌス帝神殿 137
トラレスのアンテミオス 158
トランチ教会 217
鳥居 66
トリグリフ 87, 95, 98, 115, 318
トリニティー・カレッジ図書館 264
トリフォリウム 187, 192, 208, 319
トルコ 182-3
トルテカ文明 82
トレーサリー 202, 206, 216, 227
　移行期 202
　イタリア 226
　幾何学的 212
　幾何学的バー 211
　曲線式 211, 212
　ゴシック 210, 214, 235
　水平 215
　スペイン 223
　装飾 202
　二重四つ葉 224
　バー 201
　パネル 215
　放射状 203
　流紋 211
トレド・シナゴーグ 175
トレド大聖堂 223
トレヤージュ 309
トロス 88-9, 112, 312
トロフィーのデザイン 293
トロワ大聖堂 202
トンネル・ヴォールト 30, 328
ドーヴァー 211
ドーマー窓 282, 307
ドーム 226, 312-13
　アンダ 40
　イスラム様式 169, 183
　クロス・イン・スクエア型 163
　交差ドーム型教会 160
　コンスタンティヌス帝霊廟 147
　サンパウロ大聖堂 265
　サン・ヴィターレ大聖堂 155
　聖ニコラス教会, ミラ 160
　ハギア・ソフィア 158-9
　八角形ドーム 162
　パンテオン 140-1, 289
　パンプキン 156
　ビザンチン 157
　ヴェスタ神殿 144
　マンダパ 49
　木造リブ構造 174
　ルネサンス様式 228
　ロマネスク様式 196
ドア
　ゴシック様式 207, 215, 225
　新古典主義 291, 321
　出入り口 320-1

偽の 13
　ノルマン様式 195, 320
　バロック様式 263
　ペディメント 324
　ペルシャ様式 35
ドア抱き 35, 320
ドイツ
　新古典主義 300-3
　バロック 268, 269
　ロマネスク 188-9
ドゥオーモ ドームの項参照
ドゥオーモ, フィレンチェ 312
ドゥカーレ邸館 227
ドナト・ブラマンテ 236
ドミティアヌス帝宮殿 133
ドムス 124
ドムス・アウレア 132, 134, 136
ドラヴィダ様式 46-7, 48-9, 50, 51, 52, 53
ドリス式オーダー 98-9, 104-5, 107, 114, 116, 314
　ブランデンブルク門 300
　コロッシウム 318
　新古典主義 286-7
　大オーダー 128
　ローマ 127
ドリス式神殿 106
ドリス式スクリーン 292
ドロモス 88, 89, 90

な

ナーステッド 326
内宮 67
内陣 107
中庭 26, 52, 232, 248
ナガラ様式 48-9, 50, 52
夏の離宮 64
7段の神殿 28
鉛細工 322
波打つ壁 259
ニードル・スパイア 316
ニコデムス・テッシン 268
ニコラス・ホウクスムア 266, 267
ニコラス・レヴェット 294
ニコラ・ピノー 270
西庭 64
西本願寺 71
二重殻構造ドーム 265, 312, 313
二重周柱式 94, 115
二重翼廊 206
二重四つ葉飾り 224
日光東照宮 70, 71
ニネベ宮殿 32
日本 66-75
ニムルド神殿 32, 33
ヌービアの国境 24-5
ネア・モニ修道院 162
ネクロポリス 29
ネレイデス記念堂 116
ノートルダム大聖堂 200-1
ノイエス・テアター, ベルリン 302-3

ノイエス・ムゼウム, ベルリン 303
農場建築物 308-9
ノートルダム・デュ・ピュイ大聖堂 185
ノルマン様式 192-5, 317, 320
ノルマン様式アーチ 319
ノルマン様式円柱 314

は

ハーネ・ジャハーン・ティランガニ霊廟 178
ハーバート卿邸 275
ハイポトラキリューム 98
拝廊 148, 154, 158, 160, 163, 164
ハインリッヒ・シュリーマン 88
歯飾り 113
歯飾り繰型 227
葉飾り彫刻 213
ハギア・ソフィア 158-9, 182, 312
橋 309
柱間 95
客家 63
ハトシェプスト神殿 21
ハドリアヌス帝 138-140
ハドリアヌス帝霊廟 138
破風板 306, 325
破風装飾 325
破風のあるポーチ 321
ハリカルナッソスの霊廟 116-17
張り出し入り口パヴィリオン 282
半円形窓 265
　セント・ソフィア 160
　ロマネスク 184, 186
半円筒ヴォールト 125, 139, 328
　カスル・イブン・ワルダン 157
　キリスト教教会の 152, 153
　ギリシャ十字オクタゴン 162
　セプティミウス・セヴェルスの凱旋門 142
　ハギア・ソフィア 158
ハンフリー・レプトン 308
ハンマービーム・ルーフ 217, 327
半木造コテージ 307
バー・トレーサリー 201
バーダーミ石窟 47
バーリントン・ハウス 274
バーリントン卿 278, 280-1
バールベック 144, 145, 285
バールベック神殿 285
バイユー教会 201
バグ 45
バシリカ 148-9, 151, 154-5, 157, 160
　平面図 230, 231
　ポンペイ 124
パエストゥム帝会堂 104
バジャ 42
バタード・ウォール 223
バッカス神殿 144
バットレス 193, 312, 328

ゴシック 201, 207, 210, 215, 328
　フライング 200, 201, 207, 328
馬蹄形アーチ 174, 175, 319
バビロン 28-9
バブ・アン・ナスル 168
バラネイア 120
バルコニー 227, 241, 271
バルセロナ大聖堂 222
バルダッキーノ 150, 152
バルダッキーノ, ローマ 257
バロック 256-71, 313, 324
バンケティング・ハウス, ロンドン 254-5, 272, 273
バンプトン 211
パイロン 21
パエストゥム 104
パゴダ 60-1, 68, 69, 70
パストフォリア 161
パター霊廟 178
パターン朝モスク 179
パッラーディアニズム 272-83, 331
パッラーディアン窓 273, 275, 323
パッラーディアン・モティーフ 239
パネル・トレーサリー 215
パラエストラ 121
パラクレシオン 164
パラスケニア 119
パラッツォ・キエリカーティ 239
パラッツォ・ストロッツィ 233
パラッツォ・デッラ・ラジョーネ 198
パラッツォ・バルベリーニ 258
パラッツォ・ファーヴァ 235
パラッツォ・ファルネーゼ 238
パラッツォ・ボルゲーゼ 258
パラッツォ・メディチ 232
パラッツォ・ルチェルラーイ 233
パラッツォ・ロレダン 234
パルテノン神殿, アテネ 108-9
パルミラ神殿 285
パルメット 101
パレオロゴス期 164
パレ・ドゥ・ジュスティス 205
パレ・ロワイヤル 260
パレンケ宮殿 78, 79
パロドイ 118
パンサの家 124
パンテオン, パリ 289
パンテオン, ローマ 140-1, 312
ヒッポドローム 121
ヒピスラル 115
日干しレンガのマスタバ 13
ヒポコウストゥム 133
ビーズ・アンド・リール繰型 100, 111
ビザンチン 148-65
ビフォラ 232
ピア 167, 192
ピアチェンツァ大聖堂 197
ピア柱身 208
ピアッツァ・サンタ・マリア・ノヴェッラ 228

索 引

ピクチャレスク 304-9
ピサ大聖堂 199
ピサの斜塔 317
ピタゴラス 96
ピナクル 210
ピラー
　インド 45, 47, 49
　オシリス神 25
　ドラヴィダ様式 47, 53
ピラスター 185, 231, 233, 236, 251
　インド 51
　新古典主義 286, 291
　ジャイアント・オーダー 259
　装飾 234
ピラミッド 14-18
フード・モールディング 217
ファーティマ朝 168
ファーノ大会議場 127
ファン・ヴォールト 216, 217
フアン・デ・ヘレラ 248
フィアツェーンハイリゲン巡礼教会 271
フィッシャー・フォン・エルラッハ 268, 269
フィディアス 108
フィニアル 56, 112, 214
フィリッポ・ブルネレスキ 228, 230-1, 312
フィリベール・ドロルム 245
フィレット 99, 101
フィレンツェ 228-9
フィレンチェ大聖堂 228
フィレンチェの宮殿 232-3
フェイシア 100, 102
フォイル（葉形飾り） 211
フォルトゥーナ・プリミゲニアの至聖所 271
フォルトゥナ・ウィリリス神殿 123
フォルム 123
フォルム、アウグストゥス帝の 130
フォルム、トラヤヌス帝の 137
フォルム・ロマヌム 136, 137
フォンテンブロー 244-5
フォントヴロー聖堂 186-7
吹き抜け階段 331
吹き抜け螺旋階段 331
複合ピア 314
副柱頭 150
フジュラ 166
二折れ階段 331
フトゥーフ門 169
フラーミニウス街道のサンタンドレア 237
フライデー・モスク 180
フライング・バットレス 200, 201, 207, 328
フラウエン教会 224
フラット・バットレス 207
フラヴィアヌス朝 132-3
フランス
　ゴシック 200-5, 222

新古典主義 288-9
バロック 260-3
ルネサンス 242-5
ロココ 270-1
ロマネスク 184-7
フランス式オーダー 245
フランス窓 323
フランソワ・マンソール 260
フランチェスコ・ボッロミーニ 257, 258
フランボワイヤン式 202-3, 204-5
フリーズ 51, 81, 87, 98, 111, 123, 285, 286
フリギダリウム 146
フルート 99, 101
フレスコ画 125
噴水 309
ブーヘン 25
ヴァージニア大学 283, 299
ヴァーミキュレーション 278
ヴァキールのモスク 173
ヴァルトブルク城189
ヴィーナス・ローマ神殿 138-9
ヴィシュヌ神像 47
ヴィチェンツァのバシリカ 239
ヴィッラ 240-1, 290, 304
ヴィッラ・ジュリア 241
ヴィッラ・バルバロ 241
ヴィッラ・ロトンダ 240, 278
ヴィネット 217
ヴィハーラ 44-5
ヴィマーナ 50, 317
ヴィラ・ヴィソーザ 174
ヴェーディカー 41
ヴェサラ様式 48, 49, 51
ヴェスタ神殿 122, 123, 126-7, 144
ヴェネチアの宮殿 234, 238
ヴェネチアの教会 237
ヴェネチア窓 323
ヴェラリウム 134
ヴェランダ 45, 72, 73, 307
ヴェルサイユ宮殿 262-3
ヴェローナ 227
ヴォールト 125, 328-9, 半円筒ヴォールト、リブ・ヴォールトの項も参照
　グロイン 146, 161, 195, 329
　交差ヴォールト 146
　ゴシック 204, 212, 213, 216
　4分 190
　トンネル 30, 328
　持ち送り 79
　ランパント 330
　レンガ 157
ヴォルート 37, 38, 101, 159, 229
ヴォルムス大聖堂 189
武器庫、グダニスク 247
ブクラニウム・フリーズ 123
仏教寺院 68-71
佛光山寺 54
仏宮寺 60

ブバネシュワール 53
ブラウズホルム邸 253
腕木 68
ブランデンブルク門 300-1
ブリックリング・ホール 253
ブルゴス大聖堂 222, 249
ブルック・アン・ムール 225
ブレーズノーズ・カレッジ 221
プレナム宮殿 266
ブレモ邸 283
ブロクスハム 195, 210
ブロック回り枠 277, 321
「ブーク」様式 80-1, 83
ブースポボディガイ 48
プティ・トリアノン 288
プテローマ 96
プテロン 96
プラカラ 52
プラスター細工 177
プラスタラ 51
プラス・デ・ヴォージュ 260
プラダクシナ 40, 42
プリタネイオン 120
プリミティヴ・ハット 94, 285, 288, 306, 307
プレート・トレーサリー 201
プレートリスク 248
プロスタイル 97
プロセニアム 118, 133
プロテシス 161
プロディジー・ハウス 250-1
プロナオス 26, 27, 93, 96, 97
プロピレア 86, 109, 149
プロピレア、アテネ 108-9, 300
ヘカトンペドン 106
壁がん 291
壁がんのピラミッド 76
ヘラクレス神殿 127
ヘルム屋根 326
ヘレニスティック期 114-15, 116
ヘローナ大聖堂 223
ヘロデス・アッティコスのオデオン 119
ヘンリー7世礼拝堂 217
ベイ 187, 192, 201, 208
ベイ・ウィンドー 221, 323
ベバリー大聖堂 206, 209
ベルール寺院 53
ベルフライ・タワー 197
ベレム修道院 222
北京 59, 64
ペテルブルク大聖堂 192
ペディメント 96, 256, 302, 324-5
ペデスタル 292
ペトリフィケーション（石化） 104
ペリクレス時代 106-11
ペルシャ 34-9
ペルシャ式 37
ペルシャ式アーチ 318
ペルシャ式円柱 36, 38, 315
ペルセポリス宮殿 34-9

ペロン 245
ペンダント・ヴォールト 217, 329
ペンデンティヴ 157, 312
ホーリー・トリニティー教会 212
ホリー・トリニティー教会 185, 187
ホーントン 277
ホイサラ様式 49
報恩寺の塔 61
放射状トレーサリー 203
法隆寺 69
祠 53, 66-7
ホメロス時代 86
ホロロギウム 114
本堂 68, 69, 71
ボーヴェ大聖堂 202
ボールコート・リング 82
防御的出入口 320
防御的塔 316
ボス 329
ボルシッパ神殿 29
ポーチ 48, 51, 199, 252, 307
ポゾラナ 128
ポディウム 116, 130, 131, 136
ポプラー邸 283
ポリクロミー 109
ポルセンナ墳墓 91
ポルタ・ニグラ 147
ポルティコ 96, 97, 127, 148, 275
　カリヤテイド 294
　パッラーディアニズム 277
　パンテオン 140
　屋根 289
　ルネサンス 245
ポンス・アエリウス 139
ポンティニー修道院 200
ポンペイ 124-5

ま

マーケット・クロス 221
マーケンフィールド・ホール 218
埋葬室 12
マイダン 172
マウソレウム 129, 170, 172
　エル・エスコリアル 249
　コンスタンティヌス帝 147
　初期キリスト教 152
　タージ・マハール 181
　ディオクレティアヌス帝 144
　ハドリアヌス帝 139
マウントヴァーノン 282
マクセンティウス帝会堂 146
まぐさ式構造 95
マグリブ様式 182
マシュラビイヤ 167
マスタバ 12-13, 14
マチコレーション 218.225
マチュピチュ 85
窓 322-3, トレーサリーも参照
　オーリエル 221, 323
　ゴシック 203, 204, 322
　初期キリスト教 151

索引

ジャコビアン 252
多角形 220
チャイティヤ堂 43
ディオクレティアヌス窓 145, 237, 279, 289, 323
ドーマー 282, 307
日本家屋 73
ノルマン 193
ハギア・ソフィア 159
半円形 265
バラ形 201, 322
パッラーディアン 273, 275, 323
ベイ 221, 323
ランセット 206
マドラサ 170-1, 172, 182
窓割り(フェネストレーション) 252
マヌエル様式 222
ママラプラム 47
マムルーク朝霊廟 168, 169
マヤ階段 330
マヤ文明 76, 78-82
マリエンブルク城 225
マリオン 215
マルク・アントワーヌ・ロジエ 285, 306
マルス・ウルトル神殿 130
円花窓 201, 322
丸ひだ柱頭 156
丸窓 261
マンサード屋根 327
マンダパ 48, 49, 52
マントゥアのサンタンドレア 231
マントルピース 291
ミケーネ 86-9, 94
ミケーネのシタデル 86
ミケランジェロ 236, 313
水浴び場 171
溝付き円柱 267
3つのセラ平面図 92
ミトラ 81
ミナール 178, 179
ミナレット 170, 178, 317
ミニアスの宝庫 89
ミネルヴァ・メディカ神殿 146
ミフラーブ 170, 174, 175, 183
妙応寺 60, 61
ミラノ大聖堂 227
ミレトスのイシドロス 158
ミンバール 170, 183
ムーア様式入り口 321
ムカルナ 168, 171
ムガール・モスク 180-1
ムシェット 211
ムデハル様式 223
ムネシクレス 110
ムハンマド・アーディル・シャー霊廟 180
メアワース・キャッスル 276
銘刻 177
メイドゥームのピラミッド 14, 15
メガロン 86, 87
メソポタミア 28, 312

メゾン・カレ 131
メタ 122
メッカ 166
メディナ・デル・カンポ 223
メトープ 98
メルローズ大聖堂 329
メンドーサ宮殿 249
木造大広間 54-7
木造建築 38
木造屋根 213
モザイク 81, 154, 159, 185, 199
モスク 166-7, 168, 170-1, 172-3, 174-5, 178-83
持ち送り円柱 145
持ち送り回廊 17
持送りテーブル 195, 210
持送りドーム 88, 312
持送りヴォールト 79
持送り墓室 90
モディリオン 143
門
　イスラム 168-9
　新古典主義 286
　城砦 25
　日本 66, 67
　日本家屋 73
　バビロン 30, 31
　パッラーディアニズム 274
　仏教寺院 71
　ブランデンブルク門 300-1
　プロピライア 109
　ルネサンス 241, 255
　ロマネスク 198
モンテ・アルバン 76
モンティチェロ 283
門楼 220, 221, 309

や

ヤーコポ・サンソヴィーノ 238
屋階 301
屋根 326-7
　インド 48
　オデオン 119
　萱葺き 72, 307
　ギリシャ 94
　ゴシック 213
　初期キリスト教 150
　ストア 120
　チャイティヤ堂 43
　中国 54, 55, 56
　ハンマービーム 217, 327
　バシリカ 149
　ポルティコ 289
屋根付きアーケード 190
ヤン・ヴァーツラフ・ガラス伯爵 268
床
　偽床 19
　スカリオラ床 293
　ユスティニアヌス帝以後 160-1
弓状の下部構造 134

ヨーク会議場 281
ヨーク・ミンスター大聖堂 213, 215
翼 92
浴場 125, 142-3
横浜の寺院 69
寄棟屋根 326
四葉花飾り 212

ら

ラール・ダルワジャー・モスク 178
ライオンの中庭 176
ライオンの門 87
ライオン霊廟 116
ライデン市庁舎 246
雷文 99
ラウンデル 303
酪農小屋 308
ラス・フエルガス 222
螺旋階段 330, 331
ラタ 46
ラッシュデン教会 217
ラテラノ・バプティストリ 152
ラヴェンナ 154-5
ラムセス 33, 34, 39
ラムゼイ教会 195
ラメシュワラム 52
ラメセウム 21
欄干 57, 225, 274, 331
欄干バルコニー 271
ラングレイ城 219
ランス大聖堂 201
ランセット 206, 322
ランタン塔 191, 203, 228
ランパント・ヴォールト 330
リーフェン・デ・ケイ 246
リッチフィールド大聖堂 212
立方体柱頭 159
リブ・ヴォールト 184, 194, 197, 200, 208, 209, 329
留園 65
流紋トレーサリー 211
リュシクラテスのコーラス記念碑 102, 103, 112-13, 294
リリーヴィング・トライアングル 88
リンカーン大聖堂 208, 211, 319
ルード・ロフト 203
ルーピアック聖堂 187
ルーフ・コム 78
ルーヴァー 219
ルーヴル宮殿 260
ルーメス・ハレ 301
ルイ・ル・ヴォー 260, 262
ルクサンブール宮殿 260
ルスティカ 233, 272, 291
ルチェッライ礼拝堂 229
ルネサンス 228-55, 319
レース細工 155
霊廟 178, 182, マウソレウムの項も参照
　イスラム 168
　エジプト 12-19

エトルリア 90-1
岩窟 18-19, 39
ギリシャ 116-17
装飾ゴシック 213
ミケーネ 88-9
ルネサンス 244
レオナルド・ダ・ヴィンチ 243
レオン・バッティスタ・アルベルティ 229, 231, 233, 237
レゴリーニ・ガラッシ 90
レタリング 229
レデントーレ教会 237
レヨナン式 202-3, 224
レンガ
　キリセ・ジャミイ 165
　ドーム 312
　ビザンチン 157, 163
　ポストユスティニアヌス 161
　ルネサンス 235
連続交差アーチ 193
ローシャム 308
ローマ式 122-47, 229, 231, 312, 314
ローマ式アーチ 127, 145, 318
ローマ式柱頭 284
ローマ・バロック 258-9
ロール・モールディング 195
ローンズ 211
ロカイユ 270, 271
陸屋根 327
ロゲイオン 118
ロココ 256-71
ロゼッタ 38
ロッジ 308
ロッジア 258, 275
ロトンダ 303
ロバート・アダム 292-3, 305
ロバート・スマーク 294
ロバート・スミスソン 251
ロマネスク 184-99, 226, 314, 319, 321
ロングリート・ホール 250
ロンバルディア式帯飾り 197

わ

ワーニントン 297
ワゴン・ルーフ 327
ワシントンD.C. 298
ワンステッド邸 277
ウォラトン・ホール 251
ウォルサム大修道院 319

編集・執筆者

エミリー・コール
(Emily Cole)
(先古典期／初期及び古典期インド／古代ギリシャ)：ロンドン大学コートールド研究所で建築史M.Aを取得。現在イングリッシュ・ヘリテッジに歴史家として在籍。

執　筆　者

フィリッパ・ベイカー
(Philippa Baker)
(初期キリスト教・ビザンチン)：イギリス、マンチェスター大学で美術史、建築史を学んだのち、美術、建築に関する書籍の編集者、執筆者として活躍。

スージー・バーソン
(Susie Barson)
(バビロニア、アッシリア、ペルシャ／イスラム)：ロンドン大学バートレット校で建築史M.Aを取得。現在イングリッシュ・ヘリテッジに歴史家として在籍。

マリア・フレミントン
(Maria Flemington)
(新古典主義)：ロンドン大学コートールド研究所で建築史M.Aを取得。現在イギリスの環境保護団体「ザ・ナショナル・トラスト」で資料収集担当部長。

エミリー・ジー
(Emily Gee)
(日本古典)：バージニア大学で建築史M.Aを取得。イングリッシュ・ヘリテッジで歴史的建造物の調査を担当。

テッサ・ギブソン
(Tessa Gibson)
(ロマネスク)：ロンドン大学コートールド研究所で建築史M.Aを取得。現在「ザ・ナショナル・トラスト」に在籍。

エマ・ローズ
(Emma Lauze)
(古代ローマ)：ロンドン大学コートールド研究所で「古代ローマにおける都市計画」でM.Aを取得。1994年からイェール大学ポール・メロン・センターに在籍し、イギリス美術史に関する書籍の出版、調査にあたる。

メアリー・ペスケット・スミス
(Mary Peskett-Smith)
(ルネサンス)：ロンドン大学コートールド研究所で「ルネサンス・ローマ建築」でM.Aを取得。現在ポール・メロン・センターでイギリス美術に関する研究に従事。

エミリー・ローリンソン
(Emily Rawlinson)
(先コロンブス期／バロック・ロココ／パッラーディアニズム)：ロンドン大学コートールド研究所で建築史M.Aを取得。現在ペブスナー・アーキテクチュアル・ガイドの出版に従事。

ジェイムズ・ロスウェル
(James Rothwell)
(ゴシック)：ロンドン大学コートールド研究所で建築史M.Aを取得。現在「ザ・ナショナル・トラスト」に在籍。

サラ・ヴィドラー
(Sarah Vidler)
(古代エジプト)：リバプール大学で「東地中海考古学」の研究でB.Aを取得。現在イングリッシュ・ヘリテッジに在籍。

アリス・イェイツ
(Alice Yates)
(ピクチュアレスク)：エディンバラ大学で建築史を専攻。オックスフォード・ブルックス大学で歴史的建造物保護に関する研究でM.Scを取得。現在英国ワールド・モニュメント・ファンドでプロジェクト・アシスタントを務める。

スー・イノング
(Xu Yinong)
(中国古代・歴代王朝)：エジンバラ大学で「都市と建築の歴史」の研究でPh.Dを取得。オーストラリア、ニュー・サウスウェールズ大学、建築環境研究所で建築学の非常勤講師を務める。

翻　訳　者

乙須敏紀
(おとす としのり)
九州大学文学部哲学科卒業。訳書に『現代建築家による木造建築』『現代建築家による水建築』『世界木材図鑑』(いずれも産調出版)など。

A Concise History of
Architectural Styles
歴史的古代建造物750の建築ディテール
世界の建築様式

発行　2009年10月1日
発行者　平野　陽三
発行元　**ガイアブックス**
〒169-0074
東京都新宿区北新宿3-14-8
TEL.03(3366)1411
FAX.03(3366)3503
http://www.gaiajapan.co.jp
発売元　産調出版株式会社

Copyright GAIA BOOKS INC.
JAPAN2009
ISBN978-4-88282-710-8 C3052

落丁本・乱丁本は
お取り替えいたします。
本書を許可なく複製することは、
かたくお断わりします。
Printed in China